나는 왜 이렇게 산만해졌을까

THE DISTRACTION ADDICTION
by Alex Soojung-Kim Pang

디 지 털   시 대
빼 앗 긴   집 중 력 을
되 찾 기   위 한   조 언

나는 왜 이렇게
산만해졌을까

알렉스 수정 김 방 지음 | 이경남 옮김

시공사

일러두기

흔히 mindful은 '마음을 챙기는'으로 옮기지만, 이 책에서는 '깨어 있는 마음으로'로 옮겼고,
문맥에 따라 '마음을 다잡는' '각성하는' '유념하는' 등으로 옮겼다.

들어가는 말

내 안의 두 마리 원숭이

일본의 고도 교토京都의 서쪽 외곽에 우뚝 서 있는 아라시야마嵐山의 능선에는 이와타야마 원숭이공원이 있다. 굽이치는 오솔길을 따라 공원을 오르면 아름다운 교토 시내가 한눈에 들어온다. 그러나 이 공원의 가장 큰 매력은 그곳에 살고 있는 약 140마리의 짧은꼬리원숭이들이다. 이와타야마의 원숭이들은 무리 지어 살고 장난을 좋아하며 가끔 교활한 짓을 하는 것으로 유명하다. 짧은꼬리원숭이 속屬의 원숭이들이 다 그렇지만, 이 녀석들도 지능이 높고 매우 사교적이다. 이 원숭이들은 가족끼리 모여 놀고 서로 새끼를 돌봐주고, 상대방에게 새로운 기술을 배운다. 그리고 그들만의 독특한 관습도 있다.

이들 중에는 목욕을 즐기고, 눈뭉치도 만들고, 먹이를 씻어 먹고, 물고기를 잘 잡으며 심지어 바닷물을 조미료로 사용하는 녀석들도 있다. 이와타야마 원숭이들은 치실을 사용하고 돌을 놀이도구로 사용하는 것으로도 유명하다. 그 때문에 우리 인간만이 갖고 있다고 생각하는 문화들 중 일부를 이와타야마 원숭이들이 갖고 있다고 주장하는 과학자들도 있다. 귀엽게 굴다가도 교활한 짓을 할 때 보면 영락없는 인간이다.

인간을 빼닮은 점은 또 있다. 이와타야마 원숭이들은 똑똑하지만 한 군데 진득하게 집중하지 못한다. 산 능선 아래로는 어디에 내놓아도 손색없는 유서 깊은 역사적 고도가 펼쳐져 있지만, 녀석들은 그런 것에는 아무런 관심이 없다. 그들은 쉴 새 없이 재잘대고, 무슨 소리인지도 모를 혼잣말을 계속 중얼거린다. 원숭이들의 행동거지는 불교에서 말하는 '원숭이마음' 바로 그대로다. 내가 즐겨 쓰는 은유인 원숭이마음은 절제되지 않고 안절부절 어쩔 줄 모르는 마음이다. 티베트 불교의 스승 초감 트룽파는 원숭이마음을 일컬어 불안하여 '여기저기를 기웃거리며 한군데 가만히 있지 못한다. 늘 들떠 있다'고 했다.

끊임없이 움직여야 한다는 것은 그만큼 불안감이 심하다는 뜻이다. 마음이 잠시도 가라앉지 않기 때문에 몸도 가만히 앉아 있지 못한다. 인간의 마음도 크게 다를 바 없다. 인간은 깨어 있는 동안 쉬지 않고 의식의 흐름을 만들어낸다. 차분해진 순간에도 마음은 여기저기를 떠돈다. 전자 기기에서 시도 때도 없이 나오는 알림음, 받은편지함에 새로운 메시지가 도착했음을 알리는 깜빡임, 음성메일 도착 신호 등으로, 우리 마음은 트리플 에스프레소를 마신 듯 침착할 수가 없다. 원숭이마음은 끝도 없이 계속 바뀌는 정보와 기기의 공세에 쉽게 굴복한다. 원숭이마음은 과부하 상태에서 기승을 부리고, 번쩍이고 깜빡거리는 것에 이끌려 좋은 기술과 나쁜 기술을 구분할 틈이 없다.

불교에서는 마음과 세상과의 관계를 수천 년 동안 깊이 탐구해왔다. 어느 종교든 명상 수행을 한다. 그리고 침묵과 고독을 통해 마음을 가라앉히도록 요구한다. 존 드루리John Drury는 성공회의 〈성무일과〉 지침서에서 예배를 드리는 사람들에게 '긴장을 풀고 오랜 전통이 말을 걸어올 때까지 인내심을 갖고 기다리라'고 권하면서 '바깥 생활보다 자신의 생각이나 느낌과 더 가까워지도록 하라'고 말한다. 그렇게 할 때 신자는 '참회하고 감사하면서 새로운 희망을 가지고 자신의 마음을 들여다볼 계기와, 공간과 격식을 부여하는 조용한 고대의 예배 순서' 속으로 온전하게 들어갈 수 있다. 가톨릭의 수도사들은 묵상을 통해 신의 지혜를 받아들일 마음의 준비를 한다. 마음이 부산하면 신의 소리를 들을 수 없다. 하지만 불교에서 마음 수양은 목적을 위한 수단이기보다는 그 자체로 하나의 목적이다. 일상의 마음은 흐르는 물과 같기 때문에, 고요한 호수의 표면처럼 잔잔하게 만들어야 한다. 그 표면에 비친 것들은 마치 거울같이 마음의 모든 것을 보여준다.

이와타야마에서 몇 킬로미터 떨어진 교토대학교의 로봇 실험실에는 아이도야Idoya라는 이름의 붉은털원숭이가 제어하는 로봇이 있다. 그런데 원숭이 아이도야는 일본에 없다. 믿기지 않지만 아이도야는 노스캐롤라이나 주 듀크대학교의 신경과학 실험실에서 산다. 아이도야의 두뇌는 인터넷을 통해 교토대학교의 로봇과 연결되어 있다. 듀크대학교의 실험실 운영자는 신경과학자 미겔 니콜레리스Miguel Nicolelis로,

그의 일거수일투족을 전 세계가 지켜보고 있다. 니콜레리스는 오래전부터 두뇌를 연구해왔고, 두뇌가 실행 기능을 배울 때 나타나는 현상을 탐구해왔다. 그는 또한 과학자들이 두뇌-컴퓨터 인터페이스BCI 기술이라고 부르는 분야에서 실용신안품을 개발했다. 요즘은 아무나 비디오게임을 제어할 수 있는 원시적인 뇌파 판독기를 살 수 있고, 과학자들은 BCI 기술을 통해 뇌 기능을 지도로 그려내고 복잡한 대상을 제어하는 두뇌의 능력을 실험한다. BCI 기술을 토대로 손상된 뇌 주변에 신호를 보내, 척수에 손상을 입거나 신경변성 장애를 가진 사람들에게 신체 제어 기능을 회복시키는 것이 요즘 과학자들의 새로운 목표다.

아이도야는 니콜레리스 교수가 실험에 동원한 원숭이들 중 가장 최근의 실험 대상이다. 지난 10년 동안 니콜레리스 팀은 두뇌에 전극을 삽입한 원숭이가 생각만으로 조이스틱이나 로봇의 팔을 움직일 수 있다는 사실을 입증해 보였다. 이때 원숭이의 뇌를 스캔해보니 뭔가 특이한 현상이 나타났다. 원숭이가 로봇의 팔을 움직일 때 전두엽 신경이 활성화된 것이다. 전두엽은 동물의 팔을 제어하는 부분이다. 다시 말해 원숭이의 두뇌가 로봇의 팔을 도구로 생각하지 않고 자신의 팔로 여기게 된 것이다. 원숭이의 두뇌는 로봇의 팔을 사용하면서도 이를 자신과 분리된 어떤 것으로 여기지 않고, 몸의 지도를 다시 작성하여 로봇 팔을 자신의 팔로 만들었다. 신경 차원에서 원숭이의 팔과 로봇 팔의 구분이 모호해진 것이다. 적어도 두뇌에서만큼은, 원숭이의 팔과 로봇 팔은 같은 신체의 일부였다.

니콜레리스 팀은 아이도야의 두뇌에서 걷는 것을 관장하는 부분에 전극을 삽입했다. 그런 다음 그들은 아이도야에게 워킹머신 사용법을 가르쳤고, 걸을 때 두뇌의 신경세포가 어떻게 활성화되는지 연구했다. 원숭이가 속도를 올리거나 내리라는 명령을 잘 따르면 상으로 먹을 것을 주었다. 그런 다음 연구팀은 워킹머신 앞에 모니터를 갖다 놓았다. 화면에는 인간과 같은 크기인 교토의 로봇 CB-1을 실시간으로 찍은 비디오가 나왔다(CB-1은 그 자체가 하나의 경이다. 네 대의 비디오카메라, 자이로 안전장치, 물체를 집을 수 있는 손을 가진 CB-1은, 야구방망이를 잡고 야구공을 칠 수 있으며 인간을 흉내 내어 손으로 하는 여러 가지 일을 배운다).

아이도야가 워킹머신 위에서 모니터에 나타난 로봇 CB-1을 보면서 걸으면, 아이도야의 두뇌에 붙은 전극은 운동력을 제어하는 신경이 만들어낸 신호를 포착했다. 신호들은 인터넷을 통해 CB-1에게 전달되었고, CB-1은 이 신호를 따라 원숭이 아이도야와 함께 걸었다. 원숭이는 로봇을 더 잘 제어할수록, 더욱 신을 냈다. 아이도야는 속도를 바꿔가며 걸었고 상으로 치리오스 시리얼을 먹었다. 그렇게 한 시간이 지난 후에 과학자들은 워킹머신의 스위치를 껐다. 원숭이는 걸음을 멈춘 채 화면을 계속 응시했다. 그러나 곧 아이도야는 CB-1을 계속 제어하여 이후 수 분 동안 계속 이 로봇을 걷게 했다. 이로써 니콜레리스 팀은 영장류의 두뇌가 로봇을 직접 제어하는 요령을 배울 수 있다는 사실을 다시한 번 입증해 보였다. 원숭이의 두뇌는 로봇을 자신의 확장된 신체로 여기고 다루었다. 뇌 스캔 사진은 아이도야의 두뇌가 살과 털이 있는 자신의 다리를 사용하든, 전기로 움직이는 플라스틱 다리를 사용하든 정확히 같은 방식으로 작업을 수행한다는 사실을 보여주었다. 원숭이의 두뇌에서 둘의 차이는 더 이상 없었다.

아이도야와 이와타야마의 원숭이들은 인간 마음의 두 가지 다른 면, 즉 정보통신기술과의 관계에서 두 가지 대조적인 면 그리고 두 가지 미래를 상징적으로 보여준다. 수다를 떠는 보통 원숭이는 훈련이 안 된 반응 심리이고, 자극을 좋아하지만 한 가지 생각을 꾸준히 유지하지 못하는 마음이다. 반면에 사이보그 원숭이는 기술에 제압당하지 않는 마음을 보여준다. 사이보그 원숭이는 의식적인 노력과 주의가 요구될 때 자신이 사용하는 기술을 더 이상 자신과 분리된 것으로 경험하지 않기 때문이다. 연구팀은 치밀하게 계획된 훈련과 지속적인 방법 수정과 실험을 통해 신경세포의 전극을 재배치하여 원숭이의 두뇌와 몸과 도구가 힘들이지 않고도 서로 얽혀 함께 작동하는 하나의 확장된 마음을 만들어낼 수 있었다.

우리는 너무 오랫동안 이 수다 떠는 원숭이들 같은 마음을 기술에 맡겨놓고는 '뭐가 잘못되었지?' 하며 의아해했다. 그러면서도 사이보그 원숭이처럼 기기를 마음대로 제어하고 싶어 한다. 물론 털북숭이가 되거나 뇌에 전극을 삽입하고 싶어 하지는 않겠지만. 우리는 복잡한 기술을 생각하지 않고, 또 그런 것을 부담스럽게 여기거나 주의력을 산만하게 만들지 않고 그런 기술을 사용할 수 있는 능력을 갖기를 원한다. 우리는 기술이 우리의 마음을 확장시키고 우리의 능력을 증강시키면서 우리의 마음을 흩트리지 않기를 바란다.

사실 그런 제어 능력은 손만 뻗으면 닿는 곳에 있다. 끊임없이 한눈을 판 탓에 불만이 생기고 불행해지기도 하지만 포기만 하지 않으면 된다.

정신을 똑바로 차리면 별로 힘들이지 않고도 우리의 능력을 한곳에 집중시켜 창의력을 발휘하고 행복해지는 방향으로 정보통신기술을 접할 수 있다. 그것이 내가 말하는 '관조적 컴퓨팅contemplative computing'이다.

관조적 컴퓨팅? 언뜻 보면 모순어법처럼 들리는 말이다. 요즘 컴퓨팅의 기술 집약적인 환경만큼 관조와 거리가 먼 것이 또 있겠는가? 컴퓨터, 스마트폰, 페이스북Facebook, 트위터Twitter만큼 명상과 대조적인 것이 또 있겠는가?

획기적인 기술 혁신이나 과학적 발명으로는 관조적 컴퓨팅을 할 수 없다. 관조적 컴퓨팅은 돈을 주고 사는 것이 아니다. 그냥 하는 것이다. 관조적 컴퓨팅은 새로운 과학과 철학을 결합하고 집중력을 기르고 마음을 관리하는 매우 오래된 방법을 사용하여, 정보통신기술로 얻은 경험을 기반으로 삼아야 제대로 해낼 수 있다. 관조적 컴퓨팅은 몸과 마음이 어떻게 컴퓨터와 영향을 주고받고 집중력과 창의력이 기술에 의해 어떤 영향을 받는지 보여준다. 관조적 컴퓨팅은 여러 기기와 인터넷과의 관계를 사용자에게 유익한 쪽으로 작동하도록 재설정해준다. 관조적 컴퓨팅은 우리가 정보통신기술과 더 건강하고 더 균형 잡힌 관계를 구축할 수 있다는 하나의 약속이다.

어떻게 그런 일이 가능한지 이해하려면 디지털 생활이 우리에게 어떤 의미를 가지고 있으며, 또 어떤 의미를 가질 수 있는지부터 살펴보아야 한다.

한번 지난 월요일 아침을 떠올려보자. 당신은 침대 옆에 놓인 탁자에 손을 뻗어 스마트폰을 잡고 알람 스위치를 끈다. 한 손으로 눈을 비비면서 다른 한 손으로 이메일을 열어보지만 아직 잠이 완전히 깬 것은 아니다. 그저 습관적으로 그렇게 할 뿐이다. 그리고 스마트폰이 이메일 서버에 연결될 때 아이콘이 빙빙 돌아가는 것을 지켜본다.

받은편지함에는 이메일이 19개가 와 있다. 대부분 저절로 보내지는 뉴스레터, 쿠폰, 반짝세일 광고, 소셜미디어 업데이트 같은 것들이다. 여섯 개는 당신보다 먼저 일어난 동료들이 보낸 것이다. 우선 하나를 골라 답장을 보내고 또 하나에 답장을 쓰려는데 할 말이 떠오르지 않는다. 그 핑계로 웹브라우저를 열고 뉴스를 검색한다. 어느새 답장 보내는 일은 뒷전이다. 유럽 은행 관계자들이 최근 구제금융 조건을 놓고 논쟁을 벌였다. 나스닥이 또다시 붕괴했다 등등의 뉴스와 리얼리티 TV 쇼 출연진 중 한 명이 자살한 것을 두고 이러쿵저러쿵 떠드는 블로그 글들을 둘러보다가 갑자기 20분이 후딱 지나갔다는 사실을 깨닫는다. 이젠 일어나야 한다.

직장으로 가는 차 안에서 차창 밖을 내다본다. 한 운전자가 한 손에 스마트폰과 운전대를 같이 잡고 운전을 한다. 스마트폰을 내비게이터로 사용하는 모양이다. 또 어떤 사람은 한 손으로 운전을 하고 다른 손으로는 문자를 보낸다. 아슬아슬해서 자신도 모르게 손에 힘이 들어간다. 운전하면서 딴짓하는 운전자에게는 벌금을 물려야 한다고 생각해보지만, 랩톱을 장착한 순찰차가 많아진 탓인지 요즘은 경찰도 산만하다.

세상일이 늘 그 모양이다. 한쪽에서는 이걸 해달라고 하고 다른 한쪽에서는 저걸 내놓으라고 한다. 이 문제도 도와주고, 그런 선택을 한 이유도 설명하고, 저 사람도 잘 설득해야 한다. 인풋이 아무리 많아도 하나의 목표를 지향할 때는 모두가 한 가지 일이지만, 이런 멀티태스킹은 성격이 전혀 다르다. 여기저기서 끊임없이 들어오는 간섭을 다루는 데도 어느 정도 익숙해졌다고 생각했는데, 요즘은 간섭도 간섭받는다. 안 된다고 자르기도 어렵고 원래 하던 일로 다시 돌아가기도 어렵다. 할 수 없이 참견해주고 다시 돌아와서 보면 무엇을 하고 있었는지도 순간 생각이 나지 않는다. 생각을 가다듬고 차분하게 다시 시작해야 한다.

늦은 오후, 마침내 고생해서 작업한 내용을 출력할 준비가 됐다. 회심의 미소를 띠고 인쇄 버튼을 누른다. 웬걸, 에러메시지가 뜬다. 프린터를 업데이트하란다. '예' 버튼을 클릭하고 막 1분이 지나가는데 메시지가 또 하나 뜬다. 최신 프린터 드라이버가 지금 쓰는 옛날 버전의 운영체제와 맞지 않는단다. 운영체제 역시 업데이트해야 한다. 30분 뒤에 컴퓨터를 다시 부팅하고 마침내 작업한 내용을 출력한다. 이런 일을 겪을 때마다 짜증이 나지만, 드문 일도 아니다. 2010년 해리스폴Harris Poll이 인텔Intel의 위촉을 받아 실시한 조사에 따르면, 컴퓨터 사용자들이 컴퓨터를 켜고 끄고 소프트웨어를 설치하고 파일을 열고 인터넷에 접속하는 동안 기다리는 데 보내는 시간이 일평균 43분이라고 한다.

일을 끝내고 친구를 만나 한잔하러 가는 길에서도 스마트폰에 코를 박고 화면에서 눈을 떼지 못하는 사람들을 여러 명 본다. 순간 바지주머니에서 진동을 느낀 것 같아 손을 넣어봤는데 전화가 없다. 얼른 다른 쪽 주머니를 뒤져본다. 역시 없다. 착각했나? 아니, 그건 그렇고 전화가 어디 간 거지? 잃어버렸나? 지난번에도 잃어버린 줄 알고 눈앞이

캄캄해졌는데…. 역시 진동은 착각이었다. 다행히 스마트폰은 윗옷 주머니에 있다.

술을 마시는 동안에도 당신과 친구는 종종 각자 문자메시지를 받는다. 각자 스마트폰을 들여다볼 때면 대화는 건성이 되고 답장이라도 하게 되면 그나마도 아예 중단되고 만다. 오래전에 헤어진 옛 애인한테 온 메시지는 특히 이상했다. 도무지 알아먹을 수가 없는 내용이고 시간대도 한밤중이었다. "그런 일이 있다고 들었어." 친구가 스마트폰에서 눈을 떼지 않고 말을 한다. "수면문자병인 것 같아." "정말?" "몽유병 같은 거야." 탁-탁-탁. "넌 빼고." 탁-탁-탁. "있잖아, 문자광들 말이야."

자다가도 문자를 보내는 사람들이 있다는 말을 들은 것도 같다. 이해가 간다. 정보통신기술과 인터넷이 그만큼 우리 일상에 깊숙이 파고들었다는 얘기일 것이다. 국제전기통신연합International Telecommunications Union의 발표에 따르면, 2010년에 전 세계 6억 4,000만 가구의 14억 인구가 집에 컴퓨터를 적어도 한 대 이상 갖고 있으며, 5억 2,500만 가구의 9억 명이 인터넷을 사용하고 있다고 한다. 미국의 경우 약 9,000만 세대(전체의 80퍼센트)가 컴퓨터를 갖고 인터넷을 사용하고 있으며, 이들 중 거의 절반이 두 대 이상의 컴퓨터를 가정에 보유하고 있다. 위Wii나 플레이스테이션PlayStation이나 엑스박스Xbox 같은 게임플랫폼을 갖고 있는 집은 7,000만 세대이고, 4,500만 세대가 약 9,600만 대의 스마트폰을 갖고 있으며, 700만 세대가 태블릿PC를 갖고 있다. 전체 가구의 60퍼센트가 인터넷이 되는 기기를 세 대 보유하고 있고, 다섯 대 보유한 세대도 4분의 1이나 된다.

또 하루에 보내고 받는 메시지는 평균 110개 정도다. 휴대전화는 34번 확인하고, 페이스북은 5번 방문한다. 여기에 친구들과 메시지 주고받는 것까지 더하면 적어도 30분을 사용한다. 스마트폰으로 누군가와 통화하는 데 한 시간을 보낸다면, 인터넷을 검색하고 이메일을 확인하고 문자를 보내고 트위터를 하고 그 밖의 소셜네트워크를 하는 데는 다섯 시간이 들어간다. 닐슨Nielsen과 퓨리서치센터Pew Research Center가 공동 조사한 내용에 따르면 미국인들이 온라인에서 보내는 시간은 한 달 평균 60시간이라고 한다. 1년이면 720시간이고, 하루 8시간씩 따지면 매년 꼬박 90일을 온라인에서 보낸다는 얘기다. 그중 20일은 소셜네트워크 사이트에서 보내고, 뉴스 사이트나 유튜브나 블로그 등의 콘텐츠를 보는 데 38일, 이메일을 하는 데 32일을 보낸다. 그래서인지 이젠 온라인에서 하는 일이 하나의 '일'처럼 느껴질 때도 있다.

우리가 보유하는 디지털 기기의 수가 늘어나고 그런 것들과 보내는 시간이 늘어나고 있지만, 늘어나는 것은 양적인 면만이 아니다. 디지털 기술과 서비스는 우리가 그것을 좋아하든 좋아하지 않든, 우리의 일상생활과 밀접하게 얽혀 있다. 실리콘밸리의 한 여성 엔지니어는 이렇게 말했다. "예전에 컴퓨터는 내 일상의 일부였다. 이제 컴퓨터는 일상의 '매 순간'의 일부다." 구글과 페이스북에서 일했던 그녀조차 달라진 세상을 절감한다. 그녀도 우리와 마찬가지로 집과 가족, 사회생활을 유지하기 위해 하는 일상적이고도 필요한 것들에서 정보통신기술이 맡은 역할이 더 커졌다는 것을 안다.

디지털 세상은 대단한 것임에 틀림없지만, 그것 또한 가격이 붙는다.

모두가 공유하는 모든 것을 다 꿰고 있으려니 엄두가 나지 않는다. 자료의 양도 양이지만 여기서 최고를 유지해야 한다는 강박감도 보통 일이 아니다. 문제는 친구들이다. 그들이 공유하는 것을 계속 확인하지 않으면, 뭔가 놓치는 것만 같다. 새 문자메시지나 이메일의 도착을 알리는 알림음에 반가워하다가도, 별다른 내용이 없으면 맥이 풀리고 만다. 혹시나 해서 새로고침 버튼을 눌러보지만 그런다고 달라지는 것이 없다.

　문득 당신은 이러다가는 안 되겠다고 느낀다. 이 사람 저 사람이 찾고 친구들뿐 아니라 주변 사람들까지 이런저런 일로 끊임없이 산만하게 만들면 정말 일에 집중하기가 어렵다. 누가 찾지 않아도 당신 스스로 할 일을 제쳐두고 엉뚱한 사이트를 뒤질 때도 많다. 그러다 원래 하던 일을 다시 하려면 처음처럼 잘 되지 않는다. 최근에 실시한 여러 조사나 현장연구에 의하면 일반적으로 근로자들이 방해받지 않고 온전히 일에 집중하는 시간은 하루에 3분에서 15분밖에 되지 않는다고 한다. 사람들은 하루에 적어도 한 시간(1년이면 꼬박 5주)을 엉뚱한 일을 처리하는 데 보낸 다음에야 하던 일로 되돌아간다. 성가시게 만드는 일과 중첩되는 일 때문에 생산성이 떨어지지 않을까 걱정되기는 해도, 그런 사소한 일들이 모두 다급하다고 여겨져 일일이 반응하다 보니 마음만 바빠진다. 그러나 모두가 바빠 보일 때는, 과중한 일을 맡는다는 것이 영예인 셈이다. 이제는 지나칠 정도로 열심히 일하는 것이 오히려 정상인 세상이 되었다. 멀티태스킹은 비생산적일 때도 일을 제대로 하는 것 같은 기분이 들게 만든다.

기업들은 고용인들의 만성적 산만함에 대한 대가를 지불한다. 1996년에 전 세계 경영진들을 대상으로 실시한 조사를 보면, 끊임없는 산만함과 정보 과부하가 삶의 질에 영향을 미친다고 생각한 사람이 전체의 3분의 2였다. 좀 더 최근에 실시한 연구들에 따르면 2010년 미국 업계는 정보 과부하로 약 280억 시간과 1조 달러를 낭비했다. 2010년 미국의 국내총생산은 14조 6,000억 달러였다. 일반 근로자는 하루에 30분을 기기와 네트워크 문제를 처리하는 데 보낸다. 1년으로 따지면 15일을 컴퓨터 문제로 잃어버리는 셈이다.

끊임없는 알림음, 끝도 없이 몰려드는 정보에 뒤처지지 않아야 할 필요성, 그리고 시간과 주의를 쪼개고 널리 분산시키려는 노력은 희생자를 내기 시작했다. 정말로 집중해야 할 때 집중하기가 점점 더 어려워졌다. 기껏 읽고도 방금 무엇을 읽었는지 정확히 생각나지 않을 때가 많다. 한 시간 전에 시작했던 일로 돌아가기가 어려운 것만이 아니다. 할 일이 무엇이었는지조차 생각나지 않아 난감해질 때가 있다. 집에서는 무얼 가지러 건넌방에 갔다가 뭣 때문에 왔는지 몰라 당황하기도 한다.

이제 좀 다른 월요일을 상상해보자. 월요일 아침. 당신은 침대 곁에 있는 탁자에 손을 뻗어 스마트폰 알람을 끈다. 이메일이나 온라인 뉴스를 확인할 생각은 없다. 이메일부터 확인했을 때 기분이 어떤지는 몇 달 동안 겪어봐서 잘 안다. 조금만 지나면 더 좋은 하루가 시작되리라는 것을 느낌으로 알고 있다. 잠시만 더 이렇게 오프라인에 머물고 싶다. 지난 토요일, 커피메이커를 세팅해놓은 다음 스마트폰 소리는 죽여놓고 랩톱과 태블릿PC는 서랍에 넣어버렸다. 한 주에 6일을 네트워크에 연결되어 있었으니 일요일에는 친구들과 아날로그적인 활동을 하면서 지내기로 했다. 등산을 하거나 요리를 할 수도 있다. 뜨개질과 그림에 재미를 붙일 수도 있다. 이번 일요일은 빵을 굽고 책을 읽다 보니 하루가 후딱 지나갔다. 몇 시간 어슬렁거리며 장을 본 뒤에는 케이크를 만들었다. 브루클린 문단에 혜성처럼 등장한 신예 작가가 쓴 800쪽짜리 소설을 마저 다 읽기에 충분할 정도의 커피도 만들었다.

이제 스마트폰으로 메일을 확인하기 위하여 서버에 접속은 하지만 커피를 마실 동안만큼은 스마트폰 화면이 바닥으로 가게 해놓는다. 일종의 작은 시위다. '내가 필요할 때만 확인할 거야.' 편지함에는 메일이 많지 않다. 36시간 만에 확인했는데도 그렇다. 알림음은 꺼두었고, 아주 유용한 뉴스레터 외에는 전부 수신 등록을 삭제해놓았기 때문이다. 들여다보기 전에 받은편지함에서 불필요한 메일을 삭제해주는 조금 과격한 필터를 사용한 덕도 있을 것이다.

직장에서도 마찬가지다. 동료들이 아무리 다급하게 불러대도 웬만하면 반응을 하지 않는다. 일일이 응대해주는 것도 좋지만, 일에는 순서가 있지 않은가. 당신이 할 일은 따로 있는 법이다. 그래서 스마트폰을 꺼놓고 인터넷 접속을 막는 프로그램도 설치해놓는다. 이제 적어도 두 시간만큼은 외부에서 한눈팔게 만드는 일도 없고 혼자서 산만해질 기회도 없다. 이메일, 페이스북, 핀터레스트Pinterest, 아마존Amazon 그리고 동료들, 모두 기다려야 한다. 함께 작업하는 사람들도 필요한 것이 있으면 그들이 와야 한다. 당신이 어디 있는지는 그들도 알고 있다. 사람들이 당신의 관심을 끌려면 약간의 노력을 투자하게 만들어야 한다. 그렇게 해서 당신의 시간을 불필요하게 뺏으려는 사람들을 걸러낼 수 있다.

이제 할 일은 하나뿐이다. 그리고 당신은 그 일을 일종의 게임처럼 생각한다. 많은 문자를 입력하고 코드를 짜고 계정을 만드는 게임이다. 잠시 후, 마음과 일이 하나가 되어 분위기를 타기 시작한다. 재즈 밴드의 드러머라도 된 듯 오로지 박자에만 몰두할 뿐, 어느 동작 하나에도 군더더기가 없다.

두 시간 뒤, 당신은 모든 스위치를 다 켜놓는다. 한 가지 목표에 집중할 때 얼마나 많은 것을 해낼 수 있는지 생각하면 그저 놀라울 뿐이다. 목표 중에는 멀티태스킹도 있지만, 그것은 사방에서 당신을 잡아당기는 그런 종류의 일이 아니라 한 점으로 수렴되는 그런 종류의 멀티태스킹이다.

하루 일과를 마치면 저녁에 30분 정도 시간을 내어 페이스북과 트위터로 친구들의 동정을 살핀다. 가끔은 친구들의 목록을 줄이기도 한다. 관심을 기울일 사람을 세심하게 선택한 탓인지 일정이 한결 짜임새 있게 돌아간다. 사실 친구들이야 늘기도 하고 줄기도 하는 것 아닌가. 사람들에게 들이는 시간의 양도 계속 달라진다. 메시지도 거의 보내지 않고 체크인도 뜸해진다. 포스팅을 해도 신중하게 생각해서 모양과 짜임새를 갖춘다. 주목을 받거나 많은 팔로워를 얻는 것이 목표는 아니다. 온라인에 있다는 것은 사람들과 의미 있는 관계를 맺는다는 뜻이다. 특정 대상에 대한 관심을 지속시키고 친구들의 마음을 존중하는 것이지 시간을 때우거나 미디어 자체에 빠지는 것이 아니다. 쉽게 말해 정보통신기술을 가능하면 세심하게 사용하게 된다. 무엇을 할지 잘 살피고, 기기를 다루는 습관이 기분과 생산성에 어떤 영향을 미치는지 확인하고, 그런 다음 더 좋은 습관을 들이고 쓸모없는 습관은 버린다. 일이 잘 풀리면 정신의 스위치를 끄고 하나의 기기가 단순한 도구에서 자신의 연장으로 변하는 것을 느끼고, 그럼으로써 현재의 순간에 완전히 몰입하게 된다.

이런 방식으로 테크놀로지와 관계를 맺고 테크놀로지를 활용하는 것이 바로 관조적 컴퓨팅이다. 관조적 컴퓨팅을 실천하려면 다음의 네 가지 원칙을 이해해야 한다.

첫째, 정보통신기술과 우리의 관계는 믿을 수 없을 만큼 밀접하다. 그리고 그 관계는 우리 인간만이 갖는 독특한 능력을 잘 보여준다. 기술은 우리 인간을 보그Borg(영화 〈스타트렉〉에 등장하는 종족-옮긴이)나 터미네이터처럼 무섭고 영혼도 없는 반인간 반기계인 사이보그로 전락시키겠다고 위협한다. 그러나 에든버러대학교의 철학 교수이자 인지과학자인 앤디 클락Andy Clark의 주장대로, 우리 인간은 '타고난 사이보그'여서 기술을 통해 우리의 신체와 인지 능력을 영원히 확장하려 한다. 그래서 마음을 두뇌나 신체에 갇힌 어떤 것으로 보지 않는 태도가 필요하다. 클락과 데이비드 차머스David Chalmers의 용어를 빌리면, 우리는 우리 자신을 '확장된 마음extended mind'을 가진 존재로 생각할 필요가 있다. 확장된 마음은 두뇌, 감각, 몸, 대상들이 중첩하는 연결 부

20

위로 구성된다. 내 생각이지만, 우리가 요즘 정보통신기술로 고통받는 이유는 그 기술이 늘 유연하고 유동적인 우리의 정상적인 인지 능력을 밀어내기 때문이 아니라, 우리가 그 기술을 멋대로 설계하고 아무 생각 없이 사용하기 때문인 것 같다. 그래서인지 요즘 정보통신기술은 마음 대로 제어가 안 되는 우리의 사지四肢 같다는 생각이 든다.

둘째, 세계가 갈수록 산만해지지만 우리는 확장된 마음을 다시 원래대로 제어할 해결책을 갖고 있다. 관조적 공간은 열대우림만큼이나 빠르게 사라지고 있고, 일과 생활은 더 부산스러워지며 현대 기술은 인간만의 특징으로 보이는 집중하는 능력에 도전장을 들이밀고 있다. 하지만 인류는 그동안 산만함과 집중력 결핍에 능숙하게 대처해왔다. 그리고 수천 년 동안 인류는 그런 문제를 효율적으로 처리할 수 있는 기술을 개발해왔다. 불교와 탄트라 명상, 인도의 요가, 한국의 참선參禪과 일본의 젠禪 등은 모두 산만하게 수다를 떨고 싶은 절제되지 않는 원숭이마음을 다스리기 위한 방법들이다. 신경과학자, 심리학자, 심리치료사 등은 명상이 두뇌에 대단한 영향을 끼친다는 사실에 주목했다. 명상은 신체 능력을 강화하고 많은 심리적 문제를 처리해준다. 관조는 원숭이마음을 제어하고 강박적인 멀티태스킹에 재갈을 물리는 방법을 제시한다. 명상과 관조는 또한 확장된 마음을 다잡을 수 있게 해준다.

셋째, 기술을 관조할 수 있어야 한다. 자신이 정보통신기술과 어떻게 교류하고 영향을 주고받는지 그리고 자신의 확장된 마음이 어떻게 생겨나고 작동하는지 이해해야 한다. 그러기 위해서는 그러한 교류작용에 대해 자신이 어떤 생각을 갖고 있는지부터 면밀하게 살펴봐야 한다. 정보통신기술과의 교류작용, 즉 확장된 마음의 바깥 부분과의 상호작용은 기기와 인터페이스의 디자인, 기기를 사용하는 방법과 상황, 그리고 상호작용과 우리 자신에 관한 정신적 모델 등 다양한 요소에 의해 정해진다. 그런 모델은 종종 정보통신기술과 우리의 관계가 우리에게 이롭지 않은 방식으로 맺어지고 있다는 검증되지 않은 가정을 담고 있다.

넷째, 확장된 마음은 다시 설계할 수 있다. 확장된 마음을 이해하고, 기술을 선택하고 사용하는 방법을 더 잘 이해하고, 관조적 수련에 익숙해지면 정보통신기술을 사용할 때 더 차분한 상태에서 결단력 있게 바람직한 방법을 찾을 수 있다. 그렇게 하면 확장된 마음을 자신 있게 실천하고 그 마음을 계획적으로 강화할 수 있다. 이들 네 가지를 한데 모을 줄 알면 기술을 통해 관조적이 될 수 있고, 그 과정에서 난제를 처리하고 깊이 생각하고 창의적이 되는 능력을 되찾을 수 있다.

관조적 컴퓨팅은 철학적 논증이 아니다. 관조적 컴퓨팅은 이론이자 실천이다. 그것은 네 가지 원칙에 근거한 천 가지 방법이고 마음을 다잡는 개인의 습관이다. 산만하지 않게 이메일을 확인하는 지침이다. 트위터와 페이스북을 사용할 때 배려와 친절을 잃지 않는 규칙이다. 관조적 컴퓨팅은 스마트폰을 잡을 때 주의력을 흩트리지 않으면서 기술을 대하는 자신의 습관을 관찰하고 실험하는 기법이며 집중력을 되찾는 방법이다.

정보통신기술은 침투력이 강하고 일터와 집에서 차지하는 비중이

크고 현대 생활 곳곳에 너무 밀접하게 얽혀 있어서, 어디부터 되돌려야 할지 알기가 어렵다. 그럴 때는 관조적 실천의 출발점에서 시작하는 것이 좋다. 호흡부터 하자.

1장

호
흡

디 지 털 시 대
빼 앗 긴 집 중 력 을
되 찾 기 위 한 조 언

THE
DISTRACTION
ADDICTION

이메일무호흡증이 말해주는 것

잠깐 책을 덮고 스마트폰이나 아이패드나 랩톱을 들고 이메일을 확인해보라. 아마 하루에도 수십 번씩 하는 일일 것이다. 거의 반사적이어서 우리는 아무런 생각 없이 이런 동작을 한다. 생산성 전문가들은 이메일을 확인하는 횟수를 정해놓으라고 권한다. 하지만 사람들은 대부분 몇 분에 한 번씩 컴퓨터 상단의 메뉴표시줄에 새로운 메일이 도착했음을 알려주는 표시를 누르거나 메일 버튼을 누른다. 시계를 쳐다보는 것처럼 몸에 밴 자동적 습관이다. 알림음을 보내는 기기와 이메일 계정이 여러 개라는 것은 하루에도 수백 번씩 메일함을 들락거린다는 뜻이다.

그러니 이메일을 확인해보라. 하지만 이번에는 받은편지함에서 기다리는 메시지나 답장에 대해서는 생각하지 말라. 생각이 엉뚱한 곳으로 흐르지 않도록 조심하면서 자신을 잘 살펴보라. 당신이 무엇을 하고 있는지 잘 관찰하라. 컴퓨터가 당신에게 어떻게 반응하는지 그리고 당신이 컴퓨터에 어떻게 반응하는지 살펴보라.

특히 어떻게 숨을 쉬고 있는지 살펴보라. 숨을 참고 있는가? 아마도 그랬을 것이다. 이런 현상은 아주 작은 습관에 불과하지만 실은 큰 문제를 들여다볼 수 있는 하나의 창이다. 그 창은 물리적 세계와 실제로 아무런 관계도 없다고 생각한, 실체도 없는 정보 전환이 어떻게 구체적이고 물리적인 차원을 갖는지 보여준다. 아울러 그것은 우리가 자전거 펌프나 엘리베이터, 샐러드 집게를 사용하는 것처럼 정보통신기술을 사용하지 않는다는 사실을 보여준다. 기술은 확장된 마음과 기억으로 바뀐다. 기술은 그렇게 우리와 얽힌다.

린다 스톤Linda Stone은 애플Apple과 마이크로소프트Microsoft의 임원을 역임했던 테크놀로지 컨설턴트이자 작가로, '지속적 주의력 분산continuous partial attention'이란 말을 만들어낸 사람이다. 지속적 주의력 분산은 여러 가지 장치에 초점을 분산시키면서 어느 한 가지에 오롯이 집중하지 못하는 상태를 뜻한다. 2008년 그녀는 이메일을 확인할 때 문득 자신이 숨을 쉬지 않는다는 사실을 깨닫게 되었다. 이후 그녀는 카페나 회의장에서 사람들을 관찰하거나 친구들에게 물어보고 몇 가지 간단한 조사를 통해, 이메일을 확인할 때 숨을 쉬지 않는 사람이 의외로 많다는 사실을 알아냈다.

스톤은 이런 현상을 '이메일무호흡증e-mail apnea'이라고 불렀다. 이 용어는 수면무호흡증sleep apnea, 즉 공기가 폐에 도달하는 것을 막거나 두 뇌가 폐에 신호를 보내 숨을 쉬지 않도록 하는, 기도氣道의 물리적 장애에 의한 호흡 곤란에서 따온 것이다. 수면무호흡증을 가진 사람은 자는 동안 수백 번씩 숨을 멈춘다. 어떨 때는 1분 정도 멈출 때도 있다. 목숨을 위협하는 경우는 거의 없지만, 그래도 사람을 피곤하게 만들고 인지력을 손상시킨다. 심지어는 비만이나 심장병 같은 문제의 원인이 되기도 한다.

이메일무호흡증은 수면무호흡증보다 더 침투력이 강한 것 같다. 전 세계 인구 중 1억 명에서 3억 5,000만 명의 사람들이 수면무호흡증을 가지고 있다. 미국에서 수면무호흡증은 심장병, 임상우울증, 알코올 중독만큼이나 흔한 증상이다. 그런데 컴퓨터를 사용하는 사람들은 전 세계 인구의 3분의 2에 해당하는 약 20억 명이다. 그리고 그들 대부분이 광대역 인터넷을 사용한다. 휴대전화를 사용하는 사람은 그 두 배 이상이다.

수면무호흡증처럼 이메일무호흡증이 몸과 마음에 별로 좋지 않을 것이라고 생각하는 것도 결코 무리는 아니다. 스톤은 이메일을 확인하는 동안 숨을 쉬지 않는 것은 '싸우거나 도망치는 반사작용fight-or-flight reflex' 때문이라고 생각한다. 다시 말해 숨을 쉬지 않는 것은 급히 꺼야 할 새로운 불똥이 무엇인지 또는 풀어야 할 문제가 무엇인지 모른 채 새 메시지를 확인하는 것이 두렵기 때문이다. 다른 전자 기기를 대할 때도 비슷한 현상이 나타난다. 예를 들어 중요한 문자메시지를 기다릴 때나, 몇 분 뒤에 시작하는 회의에서 꼭 필요한 서류를 출력해야 하는데 느닷없이 프린터드라이버를 업데이트하라고 할 때 등이다.

이메일무호흡증은 일종의 만성질환으로 나도 불쾌하고 남도 불쾌하게 만든다. 우리 모두가 가지려고 애쓰는 저 수많은 기기들은 우리를 더욱더 긴밀하게 연결시켜주지만, 우리는 그런 것들의 문제점을 거의 알지 못한다.

이메일무호흡증은 정보통신기술과의 관계에서 우리가 미처 인식하지 못했던 중요한 면을 드러낸다. 즉 우리의 몸과 마음과 기술이 어느 정도 얽혀 있는가 하는 점이다. 전문가들은 마음이나 의식이 두뇌의 인지 기능의 소산이라고 생각했다. 그러나 두뇌의 작동 원리와 마음이 새로운 기술에 반응하는 법칙들이 조금씩 밝혀지면서, 일부 철학자들과 인지과학자들은 마음과 몸의 경계, 심지어 마음과 몸과 도구와 환경 간의 경계가 아주 모호하다고 주장하기 시작했다. 그들은 마음이 두뇌에 담겨 있다는 것은 잘못된 생각이라고 주장한다. 오히려 그들은 두뇌와 몸과 기기와 심지어 소셜네트워크로 구성된 확장된 마음이라는 모델을 제시한다. 확장된 마음이라는 논제는 우리의 인지력이나 생각을 이런 네트워크 어느 곳에서나 일어날 수 있는 것으로 이해해야 한다고 주장한다. 즉 사람은 기억된 규칙이나 잠재의식에서 인지 기능의 일부를 내면화하고, 다른 기능은 기술에 아웃소싱하거나 기억과 기기를 결합하여 일을 끝낸다. 독서처럼 얼핏 보기에 간단한 행위도 몸과 책과 눈과 손이 두루 조화를 이루는 무의식적인 처리 과정과 의식적인 활동이 복잡하게 얽혀 이루어지는 행위다.

'호모 사피엔스'에게 얽힘은 그 역사가 길다. 기술과의 상호작용은 우리 몸과 마음의 작동방식을 바꾼다. 얽힘으로 우리는 신체적 인지적 능력을 확장할 수 있다. 그래서 우리는 몸만으로 할 수 없는 것을 하고,

맡은 임무를 보다 효율적으로 쉽고 빠르게 해내며, 일에 완전히 빠져드는 상태에 이른다. 그럴 때는 어디까지가 우리 몸이고 어디부터가 세상인지 구분이 안 된다. 그런 구분을 가능하게 하는 무의식의 정신적 지도인 신체도식body schema이 의미를 잃는다. 그래서 아이폰이 내 두뇌의 일부 같다는 생각도 하게 된다. 그리고 사실 이런 생각에는 어떤 깊은 진리가 담겨 있다.

'얽힘entanglement'이란 말은 과학자들과 철학자들이 따로 연구해온 여러 가지 현상을 하나로 결합한다. 나는 몇 가지 이유에서 다른 용어보다 이 '얽힘'이란 용어를 더 좋아한다. 철학자 앤디 클락과 데이비드 차머스가 만든 '확장된 마음'은 기술을 너무 긍정으로 받아들이는 것 같아 마음에 들지 않는다. 기술과의 어떤 친밀한 연대성이 확장보다는 구속에 가깝다는 사실을 인정하는 용어가 필요하다. 또한 매우 긍정적인 확장이라 해도 나름대로 치러야 할 대가가 있다는 사실을 인정해야 한다. 정보통신기술과의 관계에서 완벽하게 긍정적이거나 부정적인 것은 어느 것도 없다.

'얽힘'은 어느 정도의 복잡성과 불가피성을 암시한다. 우리는 당연히 우리의 인지 능력을 두뇌와 일련의 기기에 두루 분배한다. 그리고 우리는 기술을 사용하여 우리의 신체 능력을 확장한다. 그것은 우리가 세상에 태어났을 때부터 거의 무의식적으로 해오고 있는 행동이다. 우리는 기기를 손에서 놓질 못한다. 그러나 거미줄에 걸린 파리처럼 기기'에' 얽힐지 아니면 밧줄의 가닥처럼 기기'와' 얽힐지는 우리가 선택'할 수' 있다. 두 번째의 경우 밧줄은 가닥 하나하나보다 더 강력한 위력을 발휘할 수 있다.

얽힘이라고 하니 트랜스휴머니스트transhumanist의 환상처럼 들릴지도 모르겠다. 과학과 기술을 이용해 인간의 능력을 확장하려는 트랜스휴머니스트들은 인간의 의식을 컴퓨터에 업로드하려는 꿈을 갖고 있다. 인간과 기계의 경계가 사라지는 것을 환영하는 사람들이 많은 것은 부인할 수 없는 사실이다. 예를 들어 미래학자이자 발명가인 레이 커즈와일Ray Kurzweil은 로봇과 인공지능이 사람 못지않게 똑똑하고, 초정밀 나노 로봇이 두뇌 안에 있는 모든 원자의 배치도를 그릴 수 있으며, 각자 머리에 고유 의식을 갖고 있는 현재의 인류가 모든 마음을 몸과 로봇과 클라우드Cloud에 분산시키게 되는 미래를 꿈꾼다. 그러나 사람들은 '이미' 정보통신기술이 그들 자신의 확장된 부분인 것처럼 생각한다. 모바일 기기를 사용하는 사람들은 기기를 자신의 일부로 생각한다. 또 자신이 인터넷에 '중독되었다'고 생각하는 사람도 있다.

메릴랜드대학교의 연구진들이 행한 두 번의 연구를 살펴보면 이런 경향을 어느 정도 짐작할 수 있다. 2010년과 2011년에 그들은 10개국에서 모집한 대학생들에게 24시간 동안 온라인과 접속을 끊고 모든 매체를 멀리할 것을 주문했다. 휴대전화가 없어지자 학생들은 자신의 어느 한 부분이 없어진 것 같다고 하소연했다. "진동 소리가 나는 것 같아 주머니에 손을 넣은 적이 적어도 서른 번은 돼요. 당연히 주머니엔 아무것도 없었죠." 어떤 미국인 학생은 이렇게 말했다. 중국인 학생도 마찬가지였다. "평소에 휴대전화를 자주 만져요. 뿌듯하거든요. 그런데 갑자기 없으니까 너무 허전했어요." 영국인 학생은 또 이렇게 말했다.

"휴대전화 생각이 간절했어요. 5분에 한 번씩은 주머니에 손이 갔어요." 또 다른 영국인 학생은 "휴대전화가 내 손에 없다는 것이 아주 이상했다"고 설명했다.

많은 학생들이 금단증세를 호소했다. "하루 종일 이를 악물고 버티는 중이에요." 어떤 중국인 학생은 이렇게 하소연했고, 다른 학생은 또 이렇게 말했다. "22시간 동안 아무런 매체도 없이 지내려니까, 과장 없이 말해 환각제를 먹은 것처럼 멍해요." 미국인 학생 한 명은 "마약 중독자처럼, 어떤 정보에 금단증세를 느꼈다"고 말했고, 또 다른 미국인 학생은 "지금 나한테는 전자 '마약'이 필요하다"고 말하면서 오프라인에서만 지내려니까 "문자 그대로 금단증세를 느낀다"고 실토했다. 한 영국인 학생도 순순히 시인했다. "난 중독잡니다. 술이나 마약처럼 사회적으로 문제가 되는 것은 아니지만… 어쨌든 미디어는 내 마약입니다. 그게 없으면 도무지 안정을 찾을 수 없어요." 미국의 심리학자들은 이제 '인터넷중독'(1990년대 후반에 한 과학 문헌에서 처음 사용된 용어)은 알코올중독처럼 의학적 질환으로 봐야 한다고 주장한다.

확장된 마음과 얽힘의 관점에서 생각해보면 정보통신기술과의 관계가 잘못될 때 어떤 문제가 생기는지 확실히 알 수 있다. 직장이나 학교에서만 사용했던 기기가 이제 일상의 도구로 변하면서, 그것들은 우리 생활에 더욱 깊이 융화되었고 우리의 마음에 미치는 영향도 더욱 커졌다. 기기가 제대로 말을 듣지 않으면 단순히 불편한 정도에 그치지 않고 몸을 마음대로 제어하지 못하는 것 같은 느낌을 받는다. 기기를 자신의 일부분으로 여기기 때문이다. 팔다리가 갑자기 말을 듣지 않는다면 기분이 어떻겠는가. 기기가 너무 많아 문제가 생긴다지만 그 기기가 사람들을 너무 옭아매고 중독시키기 때문만은 아니다. 문제는 이런 기기들이 형편없이 설계되었다는 점이다.

얽힘이 무엇이고 그 얽힘이 어떻게 작용하는지 아는 것은 컴퓨터를 보다 관조적인 방법으로 사용할 수 있는 첫걸음이다. 무엇이 더 좋은지 확실히 알기 전까지는 기기와 좋은 관계를 시작할 수 없다. 얽힘은 기술에 너무 의존하게 되는 현상을 크게 걱정하지 않아도 된다고 가르친다. 역사를 통틀어 '호모 사피엔스'는 기술과 불가분의 관계를 맺어왔다.

도구와 인간의 얽힘

인류의 원시 조상들이 돌을 도구로 처음 사용한 것은 약 250만 년 전의 일이었다. 180만 년 전에 만들어진 아슐리안형 돌도끼는 날카롭고 뾰족한 다용도 도구여서, 다듬는 데 상당한 기술이 필요했다. 우리 조상들은 '100만' 년이 넘도록 이와 비슷한 변종들을 만들어 애지중지 아껴왔다(나도 100만 년 된 돌도끼들을 몇 개 갖고 있지만 여전히 날이 멋지게 서 있다. 요즘 기술이 앞으로 100만 년 뒤에도 사용될지 한번 상상해보라).

인간이 도구 없이 지낸 적은 없었다. 도구는 인간의 생물학적 인지적 혁신에 맞춰 진화했다. 도구를 만들고 사용하기 시작하면서 인류의 두뇌, 특히 전두엽은 크게 확장되었다. 이렇게 신경이 팽창하면서 물체를 사용하고 그 사용법을 추상적으로 개념화하고 그것을 기억하고 그 방법을 다른 사람에게 전수하는 인류의 능력도 크게 확장되었다. 또한 멀리 떨어진 곳에서 사냥을 하거나 물고기를 잡을 때 쓰려고 부싯돌이 많은 땅에서 돌도구를 만들어 확보한 것은 우리 조상들이 미래를 대비할 줄 알았다는 사실을 보여주는 첫 번째 증거다.

인류의 외적 특징의 변화도 도구 사용과 밀접한 관계가 있다. 직립보행으로 우리의 조상들은 두 손을 걷는 용도가 아닌 촉감을 느끼고 물건을 잡는 용도로 사용할 수 있는 기회를 갖게 되었다. 이제 원시 인류의 손은 좀 더 도구 친화적으로 바뀔 수 있었다. 손가락이 짧아지고 날카로웠던 손톱은 부드럽게 바뀌었다(최근의 연구에 따르면 원숭이들은 손목이 너무 뻣뻣하고 손가락이 너무 길어 돌도끼 같은 돌로 된 도구를 만들지 못한다고 한다). 그러나 이런 진화론적 변화로 인간은 더 의존적이 되었다. 인간은 사냥하고 싸울 도구가 필요했고, 거친 자연으로부터 피부를 보호할 가죽이 필요했다.

지난 20만 년 동안 인간은 고릴라나 침팬지보다 고기를 더 많이 먹어왔다. 그러나 우리 종은 다른 포식자들처럼 빨리 달리지도 않았고 이를 날카롭게 만들지도 않았다. 고기가 식단의 대부분을 차지하게 되었지만, 이와 턱은 더욱 '약해졌다.' 왜 그랬을까? 인류의 이는 움직이는 먹잇감에서 살을 찢어내는 쪽으로 진화되지 않았다. 오히려 '익힌' 고기를 효율적으로 씹을 수 있도록 진화되었다. 인간은 창이나 덫 같은 도구를 사용하여 동물을 죽인 다음, 고기는 불에 익혔다. 우리는 사촌인 영장류에 비해 털이 많지 않고, 걷고 균형 잡는 방식도 그들과 다르다. 그래서 우리는 두 가지 고대 기술, 즉 의복과 신발을 개발하게 된 것이다.

인간의 몸은 활과 창, 덫과 칼이 포식자들의 턱과 강한 허리와 기술적으로 같은 역할을 하게 된 세상에서 그 형체를 잡아갔다. 인간은 불을 사용하여 음식을 살균하고 씹기 좋게 만들었다. 기술은 인간의 환경과 식사방식을 바꾸었고, 그 과정은 인간의 진화에 반영되었다.

인지적 얽힘의 증거는 생물학적 얽힘의 증거만큼 많지 않다. 고고학자들이 그 증거를 찾은 기간이 훨씬 더 짧기 때문이다. 또한 인지적 변화의 물리적 증거는 명이 짧다. 그러나 우리가 1만 2,000년을 거슬러 추적할 수 있는 한 가지 증거가 있다. 바로 향정신성 약물의 발견과 재배다.

코카인의 원료인 코카와 카트라는 식물은 자연 상태에서 성능이 약한 각성제였다. 아마도 그런 것들은 익힌 음식이나 의복이 흔치 않았던 환경에서 장시간 사냥해야 할 경우 배고픔을 잊게 해주거나 주의를 흐트리지 않도록 하는 데 도움이 되었을 것이다. 문명이 발흥하고 무역과 이주가 활발해지고 제국이 팽창하면서 마약의 성능은 더욱 강해지고 더욱 묘해졌다. 유럽과 아시아와 아프리카 등지에서 발견되는 원시식물의 씨앗(미화석微化石과 보존된 씨앗 등)이나 제기祭器나 화덕 같은 유물을 보면 기원전 약 1만 년에 아시아에서 살던 인류가 각성제로 빈랑나무 열매를 씹었다는 것을 알 수 있다. 기원전 4,000년에 중국 농부들은 마황과 마리화나를 재배했고, 유럽 농부들은 아편을 재배했다. 2,000년 뒤에는 니코틴과 알칼리 기반의 환각제가 서아시아 지역과 유럽에서 사용되었다. 마리화나는 대상隊商들의 이동경로를 따라 중국에서 중앙아시아와 인도로 전해졌고, 그곳에서 아프리카로 넘어갔으며, 아편은 반대 방향을 따라 아시아와 지중해 동쪽 지역으로 침투했다.

고대 아메리카에서도 정신 상태를 바꾸기 위한 의식이 치러졌고 '신들의 식물들'이 곳곳에서 재배되었다. 안데스 사람들은 기원전 1,300년부터 의식용으로 환각 효과가 있는 산페드로선인장에서 추출한 음료수를 만들었고, 적어도 기원전 500년부터는 코카와 카페인이 풍부한 구아유사를 재배하고 거래했다. '영혼의 덩굴' 아야와스카는 아마존에서 인기가 높았다. 카리브해 인근 지역에서는 요포라는 향이 널리 사용되었다. 요포는 그 향을 조금만 맡으면 각성제가 되지만 오래 맡으면 환각작용을 일으켰다. 중앙아메리카의 울창한 열대우림은 약물의 보고였다. 지금의 과테말라에 해당하는 마야는 기원전 500년경에 테오나나카틀이라는 신성한 버섯을 사용했고, 서기 100년부터 멕시코 와하카의 무당들은 올롤리우키라는 가지속屬 식물인 버섯과 페요테선인장에서 추출한 즙을 끓인 차를 의식용으로 사용했다.

농사를 짓고 동물을 길들이고, 정착 도시가 늘어나고 사회가 복잡해지면서 다른 얽힘도 만들어졌다. 장거리 무역이 늘어나고 광대한 지역을 다스리는 정치체제가 출현하면서 믿을 수 있는 통신기술과 기록 보관술이 필요해졌다. 결국 이런 환경은 아시아와 중앙아메리카와 지중해 동쪽 지방에서 쓰기 문화를 개발하고 사용하도록 자극했다. 쓰기는 예기치 못할 정도로 복잡한 사회적 모험을 가능하게 했지만, 인간의 정신에도 막대한 영향을 미쳤다. 월터 옹Walter Ong의 유명한 말처럼 '쓰기는 생각을 재구성하는 기술이다.'

읽기는 서로 다른 목적으로 진화했지만 두뇌의 여러 부분을 짜 맞추어 텍스트를 인식하고 해독하는 어려운 작업을 종합적으로 연결했다. 쓰기는 또한 개념을 외재화함으로써 쓰기가 없는 문화에서는 쉽지 않았던 개념을 추상화하여 분석할 수 있게 했다. 철학과 과학이 번성하기 전의 그리스 본토와 요즘 터키에 해당하는 그리스의 식민 도시 곳곳에 글을 읽고 쓰는 문화가 정착되었다. 이런 문해력 덕분에 사람들은 더 넓은 범위의 원전을 기반으로 길고 정교한 논쟁을 발달시켰다. 쓰기 덕분에 사람들은 저자가 내세운 주장의 근거와 타당성을 한 걸음 물러서서 검토하고 그들이 사용한 수사修辭와 논리를 분석할 수 있었다. 심지어 입말까지도 쓰기가 뒷받침하는 인지적 태도의 흔적을 담아냈다.

인간과 기술을 연결하는 깊은 유대의 첫 번째 증거를 고대 문명에서 볼 수 있다. 하나의 기기를 대하는 개인의 인식 속에는 그 기기에 대한 소유권도 변하고 사용자의 숙련도도 제각각이라는 의식이 담겨 있었다. 다시 말해 사용자와 기기 사이에는 의식적이고 자각적인 다양한 얽힘이 있었다. 가장 좋은 증거가 기원전 1,400년경에서 1,100년경 사이에 번창했던 중세 문명인 미케네 문명이다. 그들의 매장풍습을 보면 그들이 검을 사용자의 확장으로 여겼다는 사실을 알 수 있다.

옥스퍼드대학교 교수이자 인지고고학 분야의 선두 주자인 램브로스 말라포우리스Lambros Malafouris는 미케네 전사가 검을 단순히 '사용'한 것이 아니라 자신의 일부로 여겼다고 말한다. 미케네 전사는 인간과 무기의 '인간/비인간 복합체'였다. 창이나 활과 화살은 사냥꾼이나 전사가 직접 만들 수 있었지만, 좋은 칼은 숙련된 장인이 만들어야 한다. 좋은 칼은 장식이 화려했고 값도 대단히 비쌌다(칼은 그리스에서 일본에 이르기까지 매우 다양한 고대 문명에서 사용되었지만 어느 문화에서든 칼에는 그 칼 고유의 삶과 혼이 깃들어 있다고 생각했다). 미케네 전사들은 칼을 매우 조심스레 다루었고 죽을 때도 자신과 같이 묻도록 했다. 칼과 전사는 고유의 끈끈한 유대감으로 결합되었으며, 그 둘의 관계는 사냥꾼과 도끼나 활과의 관계보다 더 심오하고 더 공생적이었다.

결국 얽힘은 새로울 것도 혁신적일 것도 없는 개념이다. 얽힘은 우리를 인간으로 만들어주는 것이다. 우리 자신, 우리 몸, 우리 마음에 대한 우리의 의식은 전적으로 얽힘에 의해 그 모양이 정해진다. 인간이 자신보다 훨씬 더 크고 강한 포식자들이 우글거리는 세상에서 살아남고 사촌인 네안데르탈인과 크로마뇽인을 앞질러 약 4만 년 전에 지구 곳곳으로 흩어지면서 진화에 성공할 수 있었던 것은 바로 얽힘 덕분이었다. 그리고 그 얽힘의 중요성은 요즘도 전혀 줄어들지 않았다.

우리 몸의 일부가 된 휴대전화

물리적이고 신체적인 차원의 얽힘을 볼 수 있는 간단한 예가 있다. 바로 신체도식('원칙적으로는' 신체적 얽힘이라고 해야 할 것이다. 신체적 얽힘과 인지적 얽힘 사이에 뚜렷한 경계가 없기 때문이다. 몸을 바꾸는 모든 얽힘은 두뇌와 마음에도 영향을 미치고, 인지 능력을 바꾸려고 하는 얽힘은 종종 몸의 성분까지 갖는 경우가 많다)에 미치는 기술의 영향이다. 신체도식은 몸에 대한 마음의 모델이다. 예를 들어 신체도식은 나의 팔다리가 어디까지 닿고, 현재 있는 곳이 전체 공간에서 어디쯤이며, 얼마나 많은 공간을 차지하고 있는지 알려준다. 신체도식은 복잡한 세계에서 일을 제대로 수행할 수 있게 해주는 신체에 대한 이미지이기 때문에 그 의미가 중요하다. 컵을 잡으려면 팔이 얼마나 길고 손가락을 얼마나 넓게 펼 수 있는지 알아야 하고, 계단을 내려가려면 균형을 잃지 않은 상태에서 발을 얼마나 멀리 내밀 수 있는지 알아야 한다.

신체도식은 융통성이 있다. 아이도야의 로봇 제어 기능은 도구 사용을 담당하는 뇌 부위에서 이루어졌지만, 아이도야의 뇌는 그 기능을 자기 몸의 일부로 바꾸었다. 그래서 아이도야는 로봇의 팔을 자신의 팔다리와 별개의 것으로 여기지 않았다. 그리고 아이도야의 신체도식은 확장되어 로봇의 팔까지 포함시켰다. 뇌 이식 같은 첨단 기술이 없어도 사람들은 도구를 사용할 수 있고 그 도구를 자신의 확장된 부분처럼 느낀다.

철학자들이 즐겨 사용하는 비유인 시각장애인과 지팡이의 경우를 생각해보자. 시각장애인은 앉아 있을 때 지팡이를 의식하고 손을 더듬어 지팡이를 잡는다. 그리고 지팡이의 길이와 무게를 가늠하고 그것의 유연성을 헤아린다. 일단 일어서서 지팡이를 두드려 가며 여기저기를 다니다 보면, 지팡이 자체에 대한 인식은 점점 사라진다. 그는 앞에 놓인 공간과 지팡이와의 상호작용이 제공하는 정보에 의식을 집중시키면서, 마치 몇 발짝 떨어진 곳에 있는 물체를 만져서 느낄 수 있는 것으로 생각한다. 그는 지팡이를 손의 확장으로 생각하여 앞에 놓인 길을 직접 손으로 만질 수 있는 것처럼 '느낀다.' 이렇게 신체도식을 재구성하는 과정은 조금 빠르게 이루어지기도 한다. 원숭이들은 조금 떨어진 곳에 있는 음식을 집기 위해 갈퀴나 긴 막대 끝에 손이 달린 기구 같은 간단한 도구를 사용하는데, 그럴 때 그들의 신체도식은 몇 분 안에 바뀐다.

정확한 신체도식도 있어야 하지만 아울러 유연성도 필요한 바로 그 순간에 기술이 몸의 일부가 될 수 있는 여지가 생긴다. 인류가 개인적으로나 하나의 종으로서 생존을 위해 도구에 얼마나 의지했는지 생각해보면, 우리가 기술을 우리의 신체도식으로 결합하는 능력을 발전시켰다는 사실도 충분히 납득이 간다. 그것은 기술을 능숙하게 사용하기 위한 효과적인 방법이다. 그렇게 능숙해지면 더 이상 기술은 의식하지 않게 되고, 오직 기술이 주는 정보나 기술의 영향에만 집중할 수 있게 된다.

한편 신체도식이 기술적으로 확장된 탓에 오히려 손해를 보는 경우도 있다. 한 가지 예가 실제로 울리지 않은 휴대전화 진동을 느꼈다고 착각하는 환촉증상이다. 보스턴 지역의 한 병원에서 근무하는 전문가들에 따르면 휴대전화 진동 환촉증상을 경험한 사람은 전체 응답자의 약 3분의 2 정도인 것으로 밝혀졌다. 심리학자 데이비드 래러미David Laramie는 이를 '벨소리증후군ringxiety'이라고 부른다. 평상시에 휴대전화를 셔츠나 바지 주머니에 넣고 다니는 사람들은 신경이 많이 분포되어 있는 가슴이나 허벅지 윗부분에 휴대전화가 닿아 있기 때문에 그런 증상을 가장 많이 느낀다.

왜 이런 현상이 나타날까? 과학자들은 피부에 진동을 느끼는 횟수가 잦아지면, 옷감이 스치거나 가구에 부딪히거나 심지어 가벼운 근육

경련까지도 휴대전화 진동으로 오해하기 시작한다고 말한다. 심리학자 윌리엄 바William Bar에 따르면 이때 휴대전화는 '몸의 뉴로매트릭스 neuromatrix로 들어온다. 그리고 많이 사용할 경우 휴대전화는 아예 몸의 일부가 된다.' 특히 오는 전화를 무시할 여유가 없는 사람들에게는 이런 현상이 뚜렷하게 나타난다. 보스턴 지역 병원의 연구진들이 조사한 결과, 학생과 기숙사 직원들은 호출기와 휴대전화를 수시로 확인했고 선임 직원들보다 훨씬 더 많이 환촉증상을 보였다. 의대생들의 신경 체계는 부정오류false negative(실제로 진동이 울렸다는 것을 모르는 것)의 대가가 긍정오류false positive(진동이 울리지 않았다는 것을 아는 것)의 대가보다 훨씬 높다고 받아들였다. 학생들은 전화를 받지 않으면 '골치 아픈 일이 생길 수 있다'고 생각하기 때문이라고 그곳의 한 내과과장은 설명했다.

앞서 2010년에 메릴랜드대학교에서 실시한 실험에 참가하여 하루 동안 오프라인 상태를 유지했던 학생들도 벨소리증후군 현상을 인정했다. "휴대전화가 꺼져 있는데도 신호가 오는 것 같은 기분을 느꼈습니다." 한 학생은 이렇게 말을 이었다. "'환촉증상'을 실제로 겪어보니 조금 어이가 없었습니다." 또 다른 학생도 맞장구를 쳤다. "그동안 얼마나 휴대전화에 의존했는지 알 것 같았습니다." 2000년대 말에 이라크와 캘리포니아만큼이나 서로 다른 지역에 사는 사람들을 대상으로 한 연구 조사에서도 약 70퍼센트의 사람들이 휴대전화 환촉증상을 느낀 것으로 밝혀졌다. 그렇다면 전 세계 30억 명의 휴대전화 사용자들이 대부분 환촉증상을 느낀다고 봐도 무리는 아닐 것이다. 휴대전화 사용률은 계속 높아지기 때문에 이 수치도 따라서 올라갈 것이다. 2012년 미국 대학생들을 상대로 한 연구에서는 응답자의 89퍼센트가 2주에 한 번 꼴로 환촉증상을 느꼈다고 답했다.

인간이 도구나 기계와 지나치게 가까워져 거리낌 없이 다룰 정도가 되면 더 이상 그런 것이 내가 사용하는 도구라는 기분이 들지 않고 자신의 확장으로 여겨져 그것을 통해 세계와 교류한다고 느끼게 된다. 얽힘은 종종 모르는 사이에 의식하지 않고 일어나지만, 우리는 우리의 능력이나 공간이나 물리적 영역에 대한 느낌이나 심지어 기술을 사용하는 과정에서 우리 자신이 확대되거나 강화되는 것을 인식할 수 있게 된다.

이런 현상은 악기를 다룰 때도 나타난다. 처음에는 현과 밸브와 코드 위치가 잘 파악이 되지 않다가 어느 순간부터 한 재즈 뮤지션의 표현대로 악기를 '나 자신의 자연스러운 확장'이라고 느끼기 시작한다. 또 어떤 음악가는 악기에 능숙해지는 경험을 '가지고 다닐 수 있는 아름답고 새로운 소리'를 얻는 것으로 묘사했다. 훈련과 연습의 양이 축적되면서 우리는 그런 얽힘을 더욱더 실감하게 된다. 조종사이자 군사사가軍事史家인 토니 컨Tony Kern은 마찬가지로 비행기 조종사도 '비행기에 대한 지식과 이해와 신뢰'와 아울러 '기계를 자신의 확장으로 만들려는 진정한 욕구, 인간과 기계를 하나의 기능적 단위로 결합하려는 진정한 시도'가 필요하다고 썼다. 모든 기술이 그렇지만 연습을 하게 되면 더 세련된 기술의 기초가 되는 기본적인 능력과 친숙함을 얻을 수 있다. 하지만 시간이 지나 능력이 향상된다는 생각이 들기 시작하면서 기기나 도구에 대한 인식은 희미해진다.

또한 증강되지 않은 인간의 몸으로 할 수 없었던 것을 새로운 기술의 힘을 빌려 하게 될 때 우리는 얽힘을 더욱더 실감하게 된다. 19세기에 자전거가 처음 나왔을 때도 그랬다. 1869년에 한 작가는 '자전거가 내 하인이나 나의 일부가 될 수 있다고 생각할 수 없다면 그것은 아무짝에도 쓸모가 없는 물건'이라고 썼다. 자전거는 '그 위에 앉는 순간 개인의 의지력을 증강시킨다. 자전거는 사용하기 위한 도구가 아니라 내가 고용한 조수다. 자전거는 나 자신의 일부가 된다.' 30년 뒤에 어떤 사람이 쓴 기록에는 이런 구절도 있다. "이 기구는 나 자신의 확장이다. 다른 탈것에 탔을 때 나는 화물이지만, 여기서 나는 나 자신의 힘과 의지로 움직인다." 같은 시기에 오토바이를 타던 사람은 이렇게 썼다. "바람을 가르고 나아가는 순간 나와 기계라는 구분은 더 이상 의미가 없어진다. 공간을 비웃는 완벽하게 조화로운 관계 속에 오직 하나의 실체, 살과 피와 금속의 조합만 있을 뿐이다." 자전거는 그런 친밀한 관계로 묘사된 최초의 기구일지 모른다. 그렇다면 자전거의 발명은 사이보그 역사에서 알려지지 않은 이정표일 수도 있다.

인간과 비인간의 혼합체를 자신과 다르지만 그래도 여전히 '자신'인 것처럼 느낄 때, 그래서 전과는 다른, 평상시 같으면 어림없었을 것을 표현하는 힘을 가진 또 하나의 나로 느낄 때, 우리는 이런 확장을 정확히 알게 된다. 많이 인용되는 조지아 오키프Georgia O'Keeffe의 '어떤 언어로도 표현할 수 없는 것들을 나는 색과 모양으로 표현할 수 있다'는 선언은 화가들이라면 누구나 공감할 것이다. 음악가나 미술가는 말로 표현할 수 없는 개념을 소리나 캔버스 위에 나타낼 수 있다. 예술가들만이 이런 탈바꿈의 의식을 치르는 것은 아니다. 운전자나 전투기 조종사 역시 '인간이 가진 몸의 한계를 초월하여' 혼자서는 절대로 할 수 없는 속도와 힘으로 움직이는 '아름다운 기계의 일부'가 되는 경험을 흔히 한다.

얽힘의 강도가 높아지면 어느덧 사람과 사물 간의 차이는 사라지고 만다. 사람과 사물은 완벽하게 호흡이 맞아 어디까지가 사람이고 어디부터가 사물인지 구별할 수 없다. 수백 년 동안 선사禪師들은 이런 경지를 강조해왔다. 오이겐 헤리겔Eugen Herrigel도 선궁술禪弓術의 경험을 이렇게 말했다. "결국 궁술 수련을 하는 사람은 마음이나 손 중 어느 것이 궁술을 좌우하는지 더 이상 알지 못한다." 헤리겔은 일본에서 수년 동안 궁술을 연구한 끝에 이렇게 말했다. "활과 화살, 표적과 자아는 모두 하나로 녹아들어, 더 이상 구분이 불가능하다."

20세기로 진입하던 전환기에 자전거나 오토바이에 열광했던 사람들도 비슷한 말을 했다. 1909년 한 오토바이 매니아는 이런 찬사를 쏟아냈다. "조건이 완벽할 때의 마음 상태는 어떻게 표현할 수가 없다… 사람은 기계의 일부가 되고, 기계는 사람의 일부가 된다." 1904년에 어떤 자전거 이용자는 이렇게 썼다. "이 모든 것의 매력을 말로 표현할 수가 없다. 사람과 바퀴는 하나다…. 그때의 환희는 독수리가 활강할 때의 기분과 비슷할 것이다. 시적詩的이라고밖에 달리 표현할 수 없는 움직임이다. 목적지도 속도도 근육의 확장도 모두 의미를 잃는다. 그저 날아갈 것 같은 고양된 기분에 맞추어 흔들리며 당당하게 나아갈 뿐이다." 우리에겐 많이 낯익은 설명인지도 모른다. 고양된 집중력, 자아의 상실, 시간의 왜곡 등에 관한 이런 설명은 헝가리의 심리학자 미하이 칙센트미하이Mihaly Csikszentmihalyi의 '몰입flow' 개념 바로 그것이다. 손도끼든 바이올린이든 F-15전투기든, 하나의 기기와 신체도식과 자신의 인식을 융합하는 기능은, 우리 몸이 노력에 대해 넉넉하게 보답하는 능력이다.

프로그래머 엘렌 울먼Ellen Ullman도 하드웨어와 프로그래머의 마음과 코드가 모두 아름답고 활기 넘치는 배열을 이루면서 '기계와 가까워지는' 느낌을 설명한다. 그런 순간은 어려운 문제에 대한 해결의 실마리가 언뜻 보일 때 모습을 드러낸다. 바로 그 순간 '인간과 기계는 다이아몬드를 세공할 때와 같은 우아한 경지로 조율되는 것 같다.' 그녀는 이렇게 썼다. "필로폰을 해본 적이 있다. 순식간에 다가오는 그런 황홀경은 어떤 프로젝트를 처음 시작할 때의 느낌과 비슷한 아주 특이한 상태다. 그래, 이해해. 그래, 해낼 수 있어. 그래, 간단하지 뭐. 아, '이제 알겠다.'"

프로그래머들은 문제를 머리로 풀지 않는다. 이론적으로는 해결책이 분명해 보이지만, 좋은 코드를 짜는 것은 말처럼 쉬운 일이 아니다. 절묘한 해결책을 알아내는 것은 물건을 만드는 것과 다르다. 하나의 아이디어를 실제로 효력을 발휘하는 코드로 비약시키기 위해 '프로그래머는 어떤 사적인 내부 공간으로 물러나는 것 외에 달리 선택의 여지가 없다.' 울먼이 말하는 공간은 '일을 끝낼 수 있는' 그런 장소다.

온전히 몰입 상태에 들어간 프로그래머의 전형적인 모습을 떠올려보려면 그들이 키보드를 두드리는 모습을 상상하면 된다. 프로그래머들은 키보드와 마음이 통하면 머릿속에 다른 웬만한 프로그래머들이 생각해낼 수 없는 기발한 아이디어가 번뜩이기 시작한다. 그들에게는 키를 통해서만 표현할 수 있는 묵시적인 특수 지식이 있다. 수학자가 아주 까다로운 정리를 풀기 위해 칠판 앞에 서는 것은 쓸 수 있는 공간이 넉넉하기 때문만이 아니다. 칠판은 그의 단기 기억을 크게 확장시켜 문제 해결 과정을 시각화시켜주고 오류가 나오면 그것을 크게 부각시켜준다. 문제 해결은 수학자의 마음이나 칠판 어느 한쪽에서 일어나는 것이 아니라, 그 둘이 만들어낸 인지체계에서 일어난다. 마찬가지로 프로그래머가 키보드와 가까워진 상태에서 끌어내는 지식은 두뇌에서만 흘러나오는 것이 아니다. 오히려 그 지식은 두뇌와 두 손과 키보드에 고루 분포되어 있다.

내가 이렇게 생각하는 이유는 나 자신이 분산된 인지를 직접 경험했기 때문이다. 나는 손으로 철자를 쓴다. 다른 사람들처럼 나도 어렸을 때 키를 보지 않고 철자를 치는 법을 익혔다. 그렇게 몇 년 연습하다 보니 눈을 감고도 1분에 70단어 이상을 칠 수 있게 되었다. 글을 읽는 사람들이 단어를 철자 하나하나가 아니라 통째로 인식하는 것처럼, 나는 단어의 철자가 제대로 되었는지를 촉감으로 판단하여 키보드를 두드린다. 나는 철자들의 집합을 쭉 쳐나갈 때 손가락을 어떻게 움직여야 하고 손의 각도를 어떻게 잡고 어떻게 기울여야 하는지 잘 안다. 키 하나를 잘못 눌러 익숙한 패턴이 흐트러지면 뭔가 잘못되었다는 것을 그 즉시 알아챈다. 그래서 눈을 크게 뜨고 수상한 곳을 살핀다. 그러면 거의 틀림없이 그곳에 오타가 있다.

이렇게 키보드에 익숙한 상태이기 때문에, 아이들이 긴 단어의 철자를 물어올 때는 금방 답이 나오지 않는다. 단어의 순서가 떠오르지 않아 머뭇거릴 수밖에 없다. 그래서 손가락으로 키보드 두드리는 흉내를 내본 후 철자를 하나하나 불러준다. 간혹 펜으로 확실하게 쓸 수 없거나 터치스크린의 키보드(여기서는 내가 수십 년 동안 개발해온 인지/근육 메모리도 전혀 힘을 쓰지 못한다)로 칠 수 없는 복잡한 단어나 이름이 있다. 하지만 그런 것도 일반적인 키보드로는 정확하게 철자를 칠 수 있다.

기억을 손동작으로 암호화시키다 보면 인지적 삭제 같은 대가를 치러야 할 때가 있다. 예컨대 거리 이름보다는 시각적인 지형지물을 이용하여 길을 찾는 사람들은 다른 사람에게 길을 설명할 때 애를 먹는다. 동작으로 익히는 기억의 단점은 그런 재능을 일반화시킬 수 없다는 것이다. 나도 구두점 키가 지금과 다른 곳에 있는 키보드를 쓴다면, 지금처럼 빨리 키보드를 두드릴 수 없을 것이다. 구두점 키가 엉뚱한 곳에 있었던 영국식 키보드를 칠 때 그랬다. 프랑스나 일본의 키보드는 배열된 글자가 더 많아 아예 엄두가 나지 않는다. 스마트폰의 작은 키보드는 이 두 가지의 중간 정도다. 단어들을 조금 느리게라도 칠 수는 있지만, 이때만큼은 팔목의 기울기나 손가락의 확장 등, 오타를 냈을 때 즉시 알아차리는 내 근육의 완벽한 기억을 신뢰할 수가 없다. 키보드 앞에서 손으로 철자를 두드리는 것의 장점은 빨리 칠 수 있다는 점이다. 빠를 때는 거의 생각하는 속도로 칠 수 있다.

이처럼 뭔가를 기억해낼 때 사람들은 운동 기억에 많이 의존한다.

그들은 숫자 배열을 기억하기보다는 키보드에서 손가락이 만들어내는 패턴을 이미지화하여 전화번호나 패스워드를 기억해낸다. 다이얼식 전화기 시절에는 통하지 않았을 방법이겠지만, 키보드 시대에는 이편이 더 간단하다. 예전에는 손가락을 걸게 했지만, 이제는 손가락더러 기억하라고 한다. 손으로 기호화된 두뇌 지식을 가장 잘 보여주는 예를 나는 옥스퍼드대학교 출판부의 어느 식자공에게서 보았다. 그는 그리스 책을 식자하면서 오타를 찾아냈다. 그는 그리스어를 읽을 줄도 말할 줄도 모르지만, 수십 년 동안 그리스어 책들을 식자하면서 활자판에 손을 뻗어 활자를 꺼내 조판에 배열해왔다. 그렇게 손을 뻗다가 전에 해본 적이 없는 동작이 나오면 철자 조합이 잘못되었다는 것을 직감한다. 그의 판단은 어긋나는 법이 없다.

기억을 기기에 아웃소싱하는 사람들

우리가 손동작에만 인지 기능을 전가하는 것은 아니다. 우리는 끊임없이 우리의 기억을 기술과 환경과 다른 사람들에게 아웃소싱한다.

예컨대 나는 오래전부터 포켓사이즈의 몰스킨 수첩을 갖고 다닌다. 대학원 때부터 이 수첩을 썼으니 20년도 더 된 습관이다. 그전에는 일지를 규칙적으로 쓰지 않았다. 그러나 몇 달 동안 논문을 쓰면서 주기적으로 데자뷔를 느꼈다. 뭔가를 찾아내느라 도서관에서 한 시간 동안 쩔쩔매다 문득 바로 몇 주 전에도 똑같은 문제로 고생했다는 사실을 알고 허탈해지곤 했다. 결국 나는 작업의 경과를 좀 더 체계적으로 정리할 필요가 있다고 생각했고, 역사가들의 연구노트 같은 것을 사용하기 시작했다.

지금의 내 작은 수첩은 하루 동안 의식의 흐름을 정리한 일종의 정신적 필사본이다. 예를 들어 마주 보는 두 쪽은 '관조contemplation'의 라틴어 어원에 관한 메모, 위치를 기준으로 해야 할 일을 목록으로 작성하는 표본체계에 관한 언급, 인터뷰해야 할 사람들의 명단, 마트에서 사야 할 물건, 케임브리지에 있는 어떤 식당으로 가는 몇 가지 방법, 인지고고학자 콜린 렌프루Colin Renfrew와 식당에서 점심을 같이 하면서 적은 메모, 테이트Tate 쇼에서 인용된 윌리엄 블레이크William Blake의 말, 그리고 뭔가 이유가 있어서 적었을 아들 녀석의 사회보장번호 등이 나열되어 있다.

이 수첩에는 또 몇 가지 다른 흔적과 도구도 있다. 테이프로 붙여놓은 쓰고 남은 티켓 쪼가리도 있고, 지난번에 갔던 회의에서 받은 명함도 있고, 안쪽 포켓에는 인지印紙와 명함이 꽂혀 있고, 앞표지 안쪽에는 포스트잇도 끼워져 있다. 런던 지하철 노선도는 뒷표지 안쪽에 테이프로 붙여놓았는데, 이 노선도는 세계 최대의 지하철에서 길을 찾는 데 도움이 될 뿐 아니라 나중에는 추억거리도 된다.

수첩은 뒷주머니에 넣고 다니다 보니 조금 휘어져 있다. 수첩이 자신을 함부로 다뤘다는 데 불만을 품고 자폭하지만 않는다면 아직 몇 달은 더 쓸 수 있다. 내게 이 수첩은 일상의 일부이며 단순한 도구 이상이다. 철학자 앤디 클락과 데이비드 차머스라면 내 마음의 일부라고 주장할지도 모르겠다. 쇼핑 목록을 머릿속에 기억해둘지 아니면 늘 갖고 다니는 수첩에 적어놓을지는 중요하지 않다. 인지와 기억에 관한 문제라면 그들이 약간 삐딱하게 말한 것처럼 '두개골과 피부에 관한 한 성스러운 것은 없다.' 즉 인지와 기억은 머릿속에서만 이루어지는 것이 아니다. 중요한 것은 정보나 정보처리가 이용하기 쉽고 믿을 만한가, 하는 점이다. 그들은 오토Otto라는 노인의 사례를 예로 들었다. 알츠하이머병에 걸린 오토 노인은 늘 수첩을 갖고 다니며 여러 가지 사실들을 적어놓고 확인했다. 수첩이 오토에게 '대단한 신뢰와 믿음과 접근성'을 주었기 때문이다. 그와 수첩은 얽혀 있었다.

의식을 하든지 하지 않든지, 우리는 어떤 것들을 기억하는 방법을 두고 늘 선택하고 결정을 내린다. 써놓기도 하고, 말할 내용을 기억할 만한 방법을 궁리한다. 로마의 웅변가들은 긴 연설을 기억하기 위해 놀랍고도 정교한 방법을 생각해냈다. 그들은 연설 내용에 중요한 핵심을 시각적으로 상세하게 구성한 다음 그것들을 가상의 공간에 배열했다. 그리고 마음의 공간을 따라 걸으면서 이미지로 바뀐 각 대상이 연설문을 상기시키도록 했다. 어떻게 보면 연설을 무조건 암기하는 것보다 더 어렵게 생각될 수도 있지만, 단순한 암기보다는 연설을 할 때 더 유연성을 가질 수 있는 장점이 있었다. 배우들은 연극을 공연할 때 보통 수천 마디의 대사를 암기한다. 그들은 무대에서 자신의 위치, 서 있는 방식, 하고 있는 동작 등 외적 단서를 대사와 조합한다. 그렇게 하면 무대 위에서 다른 배우들과 대사를 주고받는 과정을 통해 상대방의 대사에 익숙해지고 자신의 대사를 기억해낼 수 있다.

그런 의미에서 벳시 스패로Betsy Sparrow의 실험은 당연한 결과를 다시 한 번 확인시켜준 결정적 실험이었다. 컬럼비아대학교의 벳시 스패로 교수는 학생들을 대상으로 한 실험을 통해 그들이 인터넷에 접속할 수 있는지 여부에 따라 알아야 할 내용을 암기하는 전략을 다르게 구사한다는 사실을 알아냈다. 온라인에 접속할 수 없는 학생들은 정보를 직접 기억했다. 반대로 테스트 중에 인터넷을 이용할 수 있다고 들은 학생들은 사실 자체보다 그 사실을 저장한 장소를 기억했다. 인터넷이 우리의 분산 기억transactive memory(개인이 직접 간직하는 기억 저장소와 다른 곳에서 접속할 수 있는 기억 저장소의 조합)의 일부가 되고 있다고 스패로 팀은 지적한다.

그렇다면 학생들의 머리가 더 둔해지는 것일까? 그녀의 연구 결과에 대한 몇 가지 반응을 보면 대답은 '그렇다'이다. 〈가디언Guardian〉지는 그녀의 연구를 소개하면서 헤드라인을 이렇게 달았다. '(요즘 학생들의) 기억력이 형편없다고? 구글을 탓해라.' 또 다른 웹사이트는 '구글이 기억력을 점점 더 망가뜨리고 있다'고 지적하면서 '정신 똑바로 차리고 살려면' 검색엔진에 너무 의존하지 말아야 할 것이라고 경고했다.

하지만 하나만 알고 둘은 모르는 소리다. 우선 스패로가 학생들에게 던진 내용은 사소한 질문이나 사실적 진술이었다. 그들은 자신의 진정한 모습을 정의할 때 떠올리는 그런 종류의 기억을 삭제한 것이 아니다. 오래된 사진이나 익숙한 냄새 또는 처음 아기를 안았을 때처럼 무엇과도 바꿀 수 없는 기억은 좀처럼 사라지지 않는다. 영화 〈카사블랑카〉에서 기차가 파리를 떠날 때 빗속에서 엘사의 작별인사를 눈빛으로 읽는 릭처럼 드라마틱한 전환점을 회상하는 프루스트식 기억의 홍수는 쉽게 버려지는 것이 아니다. 더욱이 분산 기억은 정보 그 자체를 다루지 않는다. 분산 기억은 정보를 '발견하는' 법에 대한 지식과 관련된 문제다. 우리는 분산 기억을 수시로 사용한다. 그리고 그것은 믿을 수 없을 정도로 효과적이다. 실제로 우리는 분산 기억을 촉발하는 자극제들이 넘쳐나는 세상에 산다. 그런 것들을 우리는 표식sign이라고 부른다. 우리는 건물 옆, 거리 구석, 포장, 상표, 그 외에 수많은 곳에 표식을 세우고 붙인다. 우리는 늘 세상에 정보를 끼워넣는다.

그렇게 끼워진 정보는 대부분 특정 장소에 어울리는 것들이다. 우리 집 냉장고에는 언제든 오븐에 들어갈 준비가 되어 있는 가족들이 좋아하는 몇 가지 요리가 비치되어 있다. 나는 그것들을 자주 데우기는 해도, 어떤 것을 몇 도로 요리하고 얼마나 오래 오븐에 익혀야 하는지 기억하지 못한다. 기억할 줄 몰라서가 아니다. 사실 나는 요리를 좋아한다. 요리사라고 할 것까지는 못되지만 나 정도 실력이면 어디 가서도 한마디 할 수 있다고 자부한다. 그런데도 나는 오렌지 치킨은 400도로 20분간 요리하고, 키슈는 375도에서 18분 굽는다는 사실을 기억하지 못한다. 박스 옆에 조리법이 적혀 있기 때문이다. 그리고 요리를 하지 않을 때는 그런 정보가 전혀 아쉽지 않다.

우리는 또한 다른 사람들을 끌어들여 분산 기억의 저장소로 활용한다. 회사의 인트라넷에서 대답을 찾지 않고 동료에게 물어볼 때, 딸이 읽고 있는 뱀파이어 시리즈의 그 다음번 책제목이 생각나지 않아 딸의 얼굴을 쳐다볼 때, 항공사 정보에 대해서는 유별나게 편집증을 보이는 아내에게 부탁해서 내 비행 스케줄을 기억하도록 시키는 경우 등이 나의 분산 기억 활용 사례다. 게다가 우리는 구조나 배치 자체가 공간적으로 체계화된 정보를 담고 있는 거대한 장소를 갖고 있다. 우리는 또한 배치 구조가 정보 흐름을 이어주는 장소도 갖고 있다. 전자는 도서관이고 후자는 사무실이다.

의식적이면서도 무의식적인 활동

기술이 마음의 확장이 될 수 있다고 하면 아직도 약간 막연하게 들릴지 모르겠다. 어떻게 기기가 일상의 인지 활동을 더 쉽게 만들어준다는 말인가, 하며 의아해할 수도 있다.

지금 당신이 하고 있는 것을 보자. 당신은 지금 이 책을 읽고 있다. 책을 읽는다는 것은 매우 익숙하면서도 매우 복잡한 다층의 구조를 갖는 행위다. 그것은 하나의 미덕이다. 그 미덕을 해체해보면 우리가 몇 년 동안 연습하여 개발한 인지 기능과 우리가 의식적으로 배우고 적용해온 정식 기술과 인쇄된 페이지와 책의 물리적 본성 등이 어떤 식으로 어우러져 작동하는지 좀 더 분명히 알 수 있다. 결국 분해해보면, 책을 읽는 행위는 의식적이면서도 무의식적인 활동과 내면화되거나 버려지는 과정이 특별한 방식으로 결합된 것이다. 이 모든 것은 아주 잘 섞이고 융합되어 완벽하게 흠이 없는 경험을 만들어낸다.

먼저 가장 기본적인 것부터 관찰하자. 당신은 글자를 읽고 있다. 당신은 글자를 하나하나 알아보고, 글자와 소리를 결부시키고(이를 음소 인식phonemic awareness이라 한다), 이런 소리가 어떻게 단어를 만드는지 알고 있다.

그러나 당신은 글자들을 의식적으로 꿰어 함께 발음하지는 않는다. 몇 년을 연습했기 때문에 당신은 글자들을 아무 생각 없이 모아 단어로 만드는 데 익숙하다. 두뇌에 음소의 분류처리를 전담하는 부위(좌뇌의 측두두정과 후두측두골과 언어에 초점을 맞추는 좌하전두회, 일명 브로카부위Broca's area)가 있기 때문이다. 기능적자기공명영상fMRI을 이용한 두뇌 연구를 통해 우리는 글 읽는 법을 배울 때 글자를 인지하는 것에 집중하는 측두두정 영역이 최대로 활성화된다는 사실을 확인할 수 있다. 개념에 좀 더 집중하는 후두측두골이 적극적으로 끼어들게 되면, 글 읽는 속도가 빨라지고 유창해진다. 조용한 소리로 읽을 때나 새로운 단어를 만날 때면, 하전두회가 적극적으로 개입한다. 새로운 단어를 해독하려면 소리를 내어 읽어야 할 경우가 많기 때문이다.

당신은 자신이 단어와 문장을 읽고 있다는 것을 알고 있지만, 눈이 글자와 공간을 골고루 훑어가며 움직이는 것은 아니라는 사실은 깨닫지 못할 것이다. 눈은 20분의 1초 동안에 글자들의 뭉치에 집중하면서 의식하지 않은 상태에서 이런 역동적인 도약을 수행한다(당신의 시각체계는 이런 식으로 눈을 움직이는 법을 배웠고, 아주 어렸을 때 당신의 두뇌는 이들 개별적인 프레임을 취해 그것을 시각적 현실의 부드러운 그림으로 바꾸는 법을 배웠다).

그래서 단어를 인지하는 과정은 유려하고 자동적이다. 그러나 그것은 타고날 때부터 가지고 나온 능력이 아니다. 그것은 여러 해에 걸쳐 습득한 능력이고 두뇌의 의식적인 부분에서 무의식적인 부분으로 자리를 옮긴 능력이다. 확장된 마음이라는 명제의 논법에서, 단어 인지는 하나의 자동적 기능으로 아웃소싱되었다.

단어를 쉽게 받아들이고 인지하게 해주는 또 한 가지는 단어와 단어 사이에 있는 공간이다. 지금까지 이런 사실을 의식해본 적이 있는지 몰라도 당연히 인식했어야 할 일이다. 믿어지지 않겠지만 띄어쓰기는 불필요하며 심지어 읽기에 서툰 사람들을 위한 마지못한 장치라고 여겼던 때가 있었다. 로마의 웅변가들에게 텍스트는 큰 소리로 읽기 위한 것이었지 조용히 훑어보는 것이 아니었다. 하지만 글자를 완전히 깨우치지 못한 사람들이 고상한 라틴 문장을 이해하려면 띄어쓰기 같은 장치가 필요했다. 공간도 없이 문자들이 길게 나열된 상태에서 단어를 구분해내는 것은 결코 쉽지 않았을 것이다. 네모칸에 빼곡하게 들어찬 글자에서 단어를 찾는 게임이 재미있는 것은 이 때문이다.

중세에 들어와 띄어쓰기가 채택되면서 라틴어를 제대로 이해하지 못하는 지역의 개종자들도 성경을 읽을 수 있게 되었다. 또한 학자들은 최근에 번역된 아랍의 과학 문헌과 철학 문헌을 술술 읽어나갈 수 있게 되었다. 읽기를 막 배운 초보자들에게 띄어쓰기는 새로운 언어를 이해하기 쉽게 해주는 장치였다. 노련한 독자들은 더 빠르게 읽을 수 있었고 소리 내어 읽지 않아도 되었다. 읽기는 이제 소리를 내지 않는 관조적 활동으로 바뀌어 연설보다는 사색에 가까워졌다.

이제 글자로 다시 돌아가보자. 글자끼리의 공간은 조금씩 다를 수 있다. 또 글자에는 짧게 꺾이거나 가로로 막은 부분이 있다. 이를 세리프 serif라고 하는데 글자를 읽기 쉽게 만든 장치다(하지만 프랑스 출신으로 베네치아에서 활약한 인쇄술의 선구자 니콜라 장송Nicholas Jenson이 세리프를 도입한 이후로 500년 동안 인쇄기술자 사이에서는 그것의 유용성과 미적 가치를 놓고 아직도 의견이 분분하다). 단어의 모양을 좋게 하려면 글자마다 필요한 공간을 조금씩 다르게 해야 한다. 그러다 보니 글자와 글자의 간격도 제각기 다르다. 몇 가지 눈에 띄는 예외가 있기는 하지만, 책이나 잡지의 폰트와 타이포그래피는 읽기 쉽도록 디자인되어 있다.

단어는 흰 종이 또는 흰색에 가까운 종이에 검은색으로 인쇄하는 것이 보통이다. 그리고 문장을 시작하는 단어의 첫 글자나 고유명사의 첫 글자는 다른 글자보다 크다. 또 쉼표나 세미콜론 같은 문장부호들이 글자와 섞여 있다. 이런 것들은 문장을 읽는 법에 관해 언제 멈추고 언제 강조를 할지(아니면 언제 어떤 것을 부차적인 내용으로 밀어낼지) 등, 내면의 독서에 신호를 보내준다.

이제 지면을 둘러보자. 지면의 가장자리에는 글자가 적힌 곳과 구분되는 흰 공간이 있다. 이런 여백이 있기 때문에 눈은 행간을 훑어보며 읽고 있는 곳을 잃어버리지 않을 수 있다. 또한 여백은 메모를 하고 주석을 달 수 있는 공간을 내어준다. 또 책에는 보통 면주(머리제목)가 달린다. 각 페이지의 상단 혹은 하단에 작은 글자로 된 책의 제목이나 현재 읽는 장章의 제목 등은 잠깐 잊기 쉬운 정보를 상기시켜준다. 그리고 각 페이지에는 고유의 숫자가 표기되어 있다. 시작 부분의 일부에는 로마 숫자가 사용되는 경우도 있고, 나머지 부분은 우리가 흔히 아라비아 숫자라고 부르는 숫자들이 달린다(아리비아 숫자를 발명한 사람들은 인도의 수학자들이지만, 서양 사람들이 그 숫자를 아랍의 과학 문헌에서 찾아냈기 때문에 그런 이름으로 굳어져버렸다).

계속 훑어보면, 다른 체계도 발견된다. 앞부분에는 목차가 있다. 그리고 각 항목에 적힌 쪽수 덕분에 어디에서 새로운 장이 시작되는지 알 수 있다. 뒷부분에는 색인이 있다. 여기에도 쪽수가 붙어 있기 때문에 이런저런 주제가 어디서 논의되는지 쉽게 알 수 있다.

이런 특징들은 모두 낯익은 것이고, 어느 책에서나 쉽게 볼 수 있는 것들이다. 이 책을 읽으면서 이런 것들에 관심을 가진 사람은 거의 없었을 것이다. 이런 구조적인 요소들을 전문가들은 부가텍스트paratexts라고 한다. 부가텍스트에는 제목, 부제, 사진설명, 각주 등도 포함된다. 이런 것들은 대부분 수백 년 동안 책의 특징을 이루어왔다. 띄어쓰기와 문장부호는 중세의 혁신이었고, 근대 활판술은 르네상스의 리얼아트로 시작되었다. 르네상스 시대의 출판가들은 성직자나 학자들이 아닌 일반 독자들의 관심을 끌기 위해 다양한 서체와 디자인을 개발했다.

나이가 어린 독자들은 부가텍스트를 볼 일이 자주 없다. 〈팻 더 버니 Pat the Bunny〉(1940년에 첫 선을 보인 이후로 지금까지 600만 권 이상이 팔린 터치북의 고전-옮긴이)에는 장章이 없다. 부가텍스트는 복잡하고 정교하고 다양한 읽기를 지원하기 위한 것이다. 진지한 소설을 읽으려면 상상력을 동원하고 다른 사람의 마음이 되어 정서적 공감적 기능을 확장해야 한다. 대학교의 철학과 수업에서는 글쓴이의 논지를 찾아내고 제시된 근거를 평가하고 활용된 수사기법을 알아내는 훈련을 한다(여기서 우리는 모티머 애들러Mortimer Adler의 영향을 벗어나지 못한다. 그가 쓴 고전 《독서의 기술How to Read a Book》은 고급 독서의 두 종류, 즉 분석적 읽기와 신토피칼syntopical 읽기를 설명하고 있다).

전문적인 읽기는 훨씬 더 목표 지향적이고 기회 지향적이다. 나와 내 친구들은 대학원에서 책을 읽을 때 주제를 이해하고 학계에서 그 책이 차지하는 위상을 파악하고 그 중요성을 평가하는 훈련을 쌓았다. 또한 우리는 책을 대할 때 나중에 우리 자신의 작품을 구성할 수 있는 방법을 배웠다. 결국 '읽기'는 몇 쪽으로 압축하여 분석한 다음 나머지는 빨리 훑어볼 수 있도록 좁혀졌다. 읽기 훈련을 하다 보면 그 책에 관한 비평이나 저자의 이전 작품을 읽어야 할 때가 있다. 한편 변호사들은 목적의식을 가지고 읽는 법을 배운다. 판사와 노련한 변호사들은 법대 신입생보다 훨씬 더 빨리 그리고 효과적으로 판결 이유를 읽는다. 그들이 그렇게 할 수 있는 것은 작성자의 논리와 판례 사용에 대한 감을 익히기 위해 구조적 표식과 각주와 키워드를 효과적으로 활용하기 때문이다. 그들은 판결에서 생소하거나 논란의 여지가 있는 부분에 영점을 조준하여 하나의 판결이 미칠 수 있는 영향을 가늠한다.

이런 종류의 읽기는 양이 많은 콘텐츠에만 적용되는 기술이 아니다. 이런 읽기는 학자나 전문가의 관심을 끌고 또한 학자나 변호사가 되는 것이 어떤 의미를 갖는지 정의하도록 도와준다. 그러나 논지를 따라가고 저자의 언어 구사방식을 이해하고 저자의 논리에 놀라고 판결의 의미를 해석하는 이 모든 복잡한 인지 활동을 가능하게 하는 것은 우리가 어렸을 때 개발한 자동적이고 기본적인 능력이다. 매리언 울프Maryanne Wolf가 지적한 대로, 읽기는 몇 분의 1초 만에 해낼 수도 있고 몇 년이 걸릴 수도 있다. 읽기의 신경학적 측면은 엄청나게 빨라지지만, 읽기의 문화적 해석학적 요소는 훨씬 더 느리게 발전한다.

글자와 단어, 띄어쓰기와 문장부호와 폰트와 타이포그래피와 부가 텍스트라고 해봐야 흔하디흔한 것인데, 무엇 때문에 그런 것들에 관심을 가져야 하는가? 거의 눈에 띄지 않지만, 바로 그런 것들이 중요한 인지 기술과 인지적 아웃소싱과 이해를 돕기 때문이다. 글자와 띄어쓰기와 문장부호는 단어를 빨리 그리고 유창하게 읽고 해독하도록 도와준다. 눈은 글자 뭉치 위를 빠르게 번뜩이며 움직이고, 두뇌의 시각 처리중추는 들쑥날쑥한 시각 자료 조각들로부터 매끄러운 경험을 만들어내고, 시각처리중추 근처에 있는 부분은 단어를 인식한다. 각 장에 붙은 제목, 쪽번호, 각주는 지금 읽고 있는 부분이 책의 어디쯤에 해당되는지 한눈에 알게 해주고, 주의를 기울여야 할 부분에서 신호해주며, 어떤 콘텐츠가 핵심이고 어떤 콘텐츠가 지엽적인지 알려준다.

그러나 이 모든 것은 무의식 차원에서 이루어진다. 우리는 의식적으로 문장의 의미를 생각해보고 방금 읽은 몇 줄을 단기 기억 장소에 저장하고, 그 문단이 어떻게 구성되었는지 생각하고, 이 부분의 논지가 정연한지 그리고 무슨 의미를 갖고 있는지 등을 헤아린다. 그중에 어떤 논지나 특별한 사실이나 표현법 등이 장기 기억에 자리 잡기 시작한다. 어떨 때는 줄을 치거나 메모를 하기도 하고, 나중에 다시 돌아와 참고하거나 책의 주제를 더 잘 요약하는 데 도움이 될 수 있는 기록을 남겨놓기도 한다.

간단히 말해 글을 읽을 때 우리는 글자에서 여백까지 여러 겹의 기술과 상호교류하고, 무의식적으로 그리고 자동적으로 동원하는 기술을 활용한다. 그렇게 하면 일관되고 정교한 논지의 가닥을 잃지 않고 따라갈 수 있으며 정말로 중요한 것과 흥미롭기는 하지만 지엽적인 것을 구분해가며 읽기를 의미와 기억으로 바꿀 수 있다.

마지막으로 우리는 책에 있는 도구들만 사용하지 않는다. 우리는 거기에 우리 자신의 도구를 덧붙인다. 우리는 책에 밑줄을 긋거나 여백에 메모를 한다. 나 같은 경우 꼼꼼하게 읽어야 할 책은 처음 읽을 때 표지 안쪽에 포스트잇을 붙이고 필기도구를 늘 가까이에 둔다. 그리고 열심히 줄 치고 주석을 달고 메모하면서 읽어나간다. 읽기를 무술 수련처럼 생각하면 책의 논지에 더 깊이 엮일 수 있고, 변화무쌍한 굴곡에서도 논지를 놓치지 않고 따라가며 저자의 전략이나 속임수를 간파하고 이 책에 대해 정말로 생각해야 할 것이 무엇인지 찾아낼 수 있다.

비중이 크지 않은 장치들도 있다. 다 읽지 않은 책을 내려놓을 때 우리는 종종 어디까지 읽었는지 기억하는 일을 책갈피에 아웃소싱한다. 책갈피는 그 자체로는 기억장치가 아니지만 어디까지 읽었는지는 친절하게 알려준다. 덕분에 마지막 읽은 부분의 쪽수를 기억할 필요도 없고, 책을 다시 집어 들 때 펼쳐야 할 장의 제목을 기억하지 않아도 된다. 이때 책갈피가 책방에서 받은 영수증이거나 지하철 티켓이거나 연주회 티켓이라면, 그 책갈피는 그 자신만의 연상 조합을 갖고 있을 것이다. 하지만 이런 행위가 누구에게나 같은 목적을 향해 작동하는 것은 아니다. 나는 책의 논지를 기억하기 위해 책에 메모를 하지만, 쪽수를 기억하기 위해 책갈피를 사용하지는 않는다.

이런 방법의 불가사의한 복잡성은 그것이 잘못되었을 때만 분명하게 드러난다. 어떤 사람은 단어 인식을 자동적으로 처리하는 데 애를 먹는다. 난독증인 아이들은 글자의 순서를 익히는 데 어려움을 겪는다. 그래서 매일 말하고 사용하는 단어와 글로 쓰인 단어를 연결하지 못해 쩔쩔맨다. 난독증에는 신경학적 근거가 있는 것 같다. 여러 연구에 의하면 난독증이 있는 아이들은 글을 읽을 때 보통 아이들보다 측두두정과 후두측두골이 제대로 활성화되지 않는다고 한다. 그러나 그렇다고 해서 두뇌의 이들 영역이 계속 그런 상태를 유지한다는 뜻은 아니다. 난독증이라도 특수읽기프로그램 수업을 받는 아이들은 그 영역이 좀 더 활성화된다.

내 아들도 난독증이다. 처음 검사했을 때 우리는 그 아이의 언어구사 능력과 추리 능력이 아주 뛰어나다는 사실을 발견하고 놀랐다. 그러나 읽기 능력은 정상에 한참 못 미쳤다. 아이는 몇 해 동안 훈련을 받았고 이제 내 아들의 좌뇌는 기능이 떨어지는 하전두회의 부족분을 만회하고 있다. 읽기 능력도 또래 아이들에 뒤지지 않는 수준에 근접하고 있다. 신경가소성과 그 위력이 놀라울 따름이다.

읽기 능력이 남다른 성인들도 읽기의 기본을 다시 한 번 확인하게 되는 순간들이 있다. 예를 들어 길고 낯선 단어를 만났을 때는 음절로 나누어 한번 발음해보게 된다. 또 새로운 언어를 접하면 어떻게 발음하고 어떻게 단어와 의미를 결합해야 하는지 몰라 잠깐 난감해진다. 그럴 때 우리는 단어를 즉석에서 인지하는 능력이 얼마나 소중한 것인지, 얼마나 많은 노력을 해야 자연스럽게 눈에 보이지 않는 영역으로 넘어갈 수 있는지 다시 한 번 되새기게 된다.

사실 읽고 쓰기를 담당하는 뇌는 글자를 읽지도 못하고 그 글자들을 단어로 맞추려고 노력하지도 않는다. 그 때문에 언어는 다르지만 같은 알파벳을 사용하는 나라를 방문했을 때 문제가 되기도 한다. 나는 영어 사용자로서 같은 알파벳을 쓰는 핀란드를 찾았을 때의 당황했던 기억을 잊을 수가 없다. 핀란드는 각종 표지판들이 핀란드어와 스웨덴어로 표기되어 있다. 당연히 나는 둘 다 전혀 모른다. 그리스어나 라틴어라는 공통의 뿌리를 갖고 있는 독일어와 달리 핀란드어는 전혀 생소했고 글자 조합만 가지고는 뜻을 짐작할 수 없었다.

반대로 한국이나 일본을 방문했을 때는 붐비는 거리에 휘황찬란한 네온사인 가득히 적힌 글자들을 보면서도 내 읽기 담당 두뇌는 아무런 불편함도 느끼지 않았다. 한글이나 한자를 읽을 줄 모르기 때문이다(물론 우리 할머니가 자신의 문화적 모태를 이해하지 못하는 나를 보고 한심하게 여기는 것을 생각하면 부끄러운 마음을 감출 수 없다).

하지만 글을 읽을 때 우리가 경험하는 것은 대부분 복잡함과 교묘함이 매끄럽게 결합된 것들이다. I. A. 리처즈I.A.Richards는 '책은 생각하는 데 사용하는 기계다'라고 썼는데 이 말은 그가 생각했던 것보다 훨씬 더 진실에 가깝다. 읽기는 얽힘의 한 형태이고 힘들이지 않고도 마음을 확장시키는 기술과의 결합을 보여주는 가장 좋은 일상의 예이다. 책은 여러 층의 인지적 용무, 우리의 관심의 중심과 주변에 존재하도록 의도된 콘텐츠와 부가텍스트, 우리를 참여하라고 초대하거나 불필요한 것들을 내치라고 권하는 도구들이 담겨 있다. 읽기는 책의 모든 요소에 총체적으로 주의를 기울이라고 요구하지 않는다. 우리는 어떤 것에는 관심을 집중시키고, 기기에 의지하여 다른 것들을 기억하고, 또 어떤 정보는 다른 대상에 완전히 맡겨 기억하도록 한다. 코에 걸린 안경을 볼 수 없듯이 우리는 이런 문해력 기술을 보지 못한다. 안경은 그것을 통해서 세상을 볼 수 있기 때문에 굳이 의식하지 않게 된다.

읽기에서 알 수 있듯이 기술과 친밀해져서 기술을 자신의 일부로 삼고, 그런 기술을 힘들이지 않고 사용하고, 그런 기술이 우리의 신체적 인지적 창조적 능력을 확장한다고 느끼는 것은 매우 유쾌한 경험이다. 차나 자전거를 운전할 때 그것이 내 몸의 확장이고 그것을 통해 내가 도로와 이어졌다고 느끼는 순간 우리는 황홀해진다. 등산이나 하이킹을 할 때도 그러한 기분을 느낄 수 있다. 그럴 때는 모든 감각이 주변 환경에 흡수되어, 비록 몸은 힘들고 스트레스를 받지만 주저앉고 싶다는 느낌은 전혀 들지 않는다. 오히려 자신의 한계를 뚫고 나아갈 것 같은 기분이 든다.

미하이 칙센트미하이가 '몰입'이라고 부른 것이 바로 이런 상태다. "(그때의) 집중은 아주 강렬해서 지금 하는 일과 관계없는 것에 대한 생각과 문제점에 대한 걱정을 전혀 남겨두지 않는다. 자의식은 사라지고 시간 개념은 왜곡된다. 그런 경험을 만들어내는 행위는 아주 만족스러운 것이어서 사람들은 행위 자체를 위해 기꺼이 그것을 한다. 그 일을 통해 무엇을 얻을 것인가에는 별 관심이 없다. 그것이 어렵거나 위험할 때도 그렇다."

어떤 일이든 몰입 상태에 이를 수 있다. 칙센트미하이는 수십 년 동안 몰입을 연구해왔고, 그의 팀은 전 세계 다양한 연령과 다양한 직업을 가진 수천 명을 인터뷰하고 조사했다. "우리는 맨해튼에서 소비되는 록스앤베이글(훈제연어가 들어가는 베이글 샌드위치–옮긴이)에 넣을 재료를 만들기 위해 하루 종일 연어를 얇게 써는 사람들을 만났습니다. 그들은 조각가나 과학자에 못지않은 창조적 열의를 가지고 작업에 임하고 있었습니다." 그는 로스앤젤레스 외곽에 자리한 클레어몬트대학교의 피터 드러커 경영대학원에 있는 그의 연구실에서 스카이프Skype로 내게 이렇게 말했다. 칙센트미하이는 말하는 도중 가끔 눈을 감고 자신의 말에 집중하곤 했다. 그의 뒤로는 엄청난 책 더미가 쌓여 있었고 곳곳에 상패와 책표지들이 벽을 가리고 있었다.

연어를 저미는 사람들은 어떻게 몰입 상태에 이를까? "그들은 말합니다. '연어들은 한 마리 한 마리가 모두 다르다. 나는 보통 하루에 다섯에서 여섯 마리를 다루는데, 한 마리를 골라 대리석 표면에 내려놓을 때, 이 녀석의 내부가 어떻게 생겼는지 3차원 X-레이로 투시한다.' 그런 다음 그들은 최소한의 동작으로 연어를 손질한 후, 가장 작고 가장 얇은 박편으로 썰어내어, 버려지는 연어의 양을 최소화합니다." 어떻게 보면 일종의 게임 같은 작업이다. 칼질과 버리는 양을 최소화하면서 가장 많은 연어 박편을 만들어내는 게임 말이다.

이런 게임은 도전 정신을 자극하고 규칙이 분명하고 즉석에서의 피드백이 가능하기 때문에 더욱 몰입하기가 쉽다. 보드게임이든 체스든 비디오게임이든 게임이 재미있는 것은 이런 이유 때문이다. 게임을 하면 순식간에 몰입 상태로 들어갈 수 있다. 칙센트미하이는 말한다. "간단한 비디오게임에는 외계인이 나오고 게이머는 그것들을 쏘아 떨어뜨려야 한다. 방아쇠를 다루는 감이 뛰어나고 반응속도가 빨라야 한다." 세 세트의 타이어를 X자로 교체한다든가, 다섯 쪽 분량의 글을 쓴다든가, 무게를 맞추고 배를 안정시킬 수 있도록 화물을 적재하는 것처럼 혼자서 단기 목표를 설정할 수 있는 일은 주의력을 오래 유지해야 몰입 상태로 들어갈 수 있다(목표를 자율적으로 정하면 자립심도 생긴다). 실제로 이런 목표들을 찾아내고 결코 만만치는 않지만 못 해낼 것도 없다는 생각이 들도록 목표를 정하는 것은 그 자체로 하나의 기술이고 스스로 달인임을 드러내는 표식이다.

숙달하기 쉬운 게임이나 임무는 어려운 것보다 더 빨리 몰입할 수 있을지 모르지만, 집중력을 오래 유지하기는 어렵다. 반대로 화가나 의사는 일정한 경지에 이르는 데 여러 해 걸리지만 평생 그 일에 종사하면서 도전할 수 있다. 또 기타히어로Guitar Hero 게임은 비교적 배우기가 쉽고 재미도 있지만, 몇백 시간이 지나면 도전 의욕이 시들해진다. 하지만 진짜 기타는 몇십 년이 지나도 새로운 노래, 익혀야 할 새로운 연주법, 자신을 드러낼 수 있는 새로운 방법이 끊이지 않고 나온다. 칙센트미하이는 내게 이렇게 설명해주었다. "각오가 섰으면 초급 기술부터 시작하면 됩니다. 하지만 기량이 늘면서 점점 몰입 상태로 들어가게 됩니다. 가령 체스나 브리지 등 매우 복잡한 게임에서는 오랜 시간이 지나야 도전 욕구가 시들해질지 모릅니다. 그러나 몰입은 흔하지 않습니다. 그만큼 어렵기 때문이죠."

칙센트미하이 팀은 긍정심리학(본질적으로 행복의 과학)을 연구하는 가운데 사람들은 질탕한 쾌락을 추구할 때가 아니라 어려운 임무에 몰두할 때 가장 고조된 행복감을 느낀다는 사실을 발견했다. 칙센트미하이는 이렇게 썼다. "삶의 최고의 순간은 수동적으로 무얼 받아들이며 긴장을 푸는 시간이 아니다. 최고의 순간은 몸과 마음이 자진해서 어렵고 가치 있는 일을 이루기 위해 노력하고 자신의 한계를 확장할 때 일어난다." 도전, 환희, 보람 있고 가치 있는 난관, 그리고 그런 것들에 대한 치열한 인식, 이런 것들이 몰입의 순간을 만들어낸다. 몰입은 행복의 핵심이다. 몰입 경험이 강렬할수록 사람들은 자신의 진정한 모습을 이해하게 된다. "몰입 상태에서 자신이 누구이고 무엇을 했으며 무엇을 하기 원하는지를 제대로 반영하는 순간까지 주의력을 집중시킬 때, 그는 이 세계에서 자신의 역할을 다한 것이고, 그래서 그는 자신과 자신의 일에 대해 만족감을 느낍니다." 칙센트미하이는 이렇게 설명했다.

'집중하여' 의식의 내용을 제어하는 능력은 좋은 삶을 꾸려가는 데 매우 중요한 요소다. 이 점을 이해하면 왜 수시로 산만해지는 버릇이 큰 문제인지 알 수 있다. 전화나 문자메시지, 혹은 이것저것 물어오는 사람들이나 고객이나 아이들처럼 외부적인 요인에 의해 방해받을 때, 또는 저절로 생긴 방해 요인이나 자진해서 여러 가지 일을 한꺼번에 처리하려 한 탓에 끊임없이 방해받을 때는 결국 이런 만성적인 산만함 때문에 우리는 자신의 삶을 뜻대로 통제할 수 없다는 패배감을 지울 수 없게 된다. 그런 산만함은 생각의 사슬을 끊어낼 뿐 아니라 자신이 무얼 하는지도 모르게 만든다.

일이 잘 풀릴 때는 얽힘 덕분에 기술을 힘들이지 않고 능숙하게 활용하게 된다. 최상의 상태에서 얽힘은 큰 기쁨을 가져다주며, 상상력과 창의력을 확대시켜주고, 삶의 깊이와 의미를 더해준다. 그래서 나쁜 읽힘이 왜 고통스럽고 산만함이 왜 그렇게 자신을 좀먹는지 더욱 절감하게 되고, 집중하고 한눈팔지 않고 몰입할 수 있는 기술을 갖는 것이 왜 중요한지 깨닫게 된다.

산만함은 호흡으로 드러난다

기술을 참선처럼 힘들이지 않고 사용하도록 도와주는 것 중 하나가 꾸준한 호흡이다. 《마음을 쏘다, 활Zen in the Art of Archery》에서 오이겐 헤리겔은 일본의 궁술에서 호흡이 맡는 중요한 역할을 설명했다. 궁술은 선의 구현이라고 헤리겔은 주장했다. 궁술은 명경지수明鏡止水 같은 마음으로만 실천할 수 있는 '기술이 가미되지 않은 기술'이다. 호흡은 활을 올바르게 다루는 것만큼 중요하다. 정보통신기술을 이용하면서 이메일무호흡증을 해결하지 못한다면, 좋은 읽힘은 여전히 쉽게 잡히지 않을 것이다.

다행히 과학자들은 컴퓨터를 사용하는 동안 숨을 더 잘 쉴 수 있게 해주는 방법을 연구하기 시작했다. 나는 그 요령을 배우기 위해 스탠퍼드대학교에서 박사과정을 밟고 있는 니마 모라베지Neema Moraveji가 주도하는 연구팀인 카밍테크놀로지실험실Calming Technology Laboratory을 방문했다. 나는 이 대학의 중앙 정원에 우뚝 서 있는 사암벽으로 된 월렌버그홀 1층에서 모라베지와 만났다.

얘기를 나눠보니 모라베지는 지금까지 내가 만났던 사람들 중에 공상과학 드라마 〈로스트Lost〉에 나오는 어떤 등장인물과 가장 가까운 사람이었다. 모라베지는 출신배경과 성격, 준수한 외모가 적당히 이국적이어서 오시애닉 815Oceanic 815(〈로스트〉에서 외딴 섬에 불시착하는 비행기-옮긴이)의 승객처럼 보였고, 그의 기술도 비현실적인 다르마Dharma 프로젝트의 일부처럼 보였다. 1979년에 미국으로 건너온 이란 이민자의 아들인 모라베지는 카네기멜론대학교에서 컴퓨터과학을 전공하고 마이크로소프트리서치 아시아Microsoft Research Asia에서 근무하다 스탠퍼드대학교로 왔다. 그는 여러 해 동안 아시아와 라틴아메리카 지역을 배낭여행했다. 그래서인지 몰라도 그는 명상의 유익함을 여러 나라 말로 설명할 수 있다. 우리가 만났던 아침에 그의 페이스북 페이지에는 패션디자이너인 그의 약혼녀와 버닝맨Burning Man(매년 네바다 사막에서 일주일 동안 열리는 예술 축제로 베이에어리어Bay Area의 전위 예술가와 기술자들이 가장 좋아하는 행사)에서 함께 찍은 사진이 있었다.

카밍테크놀로지실험실이라고 하니까 뭔가 거창해 보이지만, 사실 그들의 프로젝트는 모라베지의 랩톱과 몇 개의 웹사이트와 동료 사색가들의 순회 밴드와 몇 개의 프로토타입으로 압축할 수 있다. 내가 모라베지를 만났을 때, 그는 최근 프로젝트 중의 하나를 연결하고 있었다. 가슴에 부착하는 센서와 아두이노Arduino 전자제어기(저렴한 가격과 유연성 때문에 땜장이들이 애호하는 물품)였는데 그것들은 맥북에 연결되어 있었다. 연구실의 다른 사람들은 SMS 메시지와 디지털 사진과 심지어 페이스북에 피기백piggyback하는 시스템을 개발하고 있다. 이것은 흥미로운 실험으로 값이 싼 기술 검증 프로토타입이다.

카밍테크놀로지실험실은 일상의 사소한 스트레스 요인의 영향력을 줄이는 기술을 개발한다. 그들은 유용하고 바람직한 스트레스 요인은 제거하지 않는다. 연극배우나 응급실 의사들은 스트레스를 받으면서도 일을 아주 잘 처리하는 법을 배우고, 아드레날린 중독자들은 비싼 돈을 내고 비행기에서 뛰어내리거나 울퉁불퉁한 눈더미 위를 스키를 타고 달린다. 카밍테크놀로지실험실에서는 이들보다 낮은 단계의 만성적 스트레스를 표적으로 삼는다. 일상에서 흔히 겪는 갈등이나 좌절로 생기는 스트레스들이 그들의 실험 대상이다.

나는 '평정calm'의 의미를 물었다. "한마디로 '평온한 각성restful alertness'입니다." 모라베지는 이렇게 답했다. 평정, 집중, 주의는 모두 하나로 연결된 개념이다. 그는 이렇게 덧붙였다. "만성적 스트레스가 높을수록 더 산만해지고 깊이 집중하지 못하여 생산성이 떨어지기 쉽습니다. 그리고 그런 산만함은 호흡으로 드러납니다."

호흡의 변화가 꼭 무의식적으로만 일어나지 않는다는 사실을, 모라베지는 이 작업을 처음 시작했을 때부터 깨달았다. 물론 호흡은 대부분 무의식적으로 이루어지며, 이메일무호흡증에서 보듯 하는 일이나 주변 환경의 영향을 받는다. 하지만 스트레스 정도에 따라 올라가기도 하고 내려가기도 하는 심장박동률이나 혈압과 달리, 호흡은 집중하면 조절할 수 있다. 모라베지는 여러 해 동안 호흡 명상을 수련했다. "호흡은 몸과 마음이 만나는 곳입니다. 호흡은 자신의 상태를 조절할 수 있는 간편한 메커니즘입니다." 그는 이렇게 설명했다. 호흡은 또한 측정하고 감시하고 수량화하기 쉬운 장점을 가졌다. 덕분에 호흡은 디지털 산만함을 해결할 좋은 후보감이다.

모라베지가 가슴에 달고 있는 센서는 캄코치Calm Coach라는 시스템의 일부다. 컴퓨터 앞에서 하루 일과를 시작할 때 캄코치를 달면, 그것은 하루 종일 모라베지의 호흡수를 감시한다. 모라베지는 그의 현재 호흡수와 그것을 기준선과 비교해 보여주는 맥북 메뉴바의 표시를 가리켰다. 수치가 낮았다. 대부분의 대학원생들과 달리, 모라베지는 자신의 박사과정을 설명할 때도 스트레스를 받지 않았다.

모라베지는 메뉴바의 또 다른 수치를 가리키며 말했다. "우리는 짧지만 중요한 어떤 것을 표시하려 합니다. 평정 상태죠. 우리는 그것을 점수로 나타냅니다." 캄코치는 숨을 잘 쉬면 보상으로 점수를 준다(그 사이에 그의 심장박동이 37에서 38로 바뀌었다). 그런데 화를 내며 전화를 하거나 회의 도중 의견 충돌로 심박수가 올라가더라도 점수는 깎이지 않는다. 게이머들이 늘 하는 말이지만, 점수를 잃으면 스트레스를 더 많이 받기 때문이다.

하루 중 언제 스트레스를 받는지, 그럴 때 무슨 일을 하고 있었는지 아는 것은 도움이 된다. 모라베지는 랩톱에서 세로줄 두 개와 한 세트의 스크린샷이 있는 화면을 불러냈다. "왼쪽의 세로줄은 내가 가장 심하게 스트레스를 받았을 때를 보여줍니다. 오른쪽의 세로줄은 마음이 가장 차분해졌을 때 내가 무엇을 하고 있었는지를 보여줍니다." 그는 설명했다(왼쪽 화면 두 개에 이메일이 열려 있는 것이 보였다. 마음을 가라앉히는 데 능숙한 전문가도 이메일을 확인할 때 호흡을 조절하지 못해 스트레스를 받는다는 사실에 기분이 좀 좋아졌다). 이런 시스템을 몇 주 또는 몇 달 동안 사용하면, 하루에 몇 번이나 스트레스를 심하게 받는지, 그리고 아울러 아주 쉽게 처리할 수 있는 행동이 무엇인지 알아낼 수 있다.

화면에 해변 사진이 하나 떴다. "신기록을 세웠군요." 모라베지는 이렇게 말했다. 시스템은 그날 아침 그에게 41점을 주었다. 미래의 캄코치는 좀 더 미리 대책을 마련하는 수준으로 진화할지 모른다. 그래서 스트레스 수위가 지나치게 높아지면 휴식을 권하고 일반적으로 가장 평정한 상태에서 가장 힘든 일에 도전해보라고 권할 것이다.

캄코치는 매력적이지만 아직 다듬어지지 않은 프로토타입이다. 아두이노 제어기는 케이스가 없고(케이스가 없으면 문제가 생겼을 때 해결하기가 더 쉽다), 무선 호흡감시장치가 있어 더 쓸모가 있다. 그래도 이미 심장감시장치를 달고 운동하거나, 더 맵시 나고 더 세련된 버전으로 생산성을 높일 기술을 찾는 사람들이 있을 것이다. 캄코치의 진정한 미덕은 늘 켜져 있고, 쉬지 않고 데이터를 수집하며 꾸준히 피드백을 제공하면서 마음을 가라앉히도록 채근한다는 점이다. 보통 성인이 하루에 2만 번 이상 호흡을 한다고 생각할 때, 컴퓨터 앞에 앉을 때마다 시스템이 작동한다는 것은 캄코치의 분명한 장점일 것이다. 실시간이지만 시스템이 간접적인 방식이어서 기술과 호흡을 무의식적으로 연결하는 프로그램을 재설정하기에도 썩 잘 어울리는 것 같다.

나이키플러스 퓨얼밴드Nike+ FuelBand를 구입했고, 《끝도 없는 일 깔끔하게 해치우기Getting Things Done》 같은 책은 접어가며 읽은, 좀 더 스마트해지고 좀 더 생산적이고 좀 더 대단한 사람이 되기 위한 것들을 찾아다니는 얼리어답터들이나 캄코치를 구입할지 모르지만, 모라베지의 바람은 컴퓨터를 사용하는 모든 사용자들이 캄코치를 통해 수시로 정신을 가다듬는 데 익숙해져 그 혜택을 실감할 수 있게 되는 것이다. 그는 말한다. "관조적 상태까지는 바라지 않지만 그래도 스트레스를 줄이고 일을 좀 더 깔끔하게 처리하고 싶은 사람들에게는 아주 도움이 됩니다. 사실 따지고 보면 이것은 정서적 신체적 의식을 높이는 문제입니다. 결국 평정심을 갖는다는 것은 단순히 마음을 가라앉히는 것만이 아닙니다. 평정심은 생산적, 창의적이 되고 아이디어를 얻는 문제입니다." 그는 또한 '우리에게 스트레스를 주는 기술이 우리의 마음을 가라앉혀주고', 컴퓨터와의 관계를 재정립할 수 있다는 사실을 사용자들에게 보여줄 수 있기를 희망한다. "컴퓨터는 우리가 무슨 일을 '할 수 있도록' 해주기만 하는 기구는 아닙니다. 컴퓨터는 우리가 스스로 최상의 상태를 찾아내도록 도와주어야 합니다." 모라베지는 이렇게 강조한다.

캄코치를 상품진열대에 올리기에는 아직 이를지 모른다. 하지만 그때까지 컴퓨터를 좀 더 관조적으로 사용할 수 있는 다른 툴이 있다. 소위 '젠웨어Zenware'라는 그럴듯한 이름으로 통하는 프로그램들이다.

2장

단순화

디지털 시대
빼앗긴 집중력을
되찾기 위한 조언

THE
DISTRACTION
ADDICTION

모자람

다음에 컴퓨터 앞에 앉으면 두 가지 소프트웨어를 받아보기 바란다. 하나는 프리덤Freedom이란 것인데, 최대 8시간까지 인터넷 접속을 막아주는 프로그램이다. 또 하나는 다크룸Dark Room(매킨토시 사용자들에게는 라이트룸WriteRoom)으로, 집중할 수 있도록 도와주는 깔끔하고 단순한 인터페이스를 갖춘 프로그램이다(리눅스Linux 사용자라면 이 외에도 자기에게 어울리는 버전을 찾아낼 수준을 갖춘 해커들이 많을 것이다). 이들 프로그램과 한 주를 보내고 나면, 쓰기 능력과 집중력이 향상되었다는 것을 분명히 느끼게 될 것이다. 이 프로그램들은 당신 자신에 관한 정보도 몇 가지 알게 해준다. 관조적 컴퓨팅에는 실험과 성찰이 필요하다. 그래서 새로운 것에 도전하고, 그것이 확장된 마음에 어떤 영향을 주는지 알아보고, 확장된 마음을 발전시키고 창의적이고 집중력을 갖출 수 있도록 기술의 용법을 바꾸는 것이 중요하다.

프리덤은 사용하기가 쉽다. 프로그램을 열면 대화창이 나타나 '몇 분으로 할까요?'라고 묻는다. 숫자를 입력하고 엔터키를 누르면 오프라인이 된다. 시계가 카운트다운하는 동안에는 아무리 애를 써도 인터넷에 다시 접속할 수 없다. 이메일이나 트위터를 하려면 컴퓨터를 다시 켜야 한다. 하지만 그렇게 한다면 스스로 묻게 될 것이다. "정말 다시 켜야 하나?" 결국 이 프로그램은 아주 효과적인 방해꾼이다.

나도 '몇 분으로 할까요?'라는 문구를 처음 대했을 때 조금은 당황했었다. "인터넷을 끊는다고? 내가 지금 뭐하는 거지? 정신이 나갔나?" 세상이 인터넷과 더불어 움직이다 보니 오프라인으로 있는 것이 낫다고 생각되는 순간에도 반사적으로 인터넷에 접속하게 된다. 온라인 상태에 '있어야 한다'고 생각하는 것부터가 메일함을 열게 만드는 첫 번째 요인이다. 물론 인터넷이 꼭 필요하면 아이팟이나 아이패드를 쓰면 된다.

어쨌든 나는 재빨리 메일을 확인하고 파일을 서버에 백업한 다음 두 시간 동안 나 자신에게 인터넷 없는 시간을 준다. 마지막 버튼을 누르자 프리덤이 알려준다. "이제 오프라인 상태가 되었습니다. 시간이 만료될 때까지 프리덤은 응답하지 않습니다." 1~2분 정도 글을 쓰고 나서 커맨드-탭(윈도에선 알트-탭)을 눌러 프리덤을 불러보았다. 아무런 반응이 없다. 메뉴바도 없고 '하던 일로 돌아가세요'라는 말도 없다. 아무것도 없다. 영화 〈영 프랑켄슈타인Young Frankenstein〉(유튜브에 클립이 있는지 모르겠다. 젠장, 아무리 해도 나는 못 찾겠다)에서 진 와일더Gene Wilder가 맡은 프랑켄슈타인이 테리 가Teri Garr와 마티 펠드먼Marty

Feldman(그와 와일더가 출연한 셜록 홈즈를 소재로 한 영화가 있었다. 넷플릭스Netflix에 있다는데 역시 못 찾겠다)에게 소름끼치는 비명소리가 나더라도 괴물이 있는 방으로 들어오지 말라고 일러주는 장면이 떠올랐다(그러고 보니 생각나는 게 있다. 내가…. 에이 관두자).

이렇게 한 가지(사실 사소한 것이지만) 생각을 하는 잠깐 동안에도 얼마나 자주 엉뚱한 길로 빠지고 이런 생각을 떠올렸다가 저런 질문에 혼자 답하는지 보면 참으로 놀랍다. 그리고 인터넷이 이런 호기심을 얼마나 쉽게 충족시켜주는지 역시 놀랍다. 이렇게 산만해지는 것은 웹에서 그 클립을 찾을 수 있기 때문일 것이다. 혹시 넷플릭스에 그 영화가 있을지 모른다. 그래서 나는 넷플릭스와 인터넷무비데이터베이스Internet Movie Database를 오가며 마티 펠드먼의 애석할 정도로 짧은 경력의 흔적을 뒤지느라 몇 분을 허비한다. 우리는 인터넷에 질 수밖에 없다. 아니 좀 더 정확히 말해 우리는 집중 상태를 지속시키는 데 실패한다. 매 순간 정신 팔기 딱 좋은 놀이공원 규모의 가상 세계가 있는 것을 아는데 어쩌겠는가.

그러나 컴퓨터를 다시 켜지 않으면 그저 마음잡고 앉아 글을 쓰는 도리밖에 없다. 가끔 새로운 메일이 왔는지, 펠릭스 새먼Felix Salmon(저널리스트이자 금융 전문 블로거-옮긴이)이 최근 통화위기에 관해 쓸 만한 말을 했는지 궁금해진다. 하지만 내가 할 수 있는 건 그것뿐이다. 궁금해하는 것. 확인하지는 못한다. 할 수가 없다. 인터넷을 꺼놨으니까. 그래서 다시 하던 일로 돌아간다.

잠시 뒤에 '젠장, 메일을 확인할 수 없잖아'가 '좋네, 메일을 확인할 수 없어서'로 바뀐다. 이제 자유로워진 느낌이다.

집중해야 할 때는 모자람이 풍족함이라는 사실을 프리덤은 보여준다. 라이트룸도 같은 기능을 한다. 프로그램을 열면 라이트룸이 화면을 가득 차지한다. 보이는 것은 까만 바탕에 깜빡이는 초록색 커서뿐이다. 메뉴바도 없고 조절해야 할 폰트도 없고, 가장자리에서 기웃거리는 IM 윈도도 없고, 주변부에서 불러대는 이메일 알람이나 상태 업데이트도 없다. 컴퓨터가 조용해지면 꺼진 것처럼 보이지만 깜빡이는 커서가 있는 것을 보면 사용 가능한 상태라는 것을 알 수 있다. 끝도 없는 드롭다운 메뉴, '좋아요' 버튼, 등급매기기, 긴급 공고, 실시간 추천 등이 수시로 보내는 신호에 익숙한 사용자들에게 이런 상황은 교도소 감방이나 도둑맞은 방처럼 가혹하고 삭막하게 보일 것이다.

하지만 내 경우를 말하자면, 그런 시각적 미니멀리즘은 개인용컴퓨터의 가능성이 무한해 보였던 시절을 떠올리게 해주었다. 사실 내가 개인용컴퓨터로 무슨 대단한 작업을 한 것도 아니고, 또 내가 평소에 하는 것들은 베이식BASIC으로 프로그램을 직접 입력해야 했지만, 애플 IIApple II나 코모도어 64Commodore 64나 TRS-80 같은 것은 공상과학소설에서 이미 선을 보였던 세계의 첫 번째 작품이며 더 멋지게 조립되기만 기다리고 있는 것들이었다.

라이트룸을 보며 그때를 떠올리는 것은 나뿐이 아닐 것이다. PC가 처음 나왔던 1970년대 후반과 1980년대에 10대였던 사람이라면, 라이트룸을 보며 옛날의 사이버네틱 메모리를 떠올릴 수 있을 것이다. 그것은 곧 일어날 미래에 대한 향수 같은 뫼비우스의 띠이다. 버지니아

헤퍼넌Virginia Heffernan은 라이트룸을 가리켜 어떻게 보면 버지니아 울프Virginia Woolf이고 어떻게 보면 사이버펑크 같은 프로그램이라고 극찬한다. "사람들은 정체 모를 뿌리 깊은 고독에 빠져들고, 그들이 하는 말은 〈스타워즈Star Wars〉의 첫 장면처럼 우주공간에 쓰이는 글이 된다." 그녀는 이렇게 썼다. "지니스 Z19Zenith Z19로 베이식을 배우고 케이프로Kaypro로 워드프로세스를 시작한 사람들에게는 그 옛날의 녹색-흑색이 숨이 막힐 정도로 반가울 것이다."

그때는 '인간 정신의 신비와 컴퓨터 성능의 신비가 둘 다 서로를 빛내주고 깊이를 더해주는' 시절이었다고 헤퍼넌은 말한다. 컴퓨터는 탐구되고 정복되기를 기다리는 신세계였다. 키보드 앞에 앉아 있다는 것은 결코 수동적이거나 무기력한 행위가 아니었다. 그것은 모험이었고 개인적인 탐험의 시작이었다. 그런 탐험은 우리를 바꿔주고 우리를 더 똑똑하게 만들어주고 우리에게 이 조그만 세계에 대한 지배권을 약속했다. 그 비밀을 풀 정도로 열심히 노력했다면 말이다. 개인용컴퓨터의 초기 시절, 그러니까 자기가 쓸 프로그램을 직접 짜야 했던(아니면 적어도 키보드를 쳐서 입력해야 했던) 시절에는 사용자와 컴퓨터가 서로를 똑똑하게 해주는 것이 분명했다.

그러나 요즘 컴퓨터는 믿을 수 없을 정도로 빨라지고 복잡해졌고, 일상에서 사용하게 만들어진 소프트웨어도 현기증이 날 정도로 복잡해졌다. 가령 내 마이크로소프트워드Microsoft Word만 해도 메뉴바에 드롭다운 탭이 11개가 있다. 이들 탭 중 10개에는 '열기' '저장하기'부터 '플래그포팔로우업Flag for Follow-Up'과 '오토피트AutoFit' '디스트리뷰트

Distribute'에 이르기까지 명령어와 기능이 140개나 있다. 11번째 탭에는 200개의 폰트가 있는데, 고딕체, 이탤릭체, 밑줄, 좁은폭, 형광색 따위는 계산에 넣지도 않았다. 드롭다운 메뉴를 쓰지 않으면, 문서 상단을 가로지르는 띠 모양의 도표들을 이용해 기능들을 사용할 수 있다. 화면 옆에 있는 툴박스를 사용하면 다른 기능들을 쓸 수 있고, 문서의 왼쪽에 있는 사이드바로도 또 다른 기능을 얻을 수 있다. 마지막으로 문서를 보는 방식도 초안, 아우트라인, 출판모드, 인쇄모양, 읽기모드, 전체화면 등 여섯 가지를 제공한다.

워드 같은 프로그램은 더 단순하고 소박한 시스템이 제공하는 '계몽적 미스터리'(헤퍼넌의 표현이다)를 찾을 기회를 좀처럼 주지 않는다. 헤퍼넌의 말을 빌리면 '기술의 부정적인 면으로부터 보호하기 위해 만들어진 사용자 친화적인 인터페이스'처럼 더 안전하고 더 생산적으로 고안된 기술도 본의 아니게 우리의 능력과 직관을 무디게 하는 위험성이 있다. 그런 일은 키보드 앞에서만 일어나는 문제가 아니다. 그리고 현실 세계에서 그런 일이 일어날 때 그 결과는 치명적일 수가 있다.

2009년 에어프랑스Air France의 에어버스가 브라질 해안에 추락한 이후, 2011년 국제항공운송협회International Air Transport Association는 보고서를 통해 비행기들이 너무 정교해지면서 조종사들이 고급 비행기술을 연마하고 개발할 기회를 갖지 못하고 있다고 경고했다. 조종사들은 비행시간 거의 대부분을 자동조종장치에 맡기도록 훈련받기 때문에, 수동으로 비행기를 조종하는 경험을 거의 쌓지 못한다. 결국 비상시 대처 능력이 떨어질 수밖에 없다. 특히 자동조종장치나 기기의 결함으로 인한 비상사태가 생길 때는 더 큰 문제가 된다.

그래서 빠르고 복잡한 소프트웨어 중에서 우리의 삶을 더 낫게 해주는 것을 우리가 직접 찾아내야 한다. 흔히 컴퓨터가 빨라지고 강력해지면 우리도 따라서 빠르고 강력해지리라고 생각하기 쉽다. 그러나 지난 수십 년 동안 복잡한 시스템이 실패한 사례를 연구한 결과를 보면 그렇지 않다는 것을 알 수 있다. 고도로 자동화된 시스템이라 해도 어떻게 해볼 수 없는 물리법칙이나 예측하기 힘든 날씨 등 세상 곳곳에 깔려 있는 복잡성을 완전히 제거하지는 못한다. 그리고 이런 시스템에 문제가 생겨 일이 엉뚱한 방향으로 전개될 경우, 조종사들이나 핵발전소 기술자 혹은 헤지펀드 운영자들은 평소 훈련대로 침착하게 문제에 접근하지 못하고 우왕좌왕하게 된다. 시스템이 자동화된 탓에 평소에 기본적인 복잡성을 직접 경험할 기회를 많이 갖지 못했기 때문이다.

과학자나 금융 분석가 등 매우 많은 분량의 데이터나 시뮬레이션을 가지고 작업을 하는 사람들은 예전 같으면 며칠씩 걸려 처리했을 일을 컴퓨터로 순식간에 처리한다. 예전에 전기나 엔진이 했던 역할을 대신하는 소프트웨어는 눈 깜짝할 사이에 주어진 작업을 처리한다. 그러나 소프트웨어가 창조적인 일을 죄다 맡아 할 수는 없다. 내가 처음 MS 워드를 사용하기 시작한 이후로 20년 동안, 무어의 법칙이 열 번은 적용되었다. 무어의 법칙은 대략 2년마다 컴퓨터 성능이 두 배로 향상된다고 말한다. 그렇다면 내가 지금 사용하는 컴퓨터는 예전에 사용했던 워드 5.1보다 약 1,000배 더 강력해졌을 것이다. 그렇다면 내가 지금 전보다 1,000배 더 빨리 작업하고 있는가? 나 아니라도 누가 그런 사람이 있는가? 우리가 1990년에 비해 이메일을 1,000배 더 많이 읽을 수 있는가? 아니면 1,000배 더 많이 받는 것처럼 느끼는 것뿐일까?

크고 기능이 많은 프로그램은 복잡하다. 창조적인 작업 역시 복잡하다. 복잡한 방식이 다를 뿐이다. 하지만 단순한 프로그램은 주변의 산만함을 걷어내고, 외부 세계를 막고, 보다 효과적으로 생각하고 멀티태스킹할 공간을 마련해줌으로써 복잡성을 극복하려는 노력을 지원해준다.

멀티태스킹의 재정의

최근에 들어 멀티태스킹에 대한 인식이 안 좋아졌지만, 사실 인류는 오래전부터 멀티태스킹을 해왔다. 일부 고고학자들은 '호모사피엔스'의 성공은 여러 가지 일을 한꺼번에 처리할 수 있는 인류의 능력에서 비롯되었다고 말한다. 멀티태스킹의 고대 사례 중 가장 매력적인 것은 남아프리카공화국 비트바테르스란트대학교의 린 와들레이Lyn Wadley 교수가 행한 실험을 통해 확인할 수 있다. 와들레이 팀은 고대 석기를 만드는 방법을 재현했다. 석기 시대에 사냥꾼들은 돌칼을 나무 손잡이에 붙여 도끼 등 여러 무기들을 만들었다. 손잡이에 돌이 제대로 붙어 있으려면 강력한 접착제가 필요했다. 사냥꾼들은 자연에서 여러 가지 재료들을 모아 끓여서 접착제를 만들었다. 좋은 접착제를 만들려면 많은 경험과 기술이 필요했다. 와들레이와 그녀의 동료들은 접착제를 만드는 데 다른 중요한 요소가 있다고 주장했다. 바로 멀티태스킹 능력이었다.

그들의 주장을 이해하려면 화학 실습 수업을 상기하는 것이 도움이 될 것이다. 화학약품들을 일정한 순서에 따라 적당한 비율로 섞고 x도에서 y분 동안 열을 가한 다음, pH 농도를 확인하고, 필요한 순간에 휘젓고 색깔이 변하는 것을 지켜보면서 너무 많이 변하기 전에 또 다른 약품을 첨가한다. 통제가 잘된 실험실에서도 이런 작업은 만만치 않은 일이다. 이제 이 모든 과정을 자연 상태에서 한다고 생각해보자. 순정품 약품은 없다. 여기저기 찾아다니다 죽이거나 꺾고 파내고 아니면 아예 직접 기른 재료들로 작업을 해야 한다. x와 y를 정확히 측정할 수도 없다. 표준화된 무게나 크기 같은 개념은 들어본 적도 없다. 아니, 아예 수라는 개념 자체도 없었을 것이다. 그리고 불이 꺼지거나 너무 뜨겁거나 골고루 열이 가해지는지 확인하기 위해 인내심을 가지고 지켜보면서 이 모든 일을 해내야 한다.

석기 시대 장인들은 이런 조건에서 일을 했다. 고대인들은 오랫동안 타르나 수액 같은 자연 접착제를 사용했지만 그것도 무기로 쓸 수 있을 만큼 강하지는 않았다. 그러다 약 7만 년 전에 남아프리카 지역에서 도끼를 만든 사람들이 고무나무 수액과 대자석(철분이 풍부한 광물)을 섞으면 몇 년을 사용할 수 있을 정도로 손잡이와 도끼머리가 단단히 붙는다는 사실을 발견했다. 하지만 그렇게 하려면 제대로 된 나무를 사용하고, 올바른 비율로 섞고, 가열하는 시간 또한 정확해야 했다. 와들레이 팀은 아교를 재생해보았다. 그리고 고무나무 수액과 대자석을 섞은 것에 일정한 양의 밀랍과 모래를 첨가하면서 농도를 확인했다. 하지만 실험실에서 하는데도 툭하면 일을 망치곤 했다.

석기 시대에 접착제를 만들었던 사람들은 열을 가할 때 재료들이 어떤 작용을 하는지 알아야 했고, 또 매번 적정한 열의 세기를 파악하고 첨가물이 정확히 얼마나 필요한지 판단해야 했다. 다시 말해 그들은 여러 가지 재료들의 기능을 예측하고 계속 끓이면서 상황의 추이를 관찰하고 조리법을 정확히 알고 조절해야 했다. 이 모든 예측과 관찰, 임기응변은 '멀티태스킹과 추상적 사고가 없으면 불가능'했을 것이라고 와들레이 교수는 결론지었다.

지구 반대편에서 캘리포니아대학교 로스앤젤레스 캠퍼스 교수 모니카 스미스Monica Smith 역시 고대의 기록에서 멀티태스킹의 증거를 찾았다. 멀티태스킹을 해내는 인간의 능력은 복잡한 사회를 진화시킨 주요 동력이었다고 그녀는 주장했다. 인류라는 종의 초기 역사에서 호모사피엔스는 더 강하고 더 빠르고 더 포악한 종들(그중에는 돼지나 소처럼 나중에 길들여진 것도 있다)과 음식과 공간을 놓고 경쟁을 벌였다. 개인이든 집단이든 멀티태스킹하는 능력 덕분에 우리의 조상들은 자신의 부족한 점을 보완할 수 있었다.

개인으로서 인간은 다른 동물들보다 일을 계획적으로 하고 복잡한 일을 능숙하게 처리하며 동물을 태우거나 말리거나 요리함으로써 먹을 수 있는 음식의 범위를 늘렸다. 집단 차원에서 인간은 열매나 줄기를 채집하는 방법에서 사냥하고 식량을 재배하는 쪽으로 발전했다. 그것은 미래에 더 큰 이득을 얻기 위해 지금 에너지를 투자하고 계획을 세우는 과정이었다. 멀티태스킹으로 인간은 보다 복잡한 의식과 기술을 만들어내고 결국 정착 생활에 한 걸음 더 가까워졌으며, 나중에는 도시적인 생활방식을 영위할 수 있게 되었다. 다시 말해 멀티태스킹 덕분에 우리의 조상들은 다른 종들보다 앞서고 도구를 만들고 궁극적으로 문명을 이룩해냈다.

그렇다면 내가 지금 101번 고속도로를 달리다 속도를 늦추면서 아이들에게 문자메시지를 보내고 진하게 탄 아이스 디카페인 모카라테를 홀짝이는 것이 뭐가 잘못인가? 다른 사람들도 다 그렇게 한다. 멀티태스킹이 인간의 사회적 진화에 그렇게 중요한 역할을 했다면, 왜 이제 와서 그만두어야 하는가?

간단히 답하자면 이것은 멀티태스킹이 아니다. 우리는 멀티태스킹이란 말을 잘못 사용하고 있다. 우리가 말하는 멀티태스킹에는 전혀 다른 두 가지 뜻이 있다. 하나는 생산적이고 두뇌를 적극적으로 활용하며 일하는 사람을 기분을 좋게 만들어주는 것이지만, 다른 하나는 산만하게 하며 기운이 빠지게 만드는 것이다. 아주 비생산적이다. 우리가 멀티태스킹이라고 말하는 활동은 대부분 두 번째 것이다. 좋은 멀티태스킹은 석기 시대의 멀티태스킹이다. 그것은 사람을 완전히 몰입하게 만드는 그런 종류의 멀티태스킹이다.

린 와들레이에게 멀티태스킹은 '마음속에 여러 과정의 활동을 간직하는' 능력이다. 거기에는 추상적 사고를 하고, 여러 가지 다른 물건이나 한 가지 과정의 여러 부분을 놓고 관심의 초점을 바꿀 수 있는 능력도 포함된다. 모니카 스미스는 멀티태스킹을 '한 번에 한 가지 이상을 할 수 있는 능력, 내적 외적 조건이 초래하는 변화에 대응하여 타이밍과 작업 순서를 적당히 바꿀 수 있는 능력'으로 정의한다. 두 가지 경우에서 여러 활동 과정은 하나의 종착점으로 수렴된다. 돌칼을 손잡이에 단단히 붙일 접착제를 만드는 것, 식사 재료를 준비하는 것, 채소 심을 밭을 마련하는 것 등이다. 이것이 복잡한 프로젝트에 뛰어들었을 때 우리가 하는 멀티태스킹이다. 우리는 여러 개의 공을 공중에 던지면서 그 공들이 정확한 장소에 정확한 순서에 따라 정확한 시간에 떨어지게 해야 한다. 우리는 이런 일을 아주 자연스럽게 한다. 그리고 와들레이와 스미스가 맞는다면, 우리는 그 일을 할 수 있도록 진화해왔다.

여러 개의 인지적 가닥을 건설적으로 엮어 사용하게 하는 다른 예가 있다. 좋은 강사는 칠판에 적은 몇 마디 단어나 화면에 띄운 이미지로 전달하고자 하는 핵심을 학생들이 효과적으로 기억하게 만든다. 말이나 대화를 정교한 도표로 그려내는 그래픽레코더graphic recorders를 통해 여러 도표의 변화를 보여주면서 설명하면 학습 효과가 높아진다. 이 경우에 복수의 인지적 가닥의 흐름은 서로 경쟁하지 않는다. 각 흐름은 서로를 보강해주고 서로 다른 방식으로 비슷한 메시지를 전달한다. 오페라를 보는데도 멀티태스킹을 동원해야 한다. 두뇌는 음악과 극의 구성과 대사와 무대 배치 등의 정보를 처리하는 한편, 이 모든 요소를 종합하여 전체의 메시지를 흡수한다.

요리는 멀티태스킹의 좋은 예가 된다. 친구들을 위해 저녁식사를 만든다고 하자. 먼저 친구들이 무엇을 좋아하는지 생각하고, 어떤 재료를 선택할지, 그리고 그 재료를 어디서 구할지 알아보아야 한다. 재료가 담긴 접시들도 순서대로 놓아 요리할 때 서로 거치적거리지 않도록 해야 한다. 음식을 만드는 도중에도 집기가 깨끗한지, 테이블보와 촛불이 준비되었는지 등 다른 일에도 신경을 써야 한다. 손님 중에 두 사람이 길이 막혀 늦을 것 같다는 연락을 해 오면 순서를 다시 조정해야 할지도 모른다. 로스트는 괜찮은데 파이는 조금 있다가 오븐에 넣는 것이 좋겠다. 아이들에게는 크래커를 지금 더 내놓고 생크림은 나중에 둘러야 한다. 어려워 보이는가? 물론 그렇다. 하지만 모두들 맛있게 먹고 파티가 즐겁게 끝나면 여간 뿌듯한 게 아니다.

서로 다른 인지적 가닥을 하나로 모아 꼬아내는 능력은 순수하게 지적인 활동에도 적용할 수 있다. 몇 가지 아이디어를 단기 기억장치에 담아내지 못하면, 그것들을 비교하고 서로의 연관성을 알아내기 어렵기 때문에 새로운 아이디어를 짜내기가 쉽지 않다. 창의적인 일과 혁신에는 익숙한 것들을 익숙하지 않은 방법으로 병치시키는 놀라운 조합이 포함된다. 멀티태스킹 능력이 없으면 그런 종류의 창조성은 불가능하다.

사람들은 또한 아주 익숙한 일을 하면서 다른 일을 할 때나 뇌의 서로 다른 부위와 연관된 두 가지 활동을 동시에 하는 경우에도 '멀티태스킹'이란 말을 사용한다. 음악을 들으면서 글을 읽거나 쓰고(심리 상태에 따라 기악곡과 성악곡의 선호도가 달라진다는 흥미로운 연구도 있다), 개를 산책시키면서 깊은 사색에 잠기고, 아기를 지켜보면서 전화로 이야기 하는 경우가 그런 예다. 음악을 들으면서 세탁한 옷들을 갤 능력이 있다는 것이 나로서는 큰 다행이다. 그 두 가지가 동시에 되지 않는다면 옷 개는 일 아니라 다른 집안일도 할 수 없기 때문이다. 이런 일을 멀티태스킹이라고 못 할 것은 없지만 사실 이 정도는 멀티태스킹이라고 하기에도 뭣하다.

정신없이 바쁘면서도 가스레인지에 냄비를 두 개 올려놓고 오븐에도 접시를 하나 넣고, 아이들에게는 식탁을 차리도록 시키는 일을 능숙하게 해낼 때가 있다. 책과 모니터가 흐트러져 있는 책상에서 여러 가지 생각을 하나로 꼬아내느라 애를 쓰면서 글을 읽는 것도 만만치는 않지만 그래도 해야 하는 일이고 또 보람 있는 일이다. 이런 종류의 멀티태스킹은 일에 몰입하도록 도와준다.

그러나 여러 가지 기기와 매체를 놓고 주의력을 분산시키며 작업을 하는 멀티태스킹은 전혀 성격이 다르다. 음악을 틀어놓고 글을 쓰는 것은 고등학교 동창생과 페이스북으로 채팅을 하고 아이폰으로 팟캐스트를 들으면서 브라우저에 웹페이지 두 개를 띄워놓고 보는 것과는 다르다. 이런 것들은 두뇌를 써야 하는 하나의 과제로 귀결되지 않는 독립적인 활동일 뿐이다. 이는 그저 내가 동시에 하려고 하는 다른 것들일 뿐이다.

사실 따지기 좋아하는 과학자들이라면 이런 활동은 멀티태스킹이 아니라고 말할 것이다. 그것은 정확히 말하자면 스위치태스킹switch-tasking, 즉 두 가지 이상의 일을 번갈아 하는 것이다. 이때 뇌는 서로 다른 활동을 토글링(컴퓨터에서 하나의 키로 두 가지 기능을 번갈아 하도록 만든 토글toggle에서 나온 말-옮긴이)하면서 끊임없이 초점의 방향을 바꾸고 한 가지 일을 쪼개고 다른 일을 처리한다.

문제는 스위치태스킹이다

왜 스위치태스킹이 문제인가? 스위치태스킹은 창의력과 생산성을 저하시키고, 비효율적이며, 우리를 자기기만하게 만든다. 두뇌도 그런 일은 쉽게 관리하지 못한다. 나는 캘리포니아대학교 버클리 캠퍼스에서 기억과 멀티태스킹을 연구하는 한 심리학자를 만나고 나서 이런 사실을 확신했다.

메건 존스Megan Jones와 나는 대학교 길 건너편에 있는 카페에서 만나 라테를 한 잔씩 받아들고 빈 테이블을 찾아 앉았다. 그녀는 아이폰을 꺼내더니 스톱워치를 준비했다. "3단계짜리 간단한 실험을 해보죠. 먼저 하나부터 열까지 빨리 세어보세요."

두툼한 학술서나 무거운 전공서적을 읽고 있는 사람들 사이에 끼어 그런 것을 하려니 조금 창피한 느낌이 들었지만 어쩔 수 없었다. 내 옆 테이블에 앉아 《미들마치Middlemarch》(조지 엘리엇의 8권짜리 대하소설-옮긴이)를 들고 삼매경에 빠진 여학생에게 방해되지 않도록 낮은 소리로 빠르게 하나부터 열까지 셌다. "1.5초 걸렸네요." 존스는 말했다. "좋아요. 2단계는 알파벳을 A부터 J까지 빠르게 말하는 거예요."

별것 아니네. 역시 1.5초 걸렸다. 《미들마치》를 읽던 여성은 옆 테이블의 바보를 완전히 무시하고 있었다. 그녀는 책장을 넘겼다.

존스는 계속했다. "자, 이번에는 이렇게 교대로 섞어보세요. 하나 A, 둘 B, 그렇게 해서 열 J까지 하는 거예요." 각각 1.5초씩 걸렸으니까 둘을 합치면 3초나 4초 정도 걸리겠지, 나는 그렇게 생각했다.

시작했다. "하나 A." 처음 몇 개는 쉬웠다. 그러나 "다섯 E"부터는 숫자와 알파벳이 입에서 저절로 나오지 않았다. 지금 내가 하고 있는 것을 의식하면서 해야 했다. 집중하려다 보니 목소리가 조금 커지기 시작했다. "어, 여섯… F, 일곱…" 가만 있자, F 다음이 뭐더라, E, F, G, 아, 그렇지 "G…" 내가 몇 번까지 했지? 이런, 옆 테이블의 여성이 나를 물끄러미 바라보고 있었다. 그래서 더욱 당황했다. "여덟…" 젠장, 젠장, 젠장.

나는 끝까지 했다. "열" 다음에 "J"는 빨리 나왔다. 그게 끝이라는 것을 알고 있기 때문이었을 것이다. "9.5초 걸렸습니다." 존스가 말했다. 나는 두 번을 더 해봤지만 아무리 라테로 자극받은 내 두뇌도 하나 A에서 열 J까지 세는 시간을 9초 이하로 단축시키지는 못했다.

이것은 스위치태스킹의 고전적 실험이다. 그리고 아주 실용적인 실험이다. 실험실이 아닌 카페에서도 할 수 있기 때문만은 아니다. 누구나 알파벳은 수도 없이 외웠고, 하나부터 열까지는 자다가도 외울 수 있다. 이 두 가지를 하는 데 특별히 주의를 기울일 필요는 없다.

하지만 둘을 섞으면 저절로 되지 않는다. 다음 숫자와 다음 글자를 동시에 생각해야 하면 평상시 물 흐르듯 흘러가던 두뇌 작동이 갑자기 삐걱대기 시작한다. 내 경우 그 두 가지를 엮는데, 그러니까 스위치태스킹하는 데는 예상했던 시간보다 세 배가 더 걸렸다.

이제 한 가지 주제에 관한 대화를 들으면서 다른 내용의 이메일을 작성한다고 생각해보자. 아니면 회의를 하면서 뉴스의 헤드라인을 훑어본다고 생각해보자. 아니 그냥 생각할 것 없이 최근에 그렇게 했던 때를 떠올려보라.

두 가지 간단한 과제를 놓고 주의력을 나누는 일은 별것 아닌 것 같지만, 카페 실험은 스위치태스킹이 비싼 대가를 요구한다는 사실을 보여주었다. 컴퓨터에 띄워놓은 창들을 옮겨 다닐 때마다, 또는 이메일을 읽다 화상회의로 눈과 귀를 옮길 때마다 두뇌는 에너지를 소모하게 된다. 아마 일하다가도 이런 일로 잃어버리는 시간이 꽤 될 것이다. 이런 일은 생산성을 높여야 할 바로 그런 순간에 일어날 수 있다. 그리고 실수도 더 많이 나올 것이다.

연구 결과에 의하면 이런 스위치태스킹은 위험하기까지 하다. 운전을 하다가 전화를 받으면 주변 상황을 판단하던 주의력의 일부가 대화로 옮겨가게 되고, 방향지시등도 켜지 않은 채 차로를 바꾸는 차나 차도로 뛰어드는 아이처럼 갑작스럽고 예기치 못한 상황에 적절히 대처할 수 없게 된다. 전화를 끊고 나서도 앞에 있는 차량들의 움직임을 파악하는 데는 몇 초 정도가 더 걸린다.

스위치태스킹을 할 때는 창의력도 위축된다. 우리는 멀티태스킹이 아이디어끼리의 특이한 조합을 만들 확률을 높인다고 생각하기 쉽지만, 그것은 서로 다른 활동들이 한 가지 목표를 위한 것일 때만 통하는 말이다. 스위치태스킹은 결코 창의력을 높이지 않는다. 스위치태스킹을 하는 동안 두뇌는 기본적인 관리를 하는 데 많은 에너지를 소모하기 때문에, 전에 보이지 않았던 연결성이나 새로운 조합을 만들어내는 영역을 따로 마련하기가 어렵다.

역설적이게도 스위치태스킹은 자기 합리화에 능숙하다. 스탠퍼드대학교의 클리포드 나스Clifford Nass 교수는 멀티태스킹(실제로는 스위치태스킹)에 능한 사람들이 사실 '멀티태스킹의 각각의 일에서는 매우 서툴다'는 것을 발견했다. "그들은 관련이 없는 정보를 무시할 줄 모르고, 정보를 깔끔하고 분명한 상태로 체계 있게 유지하는 일에도 서툴고, 한 가지 일에서 다른 일로 바꾸는 것도 잘 못한다." 그러나 애석하게도 고정관념에 사로잡힌 스위치태스커들은 자신들이 일을 꽤 잘한다고 생각한다. 스위치태스킹에는 스스로를 능력 있다고 과대평가하면서 그에 따른 대가는 가볍게 여기도록 만드는 무엇이 있다.

불행히도 스마트폰은 스위치태스킹하기에 딱 알맞은 기기다. 스마트폰은 딴 곳에 있던 사용자의 주의력을 돌리게 만들어 자신에 대한 주의력을 확보한다. 디지털 기술 덕분에 스위치태스킹이 더 쉬워졌지만, 스위치태스킹은 정말로 필요할 때 집중력의 폭을 축소시킨다. 회의를 하면서 친구에게 이메일을 쓴다 해도 두뇌의 필요한 모든 부분이 활성화되지는 않는다. 오히려 두 가지 일은 두뇌의 같은 부분을 놓고 서로 경쟁한다. 몇 가지 자료에 의하면 디지털에 익숙한 스위치태스커들은 다른 사람들보다 집중력을 오래 유지하는 데 어려움을 겪는 것으로 나타났다. 두뇌가 복수의 인풋과 산만함에 익숙해지면, 복잡한 일 한 가지도 차분하게 처리하기가 어렵다.

스위치태스킹이 필요한 인지적 자원은 연설문을 준비하기 위해 여러 가지 자료들을 많이 읽거나, 저녁 준비를 하면서 가스레인지 위에 놓인 세 개의 냄비 상황을 확인하는 데 필요한 자원과는 아주 많이 다르다. 한 가지 목표에 도달하기 위한 멀티태스킹은 스위치태스킹과 전혀 다른 경험이다. 고무나무 수액과 대자석을 섞고 가열하고 계속 저으며 혼합물이 변해가는 과정을 보면서 다음에 해야 할 일을 감으로 알아낼 때의 느낌은 여러 가지 다른 방향으로 주의력을 분산시키는 느낌이 아니라 몰입에 가까운 어떤 경지를 만들어내는 경험이다. 나스 교수가 말한 것처럼, 우리 조상들의 초기 환경은 많은 난제와 자극을 제공했지만 그들은 이 모두를 연결된 것으로 경험했을 것이다. "어떤 짐승을 잡기 위해 사냥을 나가면, 많은 동물이나 식물 들이 보였겠지만 그런 것들도 오로지 그 동물을 잡기 위한 것이었다."

이 부분을 쓰면서 나는 책 세 권과 작업 일지를 책상에 펼쳐놓았고, 아이패드에는 과학저널 PDF 하나와 브라우저 탭도 몇 개 띄워놓고 있다. 나는 이런 것들을 놓고 이것도 조사하고 저것도 살펴본 다음, 인용할 구절을 확인하고, 참고문헌을 살펴보고, 또 내가 읽고 있는 것을 따져본다. 이렇게 많은 것들을 같이 하지만 동료와 전화하면서 아이가 묻는 말에 대답해줄 때와는 달리 이런 행동은 하나의 목적, 즉 멀티태스킹의 역사를 알아보는 과제를 놓고 짜임새 있게 이루어진다.

나는 또한 더 밴드The Band의 〈뮤직 프롬 빅 핑크Music from Big Pink〉를 틀어놓고 있다. 내게 음악은 집중력을 도와주는 심리적 에너지의 원천이다. 그리고 특별히 애쓰지 않아도 가사를 무시할 수 있다. 물론 말이라 글을 쓰는 데 전혀 방해가 되지 않는 것은 아니다(그래서 랩이나 뉴스 팟캐스트는 안 된다). 또 글을 쓸 때 나는 내 손가락이 키보드 여기저기를 움직이면서 단어를 만들어내는 물리적 패턴을 거의 의식하지 않는다. 손으로 철자를 찾기 때문이다. 단어를 구성하는 글자의 조합은 의식할 필요가 없다. 문장과 논지만 생각하면 된다.

쓰는 행위는 다양한 인지적 활동을 결합하고 창의적 목표를 추구하는 과정에서 우리가 우리의 도구와 얽히는 방법과 경위를 설명해준다. 강도 높은 집중력이 필요한 이유는 쓰기가 가진 복잡성 때문이다. 그래서 작가들은 글을 쓰기 위해 애처로울 정도로 고독한 환경을 찾아다닌다. 유명 작가나 사상가들 중에는 감옥의 독방이라는 가혹한 환경에서 좋은 작품을 쓴 사람들이 많다. 마르코 폴로Marco Polo, 마르키 드 사드 Marquis de Sade, 오스카 와일드Oscar Wilde, 성 바울Saint Paul, 니콜로 마키 아벨리Niccolo Machiavelli, 세르반테스Cervantes, 에즈라 파운드Ezra Pound, 알렉산드르 솔제니친Aleksandr Solzhenitsyn, 마하트마 간디Mahatma Gandhi, 안토니오 그람시Antonio Gramsci, 마틴 루터 킹 주니어Martin Luther King Jr 등은 모두 감옥에 갇혔을 때 걸작들을 썼다. 포로수용소까지 범위를 넓히면 목록은 더 늘어나, 프랑스 아날학파의 사가 페르낭 브로델Fernand Braudel과 철학자 루드비히 비트겐슈타인Ludwig Wittgenstein 등이 포함된다. 그러니 젠웨어의 가장 좋은 사례가 쓰기 프로그램에서 발견되는 것도 조금도 이상할 것이 없다.

젠웨어의 등장

젠웨어(2008년에 프리랜서 기자인 제프리 매킨타이어Jeffrey Macintyre가 만든 용어)는 멀티태스킹을 할 때 복잡한 툴보다 간단한 툴이 더 쓸모가 있다는 전제에서 시작한다. 이런 쓰기 프로그램은 그렇지 않아도 복잡하고 까다로운 작업이 더 어려워지지 않도록 간단한 상태를 유지한다.

젠웨어는 어려운 글쓰기 문제를 자동화로 '해결'하려 들지 않는다. 또 많은 기능을 제공하여 생산성을 극대화하려 하지도 않는다. MS 워드가 컴퓨터로 제어되는 플라이바이와이어fly-by-wire식 에어버스 380이라면, 젠웨어는 쌍발 프로펠러식 여객기 DC-3이다. 젠웨어는 사용자들의 기존 작업 습관을 가능한 한 흩뜨리지 않고, 잡다한 새로운 명령어나 개념을 배우라고 강요하지도 않고, 소프트웨어 자체의 인지적 부담을 최소화한다. 젠웨어는 외부의 산만한 요인을 제거하여 두뇌의 더 많은 부분이 자유롭게 생산적으로 멀티태스킹하도록 만든다.

젠웨어를 정의하는 데 도움이 되는 프로그램인 호그베이소프트웨어 Hog Bay Software의 라이트룸이 바로 그런 사례다. 이 프로그램을 개발한 제시 그로스진Jesse Grosjean은 라이트룸도 처음에는 지금처럼 단순하지는 않았다고 말한다. 처음에 그가 개발한 것은 책을 쓰는 사람들에게 인기 있는 소프트웨어 형태로, 매우 크고 더 복잡한 전체화면모드full-screen mode의 아우트라이닝 프로그램이었다. 그로스진은 얼마 안 가 그의 아우트라이너보다 전제화면편집기full-screen editor에 더 매력을 느꼈고, 한 주 동안 꼬박 매달려 라이트룸의 완성판을 만들어냈다. 곧이어 모방품들이 쏟아져 나왔다. 다크룸과 파이룸PyRoom도 그중 하나로 각각 윈도와 리눅스 운영체제를 위한 것이었다. 이런 것들은 미니멀리즘을 하나의 설계 특징으로 한다.

라이트룸은 무엇이 다른가? 우선 프로그램의 배경 철학이 다르다. 라이트룸은 쓰고 집중하는 문제에 독특한 방식으로 접근한다. 수십 년 동안 워드프로세서는 위지윅(WYSIWYG 또는 What You See Is What

You Get), 즉 현재 화면에서 보고 있는 내용을 그대로 출력할 수 있다는 원칙을 유지했다. 컴퓨터의 성능이 좋아지면서, 개발자들은 글 쓰는 사람들이 현재 화면에서 보고 있는 것을 더 잘 통제할 수 있도록 프로그램을 짰다. 예를 들어 최초의 워드프로세서에는 폰트가 몇 개 없었지만 지금은 수백 개에 이른다. 두 가지 이상의 언어로 쓸 경우에는 수천 개까지 늘어난다. 그러나 그 과정에서 문서의 모양과 느낌을 끝도 없이 비틀어대는 사용자들의 재량이 글쓰기에 침투하기 시작했다. 여백, 칸 크기, 줄 간격, 배치 형태를 바꾸는 것은 옛날 아날로그 시절에 연필을 깎고 서랍을 정리하는 것과 같은 행동으로, 일처럼 보여도 사실은 일을 하기 싫을 때 하는 딴청이다.

아우트라인 프로그램들은 크고 복잡한 작업을 바로 그 크고 복잡한 성격을 이용하여 관리하게 한다. 예를 들어 스크리브너Scrivener 같은 프로그램은 커다란 챕터 크기의 문서보다 작은 문서를 많이 만들고, 그 문서를 아우트라인 툴을 사용하여 여러 챕터로 체계화하고, 그런 다음 그 챕터들(최초 문서와 웹 링크 같은 것뿐 아니라)을 바인더에 끼우는 데 도움이 된다. 문서에는 제목이나 꼬리표, 메모나 논평이나 그 밖에 부가자료를 덧붙일 수 있다. 이 프로그램은 또한 다른 툴도 많이 갖고 있다. 지금까지(아니면 오늘) 얼마나 많은 분량을 썼는지, 끝내려면 얼마나 더 써야 하는지 등을 알려주는 매니저 기능이 그런 것이다. 스크리브너는 사용자가 쓰고 있는 책의 구조를 알 수 있도록 고안되어 있어, 써야 할 부분을 확인하고 챕터들을 원하는 대로 재구성할 수 있다. 그런데 이 프로그램의 학습 곡선은 매우 가파르다. 1년 동안 거의 매일 사용했는데도 나는 여전히 새로운 기능을 찾아내고 있다.

라이트룸은 이와는 정반대 방식으로 문제를 해결한다. 라이트룸은 글쓰기에 관한 한 모자란 것이 풍족한 것이라는 원칙을 자신 있게 내세운다. 라이트룸은 워드프로세서나 문서 에디터라기보다는 일종의 '글쓰기 환경'이라고 그로스진은 설명했다. 거기에는 사람들이 문서 에디터에 기대하는 기능이 전혀 없고(예를 들어 색 넣기 등으로 구문을 강조하는 기능), 또 워드처럼 문서의 스타일과 구조를 바꾸지도 않는다. "그것은 '느낌'만큼 특별함을 제공하지 않는다." 그로스진은 이렇게 말했다. 라이트룸은 화면에서 글이 계속 써지는 순간에 무서울 정도로 집중하고 또 글을 쓰는 사람 자체에 집중할 뿐, 포맷이나 프린트에는 어떤 자원도 할애하지 않는다.

평론가와 사용자들은 젠웨어가 갖는 단순성의 창조적 가치를 금방 알아보았다. 캐나다의 작가이자 웹 개발자인 마이클 고어먼Michael Gorman은 이렇게 규정했다. "이런 유형의 워드프로세서는 쓰기 과정 그 자체에 관한 것입니다. 이것은 글을 예쁘게 만들거나 표를 작성하거나 폰트나 사이즈를 조정하는 문제가 아닙니다." 인도네시아의 프로그래머 도널드 라투마히나Donald Latumahina는 이렇게 말했다. "화면에 다른 어떤 것도 표시되지 않기 때문에 앞에 놓인 일에만 온전히 집중할 수 있습니다. 방해도 없고 눈요깃거리도 없습니다. 아무것도 없습니다. 나하고 일만 있을 뿐입니다."

또 다른 사용자는 말했다. "거기에 있을 때는 거기에만 있습니다. 시스템 상자도 시작 버튼도 데스크톱이나 다른 어떤 것도 볼 수 없습니다. 에디터만 볼 수 있습니다. 일을 끝낼 수 있는 완벽한 환경이죠." 독일 작가 리하르트 노르덴Richard Norden은 이렇게 썼다. "거기에 있어야 하는 것은 나, 빈 화면, 나의 글, 그리고 현재의 단어 수뿐이다. 멋진 툴바도, 이런저런 버튼도, 떠 있는 윈도도, 중요한 것으로부터 한눈팔게 만드는 그 어떤 것도 없다."

　두 번째로 많이들 흉내 내는 라이트룸의 특징은 외관이다. 라이트룸은 1970년대 말의 메인프레임 터미널처럼 검은 배경에 밝은 글씨로 되어 있다. 〈워싱턴포스트Washington Post〉의 롭 페고레이로Rob Pegoraro의 표현대로, '라이트룸은 암흑기 도스DOS 시절에 툭 하고 나온 반짝이는 신제품 맥Mac 랩톱 같다. 그러나 프로그램들이 정보처리를 돕는 것이 아니라 정보를 던져주는 시대에 이런 새로운 앱의 미니멀리즘은 괴팍하거나 컴퓨팅 향수를 불러일으키는 것으로 만족하지 않는다.' 그로스진은 이런 복고풍 미감은 '얼리어답터의 관심을 끌어들인 그럴듯한 방법'이었다고 말했다. 보통 최첨단 디자인을 요구하는 얼리어답터들의 성향을 생각하면 상식에 맞지 않는 작전처럼 보일지 모르지만, 카메라 회사들이 라이카 M3Leica M3의 미감이 물씬 풍기는 디지털 카메라를 내놓았을 때의 충격과 비슷한 효력이 작용했는지도 모른다. 라이카 M3는 1950년대에 처음 선보인 고전적 디자인으로 수십 년 동안 단순하면서도 진지한 사진의 기준을 정해주었다. 그것은 막 찍은 사진을 좀 고풍스럽고 뭔가 단순하면서도 좀 있어 보이게 만드는 인스타그램Instagram 같은 앱의 기준이었다.

　라이트룸의 미니멀리즘이 검은 화면과 깜박이는 커서의 구식 모드라면 또 다른 젠웨어인 옴라이터다나OmmWriterDana는 헬싱키의 고급 호텔에서 볼 수 있을 법한 종류의 미니멀리즘이다. 이것은 생각에 잠기게 하는 공허감의 걸작이다. 그런 공허감은 네거티브 공간으로 둘러싸인 흥미로운 요소다. 옴라이터다나는 그것이 한 광고회사의 아이디어라는 사실 때문에 더욱 호기심을 자극한다.

바르셀로나에 기반을 둔 에라이스소토Herraiz Soto의 주역 중 한 명인 마르즈반 쿠퍼Marzban Cooper는 '회사 내부의 현실적 필요성' 때문에 이런 소프트웨어를 개발하게 되었다고 설명했다. '소비자를 팬으로 만드는' 웹사이트를 디자인하는 작은 광고회사인 에라이스소토의 카피라이터들은 방문자를 끌어들일 압축적이고 매력적인 문구를 만들어야 했다. 그러나 영원한 카오스 그 자체인 광고 세계에서 관심의 중심에 선다는 것은 결코 쉬운 일이 아니었다. 이 회사의 공동설립자인 라파 소토Rafa Soto는 휴가 중에 '브라질의 한 황량한 해변에' 앉아 있다가 옴라이터를 생각해냈다. 그는 사무실로 돌아오자마자 여섯 명의 디자이너와 프로그래머로 조촐한 팀을 짜서 작업에 들어갔다. 14개월 뒤, 이 회사의 모든 카피라이터들은 페이지와 워드를 내리고 옴라이터를 처음으로 열었다.

이 경우에는 '열었다'는 말이 정확한 표현일 것이다. 옴라이터로는 단지 쓰기만 하는 것이 아니다. 그 안에 자신을 쏟아넣는다. '다시 집중하게 된 것을 축하합니다.' 이메일을 끄면 그런 알림 문구가 나온다. 옴라이터는 세 가지 배경 중 하나로 화면을 채운다. 단순한 흰색 캔버스 앞, 청회색 배경이나 회색 하늘 아래 헐벗은 나무 몇 그루가 있는 설경

위로 사용자가 작성한 문구들이 맴돈다.

이 프로그램은 소토와 쿠퍼의 명상 체험에서 영향을 받았다. 명상 체험을 통해 '선禪의 외관과 느낌, 커뮤니케이션과 철학적 분위기'를 얻었다고 쿠퍼는 말했다. 그러나 그들 팀이 '종이와 펜 이외에 아무것도 없는' 단순성을 지닌 어떤 것을 만드는 작업을 하면서, 옴라이터는 기존의 관례적인 프로그램과는 전혀 다른 방향으로 나아갔다. "분명 워드프로세스는 아니었습니다." 쿠퍼는 이렇게 덧붙였다. 문서를 멋지게 꾸미는 기능은 일부러 부족하게 만들었지만 카피라이터들을 창의적인 단계로 이끄는 기능이 있었다. "옴라이터를 문서 에디터라고만 한다면 너무 가볍게 보는 겁니다." 쿠퍼는 이렇게 주장했다.

옴라이터는 오히려 '하나의 성역, 즉 자신과 자신의 생각하고만 있을 수 있는 공간'으로 발전했다(에라이스소토의 바르셀로나 본사 사무실은 실리콘밸리부터 도쿄에 이르는 여러 회사들이 좋아하는 오픈스타일로 되어 있다. 집중력은 간혹 손해를 보지만 협업이 쉽기 때문이다). 옴라이터에는 자극을 흡수하는 특성이 있다. 팝업창이나 콘트롤이나 옵션(메뉴는 마우스를 움직일 때만 나타나는 안전 버튼으로 구성되어 있다) 같은 것이 없기 때문이다. 또한 타이핑을 할 때, 글자들은 찰칵찰칵 소리를 내며 물 튀기듯 나타난다. 디지털 물줄기가 키보드 위를 흐르는 것 같다. 이 역시 집중력을 돕는다.

사실 폰트도 몇 개 있기는 있다. 하지만 옴라이터는 바르셀로나의 음향기사이자 앰비언트 음악 작곡가인 다비드 움모David Ummmo가 작곡한 몇 가지 멜로디로 된 자체 연주 목록이 딸린 쓰기 프로그램일 뿐이다. "그것은 워드프로세스로 만든 브라이언 이노Brian Eno(앰비언트 음악의 선구자-옮긴이) 같습니다." 어떤 사용자는 그렇게 말했다. 프로그램을 닫을 때면 다시 알림 문구가 뜨면서 다음과 같은 말이 뜬다. '당신의 마음, 야생의 원숭이.' 그것을 보면 당장 다시 시작하고픈 마음이 든다.

에라이스소토 사내용으로 만들어진 이 옴라이터는 배포되기 무섭게 카피라이터들로부터 큰 호응을 얻었다. 워드나 어도비크리에이티브스위트Adobe Creative Suite를 삭제한 사람은 없었지만(작성한 문서를 웹사이트용으로 바꾸려면 이들 프로그램이 필요했다), 쿠퍼는 사람들이 '옴라이터를 독특한 개념이나 아이디어를 찾고 생각하는 수단으로까지 활용하기 시작했다'는 사실을 알았다. 결국 소토와 쿠퍼는 '우리끼리만 알고 있기에는 너무 아깝다'고 판단했다. 그들은 옴라이터를 옴라이터 다나OmmWriter Dana라고 개칭하여 2009년 11월 온라인에 공개했다. 아이패드 버전은 2011년 5월에 나왔다.

옴라이터는 2009년 이후로 수십만 명이 내려받았고, '예전 같으면 절대 잡을 수 없었던 고객, 특히 전 세계의 고객들에게 문을 열어놓았다'고 쿠퍼는 덧붙였다. "옴라이터는 이제 에라이스소토의 대표작이 됐습니다." 세부적인 곳까지 관심을 갖는 이 프로그램의 특성, 색채치료사들이 고른 색 배합(어떤 색은 창의력을 자극하고 또 어떤 색은 마음을 차분하게 해준다), 영국의 한 사진작가가 찍은 배경사진들, 그리고 특히, 아름다운 미니멀리즘은 이 회사의 기술적 역량과 디자인 스타일을 유감없이 보여준다.

옴라이터는 작가주의를 지향하는 젠웨어와는 또 다른 차별성을 갖는다. 요즘 대부분의 소프트웨어들은 공익광고가 갖는 특징을 모두 갖고 있다. 이를 테면 같은 회사의 프로그램들은 디자인 감각, 아이콘, 색 배합 등을 공유한다. 운영체제OS는 자체 규정을 정해 일괄 적용하며 회사는 개발자들에게 최신판의 외관과 느낌을 베끼라고 권한다. 이와는 달리 라이트룸이나 옴라이터 같은 프로그램들은 개인의 미적 비전을 드러내고 특정한 필요성이나 '아하' 하는 순간에 떠오른 영감에 따라 만들어진다. 소프트웨어 개발자 제시 그로스진의 설명대로, '단순한 문서 에디터가 아마 가장 짜기 쉬운 프로그램일 것이다.'

다른 종류의 많은 소프트웨어와 달리, 단순한 문서 에디터는 프로그래머 한 사람이나 소규모 팀이 개발하고 유지할 수 있다. 전 세계 젠웨어 개발 커뮤니티를 모두 합쳐도 소프트볼 팀 하나 만들 정도의 인원이다. 21년 된 프로그램을 업데이트하고 있는 마이크로소프트의 기백 명 단위의 막강한 MS 워드 팀은 그들만의 소프트볼 리그를 만들어도 될 규모다. 인기가 높은 젠웨어에서 일하는 얼마 안 되는 개발자들은 가뜩이나 지독한 단순성을 더욱 밀고 나가겠지만(해야 할 주 업무를 놔두고 보조 업무에 치중할 수는 없는 일이다), 미니멀리즘을 추구한다 해서 개인적 표현의 가능성이 제한받는 것은 아니다. 어니스트 헤밍웨이Ernest Hemingway와 레이먼드 챈들러Raymond Chandler와 재닛 윈터슨Jeanette Winterson의 문체가 단순하다는 공통점을 가지면서도 뚜렷이 다른 개성을 갖고 있는 것처럼 이들 프로그램들도 단순하지만 서로 다른 특징을 자랑한다. 이들은 모두 단순하면서도 빈틈이 없다.

집중력을 돕는 프로그램들

젠웨어는 단순한 쓰기 도구가 아니다. 온라인 광고, 게임, 업데이트, 실시간 정보의 세계에 한눈팔고 있는 사용자를 다시 불러와, 공간을 비워놓고 다시 집중하게 만드는 젠웨어 프로그램들도 있다. 가장 단순한 예는 작업하고 있는 소프트웨어를 두드러지게 하고 다른 프로그램을 어둡게 만들어 컴퓨터의 정상적 인터페이스를 미세 조정하는 방식이다. 실제로 이런 프로그램들은 현재 사용하고 있는 프로그램에 가상의 스포트라이트를 고정시키지만, 방법은 제각기 다르다.

백드롭Backdrop과 싱크Think는 여러 프로그램을 동시에 열어놓고 있어도 작업 중인 프로그램만 보이게 해준다. 다른 것들은 모두 가상의 검은 화면 뒤에 자리 잡고 있다. 헤이즈오버HazeOver와 아이솔레이터 Isolator는 그보다는 덜 과격해서 현재 사용하지 않는 프로그램이나 윈도를 감추는 것이 아니라 열어놓되 어둡게 만든다. 마지막으로 슈앱 Shoo Apps은 방금 몇 분 전에 사용했던 프로그램을 두드러지게 하여 다시 집중하게 만든다.

이런 프로그램들은 집중과 스위치태스킹 사이에서 균형을 잡게 한다. 하나의 프로그램을 시각적으로 두드러지도록 전면에 내세우면 다른 프로그램들은 의식의 말단으로 밀려난다. 이런 프로그램들은 하고 있는 일의 수를 줄이는 것이 아니라 여러 가지 일 중에 가장 중요한 일에 계속 집중할 수 있도록 설계되어 있다.

인터넷 접속을 차단하는 프로그램도 있다. 먼저 쓸데없는 웹사이트에 들어가 시간을 낭비하지 않도록 하는 브라우저 플러그인이 있다.

세련된 웹 2.0 기반의 스테이포커스트StayFocusd와 크롬Chrome용 내니 Nanny는 차단하고 싶은 웹사이트 목록에 대해 특정 시간 동안 접속을 거부하거나 하루에 몇 분 정도만 방문을 허락한다. 스탠드얼로운Stand-alone 프로그램은 온라인에서 산만해지는 습관에 대해 더 강력한 방어 책을 구사한다.

셀프콘트롤SelfControl은 이메일을 끄고 요주의 사이트에 접속하지 못 하도록 막는다. 앤티소셜Antisocial은 소셜미디어 사이트의 접속을 제한 한다. 프리덤은 아예 모든 것을 다 막아버린다(프리덤을 만든 사람도 접 속을 '매우 무차별적으로 공격한다'고 시인한다). 프리덤과 셀프콘트롤은 프로그램을 꺼도 접속을 풀어주지 않는다. 실제로 셀프콘트롤은 컴퓨 터를 다시 부팅해도 인터넷 접속을 풀어주지 않는다. 집요함으로 따지 자면 생산성 소프트웨어의 세계에서 셀프콘트롤을 당할 프로그램이 없을 것이다.

이들 프로그램의 종류와 사용자들의 집중력을 돕는 방법의 다양성 을 보면 온라인에서 산만함의 문제가 얼마나 심각한 수준인지 짐작할 수 있다. 이런 프로그램을 개발한 사람들 역시 그 수가 많고 배경도 다 양하다. 싱크Think는 뉴욕의 소프트웨어 회사인 프리버스Freeverse에서 만들었는데, 전략게임과 심스테이플러SimStapler가 그들의 대표작이다. 심스테이플러는 설명서에 따르면 컴퓨터 화면 오른쪽에 스테이플러를 띄워주어 "진짜" 스테이플러를 사용할 때 느끼는 스릴과 흥분을 가져 다주는' 사무용 집기 시뮬레이터이다.

스테이포커스트는 로스앤젤레스의 디지털 광고스튜디오 트랜스퓨

전미디어Transfusion Media의 작품이다. 또 셀프콘트롤은 미술가이자 사회운동가인 스티브 램버트Steve Lambert의 작품으로, 그는 감쪽같은 가짜 〈뉴욕타임스New York Times〉 2008년 11월 특별판을 만들어 이라크 전쟁이 끝났다고 발표하고 웹 광고들을 미술품으로 대체하여 유명해졌다. 그는 셀프콘트롤을 만든 이유를 말하면서 '창작하는 사람들은 다 알겠지만, 집중해서 일을 끝내기 위해 차단하고 지켜야 할 시간이 소중하기 때문'이라고 밝혔다.

창의력이 남다른 사람도 인터넷으로 산만해지는 문제 때문에 고심한다. 리치블록LeechBlock을 만든 제임스 앤더슨James Anderson도 그랬다. 앤더슨은 에든버러대학교에서 컴퓨터공학과 철학신학 두 분야에서 박사학위를 받았다. 〈인간과 컴퓨터 연구의 국제 저널International Journal of Human-Computer Studies〉과 〈캘빈 신학 저널Calvin Theological Journal〉 양쪽에 논문을 발표한 인물은 아마 앤더슨밖에 없을 것이다. 그는 에든버러의 커뮤니케이션 인터페이스 리서치 센터Centre for Communication Interface Research에서 13년을 일했고, 지난 몇 년 동안은 노스캐롤라이나에서 신학 교수로 재직했다. 컴퓨터공학자에서 신학자로 변신한 그도 유튜브 동영상을 기웃거리고 일하다 말고 '위키피디아 토끼굴'에 빠져 시간을 허비하는 일이 잦았다. "뭔가 과감한 조치가 필요하다고 생각했습니다." 그는 이렇게 말했다.

컴퓨터공학 박사학위를 가진 사람에게, 과감한 조치는 한 가지밖에 없다. 바로 프로그램 코드를 짜는 것이다. 웹사이트를 막는 스크립트는 이미 있었지만, 앤더슨에게는 더 세련된 제어장치가 필요했다. 그는 전자상거래와 인터페이스 디자인 같은 것들에 관한 연구 프로젝트를 진행하고 있었기 때문에 완전히 오프라인 상태만을 고집할 여유가 없었다. 그는 시간을 허비하게 만드는 사이트의 접속을 제한하는 리치블록을 설계했다. '백인들이 좋아하는 것Stuff White People Like'은 완전히 차단하고, 일이 끝난 후에야 10분 정도 페이스북 할 시간을 주고, 한 시간 정도를 할애하여 딕Digg과 슬래시닷Slashdot 같은 웹사이트에 참여할 수도 있는 프로그램이었다. 딕이나 슬래시닷은 일과 관련된 유용한 콘텐츠를 시시콜콜한 것들과 섞어놓은 사이트다.

앤더슨은 프로그램의 첫 버전을 짜는 데는 몇 시간 정도밖에 걸리지 않았지만 '그때부터 그것을 개선하는 데 훨씬 더 많은 시간을 보냈다'고 말했다. 그 프로그램을 설치하고부터 그의 생산성은 크게 달라졌다. 앤더슨은 말했다. "나만 그런 문제가 있는 것은 아닐 겁니다. 그래서 확장판을 업로드했죠."

앤더슨은 2007년 2월에 리치블록 0.1을 모질라Mozilla의 파이어폭스Firefox 브라우저 확장 기능 온라인 저장소에 보냈고, 그해에 기독교 신학의 역설에 관한 논문을 발표했다. 웹사이트의 방문 횟수를 줄이는 프로그램이 웹브라우저 확장 기능에 적격이라면 조금 이상하게 보이겠지만, 리치블록의 성공은 '기능성'이 어떻게 컴퓨터와 사람에게 전혀 다른 의미를 가질 수 있는지 보여준다. 그 후 프로그램을 개선하고 소프트웨어 설명서를 작성하면서 3년의 세월 동안 22번의 업데이트가 이루어졌다. 투자한 시간만 해도 '아마 수백 시간'은 족히 됐을 것이라고 그는 말했다(그 모든 것을 하고 난 소감을 그는 '헉!' 한마디로 대신했다). 리치블록은 50만 회 이상 다운로드되었다.

앤더슨은 기계화나 자동화를 반대하지 않는다. 자신의 전공을 배신한 것도 아니다. 컴퓨터공학과 신학 사이에 어떤 공통점이 있느냐고 물었을 때, 그는 이렇게 답했다. "흔히 생각하는 것보다 공통점이 많습니다. 나는 아주 좌뇌적인 인간입니다. 그러니 어떻게 보면 바뀐 것이라고는 주제밖에 없는 것이죠. 그리고 그 주제에 내 사고 유형을 적용한 것이고요." 리치블록을 매일 사용하는 5만 명의 사람들에게 그것은 컴퓨터를 거부하는 문제가 아니다. 그것은 일을 더 잘하게 만드는 문제다.

프리덤을 개발한 프레드 스터츠먼Fred Stutzman 역시 기계화를 반대하지 않는다. "열 살 때 아버지가 초창기 개인용컴퓨터인 PC XT를 집으로 가져오셨습니다." 그는 당시를 회상했다. 스터츠먼은 열 살 때 베이식BASIC을 독학했고, 도스DOS로 훈련했고, 그런 다음 10년 동안 리눅스를 사용했다. 그는 전형적인 프로그래머 같지만, 프로그래머들이 흔히 사람들을 대할 때 보이는 태도를 그에게서는 찾아볼 수 없었다. 카네기멜론대학교에 있는 그의 연구실을 찾았을 때 스터츠먼은 기술 자체보다는 '기술이 어떻게 사회적 관습에 영향을 주고 우리의 교류방식에 영향을 줄 수 있는지에 더 관심'을 갖는다고 말했다. 그곳에서 그는 디지털 프라이버시를 연구하는 포스닥 연구원이다.

스터츠먼이 프리덤을 생각해낸 것은 노스캐롤라이나 채플힐에 있는 한 커피숍에서였다. 그는 정보과학원(사람들이 도서관이 사라질 것이라고 생각했을 때 도서관학과는 정보과학원으로 개칭했다)에 제출할 논문을 쓰는 중이었다. 그는 이렇게 회상했다. "그 커피숍은 커피 맛이 일품이었지만 인터넷이 안 됐습니다. 한눈팔 데가 없으니 일에 집중하기가 훨씬 더 좋았죠." 그러면서도 그 커피숍은 또한 '매우 사교적인 특성'도 갖고 있었다.

그러나 가까운 곳에 있는 한 가게가 무료 무선 인터넷을 설치하면서 상황이 달라졌다. 와이파이 설치 소문은 순식간에 퍼졌고, 많은 사람들이 '몇 시간이고 앉아 랩톱에 매달렸다.' 분위기는 어수선해지고 사업적으로 변했다. 그런 분위기에서 논문을 쓴다는 것이 터무니없어 보일 정도였다.

마침 스터츠먼은 역설적이게도 고등학교 학생들이 대학으로 진학할 때 소셜테크놀로지를 활용하는 방법에 관한 논문을 쓰고 있었지만, 논문을 쓰는 동안만이라도 그는 집중할 방법을 찾아야 했다. 그는 인터넷에 접속할 수 없게 만드는 프로그램을 생각해냈다. 맥Mac에서는 와이파이 카드를 끄는 것이 쉽다. 문제는 다시 켜기도 쉽다는 점이었다. 그는 자신과 같은 프로그래머도 해결하기 어렵게 만드는 어떤 것이 필요했다.

첫 번째 프리덤 프로그램을 짜는 데는 '아마 두 시간쯤' 걸렸던 것 같다. 잠깐이지만 직접 사용해본 프리덤을 그는 온라인에 올리기로 했다. 몇천 명이 다운받았다. 반응이 좋았다. 기자들에게 전화가 걸려왔다. 노라 에프런Nora Ephron 같은 작가는 프리덤이 생산성을 높여준다고 칭찬했다. 《슈퍼브랜드의 불편한 진실No Logo》과 《쇼크독트린The Shock Doctrine》의 저자이자 사회운동가인 나오미 클레인Naomi Klein은 역설적이게도 프리덤의 장점을 트위터에 올렸다.

프리덤 같은 프로그램은 보통 라이프해킹life-hacking(생활의 틈새를 파고들어 새로운 아이디어로 생활을 단순화시키려는 시도-옮긴이)이나 생산성을 향상시키는 그 밖의 운동과 관련지어 언급된다. 그런 프로그램들은 테일러주의Taylorism를 창안한 프레드릭 W. 테일러Frederick W. Taylor와 릴리언 길브레스Lillian Gilbreth, 프랭크 길브레스Frank Gilbreth(길브레스 부부는 아들이 쓴《한 다스면 더 싸다Cheaper by the Dozen》로 유명해졌다) 부부가 주도한 과학적 경영운동의 현대판이라고 할 수 있다. 세기의 전환점에서 테일러와 길브레스 부부와 그의 문하생들은 육체노동의 시간과 동작을 연구하고 공장의 작업 순서를 다시 짜고 노동자의 작업을 치밀하게 계획하고 생산성이 높은 근로자에게 재정적 보상을 해주는 프로그램을 실시함으로써 근로자들의 능률을 높이려 했다.

테일러는 기계 같은 능률로 움직이는 공급 사슬과 공장을 구상했다. 이를 실현시키기 위해서는 그의 유명한 말대로 '시스템이 우선 되어야 한다.' 이와는 대조적으로 라이프해킹은 자기주도적이고 대체로 서비스 지향적이다. 테일러주의자들은 근로자들이 근본적으로 게으르다는 가정 하에, 일을 빨리하면 회사의 이윤이 더 많아진다고 생각하여 경영자들에게 육체노동자들의 효율성을 최적화하는 툴을 제공한다. 하지만 라이프해커들은 그들 자신의 이익을 위해 스스로를 재설계하는 것 이외에 별다른 시도를 하지 않는다.

프레드 스터츠먼은 2008년에 프리덤을 처음 선보였다. 입소문은 빠르게 퍼져나갔다. 2년 뒤에 상업용이 출시되었지만, 프로그램은 별로 달라진 것이 없었다. 몇 가지 특징이 덧붙여졌지만 더 유용해진 것도 아니고 그저 조금 더 복잡해졌을 뿐이라고 그는 생각했다. 그것은 사용자들이 원하는 바가 아니었다. 마찬가지로 리치블록의 기본적인 코드는 여러 해에 걸쳐 개선되었지만 최초판과 최신판은 다른 점이 별로 없었다.

소토와 쿠퍼가 옴라이터를 업그레이드했을 때, 그들은 새로운 기능에 대한 요구를 무시했고 '시각적 청각적 경험을 개선하는 데 계속 초점을 맞추기로 했다.' 그래서 폰트나 툴을 늘리기보다는 새로운 사진과 음악을 위촉하는 데 주력했다. 젠웨어가 효과를 발휘하는 것은 그 제한성 때문이라고 그들은 믿었고, 의욕적인 업그레이드는 오히려 생산성을 떨어뜨릴 것이라고 판단했다. 선禪과 미니멀리즘의 감수성은 사용자들에게 하는 일에서 이탈하지 않아야 한다는 점을 상기시킨다.

스터츠먼은 여러 해에 걸쳐 프리덤의 유료 사용자들에게 피드백을 받으면서 그들이 프리덤을 사용하는 이유를 알아냈다. 그것은 프리덤을 사용해보면 대체로 젠웨어의 미덕을 이해할 수 있기 때문이었다. 우선 프리덤은 복잡하지 않다. "프라이버시나 생산성 같은 것은 컴퓨터에서는 까다로운 문젭니다. 그런 것들은 너무 복잡해서 완전히 이해하기가 어렵습니다." 그는 이렇게 말했다. 통상적인 컴퓨터공학의 문제를 이해하려면 그것들을 더 작은 일, 더 작은 순서, 더 작은 알고리즘으로 해체해야 한다. 인간은 서로 다른 것들을 너무 많이 놓고 너무 다른 방법으로 일을 하면서, 언제나 단 한 개의 소프트웨어가 모든 사람에게 통하도록 작동하게 만든다.

"우리는 생산성을 관리한답시고 복잡한 체계와 절차를 너무 많이 동원했습니다." 스터츠먼은 지적했다. 그러나 그중 어느 것도 모든 사람에게 잘 통하지는 않았다. 그리고 그중 상당수는 일반적인 작업 패턴을 강요함으로써 조직적인 생산성을 향상시키도록 고안된 것이었다. 창의적인 일은 '고분고분하지 않다intractable.' 이 말은 이론적으로는 설명할 수 있을지 몰라도, 실제 상황에서는 결코 완벽하게 설명하거나 해독하거나 제대로 활용할 수는 없는 아주 복잡한 용어다.

프리덤이 쓸모 있는 이유는 일하는 사람들이 부딪히는 모든 문제를 해결해주기 때문이 아니다. 그렇게 하려면 엄청나게 복잡한 체계가 되었을 것이다. 프리덤은 사람들에게 일하는 방식을 완전히 바꾸라고 요구하지 않는다. 프리덤이 유용한 것은 한 가지 단순한 일을 하고, 사용자들이 사용법을 스스로 이해할 만큼 똑똑할 것이라고 믿기 때문이다. "(이 프로그램은) 사람들에게 작업 개념을 다시 설정하거나 습관을 바꾸라고 요구하지 않습니다." 스터츠먼은 이렇게 설명했다. 이 프로그램은 여전히 아주 단순하다. 그래서 '사람들은 그들만의 시스템과 그들만의 작업방식을 개발할 수 있고, 거기에 프리덤을 맞출 수 있다'고 그는 덧붙였다.

명경지수와 몰입

젠웨어의 선禪 차원 역시 중요하다. 옴라이터가 불교적 요소와 명상적 공간을 도입했기 때문에 사용자들은 소프트웨어로 자신들의 경험을 이해할 수 있었다. 즉 소프트웨어와 상호교류하고, 소프트웨어와 자신에 관해 생각하는 방식을 알 수 있었다. 한 팬은 옴라이터를 사용하면 '선방禪房에서 글을 쓰는 기분'이라고 설명한다. 2007년에 인도네시아의 프로그래머이자 교사인 도널드 라투마히나는 젠웨어를 사용하는 기분을 이렇게 표현했다. "(젠웨어는) 마음의 평화를 가져다준다. '명경지수' 바로 그것이다. 그것은 '몰입' 상태로 들어가기에 아주 알맞은 상태다."

많은 사용자들이 그로스진과 소토와 다른 젠웨어 개발자들이 사용하는 공간언어를 그대로 반복한다. 영국에서 사는 미국 태생의 기술칼럼니스트 마이클 그로소스Michael Grothaus는 이렇게 묘사한다. "옴라이터를 쓰면 안개 자욱한 겨울날 외딴 설경 한복판에 와 있는 것 같은 느낌을 받습니다. 그곳에서 글을 타이핑하면 마치 하늘에 쓰는 것처럼 화면에 나타납니다." 그리고 덧붙였다. "옴라이터에서 글을 쓰면, 몇 분 지나지 않아 내 아파트 곁을 쌩쌩 지나치는 복잡한 런던 시내의 소음이 더 이상 들리지 않습니다. 사방 몇 킬로미터에 있는 것이라고는 나와 내 생각뿐입니다."

다른 사용자들도 주기적으로 산만해지기 쉬운 컴퓨터 세계와 일상적인 생활의 흐름에서 벗어나는 느낌을 말하면서 '창의적인 쓰기 환경'에 들어가는 경험을 얘기한다. 어떤 가톨릭 성직자는 젠웨어를 그가 논문을 썼던 도서관에 비유했다. 그는 책으로 둘러싸인 나무 책상에 앉아 '환한 빛이 내가 앉아 있는 공간을 비추는 가운데 할 일에만 집중하면서' 작업했다. "바닥에는 카펫이 깔렸고 서가들은 모든 소리를 흡수해서, 당장 하는 일에만 온 정신을 집중할 수 있었습니다." 그러나 젠웨어

116

가 효과를 발휘하는 가장 큰 이유는 아마 사용자들이 그것이 효과가 있기를 바라기 때문일 것이다.

MS 워드를 대신할 수 있는 가볍고 비싸지 않은 프로그램은 아주 많다. 고도의 기술력을 갖춘 사용자들은 리눅스와 오픈소스 툴을 설치할 수도 있다. 그런 것들은 대부분 라이벌 상용 워드프로세서들이 갖는 기능을 모두 갖추고 있다. 산만함을 없애고 싶어 하지 않는 사람은 젠웨어를 설치하지 않는다. 산만함이 없다는 것은 자신만의 생각이 소중하다는 사실을 상기시키는 것을 의미한다. 또한 불필요한 기능으로 화면을 어수선하게 만들지 않고, 집중력의 가치를 실감할 수 있는 평온하고 안전한 공간으로 들어가는 것을 의미한다. 어떤 여승은 젠웨어를 알람시계에 비유했다. "알람시계는 사람을 깨워줍니다. 하지만 정작 잠자리를 박차고 일어나는 것은 자신에게 달린 문제입니다."

젠웨어는 그런 공식적인 특징이 있어 유용하지만, 집중하기로 한 사용자의 결심을 드러내주기 때문에 더욱 쓸모가 있다. 더욱이 옴라이터나 라이트룸을 깔고 웹사이트에서 사용법을 배우다 보면 사용자보증서나 심지어 소프트웨어 자체에서도 불교 분위기를 풍기는 언어를 접하게 된다. 이것은 단순한 전시효과가 아니라, 캘리포니아대학교 버클리 캠퍼스의 인류학자 조지 레이코프George Lakoff가 말하는 프레이밍 framing이기도 하다. 이런 요소들은 개발자의 의도를 알려주고, 사용자의 기대치를 정해주며, 이 소프트웨어를 사용하는 이유를 설명해준다.

예컨대 프리덤은 '사람들이 자기 자신과 계약을 하게 만들기' 때문에 위력적이라고 스터츠먼은 말한다. 프리덤을 내려받았다는 것은 사용자가 디지털의 산만성 문제를 심각하게 생각하고 있으며 뭔가 조치를 취하려 한다는 사실을 의미한다. 사용자의 이런 강박감은 스터츠먼이 프리덤에 요금을 부과하기 시작하면서 더욱 두드러졌다. 그는 말했다. "가격을 치렀다는 사실이 계약을 더욱 실효성 있게 만듭니다." 사실 유료판이라고 해서 예전의 무료판과 크게 다를 것도 없다. 하지만 사람들이 더 진지하게 여기기 때문에 효과적이다. 프리덤 기능을 없애려 하는 순간 계약금부터 떠올리게 된다고 스터츠먼은 생각한다. 인터넷에 다시 접속하기 위해 컴퓨터를 다시 부팅하려면 '반성해볼 시간을 갖게 된다. 잠시 앉아서 무엇이 잘못되었는지 생각해보게 된다.' 실제로 나도 프리덤을 사용하고부터 프리덤이 켜 있을 때는 아이폰이나 아이패드에 손이 가지 않았다는 사실을 깨닫고 적지 않게 놀랐다. '안 되지.' 나는 그렇게 스스로를 다잡았다. '이유가 있어서 오프라인으로 간 것 아닌가.' 나 자신과의 계약은 그 정도로 위력이 있었다.

나온 지 몇 해가 지났는데도 젠웨어가 그렇게 효력을 계속 발휘할 수 있는 것은 이런 프로그램들이 촉발하는 자각 기능 때문일 것이다. 도널드 라투마히나는 제이다크룸JDarkRoom을 사용한 지 4년이 되었는데 '산만함이 없는 환경 덕분에 쉽게 집중할 수 있다'고 말한다. 제임스 앤더슨도 리치블록이 효과가 있다고 생각한다. "물론 프로그램을 빠져나가는 방법을 알고 있죠. 그래도 이 프로그램 덕분에 느긋해진 탓인지 빠져나갈 궁리를 안 하게 됩니다. 어느덧 이 프로그램이 나를 길들인 것 같습니다." 프레드 스터츠먼도 여전히 프리덤을 신뢰한다. 그 역시 프리덤을 피해가는 방법을 알고 있지만 시도는 하지 않는다. 마이클 그로소스도 여전히 옴라이터를 사용하며 '사람들과 수 킬로미터 떨어진 눈 덮인 벌판에 홀로 있다는 느낌'을 즐긴다. 그러나 그는 좀 더 성찰적인 글쓰기를 위해 '아주 옛날로 돌아가 구식 몰스킨 수첩을 쓴다'고 덧붙였다. 그는 '산만함이 없는 글쓰기에 관한 한 컴퓨터가 제공하는 어떤 것보다' 그 방법이 뛰어나다는 사실을 체험으로 알고 있다.

사용자들은 젠웨어가 '거울 같은 마음'을 갖도록 해준다고 설명한다. 젠웨어는 '소모'하는 것이 아니라 '창조'하도록 만드는 경험이다. "사람들은 이런 것들이 효과적이라고 믿고 싶어 합니다." 스터츠먼은 그렇게 설명했다. 그들의 욕구와 기대는 소프트웨어의 기능과 사용자 인터페이스만큼이나 젠웨어를 강력하게 만들어준다.

이 같은 현상은 중요한 사실을 시사한다. 확장된 마음을 만들어가는 것은 더 새롭고 보다 세련된 기술이나 오프로딩 임무를 클라우드에 넣는 문제만이 아니다. 그것은 마음의 버릇을 바로 세우고 인지 능력을 확립하여 정신적 역량을 객관화하고 강화하도록 도와주는 기술을 선택하고 사용하는 문제다. 자동화된 시스템으로는 해결할 수 없는 (아니면 자동화된 시스템 때문에 생기는) 문제에 부딪혔을 때 경험이 풍부한 조종사의 판단과 그 경험이 위력을 발휘하듯, 우리가 개발하는 정신적 기술은 디지털 기술보다 더 유연하고 임기응변에 능할 것이다.

기술의 성공은 사용자의 자발적인 참여에 의해 좌우된다. 조경설계사이자 멀티미디어 디자이너인 레베카 크링키Rebecca Krinke는 여러 해동안 사람들을 더 관조적으로 만들어주는 건축물과 뉴미디어를 탐구해왔다. "어떻게 하면 기기에 빠지지 않고 기기와 교류할 수 있을까?"

그녀는 수시로 그렇게 자문했다. 조경설계사는 사람들이 더 차분해지고 더 사색적이 되도록 해주는 기술을 보여줄 수 있지만, '막상 그 일을 하는 것은 각자의 책임'이라고 그녀는 생각했다. 이런 문제와 10년을 씨름한 끝에 그녀는 완벽한 기술적 장치는 없다고 결론지었다.

중요한 것은 기술 그 자체가 아니라 인간과 기술 간의 관계다. 중요한 의미에서 관조적 공간은 동사이지 명사가 아니다. 관조를 지원해주는 장소를 설계할 수도 있고 그곳이 어떤 곳이며 어떻게 사용해야 하는지를 배울 수도 있겠지만, 그런 장소가 정작 효력을 발생하려면 이용하는 사람이 마음을 차분하게 가라앉히기 위해 그곳을 사용해야 한다. 선원禪院을 만들어놓아도 그곳에 아무도 없으면, 그것은 선원이 아니다. 다시 말해 관조적 컴퓨팅을 실천할 작정이라면, 관조적이 되는 법을 알아야 한다.

3장

명상

디 지 털 시 대
빼 앗 긴 집 중 력 을
되 찾 기 위 한 조 언

THE
DISTRACTION
ADDICTION

가만히 앉아 천천히 숨 쉬기

방석을 깔고 앉아 가부좌를 틀고 눈을 감은 다음 숨을 깊이 들이마신다. 그리고 천천히 숨을 내쉰다. 긴장을 푼다. 숨을 들이쉴 때는 복부 근육을 사용하여 폐를 확장시킨다. 들이마시며 천천히 수를 센다. 하나…둘…셋…넷. 숫자와 호흡 이외에는 아무것도 생각하지 않는다. 숨을 참고 다시 넷까지 센다. 그런 다음 숨을 내쉬면서 역시 수를 센다. 다시 숨을 들이키고 집중한 채 또 수를 센다. 어느 순간 집중력이 흐트러지고 생각이 엉뚱한 곳으로 빠져버린다. 누구든 마찬가지다. 그러니 낙담할 것 없다. 산만한 생각들이 다 지나갈 때까지 내버려두었다가 다시 집중하고 호흡하며 수를 세면 된다.

이것은 위파사나 호흡 명상 수련의 간단한 한 가지 방법이다. 명상의 기초를 익힐 수 있는 위파사나 명상법은 명상의 어려움과 미덕을 동시에 알려준다. 전 세계 곳곳에서 많은 사람들이 많은 종류의 명상을 수행한다. 명상이라고 하면 무엇보다 몰아의 경지가 떠오른다. 아무런 상념도 생각도 없는 텅 빈 마음의 경지다. 사실 말도 안 되는 소리다. 나도 여러 해 동안 명상을 해오고 있지만, 매번 잡념과 씨름을 벌이고 있다. 하지만 명상을 하다 보면 마음이 움직이는 방식을 자세히 살펴볼 수 있다. 위파사나 명상법은 정신건강과 관조적 컴퓨팅에 필요한 도구를 개발하는 데 큰 도움을 준다.

동트기 전 가족들이 아직 곤히 자고 있는 시간에, 나는 주변 잡음이 안 들리도록 헤드폰을 끼고 거실에 앉는다. 비행기에 탑승하기 위해 대기실에 앉아 있을 때처럼 차분하면서도 유쾌한 흥분이 벌써 몸의 한쪽에서 스멀거린다. 만개한 연꽃 자세는 나오지 않지만 가부좌를 틀었다는 것만 해도 나로서는 대단한 일이다(가부좌가 서툴다고 실망할 필요는 없다). 자리를 잡았으면, 아이폰으로 명상 타이머를 켜놓고 눈을 지그시 감은 다음 깊은 호흡을 시작한다. 그다음부터는 마음을 거울처럼 만드는 작업이다.

명상을 통해 무엇을 추구하려 하는가? 마음을 가라앉히고 생각을 모아 자신의 마음을 들여다보는 것, 우리는 그런 상태를 보통 관조적이라고 말한다. 운전하고 요리하고 음악을 듣고, 또 스키를 타고 환자를 돌보고, 수영하고 기도하고 강가에 앉아 있는 등, 사실상 우리는 우리가 하는 모든 활동을 통해 관조와 각성을 실천할 수 있다. 그러나 명상이 특별히 좋은 것은 명상을 하면 관조적 현상을 따로 떼어내 그것을 깊이 탐구함으로써 관조할 수 있는 능력을 향상시킬 수 있기 때문이다. 명상은 훈련이고 공부이자 자아를 관찰하는 일이다.

처음 몇 분 동안 내 몸은 마음을 가라앉히려 애쓴다. 잠자는 것과는 다르다. 몸은 이완되지만 무기력해지는 것이 아니라 평정 상태가 된다. 자세를 바르게(아니면 바르지 않게) 잡고 앉으려면 에너지가 필요하다. 몸의 중심이 잘 잡힐수록 마음을 비우고 본격적으로 명상을 하기가 더 쉬워진다. 관조는 구체적이다. 관조는 전적으로 마음의 일 같지만, 인지 과정과 마찬가지로 관조를 뒷받침하는 것은 몸이다.

나는 가만히 앉아 천천히 숨을 쉰다. 심장이 몇 번 뛰는 사이에 공기를 들이마신 다음 심장이 또 몇 차례 뛰는 동안 숨을 참았다가 천천히 내쉰다. 하지만 마음은 머물려 하지도 차분히 앉으려 하지도 않는다. 잠들기 싫어하는 아이처럼 이미지와 기억을 투사하면서 계속 어디론가 가려고 기를 쓴다. 짜증이 나지만 내버려두면 지나가겠지 그렇게 생각하며 다시 자세를 고쳐 잡고 마음의 수면을 잔잔하게 가라앉힌다. 간혹 잘 될 때도 있지만 대개 뜻대로 안 된다.

명상을 해보면 평상시 마음이 얼마나 천방지축이고 잠시도 가만히 있지 못하는지 분명하게 알 수 있다. 사람들은 지루해지면 마음을 쏟을 곳이 없어서 그렇다고 생각하여, 혼자만의 생각에 잠기기 좋은 상황을 피하려 한다. 그러나 자리를 잡고 앉아 마음을 비우려 해보면, 아무리 지루할 때도 혼잣말이 들리는 것을 느낄 수 있다. 인지적으로 보자면 일종의 채널 찾기를 하는 중이다. 자꾸 바뀌는 채널이 어지러워 스위치를 끄려 해도 그런 스위치는 좀처럼 꺼지지 않는다. 차라리 마음을 가라앉히는 데 집중하면, 어느 순간부터 이런저런 생각들이 조금씩 빠져나가는 것을 느낄 수 있다. 〈로스트〉의 한 장면이나 레드제플

린Led Zeppelin의 '하우스 오브 더 홀리Houses of the Holy'의 앨범 표지, 신용카드사에 송금해야 할 돈, 내가 인터뷰했던 사람에게 온 이메일, 딸아이가 푹 빠져 있는 〈헝거게임The Hunger Games〉의 한 장면, 몇 년 전에 넌버그 오류(캘리포니아대학교 버클리 캠퍼스의 정보과학자 제프리 넌버그 Geoffrey Nunberg의 이름을 따서 붙인 용어)에 대해 썼던 블로그, 수전 블랙모어Susan Blackmore의 《선과 의식의 예술Zen and the Art of Consciousness》표지, 일리 성당에 있는 서점 창문을 찍었던 사진 등, 아무리 내쳐도 생각은 줄줄이 마음을 파고든다.

그때 타이머가 울리면서 5분이 경과했음을 알려준다. 갑자기 초점이 알람소리로 훌쩍 옮겨간다. 다른 생각들을 쫓아내기 위해 희미해지는 알람소리에 집중한다. 알람소리가 사라졌지만 마음의 귀에는 여전히 들리는 것 같다. 잠시 뒤에 스노콘(시럽으로 맛을 내는 빙과―옮긴이)과 넷플릭스 큐를 생각하고 있다는 것을 문득 깨닫는다. 매번 이 모양이다. 그러라지, 뭐. 그리고 다시 시작한다.

그러다 언제부턴가 마음이 조용해지기 시작한다. 모든 것이 느려지는 것을 느낄 수 있다. 알람소리도 어떻게 됐는지 모르겠다. 시간이 얼마나 남았는지도 모르겠고 알고 싶지도 않다. 지금은 매우 현대적인 이미지에 집중한다. 내 두뇌 사진인데, 기능적자기공명영상fMRI처럼 생각이 붉은색으로 내 두뇌를 가로지르며 번쩍거린다. 마음이 느려지면 붉은색은 희미해지고 집중도가 높아지며 뇌는 하얀색으로 희미하게 빛나기 시작한다. 청하지도 않은 생각이 또 하나 나타난다. 잔상처럼 물러나는 또 다른 붉은색의 흔적이다.

명상이 순조롭게 진행되면, 하얀빛은 계속되고 힘겨운 노력이 보상받았을 때 같은 환희를 느낀다. 이제 가파른 오솔길 막바지에 도달한 것 같다. 드디어 정상에 섰다. 사방 천지가 한눈에 다 보인다. 그러나 마음 한구석은 조심스러워서 그런 기분을 마음껏 즐기지도 못하고 너무 의식하지도 않는다. 기분을 의식하다 보면 오히려 금방 사라져버린다. 그 상태를 유지하려면 그저 그 기분과 함께해야 한다.

산 정상이든 스튜디오나 차 안이든 주방이든, 장소와 관계없이 관조적 활동에는 중요한 특징이 있다. 무심한 상태에서 마음이 차분히 가라앉는다는 점이다. 하지만 그것은 요령을 알고 자제력을 발휘해야 얻을 수 있는 차분함이다. 그것은 수동적인 차분함이 아니라 능동적인 차분함이다. 자리를 잡고 앉아 호흡을 조절하고 마음을 한군데로 모으려면 에너지가 필요하다. 태권도 시합에서 대련 신호가 떨어지기 전의 순간과 같다고 보면 된다. 상대를 노려보며 자세를 잡으면 에너지가 온몸을 채우는 것을 느끼지만, 실제로는 그런 생각조차 하지 않는다. 오직 상대방을 가격하거나 상대방의 공격을 막을 준비가 되어 있다는 것만 알 뿐이다.

나는 명상이 무척 어렵다. 생각을 비우는 행위라기보다는 체육관에서 열심히 땀을 흘리는 일에 더 가깝다. 명상의 고수들이 몇 시간씩 유지한다는 몰아의 경지에 도달해보려고 무진 애를 쓰지만 아직은 요원한 얘기다. 이렇게 서툴기 짝이 없지만 그래도 나는 명상의 혜택을 실감한다. 명상을 하면 선입견 없이 어떤 일을 다시 시작할 수 있는 요령을 터득하게 된다. 이것은 값으로 따질 수 없는 소중한 능력이다.

명상하는 사람들이 개발해야 할 가장 중요한 기량 중 하나는 실패해도 굴하지 않고 수련을 이어가는 집념이다. 나도 불쑥불쑥 고개를 내미는 생각을 물리쳐가며 부지런히 명상을 하고 오락가락하는 마음을 다잡는다. 고전이 된 《마음을 쏘다, 활》에서 오이겐 헤리겔의 스승은 활을 쏠 때 방금 빗나간 화살은 생각하지 말라고 타이른다. 표적을 맞추어도 해냈다는 생각을 하지 말고 오로지 지금 이 순간에만 충실하라고 충고한다. 집중력이 흐트러지거나 다이어트가 잘 안 되거나 계획을 바꾸어야 할 때가 많다. 그럴 때는 다시 시작해야 한다. 명상은 다시 시작하는 법을 가르쳐준다.

심장이 한 번 뛰는 동안만이라도 마음을 완전히 비우는 경험을 하면 또 1, 2초만이라도 아무런 생각을 하지 않는 순간을 맛보면, 오랜 시간 동안 한 가지 생각만 하는 것도 얼마든지 해낼 수 있다. 몇 시간이고 계속해서 한 가지 어려운 문제에만 마음을 쏟을 수 있다. 꾸준히 계속하다 보면 의식을 하지 않아도 마음이 알아서 문제점을 처리하고 상황을 바꾸는 단계에 도달한다. 마음이 차분해지면 평상시 마음으로는 결코 할 수 없는 일도 할 수 있다. 틈을 주지 않고 집중할 수 있다. 그런 상태에 깊이 빠져 있어도 본령에서 완전히 이탈하지는 않는다. 쇼핑을 하거나 설거지를 할 때에도 마음 한구석에서는 그 문제를 생각하고 있다는 것을 느낄 수 있다.

페이스북을 확인하고, 아까 트위터에 쓴 글에 댓글이 달렸는지 보고, 폴 크루그먼Paul Krugman이 자기 블로그에는 새로운 내용이 하나도 없다고 말한 게 사실인지 확인하는 등, 산만함을 충족시키고 싶다는 욕구는 이제 사라지고 없다. 한동안 어떤 상태에 잠겨 있으면서 느꼈던 기분이 계속 유지된다. 그때는 마음이 한 단계 상승하여 내가 나와 함께 하고 있다는 것을 느낄 수 있다.

명상이 잘될 때는 일종의 강도 높은 몰입 상태가 된다. 명상의 목표는 단순하지만 그 단순한 목표에 이르는 데도 기력이 많이 소진된다. 명상은 묘하면서도 놀라운 방식으로 시간을 왜곡한다. 명상은 어려우면서도 엄청난 희열을 가져다준다. 명상을 하면 일이 술술 잘 풀릴 때의 정신 상태가 되어 집중력이 높아지고, 힘들다는 생각도 없이 한 가지 문제에만 온 정신이 맞춰져 해결책이 거의 잡힐 것 같은 기분을 느낄 수 있다.

나는 몰입 개념을 만들어낸 미하이 칙센트미하이에게 몰입과 명상의 관계를 물었다. "사실 몰입은 대개의 경우 사색적인 태도, 명상적인 태도와 관련이 있습니다." 칙센트미하이는 이렇게 말했다. "명상은 일종의 몰입이고 몰입도 일종의 명상이죠." 몰입은 체스 말, 활과 화살, 오토바이 수리 등 세상일에 매달릴 때 나타나는 현상이지만, 명상은 '요령과 난관이 모두 자신의 내부에 있습니다. 그래서 명상이 어려운 겁니다. 신기한 것을 좇아 이리저리 움직이려는 원숭이마음 같은 본래적 욕구를 다스려야 하니까요'라고 그는 말한다.

사실이다. 그러나 조용히 앉아 자신의 생각을 들여다보면, 우리 내면의 세계가 하나의 통일체가 아닌 것 같다는 느낌이 든다. 일상에서 자아나 마음을 말할 때는 어느 정도 완전한 전체로서의 자아나 마음을 염두에 둔 것이다. 하지만 명상을 해보면 마음이 여러 부분으로 나뉘어 있다는 느낌을 떨칠 수 없다. 그래서 하나를 다독여 주저앉히면 다른 하나가 불쑥 고개를 들고 재잘거린다. 티베트 불교는 온전한 하나의 마음이나 '자아'는 아예 없다고 단정하며, 마음의 여덟 부분이 힘을 모아 안정적이고 꾸준한 자아의 환영을 만들어낼 뿐이라고 말한다. 여덟 부분 가운데 첫 다섯 부분을 구성하는 것은 감각, 즉 오감이다. 여섯 번째는 분석적이고 논리적인 능력이다. 일곱 번째는 원숭이마음이다. 여덟 번째 부분은 자신을 의식하고 집중하는 능력으로 이것은 다른 일곱 가지들을 통제할 수 있다. 명상을 할 때 특히 어려운 것은 일곱 번째를 길들이고 여덟 번째를 강화하는 일이다. 원숭이는 우리 마음에 들어와 있을 때에도 잠시도 가만히 있지 못한다.

명상이 두뇌 구조를 바꾼다

명상은 신경과학의 원초적 형태로, 신경가소성을 의식적으로 이용한 것 중에 가장 역사가 깊다. 명상은 25년 된 디지털 산만함에 대한 2,500년 된 해답이다. 명상은 전자 세계에 탐닉하는 바람에 망가진 인지 능력을 회복시켜준다. 명상은 확장된 마음을 외부에서뿐 아니라 (신중한 기술적 선택을 통해) 내면에서도 (관조적 수련을 통해) 바꿀 수 있다는 사실을 보여준다.

규칙적으로 명상을 하는 사람들이나 명상의 치료 효과를 연구하는 과학자들은 명상이 디지털 산만함을 처리하는 데 유용하다는 사실에 특별히 놀라워하지 않는다. 1970년대와 1980년대에 심리학자들은 관조적 수련을 치료에 적용하기 시작했다. 그중 가장 유명한 것은 '각성을 통한 스트레스 감소mindfulness-based stress reduction, MBSR'로 명상을 통해 만성적 스트레스를 줄이는 기법이다. 그 후로 명상 수련은 고도의 창의력과 집중력을 요구하고 스트레스를 받으며 과제를 수행해야 하는 분야에 적용되었다.

교육자들은 명상 수련을 과학이나 재즈 등 다양한 분야에 접목시켰다. 스포츠 팀 감독들은 선수들의 기량을 높이기 위해 명상과 심상기법을 활용했다. 군대의 훈련교관과 심리학자들은 전투 능력을 향상시키고 외상 후 스트레스 장애를 완화시키는 데 관조적 수련을 활용했다. 단체나 조직들은 명상 수련을 통해 협조정신과 소통 능력을 향상시키고 논쟁과 갈등을 해결했다. 변호사들도 협상 능력을 기르고 법 실천에 정신적 의미를 부여하기 위해 관조적 수련을 활용한다.

명상을 통해 얻는 사회적 심리적 혜택은 문헌을 통해 쉽게 찾아볼 수 있지만, 명상을 꾸준히 실천할 때 실제로 일어나는 현상을 규명하는 것은 쉽지 않았다. 명상의 효과는 너무 주관적이어서 과학적으로 접근하기가 어려웠다. 과학에서 명상을 다루기 시작한 것은 뇌전도EEG나 기능적자기공명영상 같은 기술이 등장하여 명상하는 사람들의 두뇌에서 진행되는 경과를 파악할 수 있고, 전문가들이 명상의 주관적 경험을 두뇌 활동의 객관적인 현상과 연결시키면서부터였다. 그들은 명상이 두뇌의 활동을 일시적으로 바꾸는 정도에 그치지 않는다는 사실을 새로 밝혀냈다. 명상은 두뇌의 구조를 바꾼다.

명상의 신경학적 영향에 관한 선구적 연구는 위스콘신대학교의 신경학 교수 리처드 데이빗슨Richard Davidson에 의해 이루어졌다. 하버드 대학원 시절에 데이빗슨은 전직 하버드 심리학 교수이자 티모시 리어 리Timothy Leary의 동료였던 람 다스Ram Dass와 많은 시간을 함께 보냈다. 그러다 데이빗슨은 명상을 본격적으로 공부하기 위해 대학원을 휴학하고 인도로 갔다. 그리고 1992년 달라이 라마와 만난 자리에서 달라이 라마로부터 수도승들을 상대로 신경과학 연구를 해보라는 권유를 받았다. 데이빗슨은 그 자리에서 수락했다.

데이빗슨은 승려들이 명상할 때 두뇌에 어떤 일이 일어나는지 그리고 명상이 장기적으로 두뇌의 구조를 바꿀 수 있는지 밝히려 했다. 그와 동료 연구진들은 승려들의 두뇌에서 일어나는 신경학적 변화를 탐지했다. 신경가소성neuroplasticity, 즉 성인의 두뇌가 새로운 임무나 전문 지식을 습득할 때 그 구조가 바뀔 수 있다는 개념은 전혀 새로운 이론이었다.

데이빗슨 팀은 또한 감마파동조gamma synchrony 현상에 주목했다. 1960년대에 EEG로 처음 관찰된 감마파는 두뇌 전체를 훑고 지나가는 것으로 보이는 신경의 진동이었다. 감마파는 특히 작업 기억working memory과 지각을 사용할 때, 그리고 한 가지 일에 온전히 집중할 때 두드러진다. 과학자들은 미로를 빠져나오려는 쥐와 컴퓨터 스크린을 들여다보는 붉은털원숭이와 음악을 듣는 음악가들에게서 매우 고조된 감마파동조 현상(많은 감마파가 같은 진폭과 주파수에서 일어나는 현상)을 관찰했다. 감마파는 그 강도에 따라 뇌의 특정 영역(가령 수수께끼를 풀 때의 시각중추)에서만 활성화될 수도 있고 두뇌 전체에서 활성화될 수도 있다. 감마파동조는 두뇌의 서로 다른 모든 부분에 적용할 수 있는 일종의 표준시간을 제공함으로써, 다양한 감각적 유입으로부터 하나의 통일된 현실경험을 구축할 수 있게 해준다. 다시 말해 감마파동조는 의식이 생성되는 기반으로 역할을 한다.

데이빗슨과 그의 동료 앙투안 루츠Antoine Lutz는 첫 번째 연구에서 승려들과 대학생으로 구성된 통제집단을 EEG 모니터에 연결하여 일련의 명상 수행 과정에서 나타나는 두뇌 활동을 감시했다. EEG는 두피에 부착된 센서를 통해 두뇌의 여러 영역에서 전기적 활성도를 측정한다. 첫 실험대상자는 마띠외 리카르Matthieu Ricard였다. 그는 불교에 귀의하여 출가한 생물학자 출신 승려로 행복을 과학적으로 연구하고 있었다. 데이빗슨은 리카르에게 티베트 승려들이 흔히 하는 대로 조건 없는 사랑과 친절함을 화두로 삼아 명상해보라고 했다. 그러자 EEG는 리카르의 좌측 전두엽 한 부분이 크게 활성화되고 감마파가 크게 증가한 것을 보여주었다. 데이빗슨이 이전에 이런 현상을 확인했던 것은 동정심을 발휘할 때뿐이었다.

데이빗슨 팀은 사실 그 증가폭이 너무 커서 그들의 장비가 잘못되었다고 생각했다. 그러나 실험을 반복해도 승려들의 두뇌는 여전히 그런 식으로 작동하고 있었다. 승려들의 두뇌는 여러 해 동안 치열하게 수행했기 때문에 명상하는 동안 조율이 잘된 상태를 유지하면서 무서운 집중력과 기억력을 발휘할 때와 같은 유형을 보여주었다.

데이빗슨 팀은 그 결과를 2004년에 권위 있는 〈미국국립과학원회보 Proceedings of the National Academy of Sciences〉에 발표했다. 데이빗슨은 승려들을 대상으로 연구를 계속했고, 아울러 심리적 의학적 문제를 해결하기 위해 관조적 수련을 활용하거나 처음 명상을 시작하는 사람들을 상대로 몇 가지 다른 연구들을 병행했다. 그렇게 해서 그들은 명상이 두뇌 기능에 긍정적으로 그리고 장기간 영향을 줄 수 있다는 사실을 이론으로 정립했다.

명상은 피아노나 바이올린을 연주하는 것처럼 두뇌의 여러 부분을 활성화시킨다. 운동이 특정 근육과 반사 능력을 강화시키는 것과 같은 이치다. 어떻게 보면 당연한 결과인지도 모른다. 두뇌 기능의 변화는 수학자나 마술사나 음악가나 런던의 택시 운전사(도시 곳곳을 다니려면 뛰어난 시각 기억을 가져야 한다)에서 자주 관찰된다. "어떤 일을 20년 동안 매일 8시간씩 하게 되면 두뇌에 뭔가 다른 것이 생기게 됩니다." 신경과학자 스티븐 코슬린Stephen Kosslyn은 승려들이 보여준 결과에 '놀랐다'고 감탄하면서 이렇게 덧붙였다.

데이빗슨 팀이 위스콘신 주 매디슨에서 승려들의 머리를 EEG 센서로 덮고 있는 동안, 캘리포니아주립대학교 데이비스 캠퍼스의 신경과학자 클리포드 새런Clifford Saron 팀은 콜로라도 주 덴버에서 북쪽으로 두 시간 거리인 산 정상에 자리 잡은 샴발라마운틴센터Shambhala Mountain Center의 중앙홀 아래 실험실에서 작업을 하고 있었다. 새런은 이 대학의 교수이자 사마타 프로젝트Shamatha Project(사마타는 산스크리트어로 '영원한 평온'이라는 뜻이다) 책임자다. 사마타 프로젝트는 명상을 과학적으로 탐구하는 프로젝트 중에서는 가장 오래 진행되고 있는 프로젝트일 것이다.

새런 팀의 실험실 바로 위층에는 학생 30명이 명상지도사인 앨런 월리스Alan Wallace의 지도로 3개월 과정의 강도 높은 명상 수련을 받고 있었다. 어린 시절을 서던캘리포니아에서 보낸 월리스는 1960년대 말에 인도의 다람살라Dharamsala로 영적 순례를 떠났다. 티베트에서 몇 해 동안 승려로 지낸 후, 그는 스탠퍼드대학교에서 종교학으로 박사학위를 받았고, 다시 서던캘리포니아로 돌아와 샌타바버라 의식연구소Santa Barbara institute for Consciousness Studies를 운영하고 있다.

데이빗슨은 수만 시간을 명상한 승려들을 대상으로 실험을 거듭하여 놀라운 성과를 올렸다. 사마타 프로젝트도 EEG와 심리테스트를 융합한 방식 등 대부분 같은 툴을 사용하지만, 명상 전문가들을 대상으로 하기보다는 샴발라에서 명상을 처음 해보는 60명의 학생들에게 연구의 초점을 맞추고 있다. 이런 아이디어는 초심자의 마음 상태를 기준 삼아 명상의 영향을 측정하고 집단적으로는 초심자의 두뇌에 일어나는 현상을 더 잘 파악하기 위한 것이다. 센터를 떠난 학생들 중에는 규칙적으로 명상을 계속하는 부류도 있고 또 잊고 마는 부류도 있다. 그러나 모든 학생들은 실험장치를 탑재한 랩톱을 통해 일정한 간격으로 계속 테스트를 받고 그 결과를 우편으로 보낸다(그래서 이 프로젝트는 일정액의 우편요금을 따로 책정한다).

새런 팀이 알아내려는 것은 명상이 집중력, 태도, 건강에 미치는 장기적인 영향이다. 사마타 프로젝트는 10년의 기간 중 반환점을 통과했지만, 이미 흥미로운 결과를 몇 가지 내놓고 있다. 지각력과 주의력 테스트에서 피실험자들은 연구진들이 일부러 지루하게 만든 실험을 하는 동안 산만함을 물리치는 능력(심리학자들이 말하는 반응억제response inhibition)과 집중하고 주의력을 유지하는 능력이 향상되는 결과를 보여주었다. 그들은 또한 자제력이 더 커지고 적응력이 강화된 것 같다고 보고했다. 이는 임상학자들의 앞선 실험과 보고를 재차 확인해주는 결과지만, 새런 팀의 사마타 프로젝트는 더 오랜 기간에 더 많은 사람을 대상으로 한 실험이어서 명상의 영향이 얼마나 오래 지속되는지 좀 더 정확히 측정할 수 있다.

더욱 놀라운 것은 혈액 샘플에서 나온 결과였다. 혈액 샘플은 말단소체의 길이를 측정할 수 있도록 일정한 간격으로 채취되었다. 말단소체는 염색체 끝에서 발견되는 염기서열로, 구두끈의 끝부분을 막는 플라스틱처럼 염색체가 소모되거나 상하는 것을 막아준다. 하나의 세포가 분열할 때마다 염색체에서 정보를 갖고 있는 부분은 정확히 복제되지만, 말단소체는 약간 짧아진다. 말단소체가 너무 짧아지면, 세포는 분열을 멈춘다. 과학자들은 말단소체가 짧아지는 것이 노화과정을 촉진한다고 생각한다. 따라서 말단소체가 짧아지는 속도를 늦추면 인간의 수명을 늘릴 수 있다는 것이다. 이 실험에 사람들의 이목이 집중되었던 것도 그런 이유에서였다. 사마타 프로젝트에 참석한 사람들은 말단소체를 복원하는 효소인 텔로머라아제를 더 많이 만들어냈다. 다시 말해 세포 차원에서 보자면, 명상은 노화를 늦춘다고 말할 수 있다.

명상이 건강에 유익하다는 사실을 과학적으로 밝혀낸 것은 이뿐만이 아니다. 8주짜리 명상 프로그램에 참가한 사람들을 대상으로 한 조사에서, 실험이 끝난 후에 독감에 대한 이들의 면역 반응은 크게 향상된 것으로 나타났다. 주사를 맞기 싫어하는 사람들에게는 반가운 소식이 아닐 수 없다. 하지만 명상하기 좋은 장소를 찾아 세계적 수준의 명상 지도를 받으며 몇 주를 보낼 수 있는 사람은 많지 않다. 승려가 될 수 있는 사람은 더더욱 많지 않을 것이다. 그러나 면역학자들은 장소와 상관없이 혼자서 30분짜리 명상을 몇 주만 계속해도 분명한 변화가 온다는 사실을 실험으로 입증해 보였다.

'각성을 통한 스트레스 감소' 프로그램을 체험한 사람들을 연구한 결과, 8주의 명상 이후에 사람들의 뇌의 좌측 앞부분은 더욱 활성화되고 그들의 기분도 더욱 적극적으로 바뀌었다. 작업 기억 역시 향상되었다. 아마도 각성을 통해 자신의 마음에 꾸준한 관심을 기울였기 때문일 것이다. 그렇게 하려면 앞서 무심코 흘려보냈던 마음의 상태에 관한 정보를 유심히 관찰하고 기억해야 한다(최근에 나를 산만하게 만든 것이 무엇인지 한번 기억해보라. 방금 전이니 어렵지 않을 것이다. 과연 그럴까?). 명상을 하는 사람들은 명상을 하지 않는 사람들보다 비교적 수월하게 주의력을 유지시킨다. 동시에 명상하는 사람들의 주의력은 단 하나의 자극제에 묶여 있지 않는다. 그들의 주의력은 또한 기본적인 지각 능력을 향상시켜 다른 것에 집중할 에너지를 더 많이 남겨둔다.

다시 말해 명상의 주관적인 혜택에는 두뇌의 생리학적 변화도 포함된다. 이런 변화는 기억력과 집중력 같은 인지적 기능을 향상시키고 정서적 균형을 강화한다. 그리고 이런 변화는 일시적이 아니라 지속적이다. 이처럼 우리는 명상 같은 기법의 도움을 받아야 온라인의 산만함과 불만을 해결할 수 있다고 믿고 있지만, 소셜미디어를 규칙적으로 이용하면서도 그 영향은 크게 받지 않는 사람들이 있다. 그들은 하루에 몇 시간씩을 온라인에서 보내지만 원숭이마음을 충족시키는 미디어는 거들떠보지도 않는다. 그들은 정보통신기술을 확실하게 제어하면서 그 관계를 유지한다. 그리고 그들은 디지털 산만함을 나름대로 독특한 관점에서 바라본다.

스님에게 물어보세요

블로그를 하는 승려들이 바로 그런 사람들이다. 그들은 하루에 몇 시간씩 수행에 정진하고 몇 시간을 더 들여 유튜브에 강의 동영상을 올리고 블로그를 포스팅하고, 인터넷 토론을 주재하고 페이스북과 트위터를 이용하여 헌신과 수행의 의미를 함께 나눈다. 그중에는 가족을 거느리며 세속적인 삶을 추구하는 대처승도 있고, 아시아의 밀림에서 혼자 수행하거나 절에서 생활하는 출가승도 있다. 하지만 그들은 모두 욕망과 산만함과 번뇌를 피하게 해주는 엄격한 고대의 계율을 따른다. 그러면서도 그들은 고집멸도苦集滅道의 사성제四聖諦만큼이나 스마트폰이나 소셜미디어에 익숙하다.

요즘은 어느 종교든 포교에 인터넷을 활용한다. 신앙을 가르치고 종파 토론을 벌이고 경배와 자비와 묵상과 순례를 가르치고 공부하는 하루 일과를 인터넷으로 관리한다. 불교라고 예외일 리 없다. 불교는 전 세계에 약 3억 5,000만 명의 신도를 갖고 있다. 타이와 일본 등 일부 국가에서 불교는 국가 문화와 정체성의 중심이며, 승려들은 1,000년 동안 계속 사용해온 사원에서 예불을 드린다.

불교는 역사적으로나 국가적으로 이렇게 깊은 뿌리를 갖고 있지만, 20세기의 상가sangha(승가, 불교 공동체라는 뜻), 즉 교단은 기동성을 갖추고 보다 국제적으로 활동한다. 전쟁과 혁명 탓도 있었다. 냉전 시대의 공산 치하에서 불교는 티베트와 베트남과 캄보디아에서 일부 사원이 폐쇄되는 수모를 겪었다. 달라이 라마를 비롯한 많은 승려들이 아시아 각지로 그리고 유럽과 호주와 북아메리카로 망명길에 오르거나 추방되었다. 티베트의 불교 교육기관들은 인도로 자리를 옮겨 다시 세워졌다. 지난 50년 동안 다람살라와 남드롤링은 세계적으로 중요한 불교의 중심지로 자리 잡았다. 독자적으로 활동했던 불교 교파들은 종단 간의 교류로 왕래가 잦아졌고, 승려와 과학자들 간의 종파를 초월한 대화와 협력은 서구권에서 불교에 대한 관심을 고조시켰다.

서양인들의 불교에 대한 이미지는 온몸을 감싸는 노란색 승복과 향 태우는 냄새 정도가 고작이지만, 사실 불교는 1,000년이 넘도록 정보통신기술을 채택하고 활용하는 데 뛰어난 솜씨를 과시해왔다. 불교사원은 600년부터 판화와 목판인쇄술(문양과 글을 목판에 양각하거나 음각하는 방법)을 실험했다. 중국의 승려와 학자들은 수십 년에 걸쳐 기획하고 가진 기술을 총동원하여 삼장三藏을 비롯한 여러 경전을 인쇄했다. 10세기에 들어서 그들은 그렇게 만든 경전을 투르키스탄, 몽골, 한국, 일본 등지에 전했다. 인쇄술의 오랜 역사와 전 세계로 흩어진 불교 단체들의 현대적 요구를 감안하면, 불교도들이 소통과 협력을 위해 인터넷의 가치를 인정한 것은 조금도 놀라운 일이 아니다.

불교도 가운데 소셜미디어를 이용하거나 블로그나 웹사이트를 만드는 사람들은 온라인에서 그들의 존재를 부각시켜야 할 이유가 있다. 승려이자 블로거인 유타다모Yuttadhammo는 이렇게 설명했다. "무언가를 공유하고 싶으면 사람들이 있는 곳으로 가야 합니다." 시험 삼아 올린 짤막한 유튜브 동영상이 일주일 만에 1,000명의 시청자를 끌어들였을 때, 그는 미디어의 위력을 새삼 실감했다. 이어 다른 블로거 승려들도 '디지털 원어민' 1세대 대열에 합류했다. 웹사이트와 토의 그룹을 통해 명상과 불교의 가르침을 배운 사람들이었다. 미국 태생의 어떤 여승은 웹사이트를 통해 선산승원Zen Mountain Monastery을 알게 되었고, 나중에 그곳에서 비구니계를 받고 출가하여 8년을 머물렀다. 이처럼 요즘은 인터넷이 하나의 자원으로 중추 역할을 한다며 유타다모는 이렇게 말했다. "계율에 관한 책을 써도 PDF 파일을 제공하지 않으면 의미가 없습니다."

승려 블로거들은 발표 수단으로서 웹의 가치를 높이 평가한다. 한 승려 블로거는 초보자나 승려 할 것 없이 마음만 먹으면 언제든지 '불교의 가르침에 접속할 수 있다는 것은 대단한 혜택'이라고 말했다. 또 다른 승려는 인터넷은 '가르침을 직접 찾아내고 그것을 묵상하고 기억하고 다른 사람에게 전달하는 데 대단한 역할을 한다'고 평가했다. 킨들Kindle을 사용하는 한 노승은 가볍고 휴대할 수 있다는 것이 자신에게는 커다란 장점이라며 흡족해했다.

가상의 집단을 만들어 기존의 '상가'를 강화하는 데 활용하는 그들은 웹을 실험도구로 삼았다. "불교 수행자가 되려면 공동체라는 기반이 절대적으로 필요합니다." 불교도이자 캘리포니아 마운틴뷰의 컴퓨터 역사박물관Computer History Museum 교육담당관인 로렌 실버Lauren Silver 의 말이다. 혼자 수행하는 수행승도 있지만, '불교는 시작부터 가르침과 수행을 사회에 접목시키면서 번성해왔다'고 그는 덧붙였다. 요즘은 웬만한 선원이나 사원도 모두 웹사이트를 운영한다. 그중에는 세계적인 영향력을 행사하는 사이트도 있다. 실버는 자신이 있는 곳의 명상센터에서 이메일을 받았을 때를 회상했다. "늘 놀라는 사실이지만 우리는 라트비아나 호주의 오지에 사는 사람들로부터도 메시지를 받습니다. 그들은 말합니다. '나는 불교도를 만난 적이 없지만 이 가르침을 본 이후로 죽 명상을 해오고 있습니다. 한 가지 의문이 있어서 이렇게 연락드립니다.'" 산만해지는 문제를 해결하려는 그들의 간절한 열망이 웹의 잠재성을 그렇게 부각시킨다. 그 잠재성이란 가상 세계를 오프라인 공동체로 발전시킬 수 있다는 가능성이다.

그러나 온라인 공동체가 현실의 공동체와 대등한 역할을 할 수 있을지에 대해서는 승려들도 확신하지 못한다. 또 그들은 온라인에서의 경험이 사성제를 따르고 실천하는 고된 일상의 일만큼 보람이 있는 것인지에 대해서도 의구심을 버리지 못한다. 불교는 '수행'을 중시한다. 그들은 훌륭한 연주가들이 연습의 중요성에 대해 말하는 것과 같은 내용을 말한다. 연습은 높은 수준의 기량을 닦는 데 빠져서는 안 될 가장 기본적인 전제다. 붓다는 제자들에게 그의 가르침을 무조건 받아들이라고 하지 않고, 그 가치를 직접 시험해보도록 했다. 유타다모는 이렇게 표현한다. "불교는 내면의 과정이지 외부를 향한 표현이 아닙니다. 인터넷은 하나의 자원일 뿐 수행의 일부는 아닙니다." 내가 인터뷰한 한 수행자는 명상에 관해 알 만큼 알게 되고 이제는 명상을 할 시간이 더 많이 필요하다고 판단한 순간 컴퓨터를 버렸다고 했다. 그는 한마디로 잘라 말했다. "컴퓨터와는 끝이 났습니다."

　"글이나 말이 실제 체험과 같은 힘을 가질 수는 없을 것입니다." 미국의 한 여승은 내게 이렇게 말했다. 핀란드의 한 선승도 다음과 같이 주장했다. "온라인의 가상 세계가 불교 수행에 도움을 줄 수는 있겠지만, 사실 실제 수행과 닮은 점은 아무것도 없습니다." 유타다모도 말했다. "웹을 계율 수행의 유일한 자원으로 사용해선 안 됩니다. 온라인 계율 공동체가 불교 명상을 하는 사람으로서의 개인적 삶의 가장 중요한 면이라고 생각한다면 그것은 큰 착각입니다." 결국 웹은 그 자체로 목적이 아니라 기나긴 수행으로 들어가는 입구일 뿐이라는 말이다.

　승려들은 온라인에서 보내는 개인적인 시간을 매우 엄격하게 지키는 편이다. 그들의 생활 리듬 자체가 온라인에 머무는 시간을 제한한다. "저는 매우 바쁘고 해야 할 일도 많습니다. 앉아서 한가하게 고양이 사진이나 들여다보고 있을 여유는 없죠." 한 승려는 이렇게 말했다. 내가 얘기를 나눠본 승려들 중에는 저녁에만 온라인에 들어가는 사람들이 많았다. 그들은 대부분 데스크톱을 쓰고 있었다. 그래야 현실 세계와 디지털 세계를 구분하기가 쉽다고 했다. 책상이나 가방이나 사물함에 랩톱이 있는 승려들은 거의 없었다. 그들은 주로 구형 컴퓨터를 사용했다. 기술을 보다 실용적으로 대하는 것도 있지만 예산이 넉넉지 않기 때문이기도 할 것이다.

그들에게 휴대전화는 정말 인기 없는 물건이었다. 이스라엘 출신으로는 처음으로 여승이 된 체키 리비Choekyi Libby는 말했다. "휴대전화는 있지만 거기에 매달리는 편은 아니에요. 자주 쓰지도 않습니다. 늘 가까이에 두는 것도 아니고요. 세상과 늘 연결되어 있는 것은 아니라고 생각해야 기분이 좋습니다." 스리랑카 승려인 비쿠 사마히타Bhikkhu Samahita는 언젠가 신도로부터 휴대전화를 하나 선물 받았다. 하지만 그에게 휴대전화는 그저 또 하나의 신기한 물건일 뿐이었다. '이걸 쓸 일이나 있을까?' 그는 그렇게 생각했다. 게다가 그의 암자는 수신 상태도 엉망이었다. 스리랑카 통신사들은 사원 주변에는 기지국을 제대로 설치하지 않는 편이다. 다른 곳의 수행승들도 유선전화보다는 휴대전화를 더 많이 갖고 있지만, 그들은 컴퓨터처럼 휴대전화를 그저 방에 방치해놓고 지낸다. 이들에게 환촉증상은 딴 세상 이야기일 뿐이다.

승려들은 온라인을 불교의 가르침을 실천할 수 있는 기회로 여긴다. 담최 왕모Damchoe Wangmo는 서구의 뉴스를 읽고 세상 돌아가는 일에 무심하지 않는 것이 '자비와 동정심을 일으키는 좋은 기초'라고 말한다. 세상의 뉴스를 보면 '내 문제가 별것 아닌 것처럼 느껴지기' 때문이다. 유타다모는 온라인 교류를 철저히 불교적으로 생각한다. 인터넷은 집착하지 않고도 좋은 일을 할 수 있게 해준다. "온라인을 통해 사람들과 실질적인 인연을 만든 적은 없습니다. 그저 내가 교류하는 사람들을 도울 뿐이죠. 그리고 목적을 달성하고 나면 아무렇지도 않게 잊어버리거나 관심을 다른 곳으로 돌립니다."

그의 말을 들으니 개울을 건너지 못해 애태우는 젊은 아낙을 만난 두 승려의 이야기가 생각난다. 노승은 주저 없이 아낙네를 업고 개울을 건너 뒤 내려주었다. 젊은 승려는 그런 노승에게 매우 화를 내며 몇 시간을 씩씩거리더니 어떻게 승려가 젊은 여자의 몸에 손을 댈 수 있느냐고 따졌다. 노승이 답했다. "난 한참 전에 그 여자를 내려놓았는데, 자넨 아직도 업고 있는가?"

승려 블로거들은 온라인 활동을 중요하다고 여기면서도 이를 실제 수행의 부차적인 수단으로밖에 여기지 않는다. 그렇게 정보통신기술을 실용적인 입장에서 바라보고 얽힘을 최소화하는 식으로 기기를 사용하면, 기술에 매여 있으면서도 기기에 휘둘린다는 느낌을 받지 않는다. 그렇다면 그들은 어떻게 블로그를 관리하고 트위터를 하고 초심자의 질문에 답하고, 도반들에게 이메일을 보내고 온라인 명상 프로그램을 운영하는가?

산만함은 PC가 없어도 존재한다

소셜미디어를 통해 불교에 관한 글을 포스팅하는 비쿠 사마히타의 경우를 생각해보자. 그가 하루나 이틀에 한 번씩 올리는 에세이는 쓴 지 몇 분 만에 페이스북 월, 트위터 피드, 구글플러스 페이지, 그리고 온라인 토론 그룹에 뜬다. 정치 캠페인도 이렇게 빨리 알려지고 확산되기는 어려울 것이다. 사마히타('비쿠'는 팔리어로 '승려'다)는 영향력 있는 웹사이트 '붓다의 말씀What Buddha Said'을 만든 장본인으로 이 사이트는 한 해에 수만 회의 조회수를 기록하고 있다. 방문자도 미국인부터 인도인 말레이시아인까지 다양하다. 전 세계의 8,000명에 이르는 팔로 워들은 그가 매일 올리는 설법을 내려받는다. 그의 설법은 불경 가운데 가장 오래되고 또 불자들이 가장 소중히 여기는 팔리경전의 주해로 구성되어 있다.

이 작업을 위해 사마히타는 이른 아침부터 오후 늦게까지 하루 몇 시간을 온라인에서 보낸다. 강행군이라고도 할 수 있지만 그 작업이 스리랑카 섬의 외딴 작은 암자에서 이루어진다는 사실을 알게 되면 고개를 더욱 갸우뚱하지 않을 수 없다. 사마히타는 산승山僧이다. 지금도 수천 명에 달하는 스리랑카의 승려들은 붓다 시절 승려들의 생활을 본받아 숲 속에 들어가 '깨달음'의 경지를 추구한다. 그들은 주로 오두막이나 동굴이나 작은 콘크리트 집에 기거한다. 전통적으로 그들의 암자는 사람들의 기척이 들리지 않고 자신의 모습이 노출되지 않도록 마을과 일정한 거리를 둔 곳에 자리 한다. 사막에 기거했던 초기 기독교 수도사들처럼 이들 산승은 청빈하고 금욕적인 생활을 추구한다. 이들에겐 사원의 화려함도, 시중을 드는 신도들도 없다. 그들은 네 시간만 잠을 자고 여덟 시간은 참선과 명상을 하며, 나머지 시간에는 수행승이 지켜야 할 227가지 계율을 몸으로 실천한다.

사마히타는 10년 전부터 삼나무로 지은 작은 암자에 기거하고 있다. 하얗게 칠한 그 암자는 스리랑카 중부의 산속 해발 1,300미터 고지에 자리하고 있다. 그의 암자에 가려면 차밭을 지나, 자동차로 가기에는 너무 좁고 가파른 비포장도로를 따라가야 한다. 암자로 가는 길을 안내하는 지도에는 방문객에 대한 경고문이 실려 있다. '차밭을 벗어나지 마시오. 숲에 들어가지 마시오. 위로만 가고 내려가지는 마시오.' 사마히타가 사람 구경을 하는 것은 생필품을 구하기 위해 한 달에 한 번 읍내로 내려올 때뿐이다. 사람들이 그의 암자를 찾는 경우는 1년에 한두 번이 고작이다. 그런 그가 하루에 네다섯 시간을 그의 HP 파빌리온 dv7 랩톱 앞에서 보낸다. 그의 랩톱은 커다란 창문 옆에 놓여 있는데 그 광경이 볼 만하다. 랩톱을 인터넷에 연결해주는 것은 태양광전지판과 근처 냇가에서 끌어온 마이크로 수력발전기이다.

전혀 상반돼 보이는 이 두 가지 생활을 그는 어떻게 영위하고 있을까? 나는 그와 이메일로 대화를 시작했다. 산승이 되어 보람 있는 점은 무엇이고 힘든 점은 무엇인가? 내가 묻자 그가 답했다. "성불하는 것이 가장 보람 있는 일이고 가장 힘든 일이다!" 스리랑카 숲 속의 생활은 어떤가? "평온하고 적요하고 즐겁고 단순하다. 숲은 늘 미소 짓는다." 그 밖에도 그는 선문답을 하기도 하고 시구詩句를 인용하기도 하고 다른 사이트를 연결해주기도 했다. 그의 영어는 흠잡을 데가 없었지만, 나는 말이 별로 필요 없고 또 실제로 말을 많이 하지 않는 거물을 인터뷰하는 듯한 인상을 그에게서 받았다.

사마히타는 덴마크에서 태어났다. 출가하기 전에 내과의사였던 그는 열대성전염병 전문의였고 덴마크공과대학의 생물정보학과 교수였다. 생물정보학자들의 주요 업무는 의학과 건강에 관련된 방대한 자료를 분석하는 툴을 개발하는 것이다. 그들은 DNA 염기서열부터 유행병에 대한 세계보건기구WHO의 통계, 월마트의 감기약 독감약 매출에 이르기까지 연구에 필요한 정보라면 가리지 않고 모두 뒤진다. 밀레니

엄의 전환기를 맞은 야심찬 학자로서 그에게 생물정보학은 평생을 바쳐 투신할 만한 대단한 도전 과제였다. 그러나 그는 도무지 생활에서 즐거움을 찾을 수 없었다. 그리고 우울증이 나타나기 시작했다. 의사였지만 그는 항우울제 복용을 자제했다. 그러다 우연히 만난 티베트 승려를 통해 명상을 배웠다. 명상은 그의 우울증을 말끔히 씻어주었고 그에게 새로운 삶의 모습을 슬쩍 보여주었다. 그는 2000년에 '붓다의 말씀'을 시작했다. 이듬해에 그는 코펜하겐의 실험실을 뒤로 하고 스리랑카의 한 선원을 찾았다. 2년을 정진한 끝에 그는 계를 받았고 삼나무 암자로 자리를 옮겼다.

놀라운 변신이었다. 내 눈엔 좋은 조짐으로 보인다. 테라바이트 급 정보를 일상적으로 다루며 병원에서 언제라도 호출에 응할 태세를 갖춰야 하는 생활에 익숙한 사람이 테크놀로지 세계의 산만함을 뒤로 하고 숲 속의 적막과 온라인 간의 균형을 맞추는 생활로 옮겨갔다면, 우리 같은 사람들도 기술을 좀 더 관조적으로 사용하는 법을 배울 수 있을지 않을까?

나는 사마히타에게 산만해지기 쉽다는 인터넷을 사용하여 번뇌와 욕망을 없애라고 설파하는 것은 역설이 아닌가 하고 물었다. "간절히 원하되 제대로만 이용한다면(쉽지는 않겠지만), 진흙 속에서도 연꽃을 피울 수 있다." 그는 이렇게 답했다. 불교에서 연꽃은 깨끗함의 상징이다. 어둠 속에서도 꽃을 피우고 더러움에 물들지 않는 꽃잎의 독특한 특성 때문이다(과학자들이 최근에야 그 기능을 모형화하는데 성공했는데, 그것은 꽃잎이 가진 나노구조 덕분인 것으로 밝혀졌다).

물론 기기에 중독되어 있다고 말하는 사람들이 많은 것은 사실이다. '크랙베리CrackBerry'(코카인의 일종인 크랙과 스마트폰 블랙베리의 합성어-옮긴이)라는 말이 괜히 생긴 것은 아니다. 그러나 불교에서 탐貪(산스크리트어의 '탄하tanha'는 '갈망'을 뜻한다)은 번뇌의 근원이다. 붓다의 말씀대로 탐은 '주체할 수 없는 욕구와 밀접하게 엮여 있다.' 그리고 탐은 '여기서 또 저기서 늘 새로운 쾌락을 찾는다.' 그런 갈망을 일시적으로는 채워줄 수 있지만, 채울수록 탐은 더욱 거세져 전보다 더 허기를 느낀다. '그냥 새로 온 것이 있는지만 확인하고 끌게'라고 말하면서 한 시간이 넘도록 인터넷을 뒤지는 사람도 크게 나무랄 수만은 없는 것이다.

나는 비쿠 사마히타에게 하루에 온라인에서 네댓 시간을 보내면서 정말로 마음을 흩트리지 않고 인터넷을 뒤질 수 있느냐고 물었다. 그는 처음에는 내 질문의 뜻을 이해하지 못한 것 같았다. "(기억이나 회상처럼) 내적인 것이든 (세상이나 IT나 TV처럼) 외적인 것이든, 상황에 맞게 처리하면 된다." 그는 산만함은 그것이 무엇이든 다 똑같다고 말했다. 산만함이 어디에서 비롯되었는가는 중요하지 않다는 것이다.

무슨 말인지 언뜻 이해가 가지 않아 다시 물었다. 인터넷 때문에 특별히 어려운 점은 없는가? "이곳의 아름다움과 평화에 비하면 인터넷은 별것 아니다." 그는 이렇게 대답했다.

내 주변에는 신호등 하나 통과하기 전에도 이메일을 확인해야 하는 친구들이 몇 있다. 그런데 사마히타는 의사이고 유럽 명문 대학의 교수를 역임했던 사람이다. 간단히 말해 잠시도 인터넷과 접속이 안 되면 곤란해질 것이라고 흔히 생각되는, 정보에 파묻힌 엘리트다. 그런 사람이 인적도 끊긴 방 두 개짜리 회백색 암자가 인터넷을 무색하게 만든다고 태연하게 선언하고 있는 것이다. 뭔가 흥미로운 점이 있는 것만은 틀림없었다.

나는 또 다른 승려 유타다모를 인터뷰했다. 그는 소셜미디어 수련원을 운영한다. 그가 만든 '진리는 안에 있다Truth Is Within'라는 제목의 유튜브 채널은 100만 명이 넘는 사람들이 방문했다. 그가 만든 동영상은 명상하는 법부터 불경 토론이나 그의 암자 근처에 채 완성되지 않은 수련원 탐방에 이르기까지 내용이 다양하다. 그는 또한 시청자들의 질문에 답변해준다. 해충을 죽여야 하나요? 스님들은 어디서 법명을 받나요? 같은 것들이다.

유타다모의 동영상은 어떤 미국인 제자가 기증한 캐논 빅시아 HF200 캠코더로 찍은 것이다. 승려들이 갖고 있는 전자 기기들은 대부분 신도들이 직접 선물하거나 단체를 통해 들어온 시주로 마련한 것들이다. '스님에게 물어보세요Ask a Monk' 동영상은 유타다모가 전 세계에 흩어져 있는 제자들이나 동료 승려들과 디지털로 대화를 계속하는 온라인 스터디그룹과 웹사이트와 위키와 인터넷 라디오 스트림의 포트폴리오 중 하나다. 그는 그렇게 말했다. "심지어 어떨 때는 내가 하는 명상도 온라인 집단에서 이루어집니다. 나는 암자를 짓지 않습니다. 하지만 온라인 커뮤니티는 짓습니다." 이런 온라인 활동은 그의 주요 수행 업무가 되었다.

동영상을 찍고, 블로그를 포스팅하고, 온라인에서 제자들을 만나고, 이메일에 답장을 해주는 일이 벅차지 않은가? 그는 말했다. "천만에요.

물론 나도 산만하다고 생각했던 시절이 있었습니다. 그때는 사는 게 힘들었고 그래서 우울했습니다. 하지만 지금은 쾌적한 곳에서 평온한 마음으로 내 일을 할 수 있습니다. 매일 아침에 뉴스를 잠깐 훑어보는 일 말고는 달리 관심을 가질 만한 일도 없습니다."

유타다모가 산만함과 우울함을 묶어 말하는 것은 이상한 일이 아니다. 임상학적으로 우울증 증세 중 하나는 집중하지 못하는 것이다. 나도 겪어봤지만 특히 교양이 있고 이룬 것이 많은 사람들에게 우울증과 산만함은 서로 상승작용을 일으킨다. 우울증은 일도 못하게 만들어, 윈스턴 처칠이 오죽하면 '검둥개black dog'라고 부를 정도로 사람을 졸졸 따라다니며 정신적으로 무력하게 만든다.

사실 우리 같은 사람에게 유타다모의 '쾌적한 곳'은 쾌적과는 거리가 멀어 보인다. 그곳에서는 모기가 극성을 떨고, 우기에는 거머리들이 기승을 부리고, 뱀과 전갈이 목숨을 위협한다. 원숭이들(마음의 원숭이가 아닌 진짜 원숭이들)도 '골칫거리'다. 꾀가 많은데다 사람을 두려워하지 않기 때문이다. 하지만 '사람들 사이에 섞여 살면서 받는 스트레스에 비하면 이 정도는 아무것도 아닙니다'라고 그는 태연하게 말했다.

유타다모는 비쿠 사마히타의 암자와 몇 킬로미터 정도 떨어진 곳에 있는 '쿨리kuli' 즉 작은 오두막에 산다. 사마히타처럼 유타다모도 서구 문명의 이기를 버리고 숲 속의 고행을 자처한 승려다. 그는 캐나다의 '명색이 그래도 유대인 집안인' 가정에서 태어나 자랐다. 그는 대학 시절 태국을 여행하다 불교를 접했다. 캐나다의 한 불교수련원에서 1년을 정진한 후, 태국으로 돌아가 출가했고 이후에 스리랑카로 옮겨왔다.

산승이 온라인에서 많은 시간을 보내는 것을 탐탁히 여기지 않는 스님들은, 그가 첨단 기술과 너무 가깝게 지낸다고 걱정한다. 승려들은 가르치고 공부하는 데 필요한 수단 이외의 어떤 세속적 물질에도 애착을 가져서는 안 되기 때문에, 컴퓨터를 소유하는 것도 비난의 대상이 될 수 있다. 유타다모도 시인했다. "나는 요즘 말하는 진정한 의미의 산승은 아닐 겁니다. 나도 내가 어떤 종류의 중인지 잘 모르겠어요." 하지만 현대 기술은 그에게 수행승으로 세운 서원誓願과 가르치려는 욕구의 균형을 잡아준다. "온라인에 있을 때는 세상과 한 발짝만 떨어져 있는 셈입니다. 그래서 세상에 좋은 일을 하면서도 속세의 모든 것을 무시할 수 있는 겁니다." 그가 유튜브와 스트리밍 비디오를 사용하면서도 다른 소셜미디어를 외면하는 것은 그 때문이다. "페이스북도 해봤지만, 속세를 등진 중에게 '친구들'을 얻는 것이 무슨 의미가 있는지 모르겠더라고요." 트위터도 마찬가지로 그에겐 의미가 없었다.

사마히타와 유타다모의 적막한 암자에서 800킬로미터 떨어진 곳, 남부 인도에는 널찍한 남드롤링 승원이 자리하고 있다. 담최 왕모는 여기서 수행하는 5,000명의 학생 중 한 명이다. 10년짜리 프로그램을 밟고 있는 그녀는 어느덧 9년 차에 접어들었다. 이 과정을 수료하면 불경을 가르치고 또 불경을 영어로 옮기는 일을 할 예정이다. 공부도 어렵지만 승가대학에 전기가 들어오는 시간이 일정치 않아서 온라인을 규칙적으로 이용하기가 어렵다. 하지만 그녀의 블로그 '비구니의 상념 Nun Sense'은 출가를 하려는 사람들에게 '절 생활이 어떤 것인지' 소소하게 알려준다. 그녀는 또한 동료 수행승들과 온라인 그룹을 하나 운영하고 있다(그렇다. 수행승들에겐 그들만의 다크넷darknet이 있다).

담쵀 왕모도 캐나다에서 자랐다. 아버지는 장로교 목사였고 어머니는 주일학교 교사였다. 교회에서 '작은 영성체 잔에 남은 주스를 죄다 마셔버리곤 했다'고 말하면서 그녀는 웃었다. 고등학교에 올라가면서 그녀는 교회에 발을 끊었다. 그녀는 교회에서 배운 것을 믿을 수 없다고 어머니에게 실토했다. 그래도 왕모는 여전히 종교에 관심이 있었고 그러다 불교를 알게 되었다. 왕모는 고등학교를 졸업한 후 밴쿠버에서 불교를 공부했고, 다람살라와 대만에서 가르침을 받은 후 다시 캐나다로 돌아와 장래를 고민했다. 그리고 2001년에 그녀는 남드롤링으로 갔다.

나는 담쵀 왕모에게 디지털 기기 때문에 산만해지는 문제를 물었다. "산만함이 외부의 영향에서 비롯된다고 생각하는 것은 잘못입니다. 산만함은 내면의 정신 상태에서 기인하는 것입니다." 그녀는 이렇게 말했다. 산만한 마음으로 시작했을 때는 휴대전화 소리나 인터넷에서 나오는 신호 등이 그 산만함을 부추긴다. 하지만 그런 것들이 산만함을 유발한 것은 아니다. 산만함은 외부에서 나타나 평온했던 마음을 방해하는 것이 아니다. 정상적인 일상의 마음이 스스로 많은 산만함을 만들어낸 것이다.

나는 다른 승려들에게도 같은 질문을 했다. 아리송한 불교식 대답들이 많았지만 마음을 사로잡는 무엇이 있었다. 처음에는 질문을 이해하지 못한 승려들도 있었다. 내가 기술이 특히 산만함을 유발한다는 내 입장을 분명히 밝히자 많은 승려들이 대답해주었다. 왜 산만함이 기술에서 비롯된다고 생각하는가? 정신 수련의 목적은 그런 것들의 영향을 초월하는 것이다. "산만함은 PC가 있어도 존재하고 없어도 존재합니다." 한 승려는 이렇게 지적했다. 사마히타 역시 기술 같은 외적 산만함은 '마음속에서 비롯되는 산만함보다 다루기가 훨씬 쉽다'고 말했다.

그래서인지 승려들은 하나같이 젠웨어(그들은 '젠웨어'란 말이 재미있다고 했다)에 흥미를 느끼지 못했다. "그런 소프트웨어도 의도는 좋다고 생각합니다. 그것이 사용자의 어떤 면에 대한 자제력에 관심을 갖기 때문이죠. 하지만 그것은 또한 산만함이 내면의 정신 상태가 아니라 외부의 영향에서 기인하는 것이라고 착각하게 만듭니다." 담최 왕모는 말했다.

미국의 한 여승은 이렇게 말했다. "프로그램도 좋고 차단하는 것도 좋죠. 하지만 결국은 우리 스스로 의지력을 갖추어야 합니다. 자기 일에 책임을 질 수 있는 사람은 자기 자신뿐입니다." 한 노승도 맞장구를 쳤다. "자기만의 평정심을 만들어내야 합니다. 그런 것은 누가 가져다주지 않습니다. 비결이나 지름길은 없습니다. 실천하고 매일 자신에게 유익한 쪽으로 응용하는 방법밖에 없습니다." 하지만 유혹이 강하면 그런 소프트웨어도 소용이 없다. 그럴 때는 편리한 이기가 아니라 거추장스러운 장치일 뿐이다. 메인 주의 숲에 사는 시스터 그리폰Sister Gryphon이란 여승은 이렇게 설명했다. "자신과 자신의 현실을 똑똑히 보고 이해한다면, 더 이상의 번뇌는 없습니다." 비쿠 사마히타도 말했다. "결국 자신이 주도권을 잡고 앞장서서 내면에서 재잘거리는 원숭이마음의 소리를 잠재워야 합니다."

그러나 세상과의 인연을 모두 끊어버리면 지루해지지 않을까? 어떤 마음이 그런 평정심을 흔들어놓는가? 우선 '단념은 남는 장사'라는 말에 수긍해야 한다. 사마히타의 미국 친구인 조너선 코폴라Jonathan Coppola는 단념은 결코 '밑지는 장사가 아니다'라고 말한다. 승려들이 세속의 물질적인 것을 포기하는 것은 단지 극기를 행하거나 추상적인 청정심을 닦기 위한 것만이 아니다. 그들은 스스로 자유로워지기 위해 이런 것들을 포기한다. 중요하지 않은 물건들로부터 자유로워지면 중요한 것에 초점을 맞출 수 있다.

생각이 거기에 미치자 승려들의 대답이 이해가 갔다. 그들의 대답에는 산만함보다는 집중력이 더 중요하다는 심오한 의미가 담겨 있다. "산만함이 얼마만큼의 만족을 가져다줍니까?" 코폴라는 이렇게 반문했다. "여기 앉아 호흡과 지금 이 순간에 집중하면 유튜브에서 고양이 동영상을 보는 것보다 더 평온한 기분과 희열을 느낄 수 있습니다." 승려들은 그래서 컴퓨터를 조심스레 가려서 사용하고 애착과 초연함을 표현하는 훈련을 쌓아 인터넷 중독이나 디지털 산만함을 무의미하게 만들어버린다.

일상생활이 망상으로 가득 차 있고 그 망상으로 인해 삶이 고통스러워지고 불행해진다고 여긴다면, 그래서 마음을 닦는 훈련을 하고 그릇된 애착과 잘못된 믿음을 몰아내고 어떤 가정이나 전제조건 없이 자신의 기분과 매 순간을 관찰하는 법을 배우는 데 몰두한다면, 가장 원초적이고 물리치기 어려운 도마뱀 뇌(두려움, 분노, 성욕 등 원초적인 충동을 담당하는 두뇌 부위-옮긴이)에 호소하는 화려한 인터넷도 그리 다루기 힘든 대상이 아닐 것이다. 승려들처럼 엄격한 수행을 흉내 낼 수는 없겠지만, 그래도 우리는 기술이 만연한 우리의 삶에 그들의 통찰력을 적용할 수 있다. 불교도들은 마음공부에 수천 년의 세월을 쏟아부었다. 그런 그들이 산만함은 바깥이 아닌 마음속에서 일어난다고 말한다면, 한번쯤 그 말을 진지하게 생각해볼 필요도 있지 않겠는가?

관조적 수행이라는 툴

불교는 2,500년 전에 인도에서 발생한 종교다. 그 당시 생활이 요즘처럼 스위치태스킹과 밀접하게 연결된 세상과 무슨 관련이 있는 것일까?

2,500년 전에도 무당과 은자와 신관과 성인들은 존재했다. 그리고 그들 중 일부는 우리가 요즘 관조적이라고 알고 있는 수행을 실천해왔다. 그러나 대체로 이런 수행은 은밀하게 이루어졌고 기록되지도 않았으며 오직 아는 사람들끼리 또는 숙달된 사람들 사이에서만 행해져왔다. 반대로 기원전 6세기까지 거슬러 올라가는 불교와 도교의 명상은 세상에 널리 알려졌다. 그들의 명상은 매우 경험적이었으며 누구나 따라 할 수 있는 영적 수련이었다. 곧 이어 힌두교의 아슈람이나 자이나교의 수행원처럼 관조와 영적 정화를 추구하는 분위기에서 조직적인 생활을 지원하는 전문 기관들이 나타났고, 기원전 2세기경에는 유대교의 에세네파까지 이들의 수행법을 모방했다.

왜 관조적 수행이 이 시기에 그렇게 번창했을까? 1949년에 독일의 철학자 카를 야스퍼스Karl Jaspers는 영적 철학적 창의성이 극도로 융성했던 기원전 800년과 기원전 200년까지의 시기를 '차축 시대Axial Age'라고 명명했다. 이 시기에 '인류의 영적 기초가 중국과 인도와 페르시아와 유대 지방과 그리스에서 거의 동시에 독립적으로 수립되었다'고 그는 분석했다. 이들 각 지역에서 학자들은 인간의 의미가 무엇인지, 인간은 어떻게 세계를 인지하고 인식하는지, 인간은 다른 인간과 사회와 어떤 방식으로 관계를 맺는지 등 심오한 질문을 던졌다. 카렌 암스트롱Karen Armstrong의 설명대로, 그리스 철학자나 불교의 승려, 유대교 성직자나 유교의 선비들은 '알려지지 않은 인간 의식을 한계까지 밀어붙여 존재의 핵심적 차원을 발견하고 그것을 초월했다.' 관조적 수행의 등장은 인간의 의미를 묻는 현대적 사상이 보다 큰 차원에서 체계적으로 정리되는 과정의 일부였다.

관조적 수행은 제국의 팽창, 정치적 격변, 국제적 교역망, 대량 이주, 도시화가 야기한 소란스러움에 대한 반응이었다. 중국의 전국시대나 고대 그리스 또는 그리스와 로마와 페르시아 제국의 설립자들이 패권을 다툰 서아시아 지역의 생활은 나쁠 때는 포악하고 야만적이었다. 좋은 시절에 이들 도시는 쾌락을 탐하는 시설과 한눈팔지 않을 수 없는 유흥거리를 제공했다. 차축 시대의 철학자들과 영적 지도자들은 이런 소란스러움에 대한 반발로 합리성과 비폭력을 내세웠지만, 그들이 실제로 한 것은 그 이상의 의미를 지니고 있었다.

그들은 종교의 방향을 재정립했고, 존 힉John Hick이 말하는 '우주의 유지 관리cosmic maintenance'(풍작과 순조로운 계절의 순환을 기원하

는 제례와 제물)로부터 등을 돌려 개인의 향상과 계발을 추구했다. 그
들은 새뮤얼 N. 아이젠스타트Samuel N. Eisenstadt의 소위 '초월적 의식
transcendental consciousness'을 개발함으로써 추하고 야만적이고 덧없이 짧
은 삶을 극복하고 궁극적으로 더 나은 세상을 만들었다. 초월적 의식이
란 세상과 거리를 두고 (수도자적인 은둔의 전통처럼 말 그대로 세상과 격
리되는 경우도 있지만 그보다는 심리학적인 거리를 의미하는 경우가 보통이
다) 편견이나 전제조건 없이 세상을 관찰하는 것을 말한다. 다시 말해
깨어 있는 마음으로 세상을 관찰하는 것, 세상을 관조하는 것이다.

차축 시대는 기원전 200년경에 끝났지만 사회는 계속 복잡해지고
경제는 국제화되고 제국은 진화를 계속했으며, 다른 한편으로는 기억
과 관조를 계발하는 데 전념하는 제도와 공간이 꾸준히 늘어났다. 서구
에서 수도원이나 성당, 대학은 모두 집중력을 함양하고 강화하기 위한
거대한 체제였다. 이런 기관들은 일상에서의 탈피를 도우면서도 한편
으로는 세상에 의존했다. 중세에 파리와 볼로냐와 옥스퍼드와 케임브
리지의 대학들은, 일상적 생활이 산만해지지 않도록 장벽을 세우면서
도 동시에 학생과 선물과 왕실의 후원을 기꺼이 받아들였고 당시로서
는 첨단 기술의 산물인 종이나 과학기구, 책도 받아들였다.

인터넷은 문자 발명의 시대부터 이어져 내려온, 인간의 두뇌와 생각
하는 방식을 바꾼 일련의 기술의 현대판에 지나지 않는다고 역사가들
은 말한다. 하지만 그들은 역사의 절반밖에 보지 못했다. 그들이 본 절
반의 역사와 나란히 달리는 또 하나의 역사가 있다. 관조적 수행을 통
해 집중력을 함양하고 고요함을 권하고 주의력을 회복시키는 기술적

변화와 복잡성과 동요에 응답하는 사람들의 역사다. 세속적인 산만함과 관조적 수행은 밀접하게 이어져 있다. 하나는 다른 하나를 구체화한다. 혼을 빼놓는 요즘의 산만한 세상에서 고대의 관조적 수행을 다시 발견하는 것은 조금도 이상한 일이 아니다. 관조적 수행은 요즘 같은 세상과 우리 같은 마음을 위해 만들어진 툴이다.

4장

프로그램으로부터의 탈피

디지털 시대
빼앗긴 집중력을
되찾기 위한 조언

THE
DISTRACTION
ADDICTION

컴퓨터가 우리를 프로그래밍한다

컴퓨터를 처음 구입했던 때를 생각해보자. 당시 컴퓨터의 정보처리 속도는 얼마나 빨랐는가? 램RAM 용량은 어느 정도였는가? 하드드라이브는 얼마나 컸는가? 이제 최근에 구입한 컴퓨터를 생각해보라. 태블릿PC나 스마트폰도 상관없다. 무엇이 얼마나 달라졌는가?

좀 더 자세하게 비교하려면, 그 사이에 무어의 법칙이 몇 번 적용되었는지 계산해보면 된다. 무어의 법칙에 따르면 컴퓨터의 핵심 부분인 마이크로프로세서의 성능은 대략 2년마다 두 배로 증가한다. 그러니 컴퓨터를 처음 구입했을 때가 10년 전이라면 무어의 법칙이 다섯 번 적용되었을 테고, 따라서 컴퓨터 성능은 32배로 증가했을 것이다. 앞으로 2년 뒤에는 64배가 되고, 또 2년 뒤에는 128배가 될 것이다.

컴퓨터의 값이 계속 내려가고 성능은 더 강력해지리라는 예상은 단순한 상상이나 공상과학이 아니다. 그것은 우리가 이미 PC의 역사를 통해 직접 목격하고 경험한 사실이다. 우리 아이들까지도 이미 큰 변화를 지켜보았다. 내 큰딸은 와이파이가 나오고 확산되는 것과 값싼 스마트폰이 출시되고 페이스북이 나오는 것을 목격했다. 그리고 무어의 법칙이 다섯 번 적용되는 것도 보았다. 일부 미래학자들의 말대로라면, 내 큰딸이 대학교를 졸업할 즈음에는 그 애 두뇌만큼 똑똑한 컴퓨터를 살 수 있을 것이다.

그럼 우리 두뇌는 어떤가? 우리 두뇌도 무어의 법칙의 기하급수적인 증가함수의 곡선을 따라가는가?(사실 그럴 때도 잠깐 있었다. 하지만 그것은 엄마 배 속에 있을 때였다. 걸음마를 할 때도 두뇌의 성능은 급격히 좋아진다.) 우리 두뇌가 처음 컴퓨터를 샀을 때보다 좋아진 것 같은가? 지금은 그때보다 더 많은 것을 기억하고 있는가? 앞으로 컴퓨터가 더 빨라지고 값이 싸지는 만큼, 우리 두뇌도 더 빨라지고 더 많은 정보를 저장하게 될까?

당연히 그런 일은 없을 것이다. 컴퓨터는 우리보다 훨씬 더 많은 일을 한다. 컴퓨터는 앞으로도 기하급수적인 속도로 개량될 것이다. 컴퓨터는 더 복잡해지고 '동시에' 더 단순해지며, 더욱 강력해지고 '동시에' 작아질 것이다. 우리는? 그저 나이를 먹을 뿐이다. 기술적 변화의 속도에 감탄하면서 두려워하기는 쉽다. 컴퓨터를 끼고 살면 우리 자신과 우리의 지능과 우리의 기억에 대한 생각이 바뀐다. 그것도 대체로 부정적인 쪽으로 바뀐다.

스탠퍼드대학교의 바이런 리브스Byron Reeves와 클리포드 나스 두 교수는 놀라운 사실을 알아냈다. 그것은 사람들이 컴퓨터를 사람처럼 대한다는 것이었다. 컴퓨터를 잘 모르는 사람도 컴퓨터가 느낌이나 인격이 없다는 것 정도는 안다. 그러나 연구진들은 일련의 실험을 통해 컴퓨터 사용자들이 무의식적으로 컴퓨터에 사회적 규칙과 규범을 적용한다는 사실을 입증했다. 우리는 안내음이 남자 목소리로 나오는 컴퓨터가 여자 목소리로 나오는 컴퓨터보다 기능이 더 좋다고 생각한다. 컴퓨터 안내음이 기술적인 문제를 말할 때는 특히 그렇다. 또 우리는 우리와 같은 인종적 특징을 가진 컴퓨터 '에이전트'를 더 신뢰한다(드라마에 나왔던 컴퓨터 인간 맥스 헤드룸Max Headroom을 생각해보면 알 수 있다). 심지어 컴퓨터에 대해 예의를 차리는 경우도 있다.

한 연구에서 연구진들은 조사대상자에게 한 컴퓨터 프로그램을 사용해보도록 한 다음, 그에 대한 평가를 하게 했다. 자신이 사용한 컴퓨터의 평가 양식을 작성한 사람들은 종이나 다른 컴퓨터의 양식을 작성한 사람들보다 점수를 후하게 주었다. 컴퓨터의 상호작용과 반응 기능 때문에 사람들은 컴퓨터와 소통을 한다고 생각하게 된다. 마치 개를 사람처럼 대하고 눈이 큰 고양이를 측은하게 여기는 것과 같은 현상이다.

컴퓨터를 사람처럼 생각하게 되면 컴퓨터의 눈부신 진보와 우리의 더딘 진화를 자꾸 비교하게 되고 그래서 우리 자신이 더 초라하게 여겨진다. 컴퓨터의 반응이 빨라지고 상호작용 기능이 강화되고, 더 원활해지고 어떤 면에서 더욱 사교적이 될수록, 컴퓨터가 우리에게 미치는 영향도 더욱 커질 것이다. 그리고 우리가 만든 디지털 기기와 우리 사이의 간극은 더욱 뚜렷해지고 더욱 넓어질 것이다.

그러니 정보통신기술과 좋은 관계를 만들고 싶다면, 컴퓨터가 우리를 어떤 식으로 프로그래밍을 하는지 이해해야 한다. 호랑이를 잡으려면 호랑이 굴로 들어가야 한다. 스탠퍼드대학교의 가상인간상호작용실험실Virtual Human Interaction Laboratory의 가상현실 룸이 바로 그 호랑이 굴이다.

가상 세계와 나

이 실험실의 책임자인 커뮤니케이션학과 교수 제러미 베일런슨Jeremy Bailenson은 스탠퍼드대학교 교수 중 아이폰 앱의 피실험자가 된 유일한 인물일 것이다. 하지만 그의 실험실 위치를 보면 전문가로서 그의 위상을 어느 정도 짐작할 수 있을 것 같다. 실리콘밸리의 부동산 가격은 터무니없을 정도로 비싸다. 그리고 교내 버스노선이 20개나 있는 스탠퍼드대학교의 캠퍼스는 그 위압적인 면적에도 불구하고 건물들이 빼곡하게 들어차 있기 때문에 실험실 공간이라도 하나 마련하려면 한바탕 전쟁을 치를 각오를 해야 한다. 가상인간상호작용실험실은 웅장한 로마네스크풍의 주 건물 최상층에서도 여러 개의 방을 차지하고 있다. 총장실은 바로 옆 건물에 있다. 연구진들이 대부분의 시간을 가상 세계에서 보낸다 해도 위치는 중요하다.

나는 안내를 해줄 코디 커러츠Cody Karutz를 실험실 맞은편에 있는 엘리베이터 근처에서 만났다. 그를 따라 3-D TV가 갖춰져 있고 베일런슨과 짐 블래스코비치Jim Blascovich가 공동 저술한 《무한 현실Infinite Reality》이 여러 권 꽂혀 있는 오렌지색 대기실을 지나 가상현실 주 실험실로 들어갔다.

　세계적인 권위를 자랑하며 가상사회학을 주도하고 있는 이 실험실은 사람들이 가상 세계와 얼마만큼 현실적인 관계를 맺고 있는지 연구하는 곳으로, 이곳 사람들은 가상현실VR을 이용하여 일상의 행동을 더욱 확실하게 이해하려 한다. VR 룸은 창문이 없는 호텔 회의실 같았다. 카펫도 벽도 모두 튀지 않는 무난한 색이었다. 치열한 연구자의 열정과 다정한 어린이캠프 지도자의 관대함을 겸비한 가이드 커러츠가 방에 배치된 동작제어기와 여덟 대의 비디오카메라를 손으로 가리켰다. 벽 뒤로는 24대의 스피커가 음향시스템에 연결되어 있어 음향 조정으로 방을 더 크거나 작게 보이게 만들 수 있었다. 바닥에는 저주파 변환기가 놓여 있어 방을 크거나 작게 요동치게 할 수 있었다. 방으로 들어오는 경사로 아래에는 하드웨어가 있었다. 벽장은 서버룸으로, 고성능 그래픽 랜더링 머신 여덟 대가 복잡한 케이블과 함께 꽉 들어차 있었다.

　방 한가운데에는 삼각대가 서 있고 그 위에 스티로폼으로 만든 머리와 VR 헤드셋이 있었다. 헤드셋은 작은 고화질 영상출력장치 두 대와 가속도계, 적외선장치 등으로 구성되어 있었다. 동작제어기는 이 적외선장치를 이용하여 사용자의 위치를 계산한다. 헤드셋은 많이 낡아 수시로 손보아야 할 것처럼 생겼지만 고급차 한 대 값과 맞먹을 정도로 비싼 장비라고 커러츠는 귀띔해주었다. 무선 헤드셋은 시스템이 사용자의 행동에 너무 느리게 반응할 경우 느끼는 어지럼증인 사이버멀미를 방지할 만큼 빠르게 '세상을 업데이트'할 수 없다. 때문에 실험실의 헤드셋은 검은 광케이블 다발로 서버랙에 연결되어 있었다.

헤드셋은 스위치가 켜져 있었다. 연구진들이 작업하기 쉽도록 영사기 한 대가 헤드셋이 보여주는 장면을 멀리 있는 벽에 투사했다. 그들은 방 모양을 설계한 오토캐드AutoCAD 파일을 받아 VR 코드로 바꾸었다. 연구진들은 실험의 성격에 따라 거울과 새로운 문과 그 밖에 필요한 것들을 덧붙였다. 영사기는 이제 약간 기운 벽을 멀리 보여주고 있었다. 실험을 도와주는 사람이 헤드셋을 약간 기울여 들어 올린 다음 내 머리에 씌우자 영상이 흉하게 뒤틀렸다.

나는 눈을 감았다. 커러츠는 내 머리에 헤드셋을 씌우고 4만 달러짜리 하드웨어가 떨어지지 않도록 끈을 조정했다. 눈을 뜨자 거의 완벽에 가까운 그 방의 복제품이 눈앞에 펼쳐졌다. 커러츠는 사라지고 없었다. 팔을 앞으로 뻗었다. 아무것도 없었다. 방은 그대로 있는데 나는 보이지 않았다. 커러츠도 몸은 보이지 않고 목소리만 들렸다. 방이 '정말로' 실제처럼 보여, 안 보이는 것들이 너무 어색했다. 방이 실제처럼 보이는 이유도 실물과 너무 같아서라기보다는(그것은 TV 프로에서 흔히 볼 수 있는 컴퓨터영상합성기법CGi 수준의 인위적 선명도를 가진 정확한 렌더링이었다), 보이는 것이 내 동작에 따라 완벽하게 바뀌었기 때문이었다. 고개를 돌리자 문이 있었고, 제어실로 통하는 창문이 있었다. 모퉁이들도 너무 실감나게 자리 잡고 있었다. 사람들은 괜찮은 가상현실과 완벽한 가상현실을 구분하는 것이 그래픽의 수준 문제라고 생각하지만, 사실 트래킹 문제라고 커러츠는 설명했다. 가상현실의 현실성은 대부분 트래킹에 의해 좌우된다. 아무래도 유연하게 움직이는 실물 크기의 세계가, 더듬거리며 아주 세세하게 묘사하는 세계보다 더 실제처럼 보일 것이다.

바닥이 우르르하고 울렸다. 내려다보니 바로 내 앞에 있는 바닥이 열리며 금속으로 된 깊은 공간이 나타났다. 꽤나 깊어 보이는 저 밑바닥에는 '뛰어내리지 마시오'라는 문구가 쓰여 있었다. 물론 정말로 빠질 일이야 없겠지만 그래도 카펫이 깔린 항공모함 갑판에 서서 격납고를 내려다보는 것 같아 겁이 났다. 심장이 쿵쾅거리고 아드레날린이 마구 나오는 기분이었다. 커러츠는 이것이 가상 세계가 얼마나 실제 같은지 보여주기 위한 장치라고 설명했다. 정말 그랬다. 작은 나무판자가 함정 위에 걸쳐 있었다. 그는 나더러 그 위를 건너가보라고 권했다. 나는 조심스레 건너기 시작했다. 중간쯤 가다 보니 나도 모르게 어느새 팔을 벌리고 균형을 잡고 있었다.

베일런슨 팀이 이 실험실을 만든 것은 사람들이 가상공간을 실제처럼 여기고 반응하기 때문이었다. 원래 과학 실험실은 물리적 체계에서 한 가지 변수를 바꾸고 그 결과를 관찰할 수 있도록 되어 있는 축소된 자족적인 하나의 우주였다. 베일런슨은 가상 실험실을 통해 몇 가지 변수를 바꿔가며 '사회적' 체계를 실험할 수 있다고 생각했다. 그와 그의 학생들은 가상현실을 사용하여 인간처럼 보이는 아바타를 창조해냈다. 그들은 아바타의 목소리, 성, 인종, 키 등을 바꾸어가며, 그런 변화가 인간의 행동과 의사결정에 어떤 영향을 미치는지 관찰했다.

베일런슨과 제자들은 정치가들을 좀 더 믿음직스럽게 보이게 하고, 가상의 교사들을 실력이 있고 매력적으로 보이게 만들고, 운동을 좀 더

하고 싶고, 자연을 보존해야 한다는 생각이 저절로 생기도록 만드는 방법을 찾아냈다. 그들은 심지어 아바타를 이용하여 사람들이 자신에 대한 인식을 바꿀 수 있는 방법도 모색했다.

그들이 처음 행한 실험 중에는 모핑morphing 소프트웨어를 사용하여 사회적 평가에서 시각적 유사성의 영향을 측정하는 것도 있었다. 이 소프트웨어로 그들은 서로 다른 사람들의 사진을 뒤섞어 하나의 실제처럼 보이는 이미지를 만들어냈다. 실생활에서 우리는 대부분 시각적으로 유사한 것들을 볼 때 편안한 마음을 갖는다. 자신과 닮은 사람을 좀 더 진지하게 대하고 더 신뢰하며 다른 사람들보다 더 매력적이라고 여긴다. 베일런슨 팀은 사람들이 자신과 닮게 만들어진 가상 인물에 대해 어떤 반응을 보이는지, 그리고 그들이 조작된 인물이라는 사실을 눈치채는지 알고자 했다. 한 실험실에서 그들은 피실험자에게 실제 정치가들의 사진을 주면서 피실험자 자신의 얼굴 특징이 담기도록 조작된 정치가의 사진을 함께 제시했다. 두 번째 실험에서 그들은 네 명씩 한 조를 짜서 그들에게 그 네 명의 특징이 고루 드러난 얼굴 사진을 보여주고 그 사람이 내세웠다는 주장을 함께 제시했다.

결과가 어땠을까? 정치 성향이 분명한 사람들은 알고 있는 정치가들을 선호했지만, 대부분의 참가자들은 자신과 비슷하게 조작된 정치가에게 더 호감을 느꼈다. 마찬가지로 4인조 피실험자들은 자신들의 특징이 드러나도록 조작된 '사람들'이 제시한 주장이, 그들을 닮지 않은 실제 정치가가 내놓은 같은 주장보다 더 설득력이 있다고 평가했다. 놀랍게도 사진이 조작되었다는 사실을 눈치챈 피실험자는 거의 없었다.

스탠퍼드에서 첨단 기기라면 눈감고도 능숙하게 다룬다고 자부하는 학생들도 그들에게 보여준 사진이 조작되었다는 사실은 눈치채지 못했다. 그들은 그 정치가가 좀 더 낯익어 보이고 친척을 닮은 것 같은 느낌을 받았다고만 말했다.

이후 베일런슨과 대학원생인 닉 이Nick Yee는 그런 조작이 실제의 상호작용에 영향을 미치는지 여부를 조사했다. 사진을 조작하는 것보다는 가상의 인물을 실제 사람처럼 만드는 쪽이 기술적으로 더 어렵지만, 요즘은 웹캠이나 안면인식 소프트웨어의 가격이 많이 내려갔고 컴퓨터 성능도 많이 빨라져서 예전처럼 그리 어려운 일도 아니다. 베일런슨과 닉 이는 피실험자의 가상적 표상을 만들어내는 시스템을 개발했다. 이 시스템은 카메라와 영상인식 소프트웨어를 가지고 피실험자의 표정, 눈의 움직임, 목소리 등을 관찰하여 실시간으로 업데이트할 수 있게 만들어졌다. 피실험자는 자신의 모습을 기절초풍할 정도로 꼭 닮은 아바타를 보게 된다. 아바타는 피실험자가 움직이면 따라 움직이고 피실험자가 보는 곳을 보며 피실험자의 목소리로 말한다. 마치 거울을 보는 것처럼.

다른 실험에서 연구진들은 가상의 강의실을 마련하고 가상의 강사를 세워놓았다. 강사는 원래 한 번에 한 사람 이상을 볼 수 없지만, 가능하면 청중들과 눈을 자주 마주치는 강사가 좋은 강사다. 베일런슨은 강사가 다른 사람을 둘러보거나 강의 원고를 들여다보거나 랩톱을 들여다보지 않고, 피실험자의 아바타만 보며 강의하는 모습을 피실험자가 볼 수 있도록 환경을 만들었다(로널드 레이건 같은 정치 9단이 TV 연설하는 장면을 생각하면 된다. 그는 전국의 시청자들의 눈을 똑바로 쳐다보며 마치 한 사람에게 말하는 것 같은 인상을 주도록 카메라를 활용하는 특별한 재주가 있었다). 피실험자들은 그들을 계속 쳐다보며 말하는 가상 교수의 강의가 더 설득력 있었다고 평가했다. 그들 역시 그런 환경이 조작되었다는 사실을 눈치채지 못했다.

연구진들은 시스템을 조금 바꾸었다. 몇 가지 가상 구조를 바꾸어 아바타가 피실험자의 행동을 따라할 수 있도록 만들었다. 내가 하는 행동을 정확히 그대로 따라하는 거울을 상상하면 된다. 베일런슨 팀은 또한 시스템을 바꿔 아바타가 몇 가지는 따라하지 않도록 만들었다. 즉 피실험자의 표정과 몸짓은 따라 해도 피실험자가 말할 때 입은 움직이지 않는 식이었다. 마지막으로 연구진들은 시간 차를 적용하여 아바타가 몇 초 뒤에 피실험자의 행동을 그대로 따라하도록 만들었다.

그런 다음 그들은 피실험자를 커다란 스크린 앞에 앉혔다. 스크린에는 실물 크기의 아바타가 보였다. 그들은 카메라를 켰다. 아바타는 피실험자에게 4분짜리 글을 읽어주었다. 글을 읽는 중에 처음 2분 동안 아바타는 피실험자의 표정과 동작을 4초 늦게 따라했고, 나머지 2분 동안은 따라하지 않았다. 피실험자들은 상호교류가 잘 되지 않은 아바타가 읽어준 글보다 그들을 따라한 아바타가 읽어준 글 내용이 더욱 설득력이 있다고 평가했다. 카멜레온 효과를 다시 한 번 확인시켜주는 결과였다. 자신과 같은 표정과 동작을 하는 행위가 상대방의 관심, 흡인력, 설득력에 대한 생각에 미묘하지만 강력하게 영향을 미친다는 것이 카멜레온 효과다.

몇십 년 전에 심리학자 데릴 벰Daryl Bem은 사람들은 다른 사람들이 자신을 이렇게 생각할 것이라고 믿는 것에 따라 태도가 어느 정도 달라진다는 사실을 발견했다. 검은색 옷을 입은 사람은 뭔가 예리하고 상상력이 풍부하다고 여긴다. 화랑에서 근무하는 사람들이 검은색 옷을 입는 것을 많이 봐왔기 때문이다. 또 정장을 입은 사람들은 사무적인 경향이 있다고 여긴다. 사무실에서 만나는 사람들이 주로 정장을 하기 때문이다.

　베일런슨과 지금은 제록스파크Xerox PARC의 연구원인 닉 이는 피실험자의 아바타가 실제 피실험자보다 더 크고 잘생겼을 경우, 피실험자는 더 자신 있고 더 적극적이며 더 사교적이고 더 친절하게 행동한다는 사실을 알아냈다. 큰 키와 잘생긴 외모는 다른 사람들이 자신을 매력적으로 여긴다고 생각하기 때문에 더 자신감을 주었다. 그리고 이런 실험 결과를 확인하는 데는 많은 시간이 필요하지 않았다. 베일런슨과 닉 이는 자기보다 더 크고 더 잘생긴 자신을 볼 때 사람들의 행동은 '드라마틱하고 거의 즉각적으로' 변한다는 사실을 확인했다. 그리고 이런 행동의 변화는 그 순간에만 한정되지 않고 이후에도 어느 정도 지속된다. 연구진은 피실험자의 가상 개인이 그 사람의 현재의 행동 유형을 바꿀 뿐 아니라 미래의 자신에 관한 생각까지도 바꾼다고 결론 내렸다.

　잠자리에 들기 전에 다음 날 아침 마실 커피를 커피메이커에 세팅해 놓지 않을 때, 그 사람은 현재의 자신 즉 바로 그 순간의 자신을 위해 뭔가를 하고 있는 것이다. 지금 피곤해서 그럴 수도 있고 빨리 잠들고 싶어서 그럴 수도 있다. 문제는 이 경우 미래의 자신을 희생해야 한다는 점이다. 즉 내일 아침에는 직접 커피를 끓이는 수고를 해야 한다. 우리는 이런 식의 행동을 자주 한다. 은퇴를 대비해 따로 떼어놓아야 할 돈을 쓰고, 공부를 해야 할 때 TV를 본다. 미래를 위해 지금의 나를 희생하는 것이 장기적으로 좋다는 사실은 알지만, 우리는 그렇게 하지 않아야 할 이유도 찾아낸다.

어떤 일을 지금 당장 할 때는 좋은 점이 분명하지만, 미래의 자아를 위해 희생할 때 좋은 점은 분명하지 않다. 지금 돈을 쓰면 무언가를 얻겠지만, 저축을 할 경우 은퇴를 위한 돈을 확보한다는 보장은 없다. 경제가 무너지면 기껏 모아놓았던 돈을 모두 잃을 수도 있다. 현재 받을 수 있는 보상의 가시성과 합리성을 따지는 우리의 놀라운 능력과 그것을 희생할 때 예측할 수 있는 불확실한 가치가 대립할 때, 우리는 미래를 희생하여 당장의 삶을 정당화하는 데 천재성을 발휘한다.

식당에서 나는 이런 생각을 자주 한다. '아주 조금만 먹고 운동을 꾸준히 하면, 내년쯤에는 톰 크루즈처럼 보일 수 있을 거야.' 그러나 디저트 카트가 내 곁을 지나가는 순간 생각이 바뀐다. '내일 헬스클럽에 가서 디저트 칼로리를 다 빼내지 뭐. 게다가 다음 주에 다이어트고 뭐고 다 포기하고 초콜릿 아이스크림 한 통을 통째로 먹게 될지도 모르잖아? 그러니 지금 고민해봐야 헛일 아니겠어? 내년에도 나는 여전히 뚱뚱할 거야. 다음 주 내 모습 같은 건 생각하지도 말자고. 그런 생각 때문에 이런저런 고민을 하지는 않을 거야. 가만, 이 치즈케이크는 무슨 맛이지?'

자제심을 발휘하면 원하던 몸무게에 조금 더 가까이 갈 수도 있지만,

상상 속의 개선된 건강이 현실의 치즈케이크와 경쟁하기는 어렵다. 운동도 마찬가지로 쉽지 않다. 40분 동안 10킬로미터를 뛰었을 때 얻는 만족감을 상상하는 것보다 팝콘을 먹으며 영화를 한 편 봤을 때의 쾌감을 상상하기가 더 쉽다.

기술과 사용자가 함께 만들어내는 가상현실

제시 폭스Jesse Fox는 가상현실의 아바타가 이렇게 상상하기 힘든 장기적 혜택을 생생한 현실로 만드는 방법을 연구하고 있다. 그녀는 비디오게임보다 책이 더 재미있다고 생각하는 자칭 소셜미디어에 초연한 사람이다. "스탠퍼드에서 박사학위 과정을 시작하기 전까지만 해도 나는 컴퓨터가 없었어요." 폭스는 오하이오주립대학교에 있는 그녀의 실험실에서 내게 이렇게 말했다. 그녀는 지금 이곳에서 교수로 재직 중이다. "TV도 별로 좋아하지 않았어요. 지금 나는 학생들에게 비디오게임에 대해 가르치고는 있는데 내키지 않아도 〈LA 느와르LA Noir〉(미국에서 방영된 단편 TV 드라마-옮긴이)를 보여줘야 해요." 폭스는 페이스북 계정도 가져본 적이 없다. "대학원 시절에는 사회적으로 추방되고 소외된 '짜릿한' 경험도 해봤어요." 결코 빈정거리는 말투가 아니었다.

그러나 폭스는 기술에 대한 매력을 느끼지 못하는 자신의 결함을 장점으로 바꾸는 법을 알고 있었다. 그녀는 그런 결함 때문에 하드웨어보다 사람에 더욱 집중하고 기술과 사람들의 상호관계에 더욱 관심을 가질 수 있었다. 그리고 최근에 폭스는 페이스북을 하는 것(또는 하지 않는 것)이 사람들의 사교생활에 어떤 영향을 미치는지를 연구하고 있다.

폭스는 체질적으로 첨단 기술에 호감을 갖지 못하지만 스탠퍼드대학교의 가상인간상호작용실험실에 합류했을 때 '멋진 장비를 활용하여 세상을 더 좋은 곳으로 만들 수 있다'는 발상에 흥미를 느꼈다. 오랜 시간 운동선수 생활을 했고 트레이너까지 겸했던 그녀는 사람들이 운동을 시작할 때 부딪히는 어려움을 누구보다 잘 알고 있었다. 그래서 그녀는 스탠퍼드 학위논문을 쓰기 위해 가상 피드백이 사람들의 운동 의욕을 부추길 수 있는지 알아보는 일련의 실험을 마련했다.

그녀는 먼저 내가 방문했던 곳과 같은 가상의 룸을 만들었고, 아바타가 운동하는 것을 보는 것이 사람들을 더 오래 더 규칙적으로 운동하게 만드는지 알아볼 수 있는 실험을 준비했다. 폭스는 두 종류의 아바타를 만들었다. 하나는 보통사람들의 아바타였고, 또 하나는 피실험자와 비슷하게 보이는 아바타였다. 한 집단의 학생들은 헤드셋을 끼고 자신의 아바타가 러닝머신에서 달리는 모습을 보았다. 두 번째 집단의 학생들은 자신의 아바타가 우두커니 서 있는 모습을 보았다. 세 번째 집단의 학생들은 보통사람의 아바타들이 달리는 모습을 보았다. 폭스는 '자신이 달리는 모습을 본 학생들이 다른 사람들보다 평균 한 시간을 더 달리거나 축구를 하거나 체육관의 운동기구에 매달린다'는 사실을 확인했다. 전교생이 올림픽 수준의 시설을 이용하여 1년 내내 운동할 수 있는 캠퍼스에서도 가상 자아가 운동하는 것을 본 사람들이 다른 사람들보다 운동할 의욕을 더욱 크게 느낀 것으로 나타났다.

그러자 폭스는 또 한 가지가 궁금해졌다. 운동을 하거나 하지 않았을 때의 결과를 보여주면 행동이 어떻게 달라질까? 운동이나 다이어트를 계속하기 어려운 이유는 처음이 너무 힘들고 불편하기 때문이다. 그래서 결과를 실감하기도 전에 쉽게 포기하고 만다. 폭스는 두 번째 실험을 계획했다. 그녀는 참가자들에게 자신의 아바타가 달리면 날씬해지고 우두커니 서 있으면 살이 찌는 모습을 보여주었다. 다시 말해 장기 운동 프로그램(또는 그런 프로그램의 부재)의 결과를 단 몇 분으로 압축하여 가시화시킴으로써 정적강화正的强化와 부적강화不的强化를 제공했다(세 번째 집단은 보통사람들의 아바타가 운동하는 것을 보았다). "살이 빠진다고 설득하거나 살이 찐다고 겁주는 것은 별 의미가 없었습니다. 학생들은 모르는 아바타보다 자신의 아바타가 운동하는 것을 봤을 때 운동을 더 열심히 했습니다." 폭스는 그렇게 말했다.

왜 가상의 자아를 보는 것이 효과가 있을까? 마지막 실험에서 폭스는 학생들을 다시 가상 체육실로 데려왔다. 그러나 이번에 그녀는 그들의 몸에 몇 가지 운동생리장치를 부착시켜 그들이 가상의 자신을 바라보는 동안 일어나는 심장박동 등 몇 가지 생리적 신호의 변화를 측정했다. "자신이 움직이는 것을 보면 운동 동기를 부여하는 어떤 생리적 각성이 일어납니다. 학생들은 다른 사람이 뛸 때보다 자기가 뛰는 것을 볼 때 더 땀을 흘렸습니다." 그녀는 그렇게 강조했다.

그러고 보니 미겔 니콜레리스의 원숭이가 생각났다. 방향만 반대였다. 러닝머신에서 걷는 원숭이가 로봇을 제어하는 것처럼 피실험자가 가상의 자아에게 영향을 주는 것이 아니라, 폭스의 실험에서는 가상의 자아가 피실험자에게 영향을 주어 불확실하고 막연한 미래의 혜택을 가시적으로 보여주었다.

우리는 나이 든 모습을 쉽게 상상하지 못한다. 어렸을 때 나는 노벨상 수상 수락연설에서 내 아내에게 공을 돌리는 모습을 어렵지 않게 상상하곤 했다. 그러나 노벨상을 받는 40대의 내 모습은 잘 그려지지 않았다. 우리의 타고난 상상력은 이렇게 허술한 구석이 있어 〈스타워즈〉의 '데스 스타Death Star' 표면 위를 엑스윙 전투기를 타고 날아가는 것 같은 좀 별스러운 장면은 잘 떠올리지만, 나이를 먹는 것처럼 피할 수 없는 일을 그려보는 일에는 영 서툴다. 옥스퍼드대학교의 철학 교수 데릭 파핏Derek Parfit은 미래의 자신을 낯선 사람처럼 여기면, 자신을 위해 희생하기가 싫어지고 그래서 미래에 필요한 것보다는 현재 하고 싶은 것을 더 우선시하게 된다고 지적한다. 은퇴했을 때 좀 편안하게 살려면 돈을 모아야 한다는 것 정도는 누가 일러주지 않아도 잘 안다. 그러나 미래의 자신이 막연한 개념이라면 그게 말처럼 쉽지가 않다.

폭스의 실험은 운동의 장점을 좀 더 실감나게 만들어주었지만, 그 경우에 사람들이 만나는 가상의 자아는 나이 든 자신의 모습이 아니라 운동에 단련된 모습이었다. 이후 폭스는 그레이스 안Grace Ahn과 공동 작업하기로 했다. 안은 폭스와 스탠퍼드 동창생으로 지금은 조지아대학교의 교수로 재직 중이다. 두 사람은 20년 뒤의 자신을 만나보면 현재에 더 좋은 선택을 하게 되는지 알아보기로 했다. 그들은 학생들을 거울이 있는 가상환경에 세웠다. 거울은 오랜 세월 햇볕에 노출되었을 경우 나이든 자신의 아바타가 어떻게 변하는지를 '비춰주었다.' "햇볕을 받는 자신을 보고 또 자신의 아바타가 빨리 늙는 모습을 보면, 많이들

조심하리라고 짐작할 수 있습니다. 스무 살이 된 자신을 그려보지 못하는 어린아이들도 기분 나쁜 안색과 반점을 가진 먼 훗날의 자신의 모습을 보여주면 행동이 크게 달라질 수 있습니다." 안은 그렇게 설명했다.

심리학자 헬 허시필드Hal Hershfield는 늙은 가상의 자신을 보게 될 경우, 사람들이 현재의 자신을 희생시켜 미래의 자신을 위한 선택을 하게 되는지 알아보기로 했다. 폭스와 마찬가지로 허시필드도 스스로를 기술 친화적인 사람이라고 생각하지 않았다. "나도 어렸을 때 닌텐도와 슈퍼닌텐도를 했습니다. 그러나 가상인간상호작용실험실에 오기 전에는 게임 속으로 들어가거나 컴퓨터로 둘러싸인 세계에 몰입하게 되는 경험을 가져본 적이 없습니다." 물론 그도 기술을 활용하여 여러 시점에서 결정을 내리게 만드는 신비한 현상을 연구한 적은 더러 있었다. 연구 초기에는 신경촬영법을 사용하여 미래의 자아를 상상할 때 사용하는 뇌의 부위와 낯선 사람을 상상할 때 사용하는 부위를 비교하기도 했다. 허시필드는 데릭 파핏의 이론이 맞는다면 그래서 우리가 정말로 미래의 자아를 낯선 사람으로 여긴다면, '미래의 자신을 생각할 때 일반적인 미래의 어떤 사람을 생각할 때와 같은 중립적인 유형을 보게 된다'고 생각했다. 그리고 실제로 그랬다.

그래서 허시필드는 다시 생각했다. 미래의 자신에 대해 '좀 더' 생생한 표상을 갖게 된다면 어떻게 될까? 나이 든 자신의 모습을 상상하는 것과 나이 든 자신이 자신을 바라보는 것을 '보는' 것은 전혀 다른 문제다. 그는 회의하는 자리에서 그런 아이디어를 말했다. "그랬더니 누가 그러더군요. '아, 캠퍼스에 그런 가상현실 실험실이 있어요.' 그래서 나는 제러미 베일런슨에게 그 내용을 이메일로 설명했습니다. 그리고 곧 실험이 시작되었죠. 알맞은 순간에 알맞은 자리에 있었던 겁니다."

허시필드는 첫 번째 연구에서 피실험자들이 나이 든 자신의 아바타 버전이나 현재의 버전과 교류하도록 했다. 한 학생이 헤드셋을 쓰고 가상 룸을 보았다. 가상 룸에 '있는 것'이 익숙해지자(고글을 쓰면 경우에 따라 머리를 이리저리 움직여 환영을 실제처럼 만드는 데 시간이 좀 걸리는 사람도 있다), 학생은 벽에 걸린 가상의 거울을 통해 나이가 들거나 들지 않은 자신의 버전이 자신을 보는 것을 보았다(허시필드는 피실험자의 사진을 찍은 다음 나이 먹는 알고리즘을 사용하여 피실험자의 나이 든 버전을 가능한 한 실제처럼 보이게 만들었다). 아바타는 거울에서 하듯 피실험자의 동작을 그대로 따라했다. 그런 다음 피실험자는 '그들이 보고 있는 아바타와 좀 더 동화되게 만드는' 어떤 질문에 대답하면서 거울에 비친 자신의 모습을 보았다. 폭스의 실험과 달리 피실험자들은 자신의 버전을 단순히 '보는' 것 이상의 적극성을 보였다. 다시 말해 그들은 용기를 내어 나이 든 자신이 '되었다.'

실험을 마치고 가상의 룸을 나오면 연구진들은 피실험자에게 질문했다. "1,000달러를 받아 일부는 저축하고 일부는 쓴다면, 어떤 식으로 나누겠는가?" 이런 식의 금액 분배는 사람들이 미래의 자신보다 현재의 자신을 얼마나 중시하는지 측정할 수 있는 가장 일반적인 방법이다. 당연히 저축하는 돈이 많을수록 미래지향적이다. 이 경우 그것은 나이 든 자아가 되어보는 것이 미래의 자신에 대한 느낌에 얼마나 영향을 미치는지 측정할 수 있는 훌륭한 방법이었다. 허시필드는 여기서

'미래의 자신에 노출된 사람'은 현재의 자아만 본 사람들보다 '은퇴 자금을 두 배 더 따로 마련했다'는 사실을 확인했다.

그렇다면 피실험자들은 그런 선택을 할 때 미래의 자신을 생각하고 있었을까? 아니면 일반적으로 나이 든 사람을 생각했을까? 그 부분을 분명히 확인하기 위해 허시필드는 다시 각각의 피실험자들을 가상의 룸에 들어가게 한 다음, 나이 든 자신이나 다른 나이 든 사람 중 어느 한쪽만을 보도록 했다. 그들이 나이라는 단서에만 반응한다면, 방을 떠나 다시 금액을 할당하는 과제를 받았을 때, 그들은 전과 같은 방식으로 반응해야 했다. 하지만 미래의 '자신'을 본 사람들은 다른 사람을 본 사람들보다 더 많이 저축하는 쪽을 택했다.

허시필드는 심리학 교수 댄 골드스테인Dan Goldstein과 빌 샤프Bill Sharpe와 함께 마지막 실험을 했다. 허시필드는 온통 가상현실에 둘러싸이는 환경을 버리고, 주의력이 쉽게 분산되는 웹으로 옮겼다. 그들은 피실험자가 은퇴 이후에 받을 수당을 정할 때 사용하는 것과 비슷한 웹페이지를 몇 가지 디자인했다. 각각의 페이지에는 피실험자가 봉급을 받아 은퇴 자금을 할당할 때 사용하는 슬라이더바가 있었다. 두 페이지에는 '그들이 배분하는 비율에 따라 표정을 바꾸는' 현재나 미래의 자아상이 실려 있었다. 그들은 자기 쪽의 할당액이 높으면 웃고 낮으면 찡그렸다. 세 번째 웹페이지에는 '사람들이 웃음에 연연하지 않도록 하기 위해' 금액이 어떻게 할당되어도 표정이 변하지 않는 현재나 미래의 자신이 실려 있었다. 네 번째 웹페이지에는 슬라이더바는 있었지만 얼굴은 없었다.

이 실험에서도 은퇴 자금에 가장 많은 돈을 할당한 쪽은 나이 든 자신을 본 사람들이었다. 표정이 반응했는가 하지 않았는가는 그다지 중요하지 않았다. 현재의 자신만 본 사람과 어떤 얼굴도 보지 않은 사람들은 금액을 할당하는 데 별다른 차이점을 보이지 않았다. 현재 자신의 얼굴은 선택에 별다른 영향을 미치지 않는다고 허시필드는 판단했다. 일반적으로 '우리는 이미 현재를 생각하고 있기' 때문이었다.

다시 내가 가상인간상호작용실험실에 있던 때로 돌아가보자. 어느새 나는 실험실에 놓인 널빤지 끝에 다다랐다. 그리고 다시 몸을 돌려 되돌아 건너기 시작했다. 널빤지 위를 아예 걷지 못하는 사람들도 있고 떨어질 때 안색이 파래지거나 비명을 지르는 사람들이 있다는 얘기도 들었다. 그랬다가는 망신이었다. 몇 발짝 뗐을 때 몸이 비틀거렸고 아드레날린이 솟구치는 것을 느꼈다. 함정에 떨어지지 않도록 몸을 다잡아야 했다. 내 두뇌의 이성은 이런 장치가 전부 엉터리이고 나는 여전히 카펫이 깔린 멀쩡한 바닥에 서 있다고 일러주었다. 눈속임이 분명한데도 나는 믿지 않을 도리가 없었다.

그때 다른 생각이 퍼뜩 떠올랐다. 가상현실에 깜빡 속는 것은 가상현실이 내 이성적 두뇌를 비켜가거나 내 신경체계 속으로 디지털 피드를 밀어넣기 때문이 아니었다. 가상현실은 오히려 극장 같은 것이었다. 극장에서 상영되는 영화에 몰입할 수 있는 것은 내가 그것을 사실이라고 믿기 때문이다.

그레이스 안은 가상 세계가 성공할 수 있는 것은 이머전immersion(가상현실을 접할 때 심적, 물리적 감각이 현실과 단절하고 온전히 가상에만 몰두하는 현상-옮긴이)과 현장감 때문이라고 설명했다. 이머전을 조성하는 것은 입체음향, 자연광, 세부묘사, 그리고 트래킹이다. 거대한 첨단 기기가 늘어선 물리실험실은 거대한 이머전 기념관이다. 반대로 현장감은 '지금 이 환경이 실제라는 "믿음"'이라고 안은 말했다. "가상은 사람들이 자진해서 믿으려는 시각적 환영일 뿐입니다." 제시 폭스의 표현대로 '현장감은 전적으로 마음속에 있다.' 나는 아직 생각해본 적이 없지만, 가상현실은 기술로 만들어지는 것도 아니고 사용자가 소비하는 것도 아니라고 폭스와 안은 주장했다. 가상현실은 기술과 사용자가 함께 만들어내는 것이다.

그레이스 안은 이렇게 설명했다. "이것이 현실이 아니라는 것을 모르는 게 아닙니다. 믿지 않으려는 마음을 잠시 보류해두고 이것이 실제라는 생각을 기꺼이 받아들일 정도로 상황이 현실적이기 때문입니다. 어떤 차원에서 사람들은 모든 것이 시뮬레이션이라는 것을 압니다. 그러나 그들은 그로부터 뭔가를 알아내겠다고 마음먹을 만큼 가상의 경험을 기꺼이 현실적인 것으로 받아들입니다."

현장감을 받아들이는 정도는 이전까지의 경험과 디지털 순간에 초점을 맞추는 능력과 집중하는 습관성 여부에 의해 결정된다. 몇 가지 실험을 한 후에 폭스는 말했다. "사람들에게 들어와 이렇게 말하도록 시켰습니다. '가상현실은 무슨 얼어 죽을. 콜오브듀티Call of Duty(전쟁 슈팅 게임)가 훨씬 더 실감나지.'" 게이머들이 가상현실을 현실로 느끼는 정도는 수행해야 할 임무에 얼마나 몰입할 수 있느냐에 따라 결정된다. 나는 그녀가 한 말의 의미를 금방 이해했다. 나는 닌텐도위Nintendo

Wii로 마리오카트Mario Kart를 하는데 또 아주 잘한다. 어수선한 주변 환경을 완전히 잊은 상태에서 내 앞에 놓인 길에만 온전히 집중할 수 있었기 때문이었다.

눈과 마음과 몸과 기술이 단단히 얽힐 때 가상현실은 막강한 위력을 발휘한다. 기술은 가상을 제공하지만 우리는 현실을 제공한다. 가상현실은 일이 순조로울 때 강력한 얽힘이 얼마나 위력적인지 잘 보여준다. 하지만 일이 잘 안 풀릴 때, 얽힘은 자신의 지력을 의심하게 만든다.

어느 날 아침에 내 아이패드와 블루투스 키보드가 연결되지 않았다. 둘을 연결하는 것은 간단했다. 키보드가 켜져 있는지 확인하고(키보드 한쪽 끝에 파워 버튼이 있다), 아이패드의 블루투스를 켜고 키보드에 연결하라고 말하면 그만이다. 평소 같으면 둘은 금세 서로를 찾았지만, 그날 아침에는 아무런 반응을 보이지 않았다.

어디가 잘못되었는지 알 수가 없었다. 키보드인가? 배터리인가? 아니면 안테나? 기계적인 문제인가? 키보드는 아무것도 알려주지 않았다. 파워 버튼을 누르면 작은 초록불(사실은 아주 작은 레이저다)이 반짝거린다. 그래서 켜져 있는지 꺼져 있는지는 알 수 있지만 키보드가 망가졌는지는 알 수 없다. 배터리를 교체하고 키보드를 다시 켰다. 여전히 반응이 없었다. 새 배터리를 꺼내 혹시나 해서 '그것들'을 테스트해 봤다. 멀쩡했다. 그렇다면 안테나에 문제가 있나? 잠깐, 안테나면 어떤 안테나? 키보드 안테난가 아이패드 안테난가? 좋아, 그렇다면 나도 방법이 있지. 나는 아이폰을 꺼내 블루투스 연결 버튼을 눌렀다. 아이폰은 금방 키보드를 찾았다. 그렇다면 문제는 아이패드에 있는 거네. 하지만 금방 키보드와 아이폰의 연결이 끊겼다. 그것도 아니네.

나는 몇 분 동안 키보드의 파워 버튼을 누르고 아이패드가 이용할 수 있는 기기의 목록을 보여주었다가 다시 사라지는 것을 지켜보았다. 주변에 신호를 간섭하는 뭔가가 있는 건 아닌지 의심이 갔다. 하지만 있다해도 해결은 고사하고 간섭을 어떻게 찾는지도 나로서는 알 수 없었다.

'이러고 있을 때가 아닌데.' 나는 계속 그 생각뿐이었다. 그런 생각을 하면 여지없이 따라붙는 생각이 있다. '첨단 기술이란 게 어떻게 이렇게 허술해. 뭔가 아주 단순한 걸 못 보고 있는 게 틀림없어. 그동안 잘 됐었잖아.' 동시에 나는 이런 일을 겪을 때마다 '사용자들'이 참 바보 같다는 생각에 허탈해지고 만다. 어떻게 해결하게 될 때까지는(아니면 뭔지는 모르지만 저절로 고쳐질 때까지는), 문제의 원인이 어디에 있는지 확실히 알기 어렵다. 기기일 수도 있고 서브시스템일 수도 있다. 아니면 나 자신인지도 모를 일이다.

이런 문제에 부딪히면 금방 맥이 빠진다. 정보통신기술이란 것이 사실 정체가 불투명하기 때문이다. 기업들은 자신들의 제품이 사용하기 쉬운 것처럼 보이려 하지만, 사실은 번쩍이는 알루미늄과 회뿌연 유리 뒤에 엄청나게 복잡한 장치를 감춰놓는 경우가 많다. 그래서 무엇이 잘못되었는지, 어떤 종류의 문제와 씨름하고 있는지 우리로서는 감을 잡기가 어렵다. 그러니 다음번에도 직접 고치기는 힘들 것이다.

기술이 복잡해지면 불투명성은 더욱 문제가 된다. 예일대학교의 사회학자 찰스 페로우Charles Perrow는 우주왕복선 챌린저Challenger호의 참사는 전문적 판단의 실수나 몇십 년 만에 한 번 나올까 말까 한 결함에 의한 것이 아니라, 그의 섬뜩한 표현을 빌려 말하자면 '흔히 있는 사고'에서 비롯되었다고 주장한다. 작은 변화와 일상적인 실수가 예기치 않게 한꺼번에 쏟아져 나와 커다란 문제가 될 때 밀접하게 이어졌던 상호의존적인 시스템이 무너지면서 무서운 결과를 낳는다는 것이다. 내 키보드가 갑자기 아이패드와 소통하지 못하는 것은 큰 문제가 아니지만, 정보통신기술에 둘러싸여 살면서 그런 것들과 수시로 상호교류하며 지내거나 그런 것들을 통해 세상과 교류할 때는 이런 사소한 일도 의외의 엄청난 불상사로 이어질 수 있다.

이런 문제가 다른 기술적인 문제보다 꼭 어렵다고 할 수는 없지만, 일에 몰입하고 집중하는 흐름을 끊어놓기 때문에 참기 힘든 기억으로 남게 된다. 컴퓨터과학자 헬레나 멘티스Helena Mentis에 따르면 사람들은 어떤 계획했던 일을 마무리할 때 생기는 문제들을 다른 문제보다 더 잘 기억한다고 한다. 웹페이지를 산만하게 만드는 팝업창이나 명령어에 느리게 반응했다든가, 인터페이스 디자이너 앨런 쿠퍼Alan Cooper가 말하는 '멍청하게도 잠깐 진행을 취소한' 탓에 중요한 자료를 모두 날린 사례들은 아무리 시간이 지나도 잊히지 않는다. 초조하게 다가오는 마감 시간에 쫓겨 진땀을 흘리다, 간신히 일을 끝내고 '인쇄' 버튼을 눌렀는데 아무런 반응이 없을 때처럼, 일이 많이 진행되었을 때 일어나는 문제에 대한 반응은 시작하는 단계에 문제가 생길 때와는 사뭇 다를 것이다(한 시간 뒤에 내 키보드는 정상으로 돌아왔다. 아직도 이유를 모르겠다).

컴퓨터는 다른 방식으로도 우리를 멍청하게 만든다. 우리는 오래전부터 지능과 스피드를 연관 지어 생각했다. '이해가 빠르다'거나 '빨리 배운다'고 말하면 칭찬이지만, '느리다'고 하면 핀잔이다. 이런 기준으로 보면 컴퓨터는 인간보다 확실히 유리하다. 컴퓨터는 우리가 쩔쩔매는 일을 힘들이지 않고 해치운다. 그렇지 않아도 빠른 컴퓨터는 계속 더 빨라지고 더 저렴해지고 더 강력해진다. 하지만 우리는 도끼를 휘두르고 동굴에서 살았던 우리 조상들이 가졌던 두뇌와 별반 다를 바 없는 유형의 두뇌를 그대로 갖고 있다. 컴퓨터 지능의 미래에는 한계가 없어 보이지만, 인간 지능의 미래는 (유전자공학이나 두뇌 기능을 강화하는 약물의 도움을 받지 않는 이상) 한계가 분명하다.

우리는 새로운 형태의 디지털 지능이 진화하고 있다는 말을 많이 한다. 무리 지어 모여드는 로봇과 컴퓨터 프로그램은 뜻밖의 행동, 즉 매우 지능적인 시스템을 만들어내는 많은 수의 반半지능형 에이전트의 위력을 유감없이 드러낸다. 크라우드소싱, 위키피디아, 예측시장 prediction market 등은 전혀 새로운 종류의 집단 지능, 즉 범위로는 세계적이고 가능성으로는 말 그대로 초인적인 지능이 나타나고 있다는 조짐을 보여준다.

가상현실을 개척한 재런 래니어Jaron Lanier는 그런 기술과 크라우드소싱 프로젝트를 추구하는 과정에서 우리는 우연히 인간의 일과 가치에 대한 개념을 재정립하게 된다고 주장했다. "사람들은 기계를 똑똑하게 보이게 하기 위해 스스로를 격하시킨다." 아마존의 미케니컬 터크 Mechanical Turk가 바로 그런 경우다. 기업들은 미케니컬 터크의 힘을 빌려 많은 양의 사소하고 간단한 업무, 가령 어떤 이미지의 취지를 설명하는 등의 일을 프리랜서들에게 맡기지만, 그렇게 되면 인간의 가치가 그

들의 지능이 아니라 머릿수와 융통성에 있는 것처럼 되어버린다. 위키
피디아는 '텍스트에 초인적인 능력을 부여하기 위해' 그리고 그 지식이
자발적 집단으로부터 나온다는 착각을 일으키기 위해 필자의 신분을 밝
히지 않는다고 래니어는 주장한다. 기업들이 기술적 문제를 해결해주는
사람에게 보상금을 지급하는 이노센티브InnoCentive 같은 체제는 흔치
않은 문제를 가진 기업이 특정 지식을 가진 전문가를 찾아낼 수 있는
시장이라기보다는 종종 '군중의 지혜'를 이용하는 툴로 묘사된다.

  인간에 대한 관점의 재정립은 또한 미래에 대한 논의에서도 나타
난다. 예를 들어 레이 커즈와일Ray Kurzweil은 그의 《특이점이 온다The
Singularity Is Near》에서 얼마 안 가 인간의 지능과 대등하거나 더 나은 컴
퓨터가 나타날 것이라고 주장한다. '2040년대 중반에는 생물학적 지능
을 크게 초과하는 능력을 지닌 비생물학적 지능의 네트워크를 형성할
컴퓨터가 나타나리라'는 예측이다. 커즈와일은 컴퓨터가 절대로 인간
처럼 생각할 수 없다고 말하는 사람들에게 셰익스피어의 〈햄릿〉과 비
틀즈의 〈러버 소울Rubber Soul〉이 위대한 인간의 작품인 것은 분명하지
만, '인간의 생각은 부차적이고 사소하고 한계가 정해져 있다'고 응수
한다. 더욱이 '생물학적 인간의 생각은 매우 느린 사이신경세포로 연결
되어 있기' 때문에 두뇌의 한계성의 '제약을 받는다.' 혹시 유전공학의
힘을 빌려 한계성의 언저리를 살짝 넘나들 수 있을지는 모르지만, 실제
의 미래는 두뇌와 기계의 인터페이스에 놓여 있다.

  커즈와일은 우리의 자식과 손자들은 두뇌를 갖추고 무리를 지어 활
동하는 나노테크놀로지 로봇을 갖게 될 것이라고 장담한다. 무리를 짓

는 로봇들은 그들의 생물학적 중앙처리장치를 그들의 실리콘밸리와 스핀트로닉스spintronics(전자의 회전을 이용하는 나토테크놀로지-옮긴이)에 연결한다. 로봇들은 우리가 종이에 기억을 위탁하듯 자연스럽게 메모리를 클라우드에 내려놓을 것이다. 가상환경으로 들어가는 일은 구멍가게를 들르는 것만큼이나 흔한 경험이 될 것이다. 그리고 한 사람의 평생 추억이나 느낌을 다른 사람의 추억이나 느낌과 합치는 작업은 또다른 형태의 대화가 될 것이다. 우리 후손들은 '생물학적 사고와 존재를' 최신 기술과 결합하겠지만, 그래도 개인의 고유성을 대중의 왜곡된 소외로 경험하지는 않을 것이다. 그런 일은 우리 인간의 주변에서 일어나지 않을 것이다. 그런 일은 인간이 내면을 들여다보고 느낄 때 일어날 것이다.

기억과 기록

고든 벨Gordon Bell은 '개인의 전자 기록'이 인간의 기억방식을 바꾸게 될 것이라고 예측한다. 거의 10년 동안 벨은 마이라이프비츠MyLifeBits 프로젝트의 피실험자로 지냈다. 마이라이프비츠는 벨이 깨어 있는 매 순간을 포착하기 위한 실험이었다. 그는 그가 보는 서류를 모두 스캔하거나 사진으로 찍어놓는다. 그리고 센스캠SenseCam이라는 소형 카메라를 목에 걸고 다니며 하루 종일 사진을 찍는다. 그가 대침체기의 미주리 작은 마을에서 보낸 그의 어린 시절부터 전자 기기 사용법을 처음 배웠던 가전제품 상점, 컴퓨터과학이라는 당시로서는 생소한 분야를 공부했던 MIT 시절, 디지털일렉트로닉스Digital Electronics Corporation에서 보낸 20년, 그리고 1995년에 들어간 마이크로소프트리서치Microsoft Research 시절까지 그동안 살아온 그의 한 평생이 이 자료들에 거의 다 담겨 있다.

"우리는 우리의 두뇌를 아무렇지도 않게 어떤 형태의 e-메모리에 아웃소싱한다." 벨과 그의 동료 짐 겜멜Jim Gemmell은 그렇게 썼다. 마이라이프비츠의 목표는 그런 메모리 아웃소싱의 의미를 제대로 이해하는 것이다. 웹캠, 스마트폰카메라, 비디오카메라, 오디오 녹음기, 위치추적 GPS 등은 놀라울 정도로 값이 내려가 한 개인의 일상 매 순간을 그대로 담는 것이 얼마든지 가능해졌다. 데이터를 저장하는 비용도 싸져서 데이터를 간직하는 것보다 버리는 비용이 더 들 정도다.

그리고 디지털 메모리는 무서우리만큼 정확하다. 어떤 일에 대한 기억과 그 일에 대한 기록을 비교해보면 금방 알 수 있다. 얼마나 많은 내용을 잘못 기억하고 있는지 확인하고 나면 고개를 저을 수밖에 없을 것이다. '세상에 그 여자도 있었네? 밴드가 이 노래 연주한 기억은 없는데?' 아니면 여기 종류는 달라도 똑같이 기죽이는 비교가 있다. 최근 은행 거래 내역이나 신용카드를 사용한 기억을 온라인 기록과 대조해보라. 컴퓨터의 어느 부분이 내 재정적 내역 세부사항을 나보다 더 잘 알고 있다는 것을 금방 깨닫게 될 것이다. 컴퓨터는 우리가 잊어버린 비밀번호를 다 기억하고 우리가 생각해내지 못하는 약속을 생각나게 해준다. 컴퓨터는 무작위적인 문자와 숫자의 조합을 우리가 우리 이름을 기억하듯 쉽게 기억한다. 안정적이고 예리한 컴퓨터 메모리와 불안하고 잊어버리기 일쑤인 인간의 기억은 애초부터 비교 대상이 아니다.

하지만 이런 사례들은 컴퓨터와 인간 지능의 직접 비교가 힘들 정도로 그 둘의 성격이 다르다는 사실을 얼버무리고 만다. 우선, 지능에는 여러 종류가 있다. 지능은 얼굴을 인식하고, 유형을 파악하고, 언어를 사용하고, 사회적 상황을 헤쳐 나가고, 감정에 반응하는 등 셀 수 없이 많은 일을 해낸다. 이런 지능은 유형이 조금씩 다르며 사용하는 뇌의 부위도 서로 다르다. 지능과 속도의 상관관계도 확실하지 않다. 화가들은 그림 한 장 그리는 데 몇 달씩 걸리기도 한다. 작품에 신선함과 즉흥성이라는 생기를 부여할 수 있는 표현법을 두고 고민하기 때문이다. 작가는 책 한 권을 쓰는 데 몇 년씩 보내기도 하고, 과학자는 섬광 같은 영감에서 시작하여 하나의 이론을 수립하기까지 몇십 년의 세월을 연구실에서 보내기도 한다. 마지막으로 인간의 지능은 커즈와일이 주장하는 것만큼 생물학적 제한을 받지 않는다. 우리는 기본적인 두뇌 구조의 물리적 변화를 통해서만 똑똑해지는 것이 아니다. 우리는 문화적 진화를 통해서도 똑똑해진다.

인간의 기억은 매우 복잡한 과정을 거쳐 만들어진다. '기억'은 매우 다양한 폭의 정신적 과정을 포함한다. 인간의 기억은 5초 전에 들었던 말, 지난 밤 자동차 키를 두었던 장소, 2주 전에 만났던 사람의 이름, 남태평양 해안에서 어느 날 오후에 느꼈던 연인의 피부 감촉, 모국어 단어들, 또는 1988년 UEFA 컵 챔피언스 리그의 결승전 승자(네덜란드가 소련에 2:0으로 이겼다), 대학 시절, 차이나타운에서 딤섬을 가장 잘하는 중국집을 알려면 누구에게 물어봐야 하는지 등을 되살려내는 능력이 있다.

단기 기억, 시각적 기억, 분산 기억, 삽화적 기억, 장기 기억, 서술 기억, 사실, 사건, 명사, 동사, 트라우마, 인상, 그림, 느낌, 이 모든 것들이 우리의 기억이다. 이런 것들은 모두 과거와 연관이 있고 우리는 '기억'이라는 말로 그것들을 불러내는 행위를 설명하지만, 그것으로 그것들의 유사성은 끝난다. 우리는 백과사전적 사실을 기억하는 사람들에게 감탄하지만, 단순히 두뇌에 저장된 정보가 기억의 전부는 아니다. '기억'은 한 가지 사실인 만큼 하나의 과정이고, 미래를 위해 저장된 안정된 유형의 정보뿐 아니라 과거를 재구성하는 방법이다.

기억의 신축성은 나쁜 것이 아니다. 기억이 신축적이기 때문에 우리는 사건을 다시 찾고 과거에 대해 좀 더 성숙한 견해를 가지고 그 사건을 경험하는 만큼 우리의 삶을 이해하게 된다. 망각 또한 건설적인 측면을 갖는다. 외상후스트레스장애를 극복하려는 사람에게 친구의 죽음, 반군 진압의 야만성, 폭격 당해 적국 영토에 추락하는 비행기에서 느꼈던 공포 등의 구체적인 장면을 기억하지 '못하는' 능력은 하나의 인간 승리다. 일상에서 받았던 모욕과 탄압, 멸시와 당황스러운 고통으로 인한 생생한 감정을 잊을 수 있는 능력 덕분에 우리는 그때의 노여움을 치유할 수 있다. 20년 전에 일어난 사소한 오해 때문에 여전히 악감정을 품고 있는 사람에게 비상한 기억력은 결코 자랑할 것이 못된다. 오히려 잊지 못하는 유치한 무능을 부끄러워해야 한다.

또한 집단 기억과 집단 망각이라는 사회적인 차원의 기억도 있다. 일상생활에서 분산 기억transactional memory은 기억이라는 작업을 다른 사람에게 맡길 수 있기 때문에 기억의 인지적 비용을 낮춘다. 국가는 대중의 기억 속에 생생하게 살아 있게 만들어야 할 사건을 선택한다. 자신감이 없는 국가는 국가의 통일성을 강조하고 계속 전진하기 위해 전쟁이나 사회적 갈등에 대한 깊은 반성을 기피한다. 나는 남부연합 Confederate South의 수도에서 자라면서 남북전쟁 장군들의 기념관이나 기념비들을 가까이에서 봤기 때문에, 용서할 수 없는 것, 기억할 가치가 없다고 여겨지는 것, 강인하고 관대해서 잊을 수 있는 것들 모두가 극복해야 할 문제이며 기억에 생생한 것들 중 상당히 많은 부분이 현재를 구성하고 있다는 사실을 누구보다 잘 알고 있다.

심지어 법적 차원의 망각도 있다. 오랫동안 청소년의 비행은 어른들의 범죄와 달리 쉽게 용서되었다. 어떤 의미에서는 어른들의 범죄도 쉽게 잊을 수 있었다. 범죄자를 감옥에 보내는 것은 사회에 대한 빚을 갚는 과정이지만 한편으로는 망각하게 만드는 장치이기도 하다.

디지털 메모리의 영속성은 이런 망각의 과정을 단락시키는 위험성을 갖는다. 컴퓨터는 무차별적으로 기억한다. 금융 거래 기록이나 아주 사소한 사건들을 계속 추적해야 할 때는 이런 특성이 대단한 강점이 될 수 있다. 그러나 복잡한 인간사에 적용할 때는 문제가 간단하지 않다. 인간에게 망각은 생리학적으로 소중하고 심지어 관대하기까지 한 장치다. 하지만 컴퓨터에게 그것은 결함이다.

벨과 겜멜이 말하는 e-메모리의 무서운 정확성은 디지털 기록과 인간 기억력의 관계가 성냥과 장작불의 관계라는 사실을 잘 보여준다. 성냥은 하나의 불씨일 뿐 필요한 것 그 자체는 아니다. 마이라이프비츠는 실제로 벨의 생활 중 어떤 부분이라도 불러낼 수 있다. 어린 시절의 생일파티부터 어떤 회의에서 만났던 사람들의 명함까지 모든 것을 기억하게 해준다. 벨은 언젠가 컴퓨터 화면보호 프로그램이 그의 네 번째 생일날 찍은 사진을 올렸을 때의 일을 소개해주었다. 수십 년이 흐르고 장소도 수천 킬로미터 떨어진 곳이었지만, 그 한 장의 사진은 '기억의 산사태'를 몰고 왔다. 케이크, 초대했던 친구들, 남몰래 좋아했던 이웃집 여자아이, 파티가 있고 나서 얼마 후에 비극적으로 죽었던 목사의 아들 등, 그것은 대단한 프루스트 현상이었다. '라이프로깅 lifelogging'(개인의 일상을 디지털 공간에 기록하는 일-옮긴이)을 하지 않았다면 사진 한 장이 그렇게 불쑥 그의 일상으로 뛰어들지는 않았을 것이다.

그러나 주목할 것은 벨이 설명하는 그 기억이 그렇게 생생하게 만들어지는 곳이다. 마들렌 과자를 깨무는 프루스트처럼, 벨은 그 사진을 보고 홍수 같은 기억의 연상을 경험했다. 그러나 마들렌이 콩브레에서 보냈던 프루스트의 어린 시절 아침에 관한 기억을 담고 있던 것은 아니다. 그리고 생일사진 역시 벨의 기억을 담고 있지 않았다. 그 사진은 그의 내면에 담겨 있던 기억들을 불러냈을 뿐이다. 사진은 인간의 기억이 아니다. 사진은 컴퓨터 메모리에 저장된 이미지다. 그리고 그 이미지는 벨 자신의 뇌가 그것에 의미를 부여할 것을 요구한다. e-메모리는 그런 인간의 기억이 계속 살아 있도록 도움을 줄 수 있지만, 그런 기억을 대신하지는 않는다.

미래에는 소프트웨어가 사람들의 라이프로그를 요약하고 그 자료를 가지고 그들의 심리적 프로필을 만들고 그들의 인격을 그대로 복제하는 아바타를 만들 수 있지 않을까 하고 벨과 겜멜은 생각한다. 라이프로그를 기초로 아바타를 만드는 생각을 하다 보면 그 가능성의 방향이 너무 많아 또 다른 의문이 생긴다. 그 아바타는 '나의' 어떤 모습이지? 내 아내가 알고 있는 사람? 우리 부모님이 생각하는 아들? 부장님이 알고 있는 나? 그 아바타는 스물한 살 때의 내 모습인가 마흔 살 때의 모습인가? 아니면 다섯 살 때?

디지털과 인간의 능력을 경쟁 관계로 보지 말고 상호 보완적이라고 생각해보자. 우리는 컴퓨터가 할 수 없는 방식으로 기억을 할 수 있다. 반면 컴퓨터는 우리가 엄두를 못 낼 만큼 많은 정보를 저장하고 또 정확하게 복구해낼 수 있다. 우리에게는 모호한 개념을 다루고 생소한 연관관계를 만들고 상상할 수 있는 능력이 있다. 컴퓨터는 절대 흉내 낼 수 없는 능력이다. 하지만 컴퓨터는 우리가 따라가지 못할 정확성과 집중력을 가지고 작업한다. 우리는 확장된 마음을 만들어낼 수 있다. 그 확장된 마음은 끝도 없는 산만함과 가망 없는 복잡성과 의심해보지 않은 습관으로 약해지는 것이 아니라, 다양한 기술을 결합하여 강화된다.

컴퓨터가 사용자의 유형을 결정한다

컴퓨터는 우리 자신에 대한 우리의 생각을 간접적으로 바꾼다. 하지만 가끔은 컴퓨터가 사용자의 유형을 결정할 때가 있다. 모건 에임스 Morgan Ames 박사는 팔로알토 시내에 있는 한 유명 식당에서 내게 그 점을 설명했다. 내가 그녀를 만난 이유는 프로그램을 설계하는 사람들의 인생 이야기가 그들이 기술을 형성하는 방법에 어떤 영향을 미치는지 알고 싶어서였다. 그녀는 컴퓨터과학자들의 인생이 '컴퓨터에 중대한 영향을 미칠 때가 있다'고 말했다. 식당은 매우 붐볐지만, 에임스는 테이블 사이를 우아하게 춤추듯 헤쳐 나갔다. 하긴 그녀에겐 대단한 일도 아닐 것이다. 에임스의 어머니는 댄스 교사였고, 에임스 자신도 전국적으로 유명한 볼룸 댄서였다. 그러다 그녀는 '지구촌 모든 어린이들에게 랩톱을One Laptop per Child, OLPC' 프로그램에 관한 논문에 집중하기 위해 댄서 생활을 접었다.

MIT의 간판 교수인 니콜라스 네그로폰테Nicholas Negroponte의 아이디어에서 시작된 OLPC는 전 세계 학습 혁명에 불씨를 지피기 위한 프로그램이다. 그들의 대표작인 XO 랩톱 컴퓨터는 AK-47 소총만큼이나 실용적이고 독립선언문만큼이나 웅변적이다. XO는 전 세계 어린이들이 사용할 수 있을 정도로 값싸고 단순하다. XO는 낙하산에 매달아 떨어뜨려도 끄떡없을 정도로 튼튼하고, 아이가 혼자 고칠 수 있을 만큼 다루기가 쉽다. 특히 XO는 아이들에게 직접 전달되는 것이 특징이다. 컴퓨터를 아이들 손에 직접 쥐어줌으로써 아이들은 교사나 정식 교육의 부담을 받지 않고 마음껏 기계를 탐험할 수 있다. 결국 이 아이들은 프로그램을 짜는 법을 배우고 컴퓨팅의 변화를 막고 있는 둑을 터뜨릴 것이다.

에임스는 OLPC가 컴퓨터 사용법을 배우는 원리를 하나의 유형으로 보여주는 사례라고 주장한다. 위대한 프로그래머들은 누구한테 교습을 받지 않고 스스로 깨우친다, 이것이 이 분야에 있는 사람들의 통념이다. "어렸을 때는 그렇게 학교가 싫었어요." 그녀뿐만이 아니다. 컴퓨터과학자나 기업가들 중에는 그런 추억을 가진 사람들이 의외로 많다.

"친구도 목표도 없는, 한마디로 사회에 부적합한 아이였죠. 그러다 컴퓨터를 만나게 되었습니다. 마치 온 세계가 나를 위해 열려 있는 기분이었죠. 앉아서 스위치를 켜는 순간 나는 드디어 나의 정체성을 확인하기 시작했습니다. 나는 프로그램을 짜는 법을 배웠고, 해야 할 일을 혼자 생각해냈습니다. 뭔가 열정을 쏟을 만한 것을 찾아낸 것이죠. 학교가 내게 관심을 보이지 않아도 나는 멈추지 않았습니다. 컴퓨터를 통해 난관은 단지 해결해야 할 새로운 문제에 지나지 않는다는 사실을 터득할 수 있었습니다. 컴퓨터와 수많은 시간을 보낸 끝에, 나는 프로그래머가 된 겁니다."

에임스는 '컴퓨터과학자는 따로 제약이 없는 개인적 탐구를 통해 만들어진다'는 얘기가 아니라고 말했다. 그녀가 강조하려는 것은 반골기질의 중요성이었다. 그녀가 인터뷰한 해커들 중에는 부모가 과학자나 엔지니어인 사람들이 많았다. 하지만 이 해커들은 부모에게서 배운 것은 별로 없다고 말한다. 그리고 '학교에서 우수한 성적을 올려도, 그런 사실을 오히려 거북해하면서 선생님을 거역하고 선생님에게 맞선 아이들이 많았다'고 에임스는 말했다. 심지어 학교 컴퓨터를 해킹하는 아이들도 있었다. 마이크로소프트를 공동 설립한 빌 게이츠Bill Gates와 폴 앨런Paul Allen은 고등학교 시절 학교에 하나밖에 없는 중앙컴퓨터에 침입하여 무제한으로 프로그램을 짤 수 있는 시간을 벌었다(그들이 학교와 맞선 것은 배울 권리를 얻기 위한 것이었다).

이런 일화를 통해 에임스는 말했다. "중요한 일은 죄다 엔지니어와 기계 사이에서 일어납니다. 이걸 배워라, 이렇게 배워라 하며 규범을 정해주는 가족의 가치, 가정의 가치는 모두 사라집니다." 그리고 나타나는 것은 철저히 자력과 자립만으로 일어나는 프로그래머의 이상적인 모습이다.

이런 고독한 해커 정신은 OLPC에 스며들었고, XO는 아이들이 기계에 해박해지고 스스로 동기를 얻으며 전통과 권위에 기죽지 않도록 기획되었다. 다시 말해 XO는 아이들을 해커로 만들어주는 기기다. XO는 미디어를 활용하는 문제도 아니고 커뮤니케이션을 위한 기기도 아니다. 터틀Turtle이나 로고LOGO 같은 툴을 중요시할 때는 웹브라우징이나 영화나 음악 등의 비중이 하찮아진다. 사용자들은 터틀로 거북이가 캔버스를 여기저기 기어 다니도록 프로그램을 짜서 그래픽을 만들어낸다. 로고는 MIT 교수 세이모어 패퍼트Seymour Papert가 1960년대에 개발한 프로그램 언어다.

어쨌든 처음부터 XO를 학교에 주지 않고 아이들에게 직접 주기로 전략을 세웠던 이유는 모든 아이들이 프로그램 짜는 법을 배울 능력이 있다는 것을 확신했고, 또 교사와 학교는 방해만 된다고 여겼기 때문이다. 자기주도적인 학습법과 혼자 힘으로 요령을 터득하는 해커, 이는 또한 교육 프로그램이나 교사 양성과 시설 보수 등에 대한 투자를 최소화하는 정책으로 이어졌다(하지만 XO는 디자이너들이 원했던 것만큼 튼튼하지 않았고 수리하기도 어려웠다. 심지어 제3세계의 어린이들은 XO로 온라인 게임에만 열중한다).

에임스의 말을 들어보면 분명한 사실이 있다. OLPC 디자이너들은 컴퓨터의 힘만으로는 세상을 바꿀 수 없다고 생각한다는 것이다. 에임스가 말한 대로라면 OLPC는 컴퓨터와 아이들 사이에 어떤 관계를 확산시킬 사명을 갖고 있다. OLPC는 실험정신, 기계를 고쳐보려는 기질, 즉 컴퓨터에서 어떤 것이든지 가능하다는 생각 등을 강조한다. 다 좋은 생각이다. 그러나 한편으로 OLPC는 아이들로 하여금 제도는 기껏해야 학습에 도움이 안 되며 최악의 경우에는 방해만 될 뿐이라는 믿음도 아울러 가지게 한다.

우리 자신과 다른 사람에 관한 믿음은 인간의 업적과 행동에 막대한 영향을 미칠 수 있다. 그것은 믿음이 잠재의식적인 탓도 있다. 사회학자 클로드 스틸Claude Steele은 그의 고전적인 연구에서 아프리카계 미국인 학생들이 표준화된 시험을 시작하면서 인종을 적게 하면 그렇지 않은 학우들보다 점수가 낮게 나온다는 사실을 밝혀냈다. 그는 인종을 스스로 확인하는 행위가 아프리카계 미국인들의 지적 열세에 관한 고정관념을 자극하고 그것이 그들에게 위협으로 다가왔다고 주장했다(수학 시험을 보는 여학생들에게 성별을 적으라고 하면 성적이 떨어진다는 사실을 보여준 비슷한 연구도 있다).

자신의 타고난 재능 때문에 성공하리라고 생각하는 학생들은 실패를 거울 삼아 자신의 능력 범위를 재조정한다. 지능은 고정적인 것이 아니라 변하는 것이며 연습이 타고난 능력보다 성공을 결정하는 더 중요한 요소라는 사실을 보여주는 연구 결과를 접하게 될 때, 이들 학생들은 실패를 패배보다는 도전으로 여기는 법을 배우고, 그래서 장기적으로 성공할 확률이 높아진다. 그래서 통념의 영향을 알면 피실험자들은 그런 영향에 저항하게 된다.

컴퓨터가 우리를 어떻게 프로그램하는지, 또 우리 자신에 대한 우리의 모델이 정보통신기술과의 상호작용에 의해 어떻게 형성되었는지 등을 아는 것은 그래서 더욱 중요하다. 컴퓨터는 '인간의' 지능과 기억에 대한 우리의 이해를 바꿔왔고, 창의력, 신중함, 주도면밀함보다 능률, 속도, 생산성 같은 (컴퓨터 같은) 특징을 더 소중히 여기도록 만들었다.

지능이 가변적이 아니라 고정적이라고 생각하고, 우리 자신의 능력이 우리가 만든 디지털 창작품의 능력에 미치지 못하는 어설픈 버전에 지나지 않는다고 믿고, 미래가 우리의 것이 아닌 기기들의 세상이 되리라는 사실을 받아들이면 실제로 그런 쪽으로 갈 수밖에 없다. 인간의 능력과 컴퓨터의 능력을 빗대고 과거와 미래를 비교하면 씁쓸한 절망밖에 남지 않는다. 그것은 끝없는 업그레이드와 영원한 부적합과 진기함의 홍수, 끊임없는 산만함으로 특징 지워지는 미래의 모습일 뿐이다.

컴퓨터가 우리를 어떻게 프로그램할 것인지를 알게 되면 그런 비교와 절망의 순환 고리를 끊고 컴퓨터를 좀 더 사려 깊게 사용할 수 있게 된다. 그렇게 하면 인간의 능력과 디지털의 능력을 각 관점에서 따로 평가할 수 있다. 인간의 두뇌와 컴퓨터가 상호 보완적인 능력을 가지고 있다는 사실을 깨달으면, 우리 자신을 우리의 기기와 비교하는 버릇을 버리고 생물학적인 능력과 인공적인 능력의 장점을 조화시키고, 확장된 마음을 추구하면서도 산만해지지 않는 쪽으로 갈 수 있다. 그런 시도의 핵심은 우리의 능력을 대체하는 것이 아니라 강화하는 것이다. 컴퓨터가 우리보다 더 똑똑해진다고 걱정할 필요도 없고, 우리의 기억을 갖고 있는 기계를 바라보며 앞으로는 이런 기계와 함께 살 수밖에 없다고 절망할 필요도 없다. 다시 말해 포기할 것이 아니라 다시 설계해야 한다.

5장

실
험

디 지 털   시 대
빼 앗 긴   집 중 력 을
되 찾 기   위 한   조 언

THE
DISTRACTION ·····················
ADDICTION

이메일을 확인하기 전에

이메일을 열어보자. 망설이지 말고 열어보자. 어차피 곧 열어볼 것 아닌가. 숨 쉬는 것도 잊지 말고. 앞으로 며칠 동안 평소에 하던 대로 온라인에 들어가라. 그러나 자신이 이메일을 어떤 식으로 활용하는지 좀 더 주의를 기울여 살펴보자.

우선 횟수부터 시작하자. 하루에 몇 번이나 이메일을 확인하는지, 그리고 새로운 메시지가 왔다는 것을 알려주는 알림음이 몇 번이나 울리는지 적어보라. 스마트폰의 메시지도 당연히 포함시켜야 한다. 이메일을 확인하는 장소가 직장인지 차 안인지 주방인지 욕실인지, 아니면 은근히 중독이 된 TV 리얼리티 프로그램이 좀 늘어질 때인지 솔직하게 적어보자. 그런 다음 이메일을 확인하고 답장이나 새로운 메일을 쓰는 데 얼마나 많은 시간을 들이는지 따져보자. 스톱워치가 있으면 아주 좋겠지만 그렇게까지 정확할 필요는 없다. 또 정상적인 생활 리듬을 깰 정도로 기록하는 일에 부담을 가질 필요도 없다.

이렇게 횟수와 시간과 행위를 관찰하고 확인하는 것이 무척 번거롭게 여겨지겠지만, 산업기술자나 제품 디자이너들은 늘 이런 작업을 한다. 그렇게 하면 맡은 일의 성격을 구체적으로 파악할 수 있다. 우리도 이렇게 하면 평상시에 우리가 얼마나 생각 없이 컴퓨터와 인터넷을 사용하는지 알게 된다. 또한 키보드와 화면에서 두 손과 두 눈으로 느끼는 것보다 실제로 더 많은 시간을 보낸다는 사실도 깨닫게 된다.

오하이오주립대학교 교수이자 가상현실을 연구하는 제시 폭스는 그녀의 커뮤니케이션 수업에서 이런 기법을 사용한다. 폭스는 학생들에게 미디어 일지를 쓰게 한다. 일지를 통해 학생들은 소셜미디어나 TV나 비디오게임 등에 쏟는 시간을 추적할 수 있다. 물론 부담이 될 수 있는 과제다. 실제로 학생들은 '너무 번거롭다'고 불평한다. 하지만 결과를 보면 생각이 달라진다. 학생들은 잠깐 온라인에 들르거나 친구들과 간단히 게임 한 판 했을 뿐이라고 생각하지만, 실제로 페이스북에서 보낸 시간이 두 시간이 넘고 한 주에 30시간을 게임으로 보냈다는 사실을 직접 확인하고는 놀란다.

폭스는 여기에서 그치지 않는다. 실험에 들어가기 전에 학생들은 평소에 하고 싶었지만 시간이 없어 못하는 것을 모두 목록으로 작성하라는 주문을 받는다. 목록은 세부적인 내용까지 자세히 적어야 한다. 그래야 자신이 시간을 어떻게 낭비하는지 진지하게 생각할 수 있다. 사흘에 한 번씩 필라테스를 하고, 한 주에 네 시간 새로운 장소를 찾아가고, 매일 30분 친구들과 커피를 마시고, 매일 20분을 세탁하고 청소하는 데 들이는 등등이다. 그런 다음 폭스는 학생들에게 일지와 희망사항 목록을 비교해보도록 했다. 비디오게임을 하느라 보낸 8시간에 '다른' 일을 할 수 있었다는 점을 깨닫게 하는 것이 그녀의 목표다.

하지만 할당시간과 사용시간을 재는 것은 시작일 뿐이다. 1960년대 TV 프로에 나오는 세트 속에서 사는 것이 아니라면, 이메일을 모른 척할 수는 없기 때문이다. 과거의 격식을 갖춘 커뮤니케이션 수단을 통해 업무를 봐왔던 사람들은 이메일이 메모나 손으로 쓴 편지에 비해 너무 경박하다고 개탄한다. 편지를 한 장 쓰다 보면(또는 받아쓰게 하다 보면) 자신이 사용하는 말과 어휘를 신중하게 생각할 기회를 갖게 되지만, 이메일 같은 즉석에서 이루어지는 커뮤니케이션은 얄팍한 사고만 부추긴다고 그들은 주장한다. 그럴지도 모른다. 하지만 이메일은 우리 생활의 일부가 된 지 이미 오래다. 그리고 소식을 주고받는 사람들을 위해서도, 자신의 직업상 대외적 이미지를 위해서도, 또 자기 자신을 위해서도 이메일을 잘 관리하는 것은 매우 중요하다.

그렇다면 효율성과 생활의 편의성 이상의 문제를 생각해봐야 한다. 메일을 빨리 쓰고 메일함을 비우는 요령 이상의 것을 생각해야 한다. 동료들은 '더 빠른' 답장을 요구하지 않는다. 그들은 '더 좋은' 답장을 요구한다.

그러니 횟수와 시간만 적어서는 안 된다. 정말로 중요한 메시지를 몇 개나 받았는가? 정말 급히 처리해야 하거나 유용한 정보를 주는 메시지를 몇 개나 받았는가? 스팸메시지는 몇 개나 오는가?(필터를 확인하고 가차 없이 메일함을 비워라. 수백만 달러가 나이지리아 은행에서 송금되었다는 것은 다른 어떤 사람에게나 의미 있는 일이다.) 이런 것들은 정말로 이메일에 쏟아야 할 시간이 어느 정도인지 가늠하게 해준다.

마지막으로 이메일을 확인하기 전과 확인한 후에 집중력과 기분이 얼마나 달라졌는지 생각해보자. 이메일을 열기 전에 뭔가 중요한 것을 기대하며 가슴을 졸이는가? 아니면 그냥 심심해서 확인하는가? 10분 넘게 확인하지 않았으니 열어보는 것인가? 아니, 이유가 있기는 한가? 그저 반사적인 행동인가? 건널목에서 신호를 기다릴 때나 커피숍에서 주문하려고 줄을 섰을 때나 어떤 과제를 당장 시작할 수 없을 것 같을 때 습관적으로 확인하는가? 이메일을 확인하고 나면 기분이 어떤가? 전보다 나아지는가? 시간이 얼마나 지나면 다시 궁금해지는가?

이메일 습관을 한 주 동안 관찰하고 이메일을 이용할 때의 기분까지 메모했으면, 이제 그 자료의 의미를 이해하고 그에 따라 행동해야 한다. 하루에 컴퓨터를 x시간 사용하고, 이메일을 y번 확인하여 그중에 중요한 메시지를 z개 읽으면, 기분이 n퍼센트 나아진다.

수치가 좀 높아 보이면 낮출 방법을 생각해보자. 기분에 관한 것부터 시작하자. 이메일을 확인해서 가장 뿌듯했던 시간대는 언제인가? 시간대에서 어떤 유형이 발견되면 우선 며칠 동안은 정해진 시간대에만 메일을 확인하도록 해보라. 식료품 가게를 서성일 때나 엘리베이터를 기다리면서 '그저 한번 확인하는' 버릇은 이제 그만두자. 필요하다면 스마트폰을 가방 맨 아래쪽에 깊이 넣어두자. 그리고 몇 번이나 확인하는지, 시간은 얼마나 걸리는지, 정말 봐야 할 메시지가 몇 개나 되는지, 메일을 처리하고 나면 기분이 어떤지 등을 계속 기록한 다음, 처음에 적어두었던 기록과 그 수치를 비교해보라.

이메일에 들이는 시간이 줄어든 것 같아 기분이 좋다면, 이메일을 확인하는 횟수를 두세 번으로 줄여보자. 확인하는 기기도 한 가지로 정해놓자. 그렇게 하면 아무 기기나 손에 닿는 대로 확인하려는 버릇을 고칠 수 있고, 다른 기기에 꼬박꼬박 반응하는 수고를 덜 수 있다.

사소한 관찰과 실험도 이메일 습관을 고치는 데 도움이 된다. 사소해 보여도 결과는 대단하다. 결국 이 모든 것은 확장된 마음을 다시 바로잡는 것이다. 그러려면 매일의 버릇을 관찰하고, 기기를 만지작거리는 습관을 바꾸고, 그런 다음 앞으로 테크놀로지를 어떻게 사용할지 신경 써서 선택해야 한다. 말하자면 자신을 대상으로 하는 자기실험이 필요하다.

자기실험은 자신이 특정 자극이나 사건에 물리적 심리적으로 어떻게 반응하는지 체계적으로 관찰하는 실험이다. 그동안 과학자들은 자기실험이 자아도취적이고 주관적이고 믿을 수 없는 연구 도구라고 생각하여 탐탁지 않은 시선으로 바라보았다. 그러나 정확하고 편견이 없는 데이터를 만들어내는 값싸고 사용하기 쉬운 모니터링 기기, 방대한 데이터 세트에서 순식간에 유형을 찾아내주는 유연한 분석 도구, 그리고 복잡한 문제에 대해 구체적이고 개인적인 솔루션을 찾아내는 데 필요한 온라인 커뮤니티의 성장 덕분에, 자기실험은 보다 타당하고 인기 있는 도구로 자리 잡았다.

자기실험은 자신뿐 아니라 기술에도 많은 관심을 가져야 하고, 여러 가지 환경에서 기술이 어떤 식으로 작용하는지, 그리고 그 기술이 자신에게 어떤 영향을 주는지 잘 관찰해야 한다. 따라서 자기실험은 막연했던 신기술의 혜택과 대가를 찾아내고, 그 기술이 우리의 마음에 미치는 영향을 드러내고, 우리가 개발하려는 매우 소중한 기술을 예기치 않게 찾아내는 계기가 되기도 한다.

세심하게 관찰하기

집중하는 능력은 사람마다 다르다. 산만해지는 대상과 다시 집중하는 데 도움이 되는 것들도 사람에 따라 다르다. 그래서 자신에게 도움이 되는 시스템을 찾아내야 한다. 그래서 기술을 사용하는 습관과 일하는 습관을 세심하게 살펴보고 생각하는 것이 중요하다. 그래야 어떤 조합이 관조적 수행에 도움이 되는지 알 수 있다.

우선 익숙한 기술을 좀 더 깨어 있는 마음으로 사용할 수 있는지부터 관찰해야 한다. 그런 능력은 모르는 사이에 생길 수도 있지만 일부러 가꾸어서 발전시켜야 할 때도 있다. 그러니 가장 바람직한 자세는 늘 준비를 하는 것이다.

그런 생각이 불쑥 떠오른 것은, 어느 날 오후 케임브리지에서 내 아내와 마이크로소프트리서치를 찾은 한 동료와 좀 먼 길을 산책하던 도중이었다. 우리는 케임브리지를 출발하여 그랜체스터에 있는 오차드 Orchard에 가기 위해 걷기 시작했다. 오차드는 케임브리지셔의 늪지를 굽이쳐 흐르는 전설적인 캠 강의 둑 위에 자리 잡은 예쁜 찻집이다. 한 세기 전부터 사람들이 지금 우리가 걷는 이 길을 밟아가며 찾았던 유서 깊은 곳이다.

　오차드를 빛낸 사람들은 많지만 그중에도 위대한 시인 루퍼트 브룩 Rupert Brooke이 특히 유명하다. 그리고 그는 그의 묘사를 빌리면 '도회 풍이고 비좁고 사람들이 잔꾀만 부리는' 케임브리지를 벗어날 궁리를 하고 있었다. 그리고 그는 그랜체스터에서 '평화와 신성한 고요'를 발견했다. 사실 그곳은 케임브리지와 그다지 멀지 않은 겨우 몇 킬로미터 떨어진 강 상류에 있는 마을이었다. 케임브리지와 그랜체스터는 월든 호수 옆에 자리 잡은 헨리 데이비드 소로Henry David Thoreau의 오두막과 콩코드 읍의 거리만큼이나 가까운 거리라고 아내가 일러주었다. 관조 는 생각보다 더 가까이 있는지도 모른다.

　오차드로 가기 위해 우리는 케임브리지를 남쪽으로 가로지르는 캠 강을 따라 그랜체스터 초원으로 갔다. 언덕이 부드러운 곡선을 그리며 오르내리는 초원은 차분한 아름다움이 돋보였다. 한쪽으로 농장과 숲 이 보였고 멀리 대학교의 첨탑들도 드문드문 보였다. 이곳은 1452년에 킹스칼리지에서 사들인 이래로 크게 달라진 것은 없어 보였다. 1452년 이면 레오나르도 다 빈치Leonardo da Vinci가 태어나고, 요하네스 구텐베르크Johannes Gutenberg의 인쇄기로 성서가 처음 인쇄되었던 해다. 강 가 까운 곳에서는 정수리가 붉은 한 떼의 소들이 풀을 뜯고 있었다. 1.5킬 로미터쯤 가니 그랜체스터 마을이 나왔다. 우리는 벽이 서 있는 좁은 길을 따라 계속 걷다가 교회를 하나 지나 오차드에 도착했다.

　어디에 카메라를 들이대도 다 작품사진이 될 그런 여정이었다는 생 각이 들었다. 나는 늘 디지털SLR과 렌즈를 몇 개 갖고 다닌다. 내가 어렸을 때 아버지는 열의가 유별났던 아마추어 사진작가였지만 그때는 디지털카메라가 나오기 전이었다. 내가 사진을 찍기 시작한 것은 디지털카메라가 나오고 아이를 갖게 되면서부터였다. 그전까지 카메라는 사건을 인위적으로 조성하거나 주변 환경에서 눈을 돌려 카메라에만 집중하라고 위협하는 강제적이고 반갑지 않은 물건이었다.

카메라는 이렇게 저렇게 조작하는 시답잖은 재미에 빠지기도 쉬웠다. 나도 실험이랍시고 필름 사진을 만드는 아이폰의 카메라 앱으로 가상 렌즈와 가상 필름을 바꿔가며 몇 시간씩 장난을 치곤했다. 어렸을 때 팩맨Pac-Man으로 미로를 휘젓던 것과 별반 다르지 않았다. 그래도 나는 카메라의 무서운 정확성이 좋았다. 용량은 또 어떤가? 아무리 찍어도 메모리 용량이 모자란 적은 없었다. 그래서 찍다 보면 좋은 것 몇 장은 건지겠지 하며 마구 셔터를 누르게 된다. 구도를 생각하고 카메라를 손에 익힐 생각을 하기보다는 셔터를 혹사시키게 되고, 그래서 집중하기보다는 산만하고 어수선해진다. 무조건 많이 찍다 보면 하나 정도는 건질 텐데 뭣 때문에 손가락으로 프레임을 확인하고 구도를 잡는가?

집중해도 문제다. 카메라에 순간을 담는 데 골몰해서 실제 어떤 현장에 있어도 그 순간을 제대로 누리지 못하는 경우가 많다. 그런데 그랜체스터 초원을 지나면서, 나는 좀 다른 생각을 했다. 카메라를 들고 다니니까 아무래도 주변을 좀 더 자세히 보게 되고 움직임과 빛과 그림자를 더 유심히 살피게 되고 강물에 비친 반영과 초록과 갈색의 미묘한 차이(겨울에는 느끼기 어려운 색조의 차이다)를 눈여겨보게 된다는 생각이 든 것이다.

꼭 좋은 사진을 찍기 위해 주변을 훑어보는 것은 아니었다. 사진이 잘 나왔는지 구도는 좋았는지 디지털카메라가 즉석에서 피드백을 해주기 때문에 조금씩이나마 실력이 좋아질 수밖에 없었다. 눈에 보이는 피사체와 그것을 포착하는 능력의 격차가 좁혀진다는 느낌을 가진 지도 꽤 오래된 것 같았다. 하지만 그날은 카메라가 내 집중력을 떨어뜨리는 것 같아 그 '장소'에 좀 더 몰두하기로 했다. 초원을 배경으로 한 그림자를 지켜보거나 구름에서 회색의 색조를 눈여겨보다 보면 사진은 저절로 찍힐 것 같았다. 오이겐 헤리겔이 궁술의 선에 대해 했던 말이 생각났다. 헤리겔은 여러 해 동안 벚나무에서 잎이 떨어지듯 화살이 활에서 떨어져나가도록 훈련했다. 나는 이런 우연적이고 인위적인 노력이 들어가지 않는 경지를 카메라에서도 어느 정도는 느낄 수 있다고 생각했다.

블로깅을 하는 불교 승려들을 보면 깨어 있는 마음으로 기술을 사용하는 것이 얼마든지 가능하다는 것을 알 수 있다. 사진을 관조의 수단으로 활용한 유명한 신부도 있었다. 《칠층산The Seven Storey Mountain》의 저자이자 아마도 20세기 가장 유명한 수도사로 꼽혀 마땅한 트라피스트 수도회 신부 토머스 머튼Thomas Merton은 말년에 카메라를 두고 '내가 못 보고 지나쳤던 것들을 다시 생각나게 해주고 새로운 세상을 만드는 데 협조해주는' 도구라고 칭찬하며 애지중지했다. 깨어 있는 마음으로 기술을 잘 활용하면 '열린 자세로 눈에 들어오는 것을 수용할 수 있다'고 그는 생각했다.

가까운 곳에서 암소 한 마리가 어슬렁거리고 있었다. '이 녀석이 어디서 나타났지? 갑자기 궁금해졌다. 이런 생각을 하게 되는 것은 사진을 찍기 때문일까? 사진을 많이 찍기 때문에 좀 더 집중할 수 있는 것은 사실이다. 사진을 찍지 않았다면 암소가 지나간 길을 따라 생긴 진흙의 질감과 반영, 색조 차이 등 세부적인 것에 관심을 가졌을지 의심스러웠다. 그렇다면 기술이 세상을 카메라와 같은 특별한 방식으로 보도록 훈련시키는 것은 아닐까? 뭐라 단정하기는 어렵다.

소묘나 수채화를 배웠다면 아마 사물을 다른 식으로 봤을 것이다. 빅토리아 시대의 미술평론가 필립 해머턴Philip Hamerton은 수채화 물감은 세상을 공간과 색조의 관점에서 보도록 가르치는 반면, 소묘는 뚜렷한 선과 음영의 관점에서 보게 만든다고 말했다. 그러나 어떤 기술이든(안경조차도) 왜곡은 있게 마련이다. 그리고 모든 지각은 본래적으로 불완전하다. 과학자들이 밝힌 것처럼 시각은 탐욕스러운 소비와 깔끔한 여과작용 사이에서 춤춘다. 선택하지 않고 볼 수 있는 방법은 없다.

파파라치와 사진기자의 손에 들어가면 카메라는 좋든 싫든 사건과 현장을 침해하는 도구가 된다. 그러나 또한 카메라는 토머스 머튼의 말대로 '눈으로 들어오는 것을 열고 받아들이는' 회상 수단으로 사용될 수 있다. 그것은 세상으로부터 벗어나는 것이 아니라 세상에 참여하는 방법이다.

좋은 얽힘이 그런 것처럼, 나와 카메라의 관계는 나를 내가 원래 가지고 있던 본래의 능력 저 너머로 떠밀어 좀 더 세심하고 기술적인 안목으로 대상을 보도록 만들었다. 그래서 그 순간 나는 카메라가 없을 때보다 카메라가 있을 때 더 많은 것을 볼 수 있었다. 카메라는 내 주의

212

력을 향상시켰지만, 그렇다고 내 관심의 중심이 된 것은 아니었다. 카메라는 좀 더 깨어 있는 마음으로 주변을 살피고 내 자신의 비전과 눈앞에 보이는 세상에 대해 좀 더 생각하며 참여할 기회를 주었다. 확장된 자아는 발전된 자아가 될 수 있었다.

깨어 있는 마음으로 기술을 활용하는 방법, 즉 기술과 깊이 맞물려 집중력을 향상시키고 몰입할 수 있는 전혀 다른 종류의 기회도 많았다. 몇 달 뒤 캘리포니아의 집으로 돌아왔을 때의 일이다. 나는 닌텐도 위로 마리오카트를 시작했다.

나는 아이들이 게임을 많이 한다고 걱정하는 부모는 아니다. 물론 내 아이가 공부도 운동도 하지 않고 게임만 하거나 건강에 지장을 받거나 외톨이가 될 정도로 게임에 빠지는 것은 원하지 않는다. 그러나 나는 비디오게임과 같이 자랐다. 내가 처음 했던 게임인 퐁Pong은 최초의 비디오게임이었다. 비디오게임은 내 성장 과정의 일부였고, 그래서 내 아이들이 게임을 좋아하는 것도 전혀 이상하지 않았다.

물론 나는 게임의 문제점도 잘 알고 있다. 뭔가 새로운 것을 시도하기보다는 수많은 게임을 통해 배웠던 똑같은 동작만 지겹게 반복하면서 너무 많은 시간을 오락실에서 보냈다는 회한도 아주 없지는 않다. 그렇게 비디오게임은 중독성이 있지만 사실 그 점은 책도 마찬가지다. 나는 그 어느 것도 그만둘 생각이 없다. 내 아이들이 책과 게임의 재미에 푹 빠져 두 분야에서 모두 달인이 되었으면 하는 것이 나의 바람이다. 책과 게임을 가지고 놀아야 책과 게임에 빠질 수 있다. 그것은 또한 경험을 사회적인 것으로 만들고 좋은 스포츠맨십을 실천하고 그런 것을 잘 다루는 법을 구체적으로 배울 수 있는 방법이다.

책과 게임은 아빠와 엄마를 대신하는 스승이다. 부모는 현금자동인출기에서 돈이 나오기 전에 카드를 먼저 돌려주는 것은 카드는 잊고 돈만 가져가는 경우를 방지하기 위해서라고 설명해주지만, 책과 게임도 그런 것들을 가르친다. 그래서 우리 아이들은 강의실이나 실험실에서 배우는 것들을 아주 평범한 경험을 통해 배우는 데 익숙하다.

우리가 마리오카트를 하는 것은 물론 그 게임이 재미있어서이지만, 게임이 적당히 단순하고 실제로 능력과 연습에 따른 합당한 보상을 해주기 때문이기도 하다. 제어방법과 게임의 목적이 너무 복잡해서 이해하려면 대학원이라도 다녀야 할 정도인 게임도 많다. 하지만 마리오카트는 몇 분이면 기본적인 것을 다 배울 수 있다. 어떤 게임들은 너무 호전적이고 버튼을 미친 듯이 뭉개져라 눌러대며 죽기 살기로 덤비는 플레이로 서로 안 좋은 감정만 부추기기도 한다. 자식들이 그런 게임을 하는 모습을 아무렇지도 않게 지켜보는 부모는 없을 것이다. 우리도 그런 게임은 못 하게 막는다. 하지만 마리오카트는 상큼한 플레이로 게임을 하는 동안 계속 정신 바짝 차리게 하고 반사신경을 예리하게 만들어준다. 마리오카트는 인내심과 유능함을 길러준다.

또한 마리오카트는 집중력을 길러준다. 마리오카트를 하는 모습을 처음 봤을 때, 나는 게임이 너무 소란스럽고 부산하다고 생각했다. 전혀 내키지 않는 게임이었다. 하지만 어쩌다 한번 해보니 옆에서 보던 것과는 크게 달랐다. 게임을 시작하자마자 머릿속에서 배경과 관중, 신호등과 효과음들이 순식간에 사라졌다. 산만한 게임이 아니라 바로 내 앞에 있는 길과 자동차들에게만 무섭게 집중하게 만드는 게임이었다. 스트레스를 많이 받거나 한 가지에 집중하게 되면 시야가 아주 좁아진다. 바로 그런 현상이 내게 일어나는 것을 스스로 '알 수' 있다는 사실에 놀라지 않을 수 없었다.

내 아이들에게 알려주고 싶고 또 직접 경험해보기를 바라는 것이 바로 그런 점이었다. 아이들이 집중의 묘미를 조금이라도 맛보게 된다면, 다른 일을 할 때에도 그런 기분을 느끼려 노력하고 또 그런 요령을 키울 것이라고 생각했다. 하지만 그런 수준에 이르기까지 만만치 않은 과정을 거쳐야 했다. 우리가 처음 그 게임을 했을 때, 아들 녀석은 플레이를 하면서 계속 말을 했다. 잠깐 멈췄다가도 금방 다시 입을 열었다. 게임 도중에 말하는 것은 예의에도 어긋날 뿐 아니라 흐름을 끊어놓는다. 나는 아이들에게 다른 사람과 게임을 하는 것은 극장에서 여러 사람과 영화를 보는 것과 같다고 수백 번도 더 말했다. 무서울 정도로 집중력을 발휘해야 훌륭한 게이머가 될 수 있다는 말도 해주었다.

실제로 위대한 게이머들에게 집중은 자신과 벌이는 또 하나의 게임이다. 그래서 그들은 화면에서 이루어지는 게임보다 자신과 벌이는 그런 게임에서 더 보람을 느낀다. 아들 녀석은 지금도 게임하면서 얘기하는 버릇을 완전히 고치지는 못했지만 그래도 그만하면 많이 좋아진 편이다. 게임을 할 때마다 녀석과 그 애 누나는 집중했을 때 어떤 결과가 나오는지를 직접 경험한다. 부모까지 게임에 합세한다면, 멋지게 질 수 있는 법도 배울 수 있다.

물론 참선수련원에서 일주일을 보내는 것에 빗댈 수는 없지만, 집중력과 차분함을 유지할 때의 좋은 점을 깨닫고 정신을 바짝 차려야 좋은 결과를 얻을 수 있다는 사실을 직접 체험하는 데 게임만큼 좋은 수단도 없을 것이다. 또 하다 보면 상당히 높은 수준의 몰입도를 요구하는 게임도 찾을 수 있다. 하지만 내가 왜 게임을 좋아하는지, 어떻게 플레이를 하는지, 혼자 하는 것과 여럿이 함께 하는 것이 어떻게 다른지를 설명하는 일은 생각처럼 쉽지 않다. 아무리 잘 설명하려 해도 막연하게 들리기 쉽다. 하지만 게임할 때의 내 모습을 생각해가며 게임하는 요령을 설명하다 보면 나도 깨어 있는 마음을 가진 게이머가 된다.

이렇게 자기실험을 하면 깨어 있는 마음으로 정보통신기술을 사용하는 방법을 찾을 수 있다. 자기실험은 또한 하는 일과 인지적 습관이 다양한 종류의 기술에 의해 어떻게 영향을 받는지 또 얼마나 향상되거나 저하되는지 생각해보게 만든다. 예를 들어 자기실험은 사람들이 책과 종이와 펜을 사용할지 아니면 전자책과 화면과 키보드를 사용할지 등 일상에서 하는 가장 평범한 선택을 내려야 할 때 좋은 결정을 내리도록 도와준다.

행동유도성을 인지하라

책 혹은 글 읽기의 미래에 대해서는 많은 논란이 있지만 도서관 같은 문화적 제도에 초점을 맞추게 되면 글을 읽는 사람과 텍스트가 얼마나 단단히 얽혀 있는지, 그리고 그런 얽힘이 얼마나 자주 만들어지는지 이해하기 어려워진다. 우리는 말과 글이 넘치는 세상에 살고 있다.

216

우리는 길거리 표지판, 상자, 신문, 옷, 자동차 계기판, 잡지 등 곳곳에서 글을 보고 글에 반응한다(요즘은 카탈로그, 지도, 역사, 백과사전, 사용설명서, 희곡, 물에 젖지 않는 어린이 책도 다 책으로 분류된다). 글과의 교류는 글을 만나는 장소나 맥락만큼이나 다양하다. 우리는 운전하면서 스치듯 표지판을 보고, 아침 식탁에서 신문 1면을 대강 읽고, 직장에서 웹사이트를 훑어보고, 비행기에서 소설에 빠져들고, 아이들이 잠들 때까지 동화책을 읽어준다. 독서는 광범위한 활동을 포괄하며 의도나 장소, 매체의 영향을 받는다.

과거에 비해 재미로 책을 읽는 시간이 줄었다고 말하는 사람들이 많지만, 강도 높은 지적 작업을 하는 사람들은 많은 글을 읽어야 한다. 사람들이 글을 읽을 때 인쇄 매체와 디지털 매체를 놓고 어떤 선택을 하는지, 그리고 둘의 장단점을 어떻게 생각하는지 확인하기 위해 나는 많은 학자, 과학자, 공학자, 심리학자들을 인터뷰했다. 그들은 직업상 글을 읽고, 여가 시간을 보내기 위해 글을 읽고, 아이들에게 읽어주기 위해 글을 읽는다. 그들은 여러 가지 미디어를 활용했고, 그들이 접하는 글의 종류도 블로그나 전문 잡지나 인쇄에 들어가기 전의 과학논문에서부터 철학 논고, 학술논문, 시와 소설, 유아용 책, 청소년 문학 등 다양했다.

그들도 우리와 마찬가지로 글이 물리적일 수도 디지털 방식일 수도 있는 문학적 양자量子 세계에 산다. 하지만 내가 정작 놀란 것은 그들 모두가 자신만의 보어Bohr의 상보성 원리를 구축하고 있다는 점이었다. 상보성 원리complementarity principle는 전자electron는 보는 사람에 따라 입자일 수도 파동일 수도 있다는 것이다. 독자들에게 말이나 글은 컴퓨터 화면이나 종이의 행동유도성affordance에 따라 비트일 수도 원자일 수도 있다.

행동유도성이란 용어는 애비게일 셀렌Abigail Sellen과 리처드 하퍼Richard Harper가 공동 저술한 《종이 없는 사무실의 신화The Myth of the Paperless Office》에서 나온 말이다(하퍼는 마이크로소프트리서치 케임브리지에서 소시오디지털 시스템Socio-Digital Systems을 운영한다). 사무실이나 실험실, 그리고 컴퓨터를 탑재한 경찰차, 심지어 항공관제소에서 종이가 어떻게 살아남았는지 조사하는 과정에서 두 사람은 사람들이 혼자 일할 때나 다른 사람들과 일할 때 능률을 높이기 위해 종이의 물리적 특징에 의존한다는 사실을 발견했다. 컴퓨터 시장은 종이를 막다른 골목에 몰린 불운한 기술로 취급하고 종이의 물리적 존재를 인간의 허약함에 대한 증거로 보았지만, 직장에서 근무하는 사람들은 종이의 가벼움, 휴대 가능성, 유연성, 순응성을 높이 산다. 종이의 행동유도성(다양한 사람들이 다양한 기능으로 사용하도록 만드는 물리적 속성)은 사실상 종이의 강점이다.

나와 얘기를 나눈 독자들은 인쇄 매체와 디지털 매체의 행동유도성이 어떻게 그들의 독서 습관과 재료 콘텐츠의 성격과 그들의 계획과 어울리는지에 대해 많은 생각을 했다. 그들에게 웹은 매우 변하기 쉬운 것이거나 흥미롭지만 얼마 지나지 않아 곧 잊히고 마는 뉴스나 정보의 원천이었다. 그들 중 어느 누구도 문화적 권위와 향수를 근거로 인쇄된 책을 지지하지는 않았다. 그들은 인쇄된 책을 선택한 것은 책이 물리적으로 소박할 뿐 아니라 진지하고 몰두하게 만들기 때문이었다.

콜로라도대학교 볼더 캠퍼스의 인류학자 엘리자베스 던Elizabeth Dunn은 이렇게 말한다. "내용만 대충 훑어볼 때는 킨들로 읽습니다. 그러나 제대로 알려면 인쇄된 종이여야 합니다. 집중해야 이해할 수 있는 글이나 주석을 달아야 할 내용, 시처럼 예술성 있는 작품은 킨들로 읽을 수 없습니다. 내용을 완전히 꿰뚫은 다음 착수해야 하는 작업에는 킨들로 읽은 것을 사용할 수가 없습니다." VM웨어VMWare의 최고기술경영자 스티븐 헤로드Stephen Herrod도 같은 말을 했다. 그는 킨들을 가지고 다니지만 '좀 더 생각할 필요가 있다고 판단되면 자세한 내용을 출력해서 사용한다'고 했다.

책과 인쇄물은 산만하지 않은 상태에서 집중해서 읽어야 할 때 진가를 발휘한다. 책을 선택하는 경우는 물리적인 작업이 필요한 종류의 읽기일 때가 많다. 밑줄을 긋고 주석을 달고 비선형적으로 여러 텍스트를 한꺼번에 읽어야 하는 경우에 사람들은 책을 택한다. 소설가 낸시 에치멘디Nancy Etchemendy는 이렇게 말한다. "온라인에 중요한 내용이 있으면 나는 출력부터 하고 본다. 그래야 펼쳐놓고 표시를 하고 메모를 할 수 있다. 온라인에서는 그런 중요한 작업을 할 수가 없다."

또한 물리적 책의 안정성은 시각적 기억력이 뛰어난 사람들에게 특히 쓸모가 있다. 엘리자베스 던은 어떤 페이지에서 중요한 개념이 나오면, 그 부분의 물리적 위치를 시각화하여 기억한다. 킨들로 책을 읽는다면, '일반적인 논지 이상의 내용은 기억할 수 없다'고 그녀는 말한다. 결과적으로 '힘들여 작업하고 생각을 집중해야 하는 독서는 거의 대부분 인쇄된 형태로 한다'고 덧붙였다.

내 경우에도 진지한 독서를 할 때는 표시를 하고 밑줄을 긋고 주석을 다는 경우가 많다. 그것은 하나의 무술 수련이고 재료의 질감이 만들어 내는 독특한 관계와 컴퓨터 화면으로는 안 되는, 종이만이 지원해줄 수 있는 차원을 필요로 하는 정신노동이다. 1945년에 배너바 부시Vannevar Bush는 메멕스Memex를 선보였다. MIT 교수이자 하이퍼텍스트의 선구자인 배너바 부시는 집중적이고 상호교류적이며 관계적인 독서를 전자체제인 메멕스로 할 수 있다고 생각했다. 하지만 텍스트의 내용을 제대로 파악해야 하는 사람은 지금도 여전히 종이를 택한다.

종이를 택하는 사람들은 말이나 글과 물리적으로 얽혀야 할 필요성을 알기 때문에 아이들에게 디지털 책을 사주지 않는다. 그들은 아기들이 가지고 놀다가 물어뜯기도 하며 교류할 물리적 책이 필요하다고 여전히 믿는다. 아이패드에 있는 《팻 더 버니》로는 어림없는 일이다. 엄마 옆이나 무릎에 앉아 있거나 침대에 누워 잘 준비를 끝낸 아이들에게 책을 읽어주는 것은 매우 물리적이고 상호교류적인 독서다.

지적 활동이 많이 필요하지 않고 미디어나 독자에게 크게 요구하는 것이 없고, 행동유도성에 대한 의존도도 심하지 않은 형태의 독서는 얼마든지 디지털로 할 수 있다. 엘리자베스 던의 킨들은 이런 선택이 이루어지는 경위를 잘 설명해준다. 그녀의 킨들에는 '제대로 알아야 하기보다는 대충 보면 되는' 소설이나 학술논문이 저장되어 있다. '30분 정도 시간을 때워야 할 때' 꺼내 읽기 딱 좋다.

여러 편의 소설을 가볍게 들고 다니고 싶은 여행자들이나 아주 먼 곳의 이국땅을 찾는 사람들은 e-리더E-reader를 선호한다. 내가 인터뷰한 어떤 사람은 남극대륙까지 킨들을 가져갔다. 두바이로 가는 비행기를 타면서 기내에 비치된 잡지 하나로 버틸 수 있다고 생각하는 사람은 없을 것이다. e-리더는 스스로 빛을 내는 행동유도성을 가지고 있어 유용하다. 어떤 엔지니어는 아내가 잠든 방에서 불을 켜지 않고 책을 읽을 수 있어서 좋다고 말한다.

마지막으로 목표가 분명하고 기회를 찾는 읽기, 즉 특별한 정보를 찾는데 초점을 맞출 때나 새로운 주제를 빨리 훑어봐야 하는 읽기도 대부분 디지털이 제격이다. 어떤 판결에 대한 법적 견해를 클릭하여 특정 인용구를 강조하고 그 부분을 하루의 마무리로 메모장에 붙일 때는 인쇄된 책을 집어 들지 않을 것이다.

몇 해에 걸쳐 읽고 많이 읽고 꼼꼼히 읽어야 하는 진지한 독자들에게, 인쇄 매체와 디지털 매체는 서로 바꿀 수 있는 것이 아니며 선택도 무작위로 할 수 없다. 각각의 매체는 나름대로 장점이 있고 서로 '다른' 유형의 읽기를 지원한다.

내가 인터뷰한 사람들은 거의 모두가 특정 목적을 위한 e-리더를 가지고 있었지만, 아무도 그것이 책을 대신할 수 있다고는 생각하지 않았다. e-리더는 주로 가볍게 읽을 경우에 사용되었다. 그런 구분은 e-리더기 제조사에서 한 것이 아니다. 진지하고 사려 깊은 독자들이 직접 발견해낸 사실일 뿐이다.

행동유도성에 대한 이런 민감성 때문에 많은 작가들은 작업을 할 때 인쇄물과 디지털 기기를 왔다 갔다 한다. 컴퓨터는 작업의 속도를 낼 수 있어 좋은 반면 인쇄된 기록은 구조를 조감하고 논지의 흐름을 파악하고 글의 전반적인 균형과 어조에 대한 감을 잡을 수 있어 좋다. 작가들은 물리적 기록을 고치고 더하는 행위에서 묘한 만족감을 얻는다. 하나의 원고에 메모와 주석을 달고 교정하고 포스트잇을 붙여두면 지금까지 해온 작업을 한눈에 파악하기가 쉬워진다. 물리적으로 손질한 기록은 전자로 편집한 기록보다 편집자나 공저자가 확인하기 더 쉽다. 공동 저술을 하는 사람은 공저자가 작업을 어떻게 바꿨는지 한눈에 빨리 알 수 있고 그래서 편집하거나 편집한 것을 원상 복귀시킨 것에 대해 그가 어떤 생각을 갖고 있는지 판단할 수 있다.

이런 행동유도성 때문에 기기에 통달한 내 친구들 몇몇은 공동 작업을 위해 같은 방 안에 있을 때 그룹웨어 툴을 특히 즐겨 사용한다. 공동 저작 시스템을 디자인하는 프로그래머들은 보통 그들의 고객이 바다 건너 멀리 떨어져 있거나 시간대가 다른 곳에 있거나 아니면 서로 다른 시간에 작업을 한다는 전제 하에 프로그램을 짠다. 인쇄 매체와 디지털 매체가 서로 다른 종류의 읽기를 지원한다는 사실을 읽는 사람이 알아내는 것처럼, 공동 저작 집단은 공동 저작 툴이 가장 위력을 발휘하는 것은 구성원들이 흩어져 있을 때가 아니라 함께 있을 때라는 사실을 알게 된다.

그래서 문제는 결국 행동유도성으로 귀결된다. 다른 사람들과 함께 글을 쓰면 집중도가 높아진다. 함께 작업하면서 설명해야 할 사람들이 옆에 있으면 산만해질 틈이 없다. 게다가 공동 저작의 특징인 의견 교환이 빠르게 이루어진다. 내 경우도 공저자와 같이 앉아서 같은 서류를 놓고 작업할 때는 글의 전개방식을 브레인스토밍하거나 한 문단을 재구성하는 방법을 놓고 애기를 나눈 다음 그것을 즉각 행동으로 옮길 수 있다. 그렇게 하면 작업에 변화를 주었을 때 치러야 할 대가를 크게 낮출 수 있다. 되돌려놓기가 더 쉽기 때문이다.

기술사가인 루스 슈워츠 코완Ruth Schwartz Cowan은 1980년대에 남편과 함께 어떤 책을 쓸 때의 이야기를 들려주었다. 처음에는 타이핑을 했지만 두 사람은 곧 문제에 부딪혔다. "한 챕터의 초안을 만들어 남편한테 넘기면, 남편은 그 종이를 오리고 붙이고 해서 요란스레 바꿔놓곤 했죠. 그런 원고를 다시 받으면 너무 화가 났어요. 나름대로 잘 썼다고 생각했던 원고인데 되돌려놓을 수가 없을 정도였습니다." 그녀는 이렇게 회상했다. 하지만 워드프로세서로 바꿔 작업하면서 상황은 달라졌다. "원본이 그대로 있기 때문에 서로에게 화를 낼 필요가 없었습니다." 그들은 원본과 편집본을 대조하면서 의견을 조율하여 새로운 아이디어를 찾아냈다. "종이를 오려내고 붙이고 하면 기분이 무척 상합니다." 아이디어의 일관성이 사라지기 때문이었다. 하지만 컴퓨터에서는 '상황이 전혀 다르다.' 워드프로세서로 일하면서 편집 과정은 타협할 수 있는 제안으로 바뀌었다.

코완의 경험은 디지털로 하는 현장 협업의 또 다른 중요한 행동유도성을 강조한다. 그런 협업에 참여한 사람들은 서로의 몸짓과 말투와 억양을 통해 새로운 아이디어나 편집에 대한 거부감의 정도와 공저자의 열정을 가늠한다. 비언어적으로 의사를 교환하면 직접 눈으로 확인하기가 쉽지만, 즉석메시지를 보내거나 서류를 먼 곳에서 교정해야 할 때도 말로 설명해야 할 내용은 따로 있는 법이다. 글로 표현하는 작품처럼 지적이고 개인적인 일을 놓고 협업할 때는 공저자가 나의 제안에 어떤 반응을 보이는지 눈으로 확인할 수 있어야 작업이 순조롭게 진행된다. 그리고 그런 반응을 실시간으로 보게 되면, 서로의 관계를 난처하게 만드는 일도 피할 수 있다.

또한 당사자들이 같은 장소에서 협업하다 보면 상대방에게서 많은 것을 배울 수 있다. 실제로 업무 관계가 좋다는 것은 어떤 기록을 공동으로 만들어내는 것 이상의 무엇을 하고 있다는 뜻이다. 즉 그들은 업무를 통해 관계를 수립하고 아이디어를 교환하고 쓰는 요령과 편집 기법을 배운다. 이런 일은 누군가의 옆에 있을 때 훨씬 더 빨리 이루어진다. 온라인 협업체제는 멀리 떨어져서도 함께 작업할 수 있게 해주지만 직접 얼굴을 맞대고 하는 작업과 비교할 수는 없다.

기술 혁신의 실상

기술과의 관계에 대해서도 우리는 좀 더 생태적인 견해를 가질 필요가 있다. 기기나 미디어는 특정 과제를 쉽고 빨리 처리하게 해준다. 하지만 그런 특성이 오히려 우리의 일과 생활을 더 어렵게 만드는 것은 아닌지 짚어봐야 한다.

가전제품의 역사에서 우리는 자동화의 아이러니를 보게 된다. 남북전쟁 이후 한 세기 반이 지나 산업화가 이루어지고 전기가 발명되고 자동차와 비행기가 출현하고, 도시가 성장하고 교외가 조성되면서 미국의 가정은 급속도로 기계화되고 자동화되었다. 진공청소기, 식기세척기, 세탁기들은 공장에서 조립라인과 전기모터가 제조방식을 크게 바꾸어놓은 것만큼이나 집안일의 양상을 바꿔놓았다. 그러나 몇십 년 동안 가사와 관련된 시간을 연구한 결과는 여성들이 살림살이에 들이는 시간이 실제로는 변하지 않았다는 것을 보여주었다. 1970년대의 여성들이 설거지를 하고 옷을 빨고 집안을 청소하는 데 들이는 시간은 그들의 할머니가 쏟았던 시간과 별 차이가 없었다. 기술 덕분에 일은 쉬워졌지만 생활 자체는 쉬워진 것이 없었다.

루스 슈워츠 코완은 1983년에 《과학기술과 가사노동More Work for Mother》에서 이런 역설을 설명했다. 코완은 발명가나 창업자뿐 아니라 사용자에게도 관심을 갖고 일상의 기술을 진지하게 연구하는 기술사가의 세대를 구성했던 학자다. 이런 접근방식은 처음에는 인기가 없었다. "뉴욕주립대학교의 동료 교수들은 나하고 말도 하려 하지 않았습니다." 그러나 《과학기술과 가사노동》이 베스트셀러가 되면서 상황은 크게 달라졌다. 이 책은 어머니들을 향해 말한다. '여러분이 잘못된 것이 아니다. 실제로 집안일은 여전히 힘들다.'

처음에 코완은 자신의 연구 결과를 보고도 믿을 수가 없었다고 한다. 빨래를 세탁기로 하는 것이 커다란 통에 물을 채우고 빨래판을 사용하는 것보다야 당연히 쉽지 않은가. "그러나 전혀 예상하지 못한 사실이 드러났습니다." 그녀는 이렇게 말했다. 혁신의 실상을 제대로 밝혀보자고 시작한 작업은 결국 점잖은 경고성 이야기로 바뀌었다. 기술 덕분에 일은 쉬워졌지만, 일하는 사람이 바뀌고 해야 할 일의 기준이 높아짐으로써 새로운 일이 생겼다는 이야기였다.

집안일이 자동화되기 전에 집안일은 성별을 따지지 않는 활동이었다. 주부는 실무를 겸하는 관리자였다. 남편과 아들은 봄맞이 대청소를 할 때 양탄자를 두드려 먼지를 털고 무거운 빨래를 짜고, 말을 돌보고 마차를 손보고, 쇼핑을 도왔다. 딸들은 엄마와 함께 일하며 집안을 관리하는 법을 배웠다. 극빈층을 제외한 모든 가정들은 빨랫감을 세탁을 전문으로 하는 여자들에게 보냈고 한 달에 적어도 두세 번 정도는 가사 도우미를 불렀다.

하지만 집 안이 자동화되면서 집안일은 여성 전용 업무로 특히 엄마의 일로 의미가 바뀌었다. 엄마는 모든 일을 혼자서 직접 해야 했다. 하녀를 내보내고 집에서 직접 빨래를 함으로써 비싼 가전제품을 마련한 비용을 충당했다. 일의 기준도 올라갔다. 온가족이 동원되던 봄맞이 대청소는 일 년 내내 매일 청소기를 돌리고 먼지를 터는 일로 대체되었다. 옷을 며칠씩 입는 일도 없어졌고, 땀에 젖거나 흙이 묻어야 세탁부에게 보내는 일도 없어졌다. 하루가 끝나갈 때면 옷은 바구니로 던져졌고, 엄마는 그것을 빨고 말리고 개켰다. 코완은 이렇게 말했다. "결국 노동절약형 기계들은 노동하는 사람 수를 줄였습니다. 그러나 그런 기계들은 또한 노동을 '제조합니다.' 세탁기와 건조기를 쓴다 해도 세탁물이 많아지면 시간은 절약되지 않습니다."

코완은 집안일에서 '제번스의 역설'을 발견했다. 1865년 영국의 경제학자 윌리엄 스탠리 제번스William Stanley Jevons는 기술 혁신이 이루어지고 에너지 효율이 향상돼도 석탄 수요량이 줄어들지 않는다는 사실을 발견했다. 광산과 석탄으로 엔진을 가동하는 공장의 운영자들은 오히려 예전 같았으면 비용이 많이 들어 엄두를 못 냈을 엔진을 새로 설치하거나 생산량을 늘렸다. "연료를 경제적으로 사용하면 석탄 소비가 줄어든다고 생각하겠지만, 그것은 대단한 착각이다. 오히려 그 반대다." 그는 이렇게 단언했다. 효율의 증가가 기술의 활용 범위를 늘리고, 그것이 에너지 소비의 전반적인 증가로 이어진 것이다.

경제학자들은 제번스의 역설을 어디까지 적용해야 하는가를 놓고 논쟁을 벌였지만, 코완의 지적대로 노동 절약형 기술은 종종 사람들로 하여금 '더 많은 노동과 더 많은 시간, 더 많은 에너지를 소비하는 쪽을 선택'하게 만들기도 한다. 그리고 새로운 기술은 정체된 상황에서 전개되는 법이 없다. 신기술이 도입되는 세계는 늘 변하고 움직이는 세계다. 사람들이 도시에서 교외로 주거지를 옮기고 여성들이 운전을 하고 사람과 짐을 나르는 새로운 일을 떠맡으면서, 여성들은 더 바빠졌다. 그들은 아이들을 학교에 데려다주고 남편을 출근시킨 다음 슈퍼마켓으로 차를 몰았다(아이들을 심부름 보내기에는 슈퍼마켓이 너무 멀었다).

기술은 상황 속에서 작동하고 종종 더 큰 기술이나 생산체계의 일부가 된다. 그 결과 하나의 체계에서 어느 일부를 향상시키는 행위는 다른 부분에 영향을 주는데, 때로는 그 영향이 부정적인 경우도 있다. 일반 브레이크보다 안전 기능이 훨씬 뛰어난 브레이크잠김방지장치ABS를 장착한 운전자는 위험할 수 있는 상황에서 예전처럼 조심을 하지 않게 된다. 그들은 과속을 일삼으면서도 브레이크가 사고를 방지해주리라 믿는다. 미식축구에서도 비슷한 상황을 볼 수 있다. 수십 년 사이에 보호대와 헬멧은 더욱 정교해지고 튼튼해졌지만 부상률은 전혀 줄어들지 않는다. 선수들이 그만큼 몸을 사리지 않고 경기 분위기도 더욱 격해졌기 때문이다.

'일'이라는 단어는 기계가 하는 일을 가리킬 때도 있고 인간이 하는 일을 의미할 때도 있다. 집안일을 보면 일이라는 단어가 상황에 따라 어느 쪽을 의미하는지 알 수 있다. 기계가 하는 '일'은 그 범위가 좁다. 기계는 옷을 빨고, 바닥의 먼지를 빨아들이고, 접시를 닦는 등의 정해진 일을 하도록 만들어졌다. 기계는 그런 것들을 할 때 일한다. 하지만 사람에게 일의 의미는 그렇게 간단하지 않다. 새로운 기술로 사람들이 일하는 방법이 달라지거나 성과 기준이 바뀔 때는 특히 그렇다. 일주일에 한 번 하던 빨래는 세탁기가 등장하면서 매일 해야 하는 일로 바뀌었다. 휴대전화와 이메일 덕분에 변호사들은 밤낮을 가리지 않고 고객을 상대해야 한다. 직장에서 상사들은 주말에도 부하직원들을 불러내는 것을 당연하다고 생각한다. 누군가와 '연락할 수 있다'는 사실은 '연락할 수 있어야 한다'는 의미가 되었다. 그러니 새로운 기기들이 시간을 절약해준다는 데 왜 시간이 없는지 고개를 갸우뚱할 수밖에 없다.

깨어 있는 마음으로 트위터하기

디지털 기기나 매체와의 상호교류는 자기실험뿐 아니라 자기 향상의 기회도 제공한다. 핀란드의 벤처사업가 야르노 코포넨Jarno Koponen이 개발한 알고리즘은 그 점을 내게 분명히 가르쳐주었다.

228

코포넨은 지성사와 디자인 분야의 석사학위를 갖고 있는 재원으로 스칸디나비아의 어떤 포스트펑크post-punk 밴드에서 키보드를 계속할 수 있었지만, 그는 그 길을 포기하고 퓨처풀Futureful이라는 벤처기업을 설립했다. 우리는 팔로알토 시내에 있는 피츠커피Peet's Coffee에서 만났다. 스티브 잡스Steve Jobs가 막 세상을 떠났을 때여서, 길 건너편 애플 본사 매장은 조문객들과 팬들이 붙인 포스트잇과 조화, 그림들로 빈틈이 보이지 않을 지경이었다. 그 광경을 보고 있자니 기술이 얼마나 우리의 마음을 감동시키고 우리가 0과 1의 세계에 대해 얼마나 따뜻한 시선을 보내는지 새삼 실감이 났다.

웹과 소셜미디어에 대해 좀처럼 수그러들지 않는 비판 한 가지는 이 두 가지가 폭넓은 독서를 방해하여 읽기의 범위를 좁힌다는 것이다. 많은 연구들은 소셜그래프social graph(소셜네트워크의 특징을 시각적으로 보여주는 구조-옮긴이)와 읽기 습관이 현실의 편견과 정치적 견해를 반복 재생산한다고 결론 내린다. 예를 들어 특이하게도 좌익과 우익의 정치 블로그의 독자 수는 좀처럼 겹치지 않는다. 정보의 세계는 너무 방대해져서 마음에 드는 웹사이트나 친구들을 찾아내기가 어렵다. 도무지 엄두가 나지 않는 분량을 대하면, 아무래도 낯익은 것을 다시 찾게 되는 것이다.

코포넨의 퓨처풀은 사람들이 온라인으로 글을 읽다가 귀중한 정보를 발견하는 뜻밖의 행운을 되살리고 사용자들이 잘 모르고 있지만 좋아할 만한 글이나 필자나 웹사이트를 찾도록 도와준다. 그렇게 하기 위해 퓨처풀은 먼저 고객이 어떤 사람인지 알아낸다. 퓨처풀은 사용자의 온라인 활동을 바탕으로 그가 흥미를 갖는 분야의 모형을 만든다. 퓨처풀은 사용자 자신이 다른 웹에서는 어떤 사람으로 비춰지는지를 보여준다.

커피숍에서 나는 랩톱을 꺼내 코포넨의 데모 프로그램에 로그인했다. 퓨처풀이 곧바로 내 계정으로 들어왔고, 알고리즘이 내 블로그의 포스트와 트위터 등을 분석하기 시작했다. 결과를 기다리고 있는데 옆 테이블에 앉은 사람이 물었다. "지금 퓨처풀 얘기를 하시는 중입니까?" 코포넨의 회사는 헬싱키에 있고, 그로서는 캘리포니아 행차가 처음이었다. 그러나 전혀 모르는 사람이 지구 반대편에서 다섯 명으로 시작한 자그마한 벤처기업을 소문으로 들어 알고 있었다. 실리콘밸리에서는 드물지 않은 일이다.

깔끔한 전형적인 핀란드식 인터페이스에 결과가 나왔다. 나는 평소에 내 페이스북과 트위터 페이지가 나의 진정한 모습을 드러내준다고 생각했다. 그러나 퓨처풀 알고리즘이 분석한 내 관심사 프로필을 보았을 때 나는 적잖이 당황했다. 그리고 잠시 후에 놀랐다.

퓨처풀이 본 나는 정치에 관심이 많았다. 퓨처풀이 추천하는 소스는 대부분 정치 성향이 뚜렷한 미국의 웹사이트나 유럽의 뉴스 출처 사이트들이었다(프로그램의 명성답게 대부분 내가 모르는 사이트들이었다. 시스템은 해야 할 일을 '하고 있었다'). 퓨처풀에 따르면 나는 또한 매우 냉소적이었다. 퓨처풀은 내가 근시안적인 안목과 탐욕에서 비롯되는 부패, 스캔들, 재난 등에 관한 글을 좋아한다고 했다. 역사나 디자인이나 컴퓨터과학이나 미래에 관한 내용은 전혀 없었다. 불교 같은 종교 얘기도 전혀 없었다. 과학도 없었다. 퓨처풀이 본 나는 인류의 어리석음과 우둔함을 감시하는 사이버상의 H. L. 멘켄H.L.Mencken(미국의 언론인이자 비평가)이었다.

물론 그게 나다. 아무도 내 계정을 해킹한 사람은 없었다. 그러나 내 디지털 그림자는 매우 이상한 각도에서 드리워진 것 같았고, 그 결과는 매우 왜곡되어 있었다(아니, 왜곡되어 있길 바랄 뿐이다). 어떻게 된 일일까?

코포넨는 퓨처풀이 작동하는 원리를 상세하게 설명했다. 알고리즘은 사용자의 트위터, 페이스북, 링크드인Linkedin 계정에 접속한다. 개발자들은 그런 서비스를 사용자의 충성도를 측정하는 기준으로 삼았다. 그리고 그들은 프로그래머들이 사용하기 쉬운 응용프로그램 인터페이스API를 만들었다. 조테어Zotero와 딜리셔스Delicious 같은 소규모 틈새 서비스보다 트위터, 페이스북, 링크드인 같은 빅3(이들의 계정을 모두 합치면 10억 개가 넘는다)에 초점을 맞추는 것이 신생 벤처기업으로서는 훨씬 더 합리적이었을 것이다.

내게 그런 사실은 퓨처풀이 아직 접근할 수 없는 내 온라인 생활의 영역이 상당히 많이 남아 있다는 의미로 다가왔다. 가령 퓨처풀이 내 딜리셔스 계정을 분석하고 그래서 내가 태그한 수천 개의 학술 논문과 서적을 보았다면, 나에 대해 전혀 다른 그림을 내놓았을 것이다. 하지만 코포넨이 말한 대로, 좋든 나쁘든 사람들은 내 딜리셔스 북마크를 통하기보다는 페이스북과 트위터로 내 모습을 그릴 가능성이 더 많다는 생각이 들었다. 분명 한계가 있는 시스템이지만 웹 자체의 선호도를 그대로 보여준 것이어서 어쩔 수가 없었다.

그렇다면 나는 왜 페이스북을 안 하고 딜리셔스를 이용하는가? 그렇다면 내가 왜 이것들을 그런 식으로 사용하는가? 딜리셔스보다는 페이스북이나 트위터에서 뭔가를 공유하는 것이 훨씬 더 쉽다. 우리는 별생각 없이 그렇게 할 수 있다. 그리고 실제로 그렇게 한다. 거의 생각을 하지 않는다. 진지한 일을 하다 잠깐 쉴 때, 내가 하고 있는 일에 대해 그다지 많은 생각을 하지 않을 때, 마음을 거의 챙기지 않을 때 나는 페이스북이나 트위터를 연다. 트위터와 소셜미디어에 참여할 때 내 인격의 어둡고 불쾌한 면을 드러내지 않고 온라인에서든 실생활에서든 내가 되고 싶은 사람처럼 보이도록 할 수 있을까? 트위터와 페이스북을 사용하면서 관조적이 될 수 있을까?

마거릿 만토-라오Marguerite Manteau-Rao는 이 문제를 다른 방식으로 설명했다. 그녀는 자문자답했다. "붓다가 살아 있다면 그분도 페이스북이나 블로그를 했을까? 아마 했을 것이다." 나는 그녀를 찾아갔다. 그녀가 내용이 알찬 웹 프레젠스(그녀는 트위터에서 5,000명의 팔로워를 거느리고 있다)를 운영하고 있으며, 깨어 있는 마음으로 소셜미디어를 사용하는 문제에 대해 폭넓게 글을 쓰고 있기 때문이었다. 사실 처음에는 그녀와 함께 있는 것이 약간 거북했다. 나는 아주 침착한 사람들을 마주하면 괜히 불안해진다. 그런 사람들과 같이 있으면 내가 좀 모자라고 교양 없어 보인다. 그러나 명상으로 단련된 그녀의 우아함에 화를 낼 수는 없는 노릇이다. 그녀는 운동선수의 진지함을 가지고 자신만의 방식으로 관조적 수행에 정진한다.

마거릿 만토-라오는 또한 깨어 있는 마음을 응용하여 치매 관리법을 개선하고 자꾸 정신이 나가버리는 부모나 배우자나 환자들에게 간병인들이 좀 더 열의를 가지고 기술적으로 대하도록 유도한다. 간병을 하는 사람들은 치매 증상을 보이는 환자에게 짜증부터 내기 일쑤이기 때문이다. 그녀는 깨어 있는 마음을 치매 관리에 응용하는 분야의 선구자다.

마거릿 만토-라오는 붓다가 블로그를 하리라고 추측하는 이유는 '상가에 손을 뻗는 대단히 좋은 방법'이기 때문이라고 말했다. 그녀의 불어 억양 때문에 상가라는 말은 유럽 특유의 부드러운 느낌을 주었다. 그녀는 계속해서 제대로 접근하기만 하면, 소셜미디어는 또한 깨어 있는 마음을 실천할 수 있는 기회가 된다고 말했다.

디지털 '상가'의 회원들은 자신의 의사를 드러내는 데 조심스럽다. "트위터는 바른말正語(깨달음으로 가는 팔정도八正道의 하나-옮긴이)을 실천할 수 있는 수단입니다." 마거릿 만토-라오는 그렇게 단언했다. 바른말은 잔인하거나 수다스럽지 않다. 비웃음과 하찮음은 바로 배제된다. 여기서는 적은 것이 많은 것이다.

팔리어 경전이나 성서의 구절을 한 번에 140자로 트윗하여 바른말을 실천하는 사람들도 있다. 산타클라라대학교의 신학과 교수 엘리자베스 드레셔Elizabeth Drescher는 이런 종류의 나눔(짧은 구절을 베껴 옮기고 읽고 생각해보는 활동)은 고대부터 행했던 관습의 현대판이라고 설명한다. 그녀는 이렇게 말했다. "성서는 어느 부분이든 트윗하기가 좋습니다. 성서는 기억할 만한 밈memes(문화를 복제하여 전달하는 데 필요한 비유전적 정보의 단위-옮긴이)의 연속이기 때문입니다." 그것들은 쉽게 인용하여 묵상하고 논의하도록 되어 있다.

깨어 있는 마음으로 트위터를 한다는 것은 자신이 하는 행위의 의도를 분명히 안다는 뜻이다. 지금 내가 왜 온라인에 있는지 알고 정당한 이유가 있는지 스스로 자문하는 것이다(마거릿 만토-라오는 어떨 때는 트위터를 '사용'하는 것에 대해 말하고 어떨 때는 트위터에 '있는' 것에 대해 말했다). 이것은 매우 현실적인 문제다. 뭔가를 읽고 비꼬는 댓글을 달거나 실없는 소리를 지껄이고 싶은 충동이 일어난다면 잠깐 멈추고 왜 그래야 하는지 생각해봐야 한다. 마거릿 만토-라오는 머리를 많이 써서 힘든 하루를 보내고 나면 그날이 다 가기 전에 기분전환으로 트위터를 할 때가 있다고 했다. 크게 나무랄 나쁜 버릇은 아니지만, 그럴 때 자신의 상태를 냉정히 파악하여 그에 따라 행동을 조절하는 것이 중요하다고 그녀는 덧붙였다. 남의 글을 읽는 입장에서 우리는 관심이나 생활이 분산될 때 언팔로우unfollow하고, 다른 어딘가에 있는 것이 더 중요할 때 오프라인 상태를 유지하는 것을 두려워하지 말아야 한다.

텍스트를 처리하거나 사람들과 상호교류를 할 때에도 그런 사실을 염두에 두어야 한다. 기술과 언어는 수단일 뿐이다. 우리는 진짜 사람이 쓴 것들을 읽고 팔로잉하고 리트윗한다. 기술 매체를 통해 교류한다고 해서 그들의 인간성을 못 보는 것은 아니겠지만 관계의 양이 아니라 질에 주의력을 집중시켜야 한다.

엘리자베스 드레셔는 '기독교인으로서 트위터를 할 때 내 목표는 모두에게서 그리스도를 보는 것이고 다른 사람들도 스스로 그리스도를 보도록 독려하는 것'이라고 말했다. 드레셔는《예수를 사랑하면 트위터를 하라Tweet If You Heart Jesus》의 저자다. 그녀는 교회를 온라인에 노출하기 꺼리는 유명 개신교 목사들에게 웹의 유용성을 설명해왔다. 그녀는 내게 이렇게 말했다. "디지털 목회는 전도와는 무관합니다. 나는 교회 마케팅에는 전혀 관심이 없습니다. 전혀요." 오히려 그녀는 목사들이나 신앙심 깊은 사람들이 사회 매체를 '사람들이 "있는" 곳에서 영적 존재가 되고 관계를 심화시키는 방법으로 생각하여, 현실적이고 구체적인 방법으로 삶을 변형시키는 수단으로 삼아야 한다'고 믿는다.

디지털 상가에서는 생활이 우선이고 트위터는 나중이다. 그래서 지금 하고 있는 모든 것들이 아무리 신기하고 재미있다 하더라도 일일이 실황중계할 필요는 없다. 오히려 생활 속의 일화에서 하나를 차분히 다듬어냄으로써 나타낼 수 있는 기쁨과 통찰력이 있다. 그렇게 사건과 거리를 유지하게 되면 그 사건에 명료함과 의미를 부여할 수 있다. 당장은 재앙인 것처럼 보이는 일도 멋진 결과를 가져올 수 있는 반면에, 승리는 나중에 패배의 빌미가 될 수 있다. 그것을 설명의 나열에 그치고 만다면 자신의 삶을 제대로 이해하지 못하는 것이다. 써야 할 것을 경험하고 쓸 만한 가치가 있을 만큼 그것을 충분히 생각할 기회를 가지는 것이, 빨리 쓰고 많이 말하는 것보다 더 중요하다.

디지털 상가의 회원들은 즉석에서 반응하지 않고 오래 생각한다. 그들은 꼭 해야 할 말이 있을 때 글을 쓰고 다른 사람이 말할 때는 쓰지 않는다. 깨어 있는 마음으로 글을 쓰는 사람들은 특정 시간(예를 들어 하루에 두 번, 오전이 끝나갈 시간이나 늦은 저녁에)이나 특정한 기분(휴식이 필요할 때)이나 특정 이정표(목록에서 다음에 할 일을 확인한 후에)를 위해 트위터를 아낀다. 그렇게 하면 피드를 유지하면서도 온라인에서 불필요한 시간을 허비하는 것을 막을 수 있다.

이런 규칙을 정해놓으면 불쾌하고 시비를 따지기 좋아하고 비열한 어투를 쓰는 온라인 풍토도 피할 수 있다. 사람들은 익명이 보장되면 무례해도 괜찮다고 생각한다. 또 컴퓨터 때문에 다른 사람들을 인격적으로 대하지 않게 되거나 군중심리에 휘말리기 쉽다고 생각한다. 사람들을 반사회적이거나 비도덕적으로 만드는 것이 웹의 속성인 것처럼 여겨질 수도 있다. 그러나 우리는 사회 매체를 깨어 있는 마음으로 활용할 수 있다. 일부 사람들이 온라인에서 동굴 시대의 미개인처럼 행동한다 해도, 우리는 전혀 다른 방법을 택할 수 있다.

나는 온라인에서 늘 신중하고, 본래의 의도를 잊지 않고, 화면 반대편에 있는 사람들이 포스팅의 양이 아닌 질에 초점을 맞춘다는 사실을 기억하고, 생활이 먼저고 트위터는 나중이고, 깊이 생각한다는 규칙을 세웠다. 그리고 나서 나는 내가 하는 트위터를 좀 더 나 자신처럼 보이게 만들 수 있는지 알아보기로 했다.

이런 규칙을 몇 주 지킨 뒤에(아니 적어도 지키려 애를 쓴 뒤에) 가만히 생각해보니 우선 소셜미디어를 이용하는 시간이 크게 줄었고, 이용해도 좀 더 목적이 분명한 상태로 이용하고 있었다. 리포스팅과 리트윗도 크게 줄었다. 어떤 동영상을 좋아하는 사람이 1만 7,000명이라고 해도, 굳이 나까지 거들어 그 수치를 1만 7,001명으로 만들어줄 필요가 있겠는가? 나는 소셜미디어를 할 때 내가 하고 있는 것에 집중하게 되었고, 정말 중요한 것인지 가리고, 남과 공유할 만큼 의미 있는 것인지 판단하기 시작했다. 그리고 결국 내 결정을 친구들이 꼭 알아야 할 이유는 없다고 결론 내렸다.

그렇게 하다 보니 포스팅하는 내용의 질과 어조도 크게 달라졌다. 그런 문제에 신경 쓰지 않을 때는 트위터 스트림과 페이스북 페이지도 여전히 크게 생각이 없었다. 그러나 내가 하는 것에 주의를 기울일 때 내 트위터 스트림은 르네상스 시대의 비망록(좋아하는 문구나 문학 작품에서 발췌한 내용이나 논평을 기록하는 데 사용되는 개인용 메모집)을 닮아갔고, 흥미 있는 기사나 다른 사람들의 작품을 인용하거나 언급하는 데 좀 더 신중해졌다. 페이스북에서 내가 며칠 동안 한 일이라고는 친구에게 생일축하를 해주는 것이 전부일 때도 있었다.

나는 또한 다른 사람들의 반응에도 별다른 관심을 두지 않게 되었다. 좀 산만할 때는 누가 내 트윗에 리트윗했는지, 내가 쓴 글 중에 어떤 것을 사람들이 좋아하는지 알고 싶어 하루에도 몇 번씩 계정을 확인하곤 했다. 그런데 좀 더 마음을 챙기게 되자, 끊임없이 포스팅하거나 내용이 재미있어야 한다는 강박감을 갖지 않게 되었다. 몇 주 뒤에 나는 더 이상 팔로워와 친구 수를 의식하지 않게 되었다. 소셜미디어는 정적강화를 많이 제공할 수 있고, 팔로워 수가 늘어나면 흡족하다. 그러나 숫자는 더 이상 그만큼의 보람을 주지 않는다. 보람 있는 것은 사람들과의 접촉이다.

소셜미디어는 두 번 발을 담글 수 없는 강과 같다. 다시 보고 싶지 않은 옛날 사진이나 댓글 걱정 때문에 과거의 특정 순간을 찾아가기가 어렵다. 모든 친구들을 팔로우하려는 것을 포기한다면, 어떤 아쉬운 것도 놓칠 수 있다는 사실을 받아들여야 한다.

그렇게 생각하고 나자 소셜미디어의 무상함도 역시 받아들일 수 있게 되었다. 끊임없이 변하는 소셜미디어를 계속 따라잡을 수는 없다는 사실도 깨달았다. 어쩌다 트위터와 페이스북을 꾸준히 그리고 열심히 잘 한다 해도, 그것은 파티에서 재미있는 대화란 대화에 모두 끼어들려는 것과 다를 바 없었다. 게다가 내용도 대부분 아주 자극적이어서 나만의 생각을 가지고 싶더라도 계속 따라가며 맞추기에는 너무 벅차다.

수명이 짧은 소셜미디어의 무상함을 알게 되면 그것을 계속 따라가려는 노력을 포기하기가 쉬워진다. 내가 쓰는 것 대부분이 언젠가는 접속할 수 없게 되고 또 나 자신의 생각도 바뀔 것이라는 사실을 인정해야 한다. 그것은 결코 결함이 아니다. 마거릿 만토-라오는 이렇게 충고했다. "사람들의 개인적인 견해에 너무 집착하지 말아야 합니다. 평판은 어쨌든 재미가 없습니다. 그리고 평판에 집착하고 평판을 지키려는 것, 그건 더 재미없습니다." 낡은 생각이 사라지면 새롭고 더 좋은 생각으로 가는 길이 열린다.

기술로 마음을 확장시킨다는 것

기술을 활용하는 방식에 대해 좀 더 마음을 쓰게 되면, 그런 기술로 마음을 확장시킬 수 있다. 그리고 여러 가지 매체의 미묘한 행동유도성이 우리가 하는 일을 지원하기도 하고 망치기도 한다는 사실을 알 수 있다. 또한 그런 것들이 우리가 새로운 능력을 개발하는 데 도움이 되는지도 더 잘 알 수 있을 것이다. 예를 들어 나는 사진에 지오태그를 넣으면서 내가 여행한 곳들을 더 쉽게 기억할 수 있고 나 자신의 세계를 좀 더 분명하게 바라볼 수 있다는 사실을 알게 되었다.

몇 해째 나는 사진 공유사이트인 플리커Flickr를 사용하고 있다. 내가 가장 좋아하는 기능은 지도제작 기능이다. 사진과 장소를 연결하려면, 온라인 지도에 디지털 핀을 꼽으면 된다. 실제 지도에 하듯 말이다. 2006년에 플리커와 야후!맵스Yahoo! Maps는 공동으로 이 서비스를 제공했고, 그때부터 나는 열광적인 지오태거가 되었다. 처음 시작할 때는 약간 별스러운 짓을 한다는 기분이 없지 않았다. 나는 지리위치정보geolocation 서비스의 미래에 관한 글을 써왔고, 그래서 내가 말해왔던 미래를 다룰 좋은 기회가 왔다고 생각했다(일반적으로 나는 가족이나 친구 사진은 프라이버시 때문에 태그하지 않는다. 그리고 낯익은 장소를 태그하는 것도 인식적으로 별로 도움이 되지 않는다. 아무래도 새롭고 이국적인 장소나 집에서 멀리 떨어진 곳을 자주 지오태그하게 된다).

새로운 장소를 여행할 때 나는 주로 걷는 편을 택한다. 나쁜 동네는 피하고 재미있는 지역은 놓치지 않고 중요한 랜드마크를 직접 눈으로 확인하고 싶은 것이 여행을 하는 사람들의 공통된 바람일 것이다. 명승지를 놓치고 싶지 않은 마음도 있지만, 모퉁이를 돌았을 때 안내책자에도 나와 있지 않은 깜찍하고 완벽한 카페나 제과점이나 멋진 책방을 발견하는 기쁨을 나는 무엇보다 소중히 여긴다. 안내책자의 테두리를 벗어나고 싶어 하는 여행자가 어디 나뿐이겠는가?

나는 걷는 보람을 느끼게 해주는 도시를 단연코 사랑한다. 런던에서는 세 블록을 지나치기 무섭게 장엄하고 유서 깊은 장소나 매력적인 작은 광장이나 서민들 냄새가 물씬 나는 구수한 광경이 나타난다. 새뮤얼 존슨Samuel Johnson의 표현을 살짝 비틀어 말하자면, 런던을 어슬렁거리는 것이 싫증나면 세상살이가 귀찮아진 것이다. 싱가포르는 정원과 풀장과 300년 된 화려한 건축물과 기기묘묘한 음식이 볼 만하다. 부다페스트는 꼬불꼬불한 길과 당당한 대로와 장엄한 다뉴브 강과 빛바랜 건물과 아파트, 매 블록마다 맛있는 커피숍 등, 구대륙의 고풍이 물씬 풍기는 도시다.

그래서 나는 정처 없이 걷기를 좋아한다. 그리고 호텔로 돌아오면 그날 돌아다녔던 곳을 되짚어 확인하곤 한다. 예전에는 종이 지도 위에 형광펜으로 그날 다닌 길을 표시했다. 그렇게 하려면 거리 이름을 기억해야 하고, 몇 블록을 걷다가 어느 쪽으로 돌았는지, 큰길이나 제방에서 얼마나 멀리 가서 사진을 찍었는지 알아야 한다. 낮에는 대부분의 시간을 사람들에게 빼앗기기 때문에 주로 밤에 걷는 일이 많다는 점을 생각하면, 이런 작업도 결코 쉬운 일이 아니다. 정보가 메모된 지도는 내가 모르는 언어로 표기된 경우가 많고, 그래서 일이 더 어렵다. 게다가 지도를 두고 호텔을 떠나는 허망한 경우도 많았다.

플리커의 매핑 프로그램은 이 모든 일을 간단하게 해결해주었다. 플리커 덕분에 나는 갔던 길을 더 빨리 재구성하고 나중에 되새길 수 있다. 그러나 정작 나를 디지털 매핑광으로 만든 것은 몇 가지 다른 기능들이었다.

다른 많은 디지털 지도와 마찬가지로 플리커 지도는 거리, 강, 철도

노선 등의 이름이 표기된 보통 도로지도처럼 일반적인 맵뷰map view 외에 항공사진 같은 위성뷰와 도로지도 위에 상공사진을 첨가한 하이브리드뷰를 모두 제공한다. 위성 모드는 내가 방금 갔다 온 곳과 사진이 보여주는 곳, 그것이 지도에서 놓여야 할 곳 등을 훨씬 더 정확하게 확인시켜준다. 위성 모드가 없어도 사진들을 올바른 블록에 놓을 수는 있지만, 그게 있으면 몇 센티미터 내에서 위치를 찾을 수 있다. 하지만 그렇게 하려면 항공사진을 해독하고 그 정보들이 내 경험과 어떤 관계를 갖는지 알아내야 한다.

CIA 요원이나 유별나게 심술궂은 지리 선생님이 아니라면 이런 일을 할 기회가 없었을 것이다. 랜드마크나 도시의 바둑판 모양에 대한 지면뷰를 항공뷰와 연결시키는 것은 그리 어려운 일이 아니지만, 그래도 배워야 할 수 있는 일이다. 잘되면 내가 본 것이 우주에서 어떻게 보이는지 상상하고 확인할 수 있다. 예컨대 런던의 트라팔가 광장은 사자상이나 분수처럼 몇 가지 형상들이 곳곳에 있는 하나의 긴 그림자(넬슨 기념비)로 압축된다. 레스터 광장은 뭉툭한 모양의 극장에 인접한 나무와 공원길이 된다. 또 어떤 것의 실제 크기를 가늠하고 놀랄 때도 있다 ("세상에! 싱가포르의 썬텍시티는 그 크기가 상상을 초월한다"). 택시나 지하철로 갔던 곳을 찾으려 할 때, 건물의 모양을 알고 그 주변 건물들을 잘 알고 있다면 위성사진에서 쉽게 찾을 수 있다.

플리커 지도에 사진을 핀으로 꼽으면 세 종류의 기억이 결합된다. 첫째, 갔던 곳에 대한 느낌이나 얼마나 멀리 걸었는지 등 여행에 대한 물리적 기억을 되살려낼 수 있다. 둘째, 플리커 지도는 시각적 기억을 활용하여 생물학적으로 저장된 기억의 확장된 마음을 가로질러 실리콘 밸리의 영역까지 손을 뻗는다. 셋째, 플리커 지도는 물리적 시각적 지식과 기억을 지도의 논리라는 형식체계 속에 집어넣는다. 이 세 가지를 모두 연결하면 어떤 장소에 대한 개인적인 눈높이의 뷰를 형식적이고 높이가 높은 뷰와 연결할 수 있다. 그런 것들이 이렇게 저렇게 맞춰져 나의 기억이 된다. 그리고 기억을 구성하는 과정에서, 그 장소에 대한 지식과 그 지식이 갖춰진 방식을 확립하게 된다.

위성사진을 보는 법을 배웠다고 해도 기존의 거리 지도를 사용해야 할 때는 이것이 소용없다고 말하는 사람도 있을 것이다. 그럴지도 모른다. 하지만 이런 새로운 기술은 가끔 오래된 기술을 희생시켜 나온다는 사실을 알아야 한다. 그래서 우리는 우리가 그런 것들을 정말 버리고 싶어 하는지 잘 생각하여 선택해야 한다.

정보통신기술 때문에 창조적 작업을 할 때 어쩔 수 없이 복잡한 선택을 하게 되는 대표적인 분야는 건축학 교육과 건설 업무다. 기술 덕분에 건축설계사는 새로운 기하학적 형태를 시도하고 건물의 자원 소비를 시뮬레이션할 수 있고, 고객들은 설계도의 가상 모형 사이를 이리저리 걸어 다닐 수 있게 되었다. 제도製圖도 사라졌다. 그리고 대부분의 전문가들은 이런 현실에 아랑곳하지 않는다.

수 세기 동안 제도는 건축의 기본이었다. 설계사와 석공, 목수, 장인을 구분하는 기준은 예술적 기량이었다. 그 기량이 고스란히 드러나는 제도와 청사진은 설계사와 건설업자와 고객이 서로 소통하는 매체였다. 무엇보다도 제도는 설계사가 생각하고 고심하는 기반이 되는 매체였다. 학생들은 제도를 배우면서 세상을 관찰하고 자신을 표현하는 법을 배웠다. 설계도과 평면도를 그리는 작업은 매우 노동집약적이었다. 건축회사는 일단의 제도사를 고용해 평면도와 입면도를 만들었다. 한 번 정해진 평면도를 바꾸게 되면 돈과 시간이 많이 들었다. 하지만 CAD Computer-aided design(컴퓨터지원 설계)는 청사진과 건축 제도를 제작하는 비용을 크게 줄였고, 지난 20년간 그 사용 빈도도 계속 높아졌다.

일부 설계사들은 펜, 종이, T자, 컴퍼스 등으로 할 수 없었던 작업을 CAD를 이용하여 쉽게 처리했다. 급격히 휘면서 하강하는 표면으로 유명한 프랭크 게리 Frank Gehry의 작품들은 카티아 CATIA가 없었으면 설계도, 공사도 불가능했을 것이다. 카티아는 항공산업에서 시작된 프로그램이다. 설계사들은 시뮬레이션을 통해 건물의 에너지 사용량을 미리 예측하고(요즘에는 중요한 문제다), 공항이나 쇼핑몰 같은 대형 프로젝트에서 교통의 흐름을 모형화하고, 테러 공격이나 지진에 견딜 수 있는 건물의 강도를 계산해낸다. 시뮬레이션으로 설계사와 고객은 건물의 소재를 바꿔가며 외관의 변화를 확인할 수 있다.

CAD 파일은 하도급업자, 기술자, 건설사와 공유할 수 있어 일정을 짜고 예산을 정하고 마지막 순간에 이루어질 수 있는 설계 변경이나 예산 부족이나 공사 지연 등의 문제도 쉽게 처리할 수 있다(파일을 공유하면 예상 외의 혜택을 얻을 수 있다. 퓨처리스트이자 도시설계사인 앤서니 타운센드 Anthony Townsend는 2001년에 '세계무역센터가 공격을 당한 후에, 그 안에 있던 설계사무소들은 고객으로부터 CAD 파일을 돌려받아 분실된 정보를 복구할 수 있었다'고 말했다. CAD는 고객을 예비 기록보관소로 활용한다).

다시 말해, 설계사는 컴퓨터를 사용하는 것에 그치지 않는다. 그들은 컴퓨터로 생각한다. 컴퓨터 네트워크는 한 기업의 신경계이며, 설계사가 고객과 건설업자와 정부와 의사를 교환하는 매체인 동시에 설계사의 확장된 마음이기도 하다.

건설 업무가 가상 세계에서 이루어지기 시작한 이후로, 제도는 건설교육에서 거의 사라졌다. 그리고 그런 변화는 설계사가 생각하는 방식에 영향을 미쳤다. 1990년대에 건축학교들은 커리큘럼에서 제도를 빼기 시작했다. 학장들은 제도를 잘해도 CAD에 서툰 학생들은 경쟁이 치열한 시장에서 취업하기 어려울 것이라고 겁을 주었다. 덕분에 학생들은 컴퓨터를 이용하여 빠른 속도로 작업할 수 있었다.

그러나 펜실베이니아대학교의 비톨드 립진스키Witold Rybczynski 교수는 조금 생각이 다르다. 그는 디지털의 도입으로 건축설계 교육은 편리해진 면도 있지만 학생들의 정신력이 해이해졌다고 지적한다. 설계도 그리기는 설계사가 학생 때 배우고 직장에서도 계속 연마해야 하는 핵심 기술이다. 제도는 학생들에게 직관적이고 탁월한 균형감각과 예리한 안목과 상상력을 키워주고 기술적인 문제를 보다 효율적으로 생각하게 해준다. 연필과 종이와 상상력이 끊임없이 교류하는 제도의 물리성과 느린 속도는 설계사가 보다 관조적이고 적극적이 될 수 있는 기회를 마련해준다. 제도는 실수를 해도 새로운 해결책을 찾아낼 계기를 마련해준다.

한편 컴퓨터로 작업하면 많은 수의 예상 디자인을 만들고 변화를 꾀

하고 자연스럽고 멋스럽게 보이는 제도를 쉽게 만들어낼 수 있다. 어이없을 정도로 쉽다. 그래서 학생들은 기본적인 설계상의 문제를 진지하게 생각하지 않는다. 립진스키는 이렇게 썼다. "컴퓨터의 가공할 생산력은 그만한 대가를 치르게 한다. 키보드 앞에서 보내는 시간이 많을수록 생각은 덜 하게 됩니다." 건축사가이자 립진스키의 펜실베이니아대학교 동료 교수인 데이비드 브라운리David Brownlee도 불평했다. "학생들이 CAD로 만든 작품들은 하나 같이 똑같습니다." 물론 건축도 다른 예술과 마찬가지로 고유의 양식이 있지만, 제도를 해보면 학생들의 실력과 개성이 뚜렷이 구분된다. 요즘은 '기술이 획일성을 부추긴다.' 또한 CAD 제도의 정확하고 딱딱한 외관은 실험하거나 장난칠 여지를 별로 남겨두지 않는다. 그런 제도에는 스케치의 거친 맛이 없고, 아이디어는 제대로 생각해보기도 전에 이미 완성된 것 같아 보인다.

졸업 후에도 학생들의 문제는 계속된다. 건축설계사 렌초 피아노 Renzo Piano에 따르면 설계사가 아주 복잡한 건물을 놓고 작업할 때, 특히 간혹 성명서가 발표되는 공항이나 시청이나 이목이 집중되는 간판격 건물을 설계할 때는 '구조나 형식 등 모든 것을 최적화하기 위해 컴퓨터를 사용해야 한다.' 설계사가 세부적인 부분을 계속 확인하고 한 가지 요소의 변화가 전체에 어떤 영향을 주는지(가령 창문을 크게 할 때 에어컨의 성능을 얼마나 향상시켜야 하는지) 확인하고, 그리고 몇 가지 조건을 바꿀 경우 건물의 외관이 어떻게 달라지는지 한눈에 알아볼 수 있는 모형을 만드는 데는 CAD 시스템이 단연 압도적이다(이런 요소는 디자이너의 세련된 시각적 상상력을 갖지 못한 일반 고객에겐 더없이 소중한 장점이다).

그러나 이런 복잡하고 빠른 툴로 작업을 하게 되면, 깊이 생각하고 부지와 프로그램의 특성을 고려하고, 고객이 수락할 부분을 짐작하고, 아이디어를 미완성이고 실험적인 대상으로 취급할 기회는 줄어든다. 렌초 피아노는 말한다. "최신식 시스템으로 작업을 하면 직접 실마리를 풀어가고 모든 것을 일사분란하게 밀고 나갈 수 있을 것 같은 느낌을 갖게 되지만, 건축설계는 생각해야 하는 작업입니다. 어떤 면에서는 느림의 문제이죠. 시간이 필요합니다. 그런데 컴퓨터는 모든 과정을 아주 빨리 처리하고 진행시킵니다. 아홉 달을 걸려서 낳을 아기를 아홉 주만에 내놓습니다. 하지만 아기는 아홉 주가 아니라 아홉 달이 필요합니다." 시카고의 설계사 윌리엄 허칭William Huchting은 내게 말했다. "건축에서 무엇보다 중요한 것은 생각입니다. 그리고 제도는 CAD보다 생각을 더 많이 하게 만듭니다."

크리스 룹커먼Chris Luebkeman은 이 분야는 여전히 '디지털 툴과 물리적 세계의 올바른 균형'을 모색하고 있다고 말했다. 룹커먼은 건축설계에 컴퓨터를 적극 활용하는 글로벌 엔지니어링 회사인 오브아럽사Ove Arup and Partners 소속의 퓨처리스트이다(1960년대에 오브아럽은 IBM 시스템을 이용하여 요른 웃존Jørn Utzon의 환상적인 시드니오페라하우스의 조개 모양을 디자인했다). 룹커먼은 요즘 디자인 툴은 '깜짝 놀랄 정도로 멋지고 "또한" 정말로 무시무시합니다'라고 말했다. 창의적 측면에서 CAD로 작업하면 '공기흐름과 열의 움직임을 확인하고 장소와 공간의 성능을 제대로 이해할 수 있다'고 했다. 그러나 그것은 또한 학생들에게 '컴퓨터에 의지하면 좀 더 실감나게 설계할 수 있고, 기본은 좋지만 모든 것이 엉망인 장소도 멋지게 보이게 할 수 있고, 화면에서는 그럴 듯해도 실제로는 비인간적이고 구조적으로 문제가 많은 건축물을 만들어낼 수도 있다'는 사실을 가르친다고 그는 덧붙였다.

CAD는 또한 건축과 공학적 관행에 영향을 미치고 어린 엔지니어들이 상사나 멘토로부터 배우는 방법에 영향을 미친다. 그리고 그 영향은 긍정적인 적이 별로 없다. 오브아럽 사무실에서 룹커먼은 그렇게 말했다. "12년 전에 우리는 큰 제도대 위에 커다란 트레이싱 페이퍼를 놓고 작업을 했습니다. 사람들은 일의 진행 상황을 계속 확인할 수 있었고 상사들은 아랫사람들이 하는 일을 말 그대로 어깨너머로 보았죠. 하지만 요즘 다른 사람의 모니터 화면을 기웃거리는 것은 문화적으로 적절치 않은 행동입니다. 그건 사적 영역이거든요. 제도대에서 이루어지는 지식의 암묵적인 이동을 우리는 일부 잃어버렸습니다. 우리는 그런 현실을 예의주시했고 그래서 어느 정도 공적인 공간에서 이루어지는 프로젝트 검토 절차를 가지고 그것을 상쇄하려 합니다. 워터쿨러 효과 watercooler effect가 사라지면서 생긴 공간을 메우려 애쓰는 중입니다." 워터쿨러 효과는 직원들이 정수기 앞에 모여 대화를 나눔으로써 지식을 비공식적으로 공유하여 사내 의사소통이 활발해지는 효과를 말한다. "하지만 여전히 쉽지 않은 일입니다. 우리 같은 직업에서는 특히 그렇죠." 룹커먼은 말했다.

그래도 컴퓨터를 포기하고 트레이싱 페이퍼와 잉크를 다시 꺼내는 일은 상상하기 어렵다. 누구도 그런 제안은 하지 않는다. 컴퓨터와 인터넷 없이 현대 건축물을 만들어낸다는 것 자체가 어불성설이다. 디지털 툴은 건축의 일상에 너무 깊숙이 스며들어 얽혀 있다. 레초 피아노의 업무는 빙산의 윗부분만 보이는 거대한 프로젝트를 중심으로 조성되어 디지털 인프라의 막강한 지원을 받는다. 그 대신 설계사들에게 필요한 것은 제도에서 전산 설계로 옮겨가며 잃어버린 기술을 회복하려는 노력이다.

이메일 사용 습관 확인하기

나는 나의 이메일 사용 습관을 확인해보았다. 컴퓨터 앞에서, 은행에서 줄을 서서 기다리는 동안, 아이들을 기다리는 동안, 또는 신호등이 바뀌기를 기다리는 동안 이메일을 확인한 횟수를 세어보고는 깜짝 놀랐다. 메일을 다운로드하고 계정을 관리하는 데만 한 시간이 후딱 지나갔고 메시지에 답장하는 데는 그 두 배의 시간이 들었다. 그 정도라면 거의 업무 수준처럼 '느껴졌지만', 사실 어떤 지속적인 가치가 있는 것도 아니었다. 가족으로부터 온 메시지는 잠깐 기분을 좋게 해주지만, 당장 들여다봐야 할 메시지는 사실 한 줌도 안 되었다. 대부분 생일 같은 것을 알려주는 것들이거나 업데이트나 광고나 특정 대상이 없는 메시지 아니면 쓰레기 같은 내용이었다.

그래서 나는 내 이메일 습관을 가지고 실험해보기로 했다. 뭔가 좀더 좋은 방법을 찾아봐야 한다고 생각했기 때문이었다. 먼저 목록과 뉴스레터에서 주소를 99퍼센트 삭제하고 아이폰의 메시지 알림음 스위치를 켰다. 시도 때도 없이 확인하라고 성화를 부리고 준비도 되지 않은 상태에서 내 주의를 빼앗도록 내버려두지 않을 작정이었다. 원래 당장 업데이트해야 할 만큼 긴급한 일은 없는 것이 내 업무였다. 위대한 컴퓨터과학자 도널드 커누스Donald Knuth는 1990년에 이메일을 포기하면서 이메일이 '생활의 모든 일을 위에서 내려다보며 처리하고 관리해야 하는 역할을 맡은 사람들에게는 멋진 도구지만… 내 역할은 아래쪽에 머무는 것'이라고 선언했다. 그래야 '오랜 시간 방해받지 않고 집중하며 연구할' 수 있다고 덧붙였다.

지금은 나도 메일을 확인할 때 화면을 그 자리에서 계속 쳐다보지 않는다. 새로고침 버튼을 누르거나 아이폰을 내려놓거나 랩톱 화면에서 고개를 돌리고, 이메일이 배경에서 작동하는 동안 다른 어떤 일에 집중한다. 이메일이 접속되는 과정을 지켜보지 않는다고 해서 더 빨리 연결되는 것은 아니다. 또 그렇게 한다고 해서 더 생산적인 것도 아니다. 하지만 그렇게 하는 것은 인터넷에 휘둘리지 않고 주의를 기울여야 할 일에 집중하겠다는 소박한 선언이다. 그것은 내 일을 내가 책임지겠다고 말하는 것의 또 다른 표현이다.

나는 마거릿 만토-라오가 내세운 소셜미디어의 원리를 내 이메일에도 적용하려 했다. 메시지를 작성할 때 나는 가끔 이 규칙들을 떠올렸다. 이 메시지가 정말 꼭 필요한 것인가? 이 사람도 이미 많은 이메일을 받았을 텐데 내 메시지를 반길까? 차라리 전화를 하는 편이 낫지 않을까? 복도를 지나 동료를 찾아가 직접 얘기하면 여섯 시간 동안 열 몇 개의 메시지를 주거니 받거니 하지 않아도 되지 않을까? 여러 사람들과 한 그룹으로 묶여 있을 경우에 모든 메시지에 일일이 답해야 하나? 아니면 그날 일과가 끝날 때 일괄 처리하는 것이 좋을까? 중요한 것은 연락을 끊는 것이 아니라, 기술을 모든 사람에게 유용하도록 활용하는 것이다. 그렇게 해야 내부와 외부의 산만함을 줄이고 사람들에게 꼭 필요한 만큼의 관심을 기울일 수 있다.

결국 나는 시간을 정해놓고 메일을 이용하게 되었다. 그 시간이 아니면 쳐다보지도 않았다. 중요한 메일에 반응하면 기분이 좋고 새로운 것이 없으면 기분이 나쁘기 때문에, 확인하는 횟수를 줄이면 감정적으로 부정적인 경험을 없앨 수 있다. 그리고 랩톱이든 아이폰이든 한 가지 기기로만 하려고 노력했다(나는 아이패드로 한다. 책을 쓸 때는 어느 기기로 할지 선택해야 할 경우도 있겠지만 지금 그런 것은 대수로운 문제가 아니다).

나는 이메일로 계속 실험하고 있다. 내 주의력 지속시간이 달라지고 새로운 프로그램이 나오고 기준과 규범과 친구가 바뀔 테니, 앞으로도 실험은 계속될 것이다. 그러나 그렇게 하는 것이 내 확장된 마음을 향상시키고 확장시킬지 계속 나 자신에게 물어야 한다. 그와 함께 몇 가지 기본적인 툴을 갖추게 되면, 새로운 균형 감각을 찾고 초연하고 고요한 상태에 도달하는 방법을 발견하게 되리라 생각한다. 사려 깊은 사람이 되고 제대로 작동하는 확장된 마음을 갖고 있기를 바란다면 반드시 그렇게 되어야 한다.

"기술을 활용하는 일에 대해 좀 더 깨어 있는 마음을 가질 필요가 있습니다." 루스 슈월츠 코완도 이렇게 말했다. 그녀에게 기술의 역사는 깨어 있는 마음을 좀 더 가꾸고 툴과 인간의 관계의 탄력적인 성격과 복잡함을 더 깊이 알게 해주는 것이었다. 그런 자각은 그녀의 생활방식을 바꾸어놓았다. 《과학기술과 가사노동》을 쓰고 세속적인 기술, 즉 일상을 위한 기술의 역사를 생각하다 보니 주부로서의 내 궁극적 목표가 보였습니다. 모든 사람을 집에서 내보내는 것이었죠. 그래야 내가 다른 일을 할 수 있으니까요. 내 아이들이 학교에 다니고 건강하게 자라 집을 떠날 수 있게 만드는 것이 내가 할 일입니다." 코완도 그 방법을 찾기 위해 남편과 많은 이야기를 나누었다. 그리고 어떤 습관이 '그런 목표에 도움이 되지 않는다면 당장 그만두었다.' "그러자 일상의 습관이 모두 바뀌었습니다. 사람은 먹어야 살지만 꼭 고급요리를 먹어야 하나요? 아니죠. 모두가 식탁에 둘러앉는다는 사실이 더 중요합니다."

최근 코완은 알게 모르게 이메일에 관심을 빼앗기던 버릇을 고쳤다. "원래 하루에 한두 번 정도밖에 이메일을 확인하지 않았습니다." 그녀는 이렇게 말했다. 그러나 뉴욕주립대학교를 떠나 펜실베이니아대학교로 옮기는 바람에 롱아일랜드와 필라델피아를 매일 출퇴근하게 되면서 상황이 달라졌다. "어느새 다른 사람들과 마찬가지로 나도 통근 열차 안에서 한 시간이 멀다 하고 이메일을 확인하게 되더군요. 그러다 문득 그런 생각이 들었습니다. 차라리 잠을 자거나 책을 읽는 게 낫겠어."

그녀는 기계를 부숴버리거나 완벽한 세상을 창조하자는 얘기가 아니라고 했다. 세상을 있는 그대로 두고 좀 더 생각을 해가며 사는 법을 배워야 한다고 그녀는 강조했다. "기술을 가까이 두고 사용할 때는 좀 따져볼 필요가 있습니다. 기술이 목표를 정하게 해선 안 됩니다. 우리가 먼저 궁극적인 목표에 초점을 맞추고 기술이 그 목표를 위해 봉사하게 만들어야 합니다. 그것이 깨어 있는 마음으로 기술을 활용하는 방법입니다. 사용하는 툴에 대해 생각하는 습관을 들여야 합니다. 그 툴이 우리를 목표로 데려다주는지 방해를 하는지 생각해야 합니다. 그림을 그리는 데 붓이 마음에 들지 않으면, 다른 붓으로 바꿔야죠. 우리는 장인이고, 예술가입니다. 우리는 비전을 가지고 있습니다. 툴이 말을 듣지 않으면, 다른 툴을 써야 합니다."

궁극적인 목표에 초점을 맞추고, 쉽게 활용할 수 있는 기술을 생각해보고, 제대로 작동하지 않을 때는 툴을 바꾸는 것, 이것이 확장된 마음을 향상시키고 현실에 더욱 충실한 사람이 되고, 확장된 마음을 능숙하게 다룰 줄 아는 장인이 되는 길이다. 올바른 기술을 올바른 방법으로 사용하면 도움이 되지만, 그런다고 해서 마음을 가다듬고 마음을 깨울수 있는 것은 아니다. 블로그를 하는 수도승들은 우리에게 모든 기기가늘 켜진 세상에서도 배우고 다듬고 실천할 수 있는 능력이 바로 '관조'라고 가르친다.

그들은 또한 이메일 알림음, 팝업, 텔레마케터, 그리고 고양이 동영상, 엘리자베스 여왕 같이 차려입은 개의 동영상 링크 등을 지워버린다고 집중할 수 있는 것은 아니라고 말한다. 집중력은 뚜껑을 열면 용수철이 튀어나오는 장난감 상자처럼 다른 자잘한 것들에 대한 관심이 없어졌을 때 갑자기 나타나는 것이 아니다. 집중력은 분명한 목적으로 좁혀놓은 세상의 한구석에 적극성을 가지고 기술적으로 몰두하는 것이다. 설계는 기술을 의식적으로 사용하도록 할 수도 있고 그러지 못하게 방해할 수도 있지만, 우리는 기술을 개발하고 사용하는 쪽을 선택해야 한다. 깨어 있는 마음으로 기술을 사용하는 문제는 어디까지나 개인의 문제이고, 그렇게 할 수 있는 것은 개인의 능력에 달린 문제다.

　일단 기술을 활용할 때 깨어 있는 마음으로 확장된 마음을 통제하는 요령을 터득했으면, 실패를 대비해야 한다. 우리는 늘 실패하기 때문이다. 그러나 기죽을 필요는 없다. 대신 실패를 생산적으로 쉬어 갈 수 있는 기회로 삼으면 된다.

6장

초
점
재
조
정

디 지 털   시 대
빼 앗 긴   집 중 력 을
되 찾 기   위 한   조 언

THE
DISTRACTION
ADDICTION

관조적 컴퓨팅의 의미

온라인에서 집중력을 잃고 산만해지면, 'Do Nothing for Two Minutes'(2분 동안 아무것도 하지 않기)라는 사이트에 한번 들어가보라 (http://www.donothingfor2minutes.com/). 사이트를 열면 해가 지는 해변의 사진과 함께 부서지는 파도소리가 조용히 들리며 타이머가 2분부터 카운트다운을 시작한다. 화면 한가운데에는 이런 문구가 적혀 있다. '긴장을 풀고 파도 소리를 들어보세요. 마우스도 키보드도 건드리지 마세요 Just relax and listen to the waves. Don't touch your mouse or keyboard.' 키보드를 건드리면 붉은색 박스 안에 'FAIL'(실패)라는 말이 뜬다.

사실 썩 그렇게 세련된 사이트는 아니다. 어설픈 부분도 있다. 수평선이 오른쪽으로 살짝 기운 것도 그렇다. 그래도 내 친구 하나는 이렇게 말했다. "2분 동안 가만히 앉아서 파도소리를 들으니까 정말로 긴장이 풀리더군." 그러나 수평선이 기울었다는 사실을 눈치채는 순간 그

효과는 여지없이 부서진다. 그래도 이 사이트는 단순하면서도 재치 있는, 우리가 다시 집중할 수 있도록 도와주려는 흥미로운 시도이다.

경우에 따라서는 대단한 효과를 낼 수도 있다. 미네소타대학교의 조경건축학 교수 레베카 크링키Rebecca Krinke는 설계공정에 관한 실험 수업에서 이 사이트를 활용했다. 그녀는 학생들이 평소의 상투적인 사고에서 탈피하여 디자인 공정에 대해 독창적인 생각을 하도록 부추길 필요가 있을 때, 그것을 보도록 한다. "교실의 분위기가 바뀌는 것을 금방 눈치챌 수 있습니다." 그녀는 이렇게 말했다.

기술은 대부분 사용자의 관심을 사로잡아 그 상태 그대로 사용자를 어디론가 끌고 가려 한다. 그런데 'Do Nothing for Two Minutes'는 하던 일을 잠시 멈추고 앉아 다시 스스로 중심을 잡게 만든다. 그렇다고 엉뚱한 쪽으로 빠지는 마음을 막아주는 것은 아니다. 그저 마음을 잠깐 쉬고 싶을 때 효과를 발휘할 뿐이다. 사이트에 무슨 대단한 매력이 있는 것도 아니다. 주방 바닥을 가로질러 미끄러지는 강아지도 없고 팝업 창도 없다. 하지만 이 사이트는 기술이 우리를 산만하게만 만드는 것이 아니라 다시 집중하는 데 도움을 주기도 한다는 사실을 보여준다.

상공에서의 몰입 경험

내 앞에 있는 모니터에 나타난 지도대로라면 나는 그린란드의 남단을 지나고 있다. 샌프란시스코를 이륙하여 런던으로 가는 10시간짜리 비행이 6시간에 접어들고 있다. 선실은 대부분 컴컴하고 저 밖의 대기는 윤곽이 희미하게 잡힐 듯 말 듯하다. 내 아이팟에 연결된 노이즈캔슬링 헤드폰은 엔진 소음과 시속 800킬로미터로 동체를 스치는 바람 소리를 죽여 나 혼자뿐이라는 느낌을 더욱 실감나게 해준다. 승객들은 더러는 책을 읽기도 하고, 영화를 보는 사람도 있지만 대부분은 자고 있다. 나는 일을 하고 있다. 졸릴 때까지 일을 할 것이다. 입국심사장을 통과할 즈음이면 좀비가 되어 있을지도 모른다. 케임브리지행 버스를 타면 히드로 공항을 나가기도 전에 잠에 떨어질 것이다. 하지만 그럴 만한 가치가 있다. 보통 쓸 만한 생각은 비행기에서 나오는 경우가 많으니까.

지난 몇 해 동안 나는 컨설팅을 하고 고객과 만나고 전망을 진단하고 전략회의를 진행하느라 많은 시간을 하늘에서 보냈다. 여행은 아예 하나의 업무 같은 집중적인 일이 되었다. 보통의 경우 나는 공항에 내리면 택시를 타고 회의장이나 고객의 사무실로 달려가 곧바로 업무를 시작한다. 유럽으로 날아가 정부기관이나 기업들이 블랙스완black swan에 대비하도록 돕는 일은 대개 보통 2~3일이면 된다. 그리고 시차에 적응하기도 전에 다시 귀국길에 오른다.

퓨처리스트라고 하면 다들 시간 관리에 능숙한 사람이라고 생각하겠지만 나는 마지막 마감시간이 다 되어야 간신히 일을 해결하거나 아니면 늘 일정에 뒤처지는 유형이다. 그래서 비행기까지 일감을 갖고 들어가 파워포인트 프레젠테이션과 회의록을 켜놓고 궁상을 떨어야 한다.

그런데 언젠가부터 유독 비행기에서는 생각이 술술 풀린다고 느끼기 시작했다. 지상 1,000미터 상공에는 나를 산만하게 만드는 것이 없었다. 있는 것이라고는 앞으로 12시간이라는 요지부동의 마감시간뿐이었다. 결국 나는 일을 열심히 그리고 빨리 해야 한다는 강박관념과 아무도 나를 방해하지 못한다는 자유를 적절히 배합하는 요령을 터득했다. 샌프란시스코에서 런던까지, 아니면 샌프란시스코에서 프랑크푸르트까지 가는 비행거리는 그 자체가 하나의 행운이다. 10시간이면 깊은 사상을 가꾸기에는 모자랄지 모르지만 강연내용을 고쳐 쓰기에는 충분한 시간이다.

한구석에서 산만해지려는 불안한 마음이 차분해지고 서서히 집중력이 고조되는 것을 느낀다. 문제와 씨름하던 상태에서 문제가 저절로 해결되는 모습을 지켜보는 상태로 바뀐다. 방금 쓴 내용을 훑어보다가 혼자 갸우뚱해진다. 어디서 이런 멋진 생각이 나왔을까?

내 세상의 범위가 몇 가지 물건으로 좁혀진 탓도 있을 것이다. 그리고 그것들은 모두 쉽게 손이 닿는 곳에 있다. 나는 비행기 좌석의 접이식 테이블을 내 이동사무실로 만드는 요령을 터득했다. 비좁은 공간에서 일을 하려면 조심성과 신중함이 필요하다. 무엇이든 손이 닿는 곳에 있지만, 그렇다고 딴청 피우지 않는다는 보장도 없다.

그날 저녁 접이식 테이블은 휴대용 머그잔, 수첩과 만년필, 책 한 권, 그리고 작업 중인 논문의 최종안으로 무척 비좁았고, 이 모든 것들이 머리 위의 좌석 조명등 아래에서 빛나고 있었다. 다행히 이번 비행은 절박한 마감시간에 쫓기지도 않았다. 그래도 너무 흥분되어서 일 이외에는 어떤 것도 할 수 없었다. 나는 마이크로소프트리서치 케임브리지와 막 공동 작업을 시작했고, 앞으로 몇 달 동안 나 자신에게 대단한 과제를 부여한 터였다. 컴퓨터를 어떻게 좀 더 깊이 생각하고 산만해지지 않게 설계할 것인가 하는 문제였다. 몇 달 전에 마이크로소프트리서치와 함께 가능한 프로젝트를 검토하던 중에 '관조적 컴퓨팅'이란 말이 퍼뜩 떠올랐고, 이제 그것의 진정한 의미를 찾아내려 하는 중이었다.

다윈의 생각하는 오솔길

지금은 과학사科學史가 내 전공이지만, 20년 전 케임브리지에서 논문을 쓰고 있을 때만 해도 나는 과학사와는 거리가 먼 학생이었다. 그때는 도서관을 가야 뭘 할 수 있었지만, 지금은 어디든 현재 있는 장소를 더 잘 이용한다. 나는 두 권의 책을 지침서로 가지고 다녔다. 하나는 제임스 왓슨James Watson의 《이중나선The Double Helix》으로 왓슨과 프랜시스 크릭Francis Crick이 DNA의 구조를 밝힌 과정을 설명한 책이다. 또 하나는 자연도태로 진화론의 아버지가 된 찰스 다윈Charles Darwin의 전기였다.

왓슨은 아마도 지금까지 케임브리지를 방문한 미국인 가운데 가장 중요한 인물일 것이다. 그와 크릭은 1951년 11월부터 1953년 2월까지 1년 남짓한 기간에 20세기 과학의 최대 수수께끼 중 하나를 푸는 경쟁에서 그들보다 훨씬 더 넉넉한 기금을 받는 유명한 단체들을 모두 물리쳤다. 그들 업적의 중요성을 내가 제대로 가늠할 수는 없지만, 야심찬 지적 계획을 가지고 케임브리지로 가는 미국인에게 왓슨만한 좋은 가이드가 없다는 사실 정도는 나도 잘 알고 있었다.

나는 그 두 권의 책을 여러 번 읽었다. 두 권은 모두 '지금 그 자리에서 천재가 되는 법'이라는 제목을 붙여도 좋을 책이었다. 《이중나선》의 책장을 넘기면서, 나는 어떤 것에 반해버렸다. 왓슨과 크릭은 야심이 만만치 않고 매우 추진력이 강한 인상을 주었지만, 그들의 책 곳곳에서 그들은 한가하게 많이 걸어 다녔다. 예컨데 왓슨은 케임브리지에 온 첫날 오후 그의 조력자인 존 켄드루John Kendrew의 도움으로 캠퍼스 여기저기를 구경했다. 또 왓슨과 크릭은 그들이 일하는 캐번디시 실험실 바로 한 블록 위에 있는 1500년대에 세워진 유명한 식당인 이글Eagle에서 점심 식사를 하고 나면 습관처럼 산책을 했다. 왓슨은 유럽을 여행할 때 장거리 도보 여행을 자주 했다. 그는 크릭과 함께 DNA 구조를 밝혀낸 후에, '클레어브리지를 향해, 봄빛 하늘을 배경으로 뾰족하게 두드러진 킹스칼리지 채플의 고딕식 첨탑을 바라보고' 걸었던 일들을 강조하면서, '우리가 성공할 수 있었던 것은 대학 건물 사이를 걷거나 헤퍼 책방에 들어온 신간 서적을 눈치채지 않게 읽었던 평온한 기간 때문이라고 생각한다'고 회고했다.

　찰스 다윈은 지난 500년을 통틀어 가장 중요한 과학자 중 한 사람이다. 그가 1829년 케임브리지에 왔을 때, 그의 위대한 잠재력은 전혀 드러나지 않았다. 그의 아버지는 다윈을 에든버러대학교에 보내 의학을 공부하게 했지만, 피를 보는 일에 질색한 청년 다윈은 엉뚱하게도 자연사에 빠져들었다. 출신 가문이 좋았던 다윈은 어느 모로 보나 조용히 성직자 생활을 해야 할 평범한 학생에 지나지 않았다. 하지만 그는 과학에 남다른 열정과 재능을 가지고 있었다.

그의 넘치는 열의는 식물학 교수 존 헨슬로John Henslow에게 깊은 인상을 주었다. 교수들은 다윈을 가리켜 '헨슬로와 같이 산책하는 친구'라고 말했지만, 그들은 아마도 그런 두 사람을 기분 좋게 지켜봤을 것이다. 다윈은 교실에서는 별다른 두각을 나타내지 못했다. 그러나 수집하고 탐험하는 현장에서만큼은 달랐다. 1831년에 헨슬로는 영국 해군으로부터 비글호Beagle에 합세할 보조 박물학자를 추천해달라는 요청을 받는다. 비글호는 남아메리카 대륙의 해안선 지도를 작성하는 임무를 맡은 영국의 조사선이었다. 그는 다윈을 추천했다.

다윈이 비글호에 올라 5년 반 동안 남아메리카와 태평양의 자연사를 관찰하고 희귀 표본을 채집하고 여행기록을 본국으로 보내는 일을 반복하는 사이, 그는 어느새 당대 최고의 박물학자가 되어 있었다. 1836년에 영국으로 돌아온 그는 이후 6년간 런던 과학계의 중심에서 분주하게 보냈다. 그러다 돌연 조용한 시골집으로 이사를 했다. 그는 소유지에 산책로를 만든 다음 하루도 빠지지 않고 그곳을 산책하고 서성이며 생각에 잠기곤 했다. 다윈은 그의 생애에서 가장 결실이 많은 시기를 움직이고 걸으면서 보냈다.

요즘 우리는 생산성이나 혁신을 라이프해크lifehack(생활의 모든 면에서 생산성과 효율성을 높여주는 기술이나 방법-옮긴이)나 카페인, 심지어 약으로 얻을 수 있는 어떤 것으로 생각한다. 〈네이처Nature〉가 2008년 발표한 내용에 따르면, 조사 대상의 5분의 1은 ADHD 치료제인 애더럴Adderall이나 각성제인 프로비길Provigil을 사용하여 집중력을 높이고 일이나 공부하는 시간을 늘렸다고 답했다. 그러나 역사상 가장 중요한 과학자 두 사람은 이 문제를 '걷는 것'으로 해결했다. 걷는 것이 무슨 도움이 되었을까?

다윈은 거의 40년 동안 매일 샌드워크Sandwalk를 걸었다. 샌드워크는 그의 집인 다운하우스Down House의 뒤뜰에서 시작하는 400미터 길이의 오솔길이었다. 다윈과 그의 아내 에마Emma는 1842년 여름 런던의 어수선한 도시 생활을 피해 이곳 다운하우스에 정착했다. 다운하우스는 원래 1만 2,000제곱미터의 정원 위에 서 있던 목사관이었고, 그에 딸린 6만 제곱미터의 들판은 네 개의 목초지로 나뉘어져 있었다. 다윈이 다운하우스로 거처를 옮긴 결정을 두고 일종의 은둔으로 설명하는 사람도 있다. 어떤 사람은 비글호에서 보낸 치열했던 연구 시기와 런던의 과학계의 분주한 생활을 적막한 켄트 시골에서의 생활과 비교하며, 다윈이 과학계를 등졌고 심지어 그가 자신의 진화론까지 피해 달아났다고 단정하기도 했다. 하지만 오픈대학교의 제임스 무어James Moore 교수가 내게 설명해준 내용은 달랐다.

무어는 30년 동안 여러 차례 다운하우스와 샌드워크를 찾았다. 다윈 사상의 거대한 영역부터 그가 자국 내에서 보낸 생활의 작은 부분까지, 다윈의 세계에 대해 그만큼 정확하게 본질을 꿰뚫고 있는 사람은 없을 것이다. 그는 다윈에게 다운하우스는 집인 동시에 하나의 성역이었으며 실험실이자 요새였다고 말했다. 궁극적으로 다운하우스는 다윈의 삶과 사상을 형성하는 데 '비글호'만큼이나 중요한 장소라는 얘기다.

찰스와 에마는 모두 시골에서 자랐기 때문에 이곳의 '유별나게 시골스럽고 조용한' 풍광에 크게 매료되었고 고향 같은 느낌을 받았다고 무어는 말했다. 다윈은 다운하우스가 '세인트폴에서 9.6킬로미터, 빅토리아 역에서 13.5킬로미터' 떨어져 있으며 '런던브릿지에서 두 시간 거리'에 있다고 계산했다. 요즘에도 이곳을 가려면 빅토리아 역에서 기차를 타고 브롬리 근처까지 간 후, 브롬리에서 다운까지 버스를 타고 가서, 럭스티드로드를 따라 걸어야 다운하우스에 도착할 수 있다. 그 정도면 런던에서 불시에 방문객이 찾아오기 힘들 만큼 멀고, 꼭 보고 싶은 런던의 친구들이 오기에 불편하지 않을 만큼 가까운 거리라고 다윈은 생각했을 것이다.

이는 또한 런던 과학계와 계속 연락을 주고받으며 최근 연구에 대한 소식을 거의 동시에 들을 수 있을 만큼 가까운 거리였다. 다윈이 다운하우스에서 보낸 약 1만 4,500통의 편지는 오늘날까지도 그대로 남아 있어, 그가 자신의 과학적 네트워크를 가꾸는 데 얼마나 정성을 들였는지 잘 보여준다. 이메일과 SMS의 시대에 사는 우리로서는 19세기에 편지 한 통을 보내면 며칠 뒤에야 간신히 목적지에 도착했을 거라고 생각하겠지만, 그것은 우리의 자만일 뿐이다. 다윈이 아침에 큐왕립식물원Kew Gardens이나 왕립학회Royal Society로 보낸 편지는 몇 시간 뒤에 목적지에 도착했고, 그가 요청한 책이나 묘목이나 지질학적 표본 역시 바로 다음 날 도착하곤 했다. 그렇게 소식은 빨랐어도 가십이나 자잘한 흥미 위주의 소문은 마을을 벗어나지 않았다.

따라서 다윈이 다운하우스에서 조용히 은둔하며 세월을 보냈다고 생각한다면 큰 착각이다. 제임스 무어는 다윈이 분주한 도시생활과는 거리를 두어 '자신에게 접근하려는 사람들을 통제할 수 있는 장소'를 확보했지만 친구들과는 원하는 만큼 가깝게 지냈다고 강조했다. 다윈은 심지어 소유지의 형태를 바꾸어 문자 그대로 '자신의 관점에서 세상을 볼 수 있도록' 만들었다. 그는 북쪽에 3.5미터 높이의 벽을 세웠고 군데군데 지면을 돋우고 나무를 심었다. 집에서 나가는 길은 지면을 낮추었다. 마무리로 그는 길을 닦는 도중에 캐낸 부싯돌로 또 하나의 벽을 만들었다. "전부 불쑥 찾아와 방해하는 사람들을 막고, 보고 싶은 사람만 보려는 조치였습니다." 무어는 말했다.

다윈은 다운하우스를 팩트를 수집하고 발표하는 일종의 과학 현장 실험실로 바꾸었다. 그는 방 하나를 개조해 서재 겸 실험실로 만들었고 온실을 추가했으며, 정원 일부를 연구용으로 사용하여 난초부터 조개삿갓이나 심지어 지렁이까지 키워가며 원하는 것을 연구했다. 그는 지역 생태계를 예리하게 관찰했고, 비둘기 사육사나 개 조련사, 농부들과의 대화를 통해 세계 여행 못지않은 통찰력을 얻었다. 실제로 《종의 기원》을 쓰는 데 필요한 대단히 사실적인 재료들의 대부분은 비교적 접근하기 쉬운 동물이나 식물을 포함하는 소규모 실험 탐구와 편지 등 빅토리아풍의 평범한 생활'에서 비롯되었다고 다윈의 전기작가 재닛 브라운Janet Browne은 말했다.

다윈은 자신에게 특별한 재능이 있다면, 그것은 다른 사람들이 못 보는 것들을 흥미롭게 보고 그 의미를 찾아내는 능력이라고 자신의 입으로 말했다. 다운하우스는 그에게 다른 과학자들이 간과하기 쉬운 것들을 좀 더 가까이서 관찰하고 진지하게 생각하고 관조할 수 있는 공간을 제공해주었다. 다윈은 자신의 집중할 수 있는 능력을 극대화할 수 있도록 환경을 조성했다. 그는 다운하우스를 자신의 확장된 마음의 일부로 만들었다.

그의 소유지에서 가장 단순하면서도 가장 중요한 특징을 드러내는 곳은 산책로였다. 다윈은 다운 읍 주변의 '좁은 오솔길과 높은 산울타리들'을 좋아했다. 집과 시골을 언급하는 그의 편지에도 산책 이야기가 자주 나온다. "이곳이 특히 나를 매혹시키는 것은 거의 모든 지면에서 폭 30센티미터 이상의 오솔길이 이리저리 교차된다는 사실이야. 다른 어느 나라에서도 이렇게 산책로가 많은 곳은 본 적이 없어." 그는 다운을 처음 찾은 후 형에게 그렇게 썼다.

다윈은 다운하우스로 이사 온 직후에 자신만의 산책로를 조성했다. 그리고 요즘의 정원길이나 공원길처럼 얕게 해자를 파고 모래와 자갈로 산책로를 덮었다. 첫 부분은 1843년에 완성되었고, 3년 뒤에는 이웃이자 동료 과학자 존 러벅John Lubbock 남작으로부터 6,000제곱미터를 임대받아 샌드워크를 400미터 정도 연장했다. 샌드워크는 아이들이 산책로에 붙여준 이름이었다. 다윈 자신은 이곳을 '생각하는 오솔길 Thinking Path'이라고 불렀다.

거의 40년 동안 다윈은 매일 '시계처럼' 아침부터 일을 하고 점심식사 전에 걸었다. 가끔 아이들이나 화이트테리어 '폴리'가 따라오는 경우도 있었다. 다윈을 찾아오는 과학자들도 그와 샌드워크를 걸으며 일에 관한 이야기를 나누었다. 인근 지역은 여전히 손볼 곳이 많은 땅이었다. 다운하우스는 다윈의 대가족을 먹여 살릴 수 있는 상업영농 지역을 갖고 있었다. 다윈은 꼭 필요한 경우가 아니면 소유지 개간을 삼갔다. 샌드워크에 시간과 정열을 쏟아부었다는 것은 그가 그만큼 걷고 생각할 공간을 중요하게 여겼다는 사실을 말해준다.

걸으면 해결된다

걷는 것이 뭐가 그리 특별했을까? 우선 간단히 설명하자면 생각을 많이 하는 사람에게 걷는 것은 생각의 실마리를 풀어주고 창의력을 자극하는 촉매재였다. 걷는 것이 그 자체로 하나의 관조 형식이 될 수 있다는 생각은 고대부터 내려온 전통이었다. 라틴어의 '솔비투르 암불란도solvitur ambulando'라는 말은 '걸으면 해결된다'는 뜻으로 디오게네스 Diogenes, 암브로시우스Ambrosius, 히에로니무스Hieronymus와 아우구스티누스Augustinus 등 여러 고대, 중세 철학자들이 즐겨 입에 올렸던 말이었다. 불교도와 기독교도들은 걸으면서 묵상하는 전통을 갖고 있다. 그들은 오솔길을 따라 걸으면서 마음을 맑게 하고 영적 기운을 받았다.

18, 19세기 철학자들에게도 산책은 필수였다. 파리의 장-자크 루소 Jean-Jacques Rousseau와 쾨니히스베르크의 임마누엘 칸트Immanuel Kant와 코펜하겐의 쇠렌 키에르케고르Søren Kierkegaard은 모두 규칙적인 산책가로 유명하다. '걸을 때 가장 좋은 생각이 떠오른다'라고 키에르케고르는 말하면서 물리적 정신적 자극을 위해 꾸준히 걸었다(현대 과학자들에 의해 그 혜택이 입증되었다). 걷는 철학자의 이미지는 너무도 전형적인 것이어서 19세기가 끝나갈 무렵 프리드리히 니체Friedrich Nietzsche도 유명한 말을 남겼다. "정말로 위대한 사상은 모두 걷는 가운데 잉태

되었다." 물론 거기에는 니체 자신도 포함되었다. 샌드워크는 철학자, 과학자, 작가들이 어떤 문제를 놓고 깊이 생각할 때 발을 디뎠던 많은 오솔길 중 하나였다.

산책은 생각을 자극한다. 산책은 저술, 작곡, 복잡한 계산 등 집중력을 요하는 고된 작업에 잠깐 휴식을 주지만, 마음을 완전히 다른 곳으로 돌리지는 않는다. 레베카 솔닛Rebecca Solnit의 말처럼 것은 '몸과 마음과 세계가 하나로 조율되는 상태다.' 몸은 움직이고 눈은 신기하거나 낯익은 광경에 가 닿고, 마음 한구석은 여전히 까다로운 문제나 완고한 표현에 초점을 맞춘다. 공력이 많이 들어가는 문제와 씨름하다 늘 다니는 익숙한 오솔길을 걸을 때, 오솔길은 산책하는 사람의 마음 한 구석을 차지하고 들어온다. 그러나 길이 마음 전체를 빼앗는 법은 없다. 길은 단지 산책자의 잠재의식이 딜레마를 다루고 해법을 시험하고 궁지를 벗어나게 해줄 정도의 자극만 제공한다.

다윈은 움직일 때 가장 좋은 생각이 났고 관찰력도 예리해졌다. 어렸을 때 어머니가 세상을 뜬 후로 그는 시골길을 무작정 오래 걷곤 했다. 그렇게 걸으면서 무슨 생각을 했는지 나중에 그는 기억이 나지 않는다고 잡아떼며 말하지 않았다. 최근 나온 연구 결과들에 의하면 감당하기 힘든 슬픈 사건을 당하거나 의학적 문제가 있는 사람의 경우, 자연에 규칙적으로 노출되면 정신적 감정적 상태가 한결 나아져 회복 속도가 빨라진다고 한다. 그렇게 해서 기분이 꼭 좋아지지는 않는다 해도 기운을 되찾고 닥친 문제에 맞설 수 있는 힘을 얻게 된다는 말이다.

어린 다윈이 산책을 통해 힘과 위안을 찾고 평생에 걸쳐 산책과 관조를 잇는 기반을 마련했으리라 상상하는 것도 그다지 무리는 아닐 것이다. 그가 성인이 되어서도 산책과 관조는 도서관에 가는 것보다 현지조사와 관찰을 통해 훨씬 더 많은 과학적 사실을 발견할 수 있게 되는 기반을 제공했다.

다윈은 자신의 사고 과정에서 걷는 행위가 차지하는 비중이 그렇게 컸기 때문에, 가끔 그가 다루는 문제를 오솔길 곳곳에 있는 해결해야 할 부분에 비유하곤 했다. 다윈은 이런 식으로 문제를 형식화하는 것이 문제 해결에 도움이 된다고 생각했다. 어쩌면 샌드워크를 천천히 걸으면서 어떤 해결책을 향해 걸어 나가는 기분을 느꼈을지도 모를 일이다.

그가 한 가지 문제에 골똘히 집중하면 그때 샌드워크는 조용히 배경으로 물러났을 것이다. 반대로 마음이 답답하고 좀처럼 아이디어가 떠오르지 않을 때 샌드워크는 물리적으로 해방감을 주고 자연의 세세한 것들에 마음을 쏟게 해주었을 것이다. 줄지어 선 나무들도 조형적으로는 모두 비슷한 것 같아도 자세히 보면 엄청난 다양함이 담겨 있었다. 헨리 데이비드 소로는 수필 〈걷는 것에 대하여On Walking〉에서 '반경 10킬로미터 내에 있는 경치나 오후에 하는 산책과 70년 인생 사이에는 쉽게 밝혀내기 어려운 조화가 스며 있다. 그것은 아무나 쉽게 익숙해지기 어려운 그런 조화일 것이다'고 말했다.

계절의 진행, 성장과 소멸을 거듭하는 생명의 순환, 동물들의 이동, 손만 내밀면 닿을 곳에 있는 진기한 것들, 풍경의 변화무쌍한 움직임 등, 관찰할 것은 늘 넘쳐났다. 사소한 것들도 주의 깊게 들여다보는 능력과 그런 것들로부터 어떤 통찰력을 얻을 때까지 붙들고 늘어지는 끈기로 다윈은 샌드워크에서 사소한 자극을 끝없이 받았을 것이다.

매일 '평범한 주변'에서 흥미로운 사실을 탐구하는 다윈의 습관을 생각하면서 그의 샌드워크를 자세히 들여다보면 그곳이 관조할 수 있는 구조를 얼마나 완벽하게 갖추었는지 쉽게 발견할 수 있다.

관조적 공간 조성의 중요성

지난 수천 년 동안 건축설계사와 정원사와 사용자들에게는 관조적 공간을 표현하는 공통의 언어가 있었다. 건물을 짓는 사람들은 관조적 공간을 건축양식이나 정원의 디자인을 구상하듯 생각하지 않았다. 설계사가 건물의 외관이나 집을 설계하기 위해 패턴북pattern book을 들여다보는 경우는 있어도 관조적 공간의 패턴북은 필요가 없었다. 누구든 그런 공간은 금방 알아보았다. 최근 조경설계사나 심리학자들은 공원이든 숲이든, 교회든 실험실이든, 중세 가톨릭 수도원이든 일본의 젠 정원zen garden이든, 신성한 숲이든 대학 도서관이든 상관없이, 관조적 공간은 몇 가지 간단한 규칙을 지킴으로써 방문자의 마음을 차분하게 하고 그를 성찰의 세계로 초대한다는 사실을 알아냈다.

몇 해 전 레베카 크링키에게 어떤 고객이 관조적 조경을 설계해달라고 요청했을 때, 그녀는 전문가들이 흔히 하던 대로 관조적 장소에 필요한 디자인 원칙에 따라 만들어진 작품을 찾으려 했다. 젠 정원이나 중세 교회, 전쟁기념관 같은 특정 장소에 대한 연구는 많았지만 그녀는 의외의 결과에 놀랐다. "어떤 일반적인 원칙은 전혀 찾을 수 없었습니다." 결국 그녀는 관조적 장소를 이해할 수 있는 열쇠를 찾아냈다. 그것은 바로 회복 경험을 연구하는 데 수십 년을 바쳐온 심리학자 스티븐 카플란Stephen Kaplan의 작품이었다.

카플란은 소위 지향적 주의력directed attention에 지속적인 관심을 기울여온 학자다. 지향적 주의력은 그가 만들어낸 용어로, 쉽게 풀리지 않는 문제와 씨름하고 까다로운 상황을 다룰 때 유지해야 할 주의력을 말한다. 특별한 대상에 집중하고 산만함을 몰아냄으로써 집중력을 확보하는 능력(카플란은 그것을 '억제inhibition'라고 불렀다. 억제는 지향적 주의력을 보호하기 위한 활동이다)은 언제나 중요했지만, 현대인들은 그 어느 때보다 지금 그런 능력이 절실하다.

문제는 교통이나 스프레드시트나 업무회의가 아니라, 멋지거나 무서운 동물 같은 것에 자연스레 집중하는 선별적 진화다. 이런 것에는 별로 힘들이지 않고 집중할 수 있다. 그러나 현대 세계는 '중요한 것과 흥미로운 것 사이의 균열'을 만들어냈다고 카플란은 썼다. 기술체계가 계속 복잡해지면서 기업들은 지루한 문제에 몇 시간이고 지속적인 주의를 기울이라고 직원들을 다그치고 재앙에 대비한 규정을 마련하라고 요구한다. 집중력을 계속 유지하지 못하거나 새로운 상황에 신속한 주의를 기울이지 못하면, 곳곳에서 체계가 붕괴되고 서로 충돌하는 등 갖가지 기술적 재앙이 시작된다.

그동안 자연환경과 경관이 갖는 회복의 가치를 입증한 연구들이 많이 있었다. 카플란은 회복 경험의 중요한 특징을 네 가지로 분류했다. 첫째, 회복 경험은 '매혹적이다fascinating.' "그런 경험은 의식에 굳이 요구하지 않아도 집중력을 유지시켜준다." 크링키는 이렇게 말했다. 둘째, 그런 경험은 '벗어나 있다being away'는 기분을 준다. 거의 평생을 사무실이나 자동차 안에서 창문을 통해 자연을 보는 도시인들에게는 특히 그렇다. 세 번째 특징은 카플란이 '확장extent'이라 부른 것으로, 회복 경험은 '온전히 다른 세상을 느낄 정도로 풍족하고 일관된 것'이어야 한다. 마지막으로 회복 경험은 '조화로움compatibility으로, 많고 다양한 것들을 한꺼번에 던지지 않기 때문에 쉽게 체험할 수 있고 합리적이다.

이런 경험이 어떤 것인지는 우리도 잘 알고 있다. 책을 한 권 읽는 것도 그 책이 우리의 주의력을 사로잡고 우리를 다른 세상으로 데려간다면 회복 경험일 수 있다. 오페라나 발레를 보러 가는 것도 또 다른 세상으로 가는 여행의 느낌을 준다(사람들은 음악이나 위대한 공연을 볼 때 마치 딴 세상에 와 있는 것 같은 느낌을 받는다). 이런 것들은 몰입 경험과 아주 많이 닮았다. 카플란은 독서나 공원의 산책 같은 경험이 회복 효과를 주는 이유를 이해하려 했다. 크링키는 조성된 환경과 건축을 이해하는 데 이런 원리를 적용할 수 있다고 보았다.

관조적 공간은 일부러 단순하게 조성한다. 그렇게 조성된 공간은 기본적인 설계기법과 색상과 반복기법을 사용하는 반면, 공원이나 정원은 시선을 끌기 위해 필요한 장소에 의도적으로 화초나 나무를 사용한다. 소리를 차단하고 음영과 그림자를 만들면 시각적 청각적 충격을 줄이고 찾는 사람들이 긴장을 풀고 집중하도록 유도할 수 있다. '단순하다'는 것이 반드시 '삭막하다'거나 '공허하다'는 의미는 아니다. 은자의 방에도 창문과 족자나 십자가 정도는 있는 편이다. 관조적 단순성은 박물관의 단순성과 비슷한 점이 많다. 박물관의 공간은 몇 가지 대상에 초점이 맞춰지도록 단순화된다.

이런 단순성은 주변을 보다 고요하게 만들기 위한 전략일지 모른다. 아니면 단순성은 특정 장소나 대상이나 의식에 좀 더 철저히 집중할 수 있도록 활용될 수 있다. 거대한 극장의 화려한 장식도 조명이 꺼지고 공연이 시작되면 시야에서 사라진다. 규모가 큰 화랑도 깨끗하게 비운 공간이나 집중적인 조명을 사용하여 특정 그림이나 조각에 관람객의 눈이 쏠리도록 만든다. 또 저녁 미사 도중 촛불이 켜지면 사람들의 마음은 차분히 가라앉고 낯익은 공간에 몰입하게 된다. 높고 거대한 천장은 그림자 속으로 사라져 더 작고 더 친숙한 공간에 있는 신도들만 눈에 들어온다.

관조적 공간의 또 다른 특징은 대조법이다. 작은 수도원의 정원은 산으로 그늘이 드리우고, 돌길은 물가로 이어진다. 좁고 컴컴한 통로는 햇빛이 눈부시게 내리쬐는 광장을 향해 열려 있고, 사원의 스카이라인은 하늘과 맞닿는다. 이 모든 것은 소우주와 대우주를 한 자리에 모아 움츠르는 어둠과 팽창하는 빛 또는 인간과 자연 같은 요소들을 대비시킨다. 자연적인 공간과 조성된 공간을 대비시키거나, 작은 것에서 큰 것으로 또는 어둠에서 빛으로 방문자를 이동시킬 때 관람은 하나의 작은 순례행위로 바뀐다.

관조적인 장소는 '그곳이 더 큰 체계와 연관되어 있다거나 우리 삶의 일부라는 느낌'을 주기 때문에 '멀리 벗어났다는 느낌을 제공할 때가 많다'고 크링키는 말한다. 수천 년 전에 신성한 장소를 찾아 동굴로 들어갔던 이름 없는 많은 사람들은 그곳에서 신비한 기운을 느꼈을지 모르지만 그 장소와 자신이 하나로 이어졌다는 느낌은 별로 받지 못했을 것이다. 그러나 도심의 공원은 그곳을 찾는 사람의 평범한 생활과 물리적으로 가까우면서도 뭔가 색다른 분위기를 제공하기 때문에 회복 효과를 발휘한다.

사람들의 손길이 전혀 닿지 않은 야생의 공간은 회복 효과가 아니라 위협 효과만 유발한다. 따라서 그런 공간에서 인간 존재의 흔적을 발견하면 누구나 마음을 놓는다. 관조적 공간을 만드는 사람들은 그런 이치를 잘 알았다. 오솔길이 있는 산이나 오아시스가 있는 사막이나 외딴 곳에 자리 잡은 길손을 위한 오두막은, 탁 트인 대양이나 빽빽한 밀림과는 다른 위로를 준다. 오솔길이나 조형물은 그 공간에 대한 이해를 돕는다. 오솔길은 이야기를 만들어내고, 전망대나 사당은 행선지를 알려주며, 그때의 이동은 하나의 순례여행이 된다. 내가 있는 곳이 어디이며, 어디로 가고 있는지 확실히 알고 있으면 그 장소에 대한 느낌이 달라진다.

우리는 방황할 수 있는 자유를 찬양하지만 목적지가 없다는 것은 길을 잃은 것과는 완전히 다르다. 목적 없이 떠도는 능력에는 지금 있는 곳을 알고 있다는 의미가 담겨 있다. 잘 아는 도시를 이리저리 걸으면서 정해진 목적지도 없이 오후 한 나절을 보내는 경우를 생각해보면 알 수 있다. 목적지가 없다고 해도 자신이 어디 있는지는 잘 알고 있을 것이다. 그러나 바로 그 장소에서 길을 잃은 길손을 생각해보라. 두 장소가 지도에서는 정확히 같은 지점이겠지만, 그 순간 두 사람이 갖는 느낌은 전혀 다를 것이다.

샌드워크에는 관조적 장소의 특징이 모두 담겨 있었다. 넓은 타원형 모양의 샌드워크는 의도적으로 단순한 구조를 택해, 한쪽은 초원을 향해 열려 있고 다른 한쪽은 숲 속으로 이어졌다. 다윈은 길 외에 어떤 시설물이나 여흥거리를 덧붙이지 않았다. 그는 샌드워크를 단순하게 유지했다. 길을 깨끗하게 비우고 키가 크고 작은 나무들을 심었지만, 그가 심은 나무들은 산울타리에 있는 거대하고 나이가 많은 느릅나무와 키재기를 하는 법이 없었고, 산책길의 조경을 주변의 시골 풍경과 어우러지게 유지했다.

그렇게 전체적인 구도는 단순하게 유지했지만 대조적인 요소는 크게 부각시켰다. 다윈은 습관적으로 소유지의 남쪽 가장자리를 따라 걸었다. 그곳은 산울타리와 담장이 낮아 그 너머로 탁 트인 들판과 숲, 그 뒤에 버티고 있는 산들을 볼 수 있었다. 이 구역은 그의 가족들이 써머하우스Summer-House라 부르던 작은 전망대에서 끝났다. 다윈은 그곳에서 방향을 틀어 북쪽을 따라 두 번째 길을 걸었다. 더 좁고 더 컴컴한 오솔길이었다. 나무들의 키가 높아 그늘진 부분이었지만 나중에는 다시 밝은 빛이 쏟아지는 곳으로 이어졌다.

그런 과정도 역시 순례여행이었다. 다윈은 산책할 때 집의 뒷문을 나와 온실과 정원을 지나 곧고 넓은 길을 따라 높은 산울타리에 있는 나무로 만든 문으로 갔다. 목초지를 향해 열려 있는 그 문이 샌드워크의 출발점이었다. 거기까지 1,000걸음밖에 안 되는 거리지만, '집에서 아주 멀리 떨어진 느낌을 주었다'고 다윈의 손녀는 회상했다. 산울타리가

'사람 사는 세상과 완전히 차단된 느낌'을 주었기 때문이었을 것이다. 다윈은 다운하우스를 '세상의 끝자락에 있는' 집이라고 묘사했다. 그는 샌드워크를 그 끝자락의 가장자리에 놓고 그것을 품위 있는 시골집에서 살림의 부산함을 피할 수 있는 피난처로 만들었다.

샌드워크의 아름다움은 자연스러움에 있었지만 야생적인 것은 아니었다. 다윈은 그 길을 따라가며 말채나무와 서어나무 외에 여섯 종의 나무를 심었다. 러벅에게 임대받은 길은 한쪽으로는 키가 크거나 작은 나무를 심었고 다른 한쪽에는 담을 둘렀다. "그 담장은 다윈이 한 원예 공사 중 최대 걸작입니다." 짐 무어는 이렇게 말했다. 하지만 그 이상으로 산책로의 단순성, 어둑하게 둘러싸인 곳과 밝은 햇살이 내려쬐는 공간의 대비와 조화, 바로 곁에 있는 가까움에서 아주 먼 곳까지 시야에 들어오는 풍경의 변화, 인간과 자연의 어우러짐, 이 모든 것이 회복적 환경과 관조적 장소의 고전적 요소를 모두 갖추고 있다.

샌드워크를 다윈이 마음을 집중시키곤 했던 도구, 즉 일종의 정보통신기술이라 말하면 무리일까? 그는 자신의 여정을 추적하는 임무를 어떤 돌무더기에 맡겼다. 그 앞을 지나칠 때마다 돌멩이를 하나씩 쌓아 만든 것이었다(다윈의 자녀들은 가끔 그 돌무더기 뒤에 숨어 생각에 빠져 있는 아빠를 지켜보곤 했다). 다윈은 다운하우스에서 18권의 책과 논문을 탈고했다. 그중에는 《종의 기원The Origin of Species》(1859), 《인간의 유래The Descent of Man》(1871), 《인간과 동물의 감정표현에 대하여The Expression of the Emotions in Man and Animals》(1872)도 포함되어 있다. 다윈은 그의 인생에서 36년을 샌드워크와 함께 보냈다. 한 해에 300일을 샌드워크로 나가 평균 3킬로미터씩 걸었다면, 3만 킬로미터 이상을 걸은 셈이다. 지구를 또 한 번 돌아 세상을 보는 우리의 시각을 바꿔놓을 만한 거리였다.

나는 다윈이 샌드워크를 조성할 때 가졌던 인내심과 확신에 깊은 인상을 받았다. 내가 일하는 세상은 프로젝트가 몇 주 또는 몇 달 정도밖에 지속되지 않는 시스템으로 되어 있다. 마감기한은 늘 빠듯하고 시장의 경쟁은 치열해서 봐주는 법이 없다. 빨리 손을 쓰지 않으면 다른 사람에게 선수를 빼앗기기 일쑤다. 다윈이 살았던 세상은 우리에게 너무 낯설지만, 그가 묘사하는 자연계, 끝없는 경쟁과 투쟁의 나날은 아주 낯익다.

지나치게 똑똑한 내 친구들은 무척 열심히 일하지만, 사실 그들이 만들어내는 것 중 어느 것도 그들이 바라는 만큼 지속되는 것은 없다. 그들은 경쟁자들에 의해 곧 무산되고 대체될 것들을 만드는 데 자신의 삶을 쏟아붓는다. 최고의 아이디어나 비싼 전문적 지식도 허망할 정도로 수명이 짧다. 아무리 깜짝 놀랄 만큼 귀중한 특허나 최첨단 기술도 5년 뒤에는 어떻게 되어 있을지 모른다. 더 이상 벤처자본가의 관심을 끌지 못하고 상하이 외곽에 있는 공장에서 대량 생산되는 싸구려 기술 상품의 부품으로 전락하지 않는다는 보장도 없다.

우리의 개인적 삶도 사실 덧없는 일의 연속이다. 3년 뒤에 같은 장소에 있을 수도 있겠지만, 새로운 기회를 찾아 두바이나 콜로라도 볼더에 있을지도 모른다. 어디 가지 않더라도, 생활의 절반은 클라우드를 벗어나지 못하는 기분이다. 그리고 어디로 떠난다 해도, 돌아와 보면 고향

278

도 알아보지 못할 정도로 변해 있을 것이다.

하지만 다윈은 나무를 심고 그 나무들을 수십 년 동안 지켜보며 나무가 자라는 모습이 그의 진화론이라는 노력의 산물을 따라갈 것이라 믿었다. 그는 러벅에게 땅을 임대받으면서 '쉴 수 있는 산책길'을 통해 '나무를 가지 치고 가꾸는 재미'를 느낄 수 있으리라 기대했다. 그가 《종의 기원》 마지막 부분에서 설명한 '뒤엉킨 강둑tangled bank'(갖가지 생명들이 서로 뒤엉켜 서로 의존적으로 유지되는 자연의 체계를 상징적으로 표현한 문구-옮긴이)은 그가 만들고 걸었던 오솔길을 따라가는 축소된 세계 속에서 자라났다. 다운하우스는 수십 년 동안 그를 자극하고 보호하고 지탱해준 작은 우주였다.

그것은 아주 다른 현실처럼 보인다. 어떻게 우리가 우리 힘으로 그런 것들을 다시 만들기를 희망할 수 있을까? 보통의 경우라면 가망이 없는 노릇이다. 그러나 우리는 관조적 환경의 배경에 깔린 디자인 원리를 이용하여 작고 일시적이고 예기치 못한 장소에서도 회복 경험과 상호교류를 만들어낼 수 있다. 그리고 툴을 사용하여 매혹과 일탈, 확장과 조화로움을 만들어내는 법을 배울 수 있다.

짧은 휴식의 가치

크링키와 카플란의 작업을 보면 내가 비행기를 관조적 공간으로 사용하는 요령을 배우게 된 이유를 알 수 있다. 나는 비좁은 좌석에서도 그곳을 회복 환경으로 만드는 요소들에 초점을 맞춘다. 일회용 용기에 담긴 음식, 스트레스 받은 승객들, 머리 위의 짐칸을 차지하려는 사소한 사연들은 마음속에서 몰아낸다. 그리고 내 비행 항로를 나만의 샌드워크로 삼는다.

그런 전환의 기반은 나 자신의 항공여행 경험과 모험과 발견 사이의 깊은 연관 관계에서 마련되었다. 어렸을 때 나는 아버지 직업 때문에 미국과 브라질을 오가며 살았다. 브라질에서 보낸 일상의 기억은 희미하지만 '여행'에 대한 기억만은 생생하다. 열대 해안에서 내륙 평원까지 덜컹거리며 마토그로소와 오루프레투로 가는 버스에서 보낸 밤들, 또 리오를 떠나 부에노스아이레스나 보고타로 가는 여객기에서 내려다본 아마존의 밀림, 비행기 날개 아래로 펼쳐진 안데스 산맥, 이 모든 것은 지금도 내가 살았던 아파트나 내가 놀았던 공원보다 더 기억에 또렷하다. 내게 항공여행은 지연되는 비행기와 터무니없이 비싼 음식으로 대표되는 현실이 결코 불쾌하게만 느껴지지 않는 일종의 마력과 흥분(카플란의 용어를 빌리면 하나의 '매혹')을 가지고 있다.

항공여행과 사랑에 빠진 것은 1960년대였다. 그때만 해도 해외여행은 가슴 설레는 생소한 경험이었고 글로벌 브랜드나 글로벌 체인이 일반화되기 전이었다. 대서양을 횡단하는 정기 항로가 처음 열린 것은 내가 여객기를 타기 불과 10년 전의 일이었고, 북아메리카에서 남아메리카로 가는 직항행로도 그리 흔하지 않았다. 그것은 다윈 시절의 걷기 문화에 비유할 만한 것인지도 모른다. 어린 다윈이 엄마가 돌아가신 뒤에 혼자 걸었다지만, 일종의 자아발견으로서의 걷기라는 낭만적인 생각은 당시로서도 새로운 것이었다. 또 식물채집과 연구에 대한 대

중들의 열광을 촉발시킨 길버트 화이트Gilbert White의 《박물지Natural
History》가 나온 지 30년밖에 되지 않았을 때였다. 이런 문화적 연상은
내게 비행기와 오솔길을 관조적 장소로 보게 자극했다.

비행기의 물리적 환경은 관조적 장소에 필요한 물리적 특징을 모두
갖추고 있다. 비좁은 내 개인 공간은 여러 가지 물건들로 붐비지만 질
서정연하다. 필요한 것도 모두 손이 미치는 범위 내에 있다. 그것은 가
레산스이枯山水, zen dry garden(물이나 나무 없이 돌과 모래로만 산수를 표현한
일본 선종의 정원-옮긴이)의 출장여행용 버전이어서, 이해하기 쉽고 포
괄적이며 물리적 규모는 작지만 지적 범위는 무한하다.

대부분의 비행시간 동안 내 집중력은 이 작은 세계를 벗어나지 않는
다. 나는 특히 야간여행을 좋아한다. 밤 시간의 좌석은 어둡고 나처럼
일하는 사람이나 잠을 못 이루는 사람들의 좌석을 비추는 조명과 영화
에서 끊기듯 이어지는 명암만이 주변을 어른거린다. 숲은 없지만 빛과
어둠이 섞이고 조용한 가운데 간헐적인 자극이 이어지는 환경으로 내
마음은 조용히 가라앉고 집중력은 더욱 예리해진다.

음향 환경도 집중력을 도와준다. 나는 비행기에서도 음악을 들으면
서 일하는데, 음악 너머로는 비행기 엔진소리가 여리게 들린다. 그 소
리는 들리는 것만큼 느낄 수 있다. 음향기술자들은 공간을 실제보다 더
크게 느끼도록 만들 때 저주파를 강화한다. 저주파는 큰 공간을 연상
시키기 때문이다(영화의 효과음을 담당하는 사람들도 작은 공간에서 큰 공
간으로 이동하는 장면에서는 사운드트랙에 우르릉거리는 소리를 낮게 깐다).
내 물리적 공간은 분명 비좁고 제한되어 있지만, 비행기의 우르릉거리

는 깊은 엔진 소리와 알루미늄 동체에 부딪히는 영하의 바람이 만들어 내는 복잡한 교향곡으로 앉아 있는 자리가 생각보다 넓게 느껴진다.

그리고 오프라인에 있다는 것도 색다르다. 디지털 측면에서 보면 오프라인은 어떤 것들로부터 배제되었다는 것을 의미하며, 그래서 여행을 순례행위로 삼을 수 있는 계기가 되기도 한다. 이메일을 받을 수 없다는 것을 알기 때문에 시도할 생각조차 하지 않는다. 새로운 소식을 확인해야 한다는 조바심에서도 해방된다. 디지털 산만함이라는 군침 도는 정크푸드는 이제 손이 닿지 않는 곳에 있다. 하지만 다른 사람들이 내게 연락할 방법이 없다는 사실은 훨씬 더 기분 좋은 일이다.

물론 얼마 후면 온라인 세계로 돌아갈 것이다. 하지만 그것도 당장은 먼 나라 일 같다. 비행시간이 길면 나만의 시간은 그만큼 연장되고 늘어난다. 언젠가는 착륙하겠지만 밤의 밀도 높은 시간과 느리게 다가오는 새벽에 나는 마감시간을 알면서도 정상적인 임무로 구속받지 않는 느낌을 동시에 가진다. 일은 많아도 일상에서는 멀리 떨어져 있는 셈이다.

정신없이 바쁜 나날을 보낸 탓인지 표준시간대를 통과하는 동안에도 마음은 계속 달음질을 치지만, 이제는 몸을 멈춰야 한다. 열 시간 동안 그저 '조용히' 앉아 시간의 태엽이 천천히 풀리는 기분을 느낄 기회를 가졌는데도, 내 마음은 그날 할 일을 준비하고 나중에 짐을 꾸릴 일로 여전히 웅성거린다. 번갈아 나타나는 빠름과 느림, 움직임과 정적, 물리적 정지 상태와 마음속의 달음질로 행동과 관조는 밤과 낮처럼 교대로 오지 않고 하나로 합쳐져 다가온다.

우리는 휴식과 안정을 스위치를 끄는 행위로 생각한다. 우리에겐 일하거나 일하지 않는 것 두 가지밖에 없다. 추진력이나 경쟁심이 남다른 알파형 인간에게 휴식은 인간이라는 운영체제에 끼어든 애석한 결함이다. 그러나 회복 경험은 마음의 스위치를 끄라고 요구하지 않는다. 회복 경험은 일을 열심히 하려는 창조적인 마음 때문에 어수선해지지 않는다. 회복 경험은 조용하면서도 소중한 또 하나의 상태를 만들어내고, 창조적인 마음은 그곳에서 일을 계속하면서 이전과는 조금 다른 좀 덜 지향적인 방법으로 일을 한다.

좀 더 차분하고 깊게 성찰하고 생각하는 분위기로 들어가려면 시간이 필요하다. 그런 상태는 마음먹는다고 당장 손에 넣을 수 있는 것이 아니다. 나 역시 명상을 할 때 몸이 차분해지고 마음이 가라앉을 때까지 몇 분을 기다려야 한다. 그 후에야 마음을 비우는 일을 시작할 수 있다. 관조적 상태와 회복 공간을 조성하는 요령도 하루이틀 사이에 배울 수 있는 것이 아니다. 나는 항공여행을 몇 해 하고 나서야 비행기 안에서 창의적으로 일하는 요령을 터득하기 시작했다. 그러나 그것은 전원을 완전히 끄는 작업이 아니라 저단 기어로 바꿔가는 과정이다. 그렇게 회복 환경 속에 몇 분 동안 깊이 침잠하여, 휴식과 중단을 재충전의 기회로 바꾸는 것은 시간이 좀 걸리더라도 배워볼 만한 가치가 있다.

직장에서 보내는 하루 일과 중에도 이런 변화를 체험할 수 있지만, 몇 해에 걸쳐 그런 변화가 이루어지는 경우도 있다. 다윈은 샌드워크와 함께 여러 해를 보냈다. 그는 오전과 오후에 나타나는 빛의 차이를 주시했고, 계절의 변화를 눈여겨봤으며, 자신이 심은 나무들이 자라는 모습을 40년 동안 지켜보았다. 그의 지적 궤적 그리고 답사와 관조의 조합은 몇십 년 동안 활동적인 시간과 반성적인 시간, 여행과 휴식, 신기함과 낯익음, 고독에 대한 고대적 갈망과 매우 현대적인 사교성이 어떻게 창조적 생활 속에 뒤섞이는지 잘 보여준다. 다윈은 살아생전에 여러 공간을 순회했고, 자신이 발을 디딘 장소와 그의 마음을 사로잡은 것들을 세심하고 신중하게 대했다. 그 결과는 우리가 익히 아는 바다.

우리에겐 회복을 설명할 만한 어휘가 빈약하다. 때로 '산만함'이란 말이 회복과 같은 뜻으로 쓰일 때도 있지만, 여러 친구들과 메시지를 동시에 주고받으며 유튜브에서 포커게임을 하는 강아지 동영상을 보는 것과, 사무실에서 걸려온 긴급한 전화를 처리하고 산책을 계속하는 것은 크게 다르다. 회복 활동과 회복 환경은 의식을 차지하되 무의식은 자유롭게 풀어주어 힘들이지 않고 활동하게 놔둔다. 그렇게 되면 스트레스를 받을 일도 많지 않다는 사실을 알게 된다.

그리고 짧은 휴식으로 충분하지 않다면, 늘 가지고 다니는 기기나 와이파이, 화면이 있는 것들, 그리고 산만함을 유발하는 것들을 모두 하루 정도 끄면 된다. 얼마든지 할 수 있는 일이다.

7장

휴식

디 지 털   시 대
빼 앗 긴   집 중 력 을
되 찾 기   위 한   조 언

THE
DISTRACTION
ADDICTION

끄기

하루 저녁 정도 무선이고 유선이고 모두 끊어보자. 경보음이나 업데이트의 파이어호스를 모두 꺼버리자. 하루 종일 귀찮게 했던 사소한 접속 관계에서 자신을 고립시켜보자. 페이스북에 자리비움 메시지away massage를 넣자. 와이파이는 끄자. 스마트폰은 진동으로 바꾼 다음 주머니에 넣지 말고 테이블 위에 올려놓자. 태블릿PC와 게임기는 충전기에 연결한 채 놔두자. 랩톱은 가방에 담아 벽장에 넣어두자.

이후 24시간 동안 온라인에 접속하지 말고 이메일도 확인하지 말자. 화면이 있는 것은 아무것도 사용하지 말자. 지난달이나 작년에 시작해서 아직 다 못 읽은 책을 찾아 마저 읽자. 밀린 잡지도 꺼내 읽어보자. 친구들이 무얼 하고 있는지 직접 연락을 취해 알아보자. 그들과 멋진 요리를 만들어보자. 양초와 코르크마개뽑이를 찾아 먼지를 털어내고 불을 켜고 와인도 한 병 따자. 차를 정비하든가 자전거를 분해하여 닦고 기름도 쳐주자. 무엇을 하든 재미있게 몰두해서 현실 세계를 좀 더 확실하게 느껴보자.

처음에는 쉽지 않을 것이다. 일반적인 경우라면 인터넷이 늘 연결되어 있는 상태에 익숙하기 때문에, 인터넷이 되지 않으면 답답하고 뭔가 비생산적이고 심지어 무슨 일이 일어나도 대처하지 못할 것 같다는 기분이 들 것이다. 누군가가 도랑에 빠져 도움을 요청하는 트위터를 보내면 어떻게 하지?(웃지 마시라. 비상시에 사람들은 트위터를 먼저 하고 그다음에 경찰을 부른다고 한다.) 세상 어딘가에서 무슨 일이 일어나고 있는데 나만 못 들으면 어떻게 하지? 이런 종류의 걱정이 기우라는 사실은 누구나 잘 알고 있다. 그래도 그런 생각이 든다면 정말 휴식이 필요하다는 신호다.

다음 날 저녁 서둘러 컴퓨터 앞으로 달려가 스위치를 켰을 때 모니터에 들어오는 불빛이 크리스마스트리에 들어오는 불처럼 반갑게 느껴졌다 해도 걱정할 것 없다. 누구나 다 그러니까. 그러나 다음 주에 다시 한 번 시도해보라. 여전히 만만치 않겠지만 처음보다는 조금 쉬울 것이다.

그렇게 두세 번 반복하면 뭔가 달라지는 것을 눈치채기 시작할 것이다. 기자나 외환 딜러나 응급실 당직 의사가 아니라면, 오프라인 세계로 간다고 해서 무슨 큰일이 생기지는 않는다. 이메일은 대부분 나중에 처리해도 될 것들이거나 아니면 전혀 쓸모없는 허접한 내용들이다. 그저 나 혼자서 모든 메시지가 급하다고 생각했을 뿐이다. 정말로 나를 찾아야 할 사람은 어떻게든 연락을 해 오게 마련이다. '정말로' 연락을 받지 못하는 경우는 아마도 비행기를 타고 있을 때뿐일 것이다.

마음이 느려지는 것을 약간 느낄 뿐이지만 경과는 아주 좋다. 복잡한 일과 개인생활, 그리고 가상 세계의 산만함으로 어지럽혀진 감각의 앙금이 차분히 가라앉기 시작한다. 남겨진 정적도 따지고 보면 그리 나쁘지 않다. 그동안 그런 정적은 무언가로 채워져야 할 견디기 힘든 따분함이었다. 어쨌든 이제는 확장된 마음이 자리를 잡아 집중력이 되살아나고 인간과 하이테크의 균형이 바로 잡히는 것 같은 느낌이다. '디지털 안식일'에 오신 것을 환영한다.

디지털 안식일 운동

디지털 기술 혁신이 대부분 그렇듯이, 디지털 안식일 운동도 실리콘밸리에서 시작되었다. 디지털 안식일이란 말은 앤 딜런슈나이더Anne Dilenschneider와 앤드리어 바워Andrea Bauer가 '자신의 가치관에 따라 내적 삶과 외적 삶을 조율해가는 기술'에 관한 자신들의 강좌에서 처음 사용한 용어다. 딜런슈나이더는 심리학자이자 감리교 목사로 비영리 기관에서 일하며 성직도 겸하고 있다. 바워는 실리콘밸리의 CEO와 경영진들을 지도하는 임원코칭 전문가다.

두 사람은 하루에 열 시간 이상 일하고 끊임없이 이메일과 회의에 쫓기는 일정 때문에 한 걸음 물러나 차분히 생각할 능력을 잃어버린 사람들을 보면서 뭔가 해야 할 때라고 생각했다. "사람들이 자기 자신과의 관계를 다시 맺도록 돕는 수업을 만들려 했습니다." 딜런슈나이더는 이렇게 회상했다. 그녀는 노스다코타의 파고에서 임상심리학 레지던트 과정을 끝내고 목사로 일하고 있다. 그녀와 바워는 줄리아 캐머론Julia Cameron의 '예술가의 데이트artist's date'(자기 자신과의 데이트를 통해 창의성을 발견하는 방법-옮긴이)라는 발상에 영감을 받아 학생들에게 하루를 정해 전자제품과 인연을 끊어보라고 권했다. 쉴 새 없이 귀찮게 하는 이메일과 단절하고 호출기와 팸파일럿PalmPilot(2001년에 이 수업을 시작할 때만 해도 최첨단 기술이었다)도 끄고 의식적으로 신기술과 거리가 먼 것들을 하면서 하루를 보내보라고 했다.

첫 안식일은 '힘겨운 도전'이었다고 딜런슈나이더는 회상했지만, 덕분에 학생들은 왜 그런 것들을 단절할 수 없는지, 플러그를 뽑을 수 없는 이유가 무엇인지를 두고 많은 대화를 주고받았고, 온라인과 단절한다고 해서 무슨 큰일이 일어나는 것은 아니라는 사실을 알게 되었다. 디지털 안식일뿐 아니라 딜런과 바워가 처음 이런 강좌를 시작한 이후로 화면 없는 주간Screen-Free Week, 오프라이닝Offlining, 단절 혁명 Disconnect Revolution 같은 비슷한 행사들이 나타나 인기를 끌었다. 이런 프로그램들은 온라인을 유지한 상태에서도 깨어 있는 마음으로 생각하는 사람들의 관심을 끌었다.

나는 사람들이 왜 플러그를 뽑고 또 어떻게 그런 일을 하며 그렇게 해서 얻는 것이 무엇인지 알아보기 위해 많은 이들을 인터뷰했다. 디지털 안식교 신자들 중에는 작가, 컨설턴트, 변호사, 사업가, 그래픽디자이너, 엔지니어, 교육자 외에 광고기획자도 있었다. 주로 한꺼번에 여러 가지 일을 동시에 추진하고 여러 고객들을 상대해야 하고, 창의성과 자기관리와 자발성이 필요한 직업들이었다. 한마디로 멀티태스킹이 일상화된 상태에서 스스로에게 집중해야 하는 사람들이었다. 이들은 대부분 디지털 분야의 달인이면서 아날로그에도 비상한 관심을 갖고 있는 사람들이었다.

일정한 간격을 두고 온라인과의 관계를 단절하자는 제안을 처음 내놓은 사람은 워싱턴대학교의 데이비드 레비David Levy 교수였다. 스탠퍼드대학교에서 인공지능에 관한 논문으로 박사학위를 받은 그는 '아울러' 런던 로햄턴대학교에서 캘리그래피calligraphy와 북바인딩bookbinding을 배워 그 분야에서도 만만치 않은 기량을 과시하고 있다. 한편 맥주 양조가, 요리사, 극한 스포츠 선수들도 디지털 안식교에 적극 참여한다. 그들은 안식교 신자가 된 사연을 다른 사람과 공유하는 데는 적극적이지만, 기술을 혐오하거나 현대화에 반대하는 인상을 주는 것은 싫어한다. "신기술을 반대하지는 않지만…." 그들은 디지털 안식일 얘기만 나오면 이런 식으로 말을 꺼낸다.

디지털 안식일을 우연히 알게 된 사람들도 있다. 예를 들어 마사 록 Martha Rock은 서비스가 시원치 않은 통신사와 계약한 탓에 인터넷이 완전히 끊기는 낭패를 겪은 일이 있었다. 하지만 그렇게 반강제적인 인터넷 안식일을 겪으면서 비로소 그녀는 온라인에 들어가지 못할 때 얻는 이득을 알게 되었다. 그녀는 얼마 전까지만 해도 실리콘밸리의 한 첨단 기술 회사에서 사내 변호사로 일하다가 뜻하는 바가 있어 그 일을 그만두고 유치원 교사가 되었지만, 그래도 여전히 '여러 전자 기기에 끌려다니는' 상태를 벗어나지 못하고 있었다. 그녀뿐 아니라 가족 모두가 인터넷이 없으면 금방 불안해했다. 10대 아들이 '공부한다며 한 손엔

책을 들고 있지만 유튜브 동영상을 틀어놓고 음악을 들으며 문자를 보내는' 모습도 자주 봤다. 남편은 그녀와 데이트할 때도 수시로 블랙베리를 확인하곤 했다. "ISP까지 설치하려고 할 때는 정말 울고 싶더라고요." 그녀는 정말로 우는소리를 해가며 말했다. 그런 그녀가 디지털 안식일을 의도했던 것은 아니지만, 마침 인터넷이 끊기는 바람에 편하게 쉬게 된 것이다. 그녀의 부모님이 학교 행사를 이끌 자원자를 물색하다 그녀에게 온라인으로 연락을 시도했던 날이었다. 어쨌든 그녀는 덕분에 귀찮은 일을 피하고 조용히 쉴 수 있었다.

전기자동차 제조업체인 테슬라모터스Tesla Motors의 엔지니어인 데이비드 워틀리David Wuertele는 갓난 아들 덕분에 엉거주춤 디지털 안식교에 발을 들여놓은 경우였다. 데이비드는 대학에 다닐 때부터 온라인에 머무는 것을 '물고기가 물에 있는 것'처럼 당연하게 생각했다. 그는 토요일마다 돌도 안 지난 아들을 데리고 공원에 갔지만, 태블릿PC도 늘 가져갔다. 아들은 자꾸 같이 놀자고 보챘다. "이메일 한 통만 보낼 테니 잠깐 기다리라고 눈짓을 했어요." 그러면서도 그는 혹시 아이가 무시당했다고 느끼지는 않았을까 걱정했다. 아무래도 이메일 때문에 아이와 함께 있는 소중한 시간이 산만해지는 느낌이었다. 결국 그는 태블릿PC를 집에 두고 아이가 잠잘 동안에 읽을 책만 한 권 들고 나왔다. 스마트폰 전원을 끈 다음 주머니에 넣었다.

셰이 콜슨Shay Colson은 아내와 발리로 한 달 동안 신혼여행을 가면서 처음으로 오프라인의 일상을 경험했다. 콜슨은 스마트폰 알림음만 가지고도 안드로이드인지 윈도인지 아이폰인지 구분해내는 자칭 달인이었다. 하지만 시러큐스대학교에서 몇 해 동안 정보과학을 공부한 후에, 그는 다른 사람들과의 소통을 '리셋할 기회'를 잡고 기술과의 관계를 재정립하기로 했다. 두 사람은 시애틀터코마 공항에서 한 달 예정으로 여행을 시작하면서 여행 안내책자, 종이 티켓, 인쇄된 예약정보 등을 가져갔다. 소지품 중에 전자제품이라고는 디지털카메라와 킨들뿐이었다. 예전 같으면 페이스북에 '오마이갓, 나 지금 스노클링하면서 동시에 트위터도 해, ㅋㅋ' 같은 말과 함께 사진을 올렸겠지만, 방법이 없었다. 뒤늦게 아쉬운 생각이 들었지만 결국 그는 '아내와 함께 매 순간을 제대로 즐기는' 편이 낫겠다고 마음을 고쳐먹었다.

태미 스트로벨Tammy Strobel에게 디지털 안식일은 좀 더 단순하고 의미 있게 살려는 노력의 일부였다. 작가이자 웹디자이너인 스트로벨은 지난 두 해 동안 자진해서 단순하고 소박한 삶을 실험했다. 차도 휴대전화도 없앤 그녀는 오리건에 맞춤형 설계로 지은 15제곱미터짜리 집으로 남편과 함께 이사했다. 그녀는 "'오마이갓, 내 글은 다 구려, 난 루저야' 같은 생각이 드는 것'이 두려웠고, 또 '일을 좀 더 편하게 하고 싶어' 이메일과 인터넷을 이용한다는 생각이 들어 디지털 안식일을 시작했다. 인터넷이 하나의 툴로서 편리함보다는 산만하게 만드는 기능이 더 많다고 느낀 그녀는 주말에 '기기란 기기들은 죄다 전원을 꺼놓기' 시작했다. 이메일, 인터넷, 와이파이 등이 모두 꺼진 자리에는 책이나 남편과 함께 하는 시간이 들어섰다.

저술가이자 〈뉴아틀란티스New Atlantis〉의 편집장인 크리스틴 로젠 Christine Rosen은 DNA 지문분석이나 GPS 같은 기술로 인해 사람들의 시간, 일과 가족생활을 경험하는 방식이 어떻게 달라지는지 규명하는 글을 쓰고 나서 디지털 안식일을 지키기 시작했다. 그녀는 이 글을 쓰면서 기술은 필요하지만 삶을 방해하는 요인이 될 수 있다는 사실을 알게 되었다. 어느 날 남편이 거실로 랩톱을 가져왔을 때 '아이들이 랩톱에 들러붙어 시간 가는 줄 모르고 빠지는 것'을 본 후로, 컴퓨터란 컴퓨터는 모두 집 안에서 추방되었다.

로젠은 또한 온라인 때문에 글 읽는 습관이 바뀌었다는 사실을 깨달았다. "나는 원래 많은 글을 읽습니다. 하지만 온라인에서 읽으면 산만해서 글 읽는 재미를 못 느꼈습니다." 그녀는 말했다. 그녀는 컴퓨터에 프레드 스터츠먼의 인터넷 차단 프로그램인 프리덤을 설치하고 책에 빠질 수 있는 저녁 시간을 마련하기 시작했다. 그 시간은 짧았지만 그것은 디지털 안식일을 향한 첫걸음이었다.

딜런슈나이더와 바워는 안식일에 처음 도전할 때는 그때 할 활동을 미리 계획하라고 조언한다. 어수선한 집안일들을 미리 처리하여 산만해질 일이 없게 하고, 안식일이 끝나면 짧은 기념 의식을 치른 다음에 정상생활로 돌아가라고 권한다. 10년 뒤에 소셜미디어, 아이폰, 엑스박스, 클라우드 컴퓨팅이 한물가고 나면 디지털 안식일에 사람들은 어떤 일들을 할까? 10년 뒤에는 무엇을 끄고, 어떻게 시간을 보내고, 오프라인에서는 무엇을 얻을까?

먼저 시간을 정하는 것은 쉽다. 해질 때부터 다음 날 해질 때까지나 주말 내내 등으로 정하면 된다. 디지털 안식일을 하나의 예측할 수 있는 의식으로 만든다면, 시작하고 계속 이어가기가 더 쉬워진다.

어떤 기기를 끌 것인가는 좀 더 생각을 해봐야 한다. 내가 인터뷰한 사람들 중 모든 기기를 무조건 끈 사람은 거의 없었다. "아미시Amish(암만파)처럼 살 수는 없죠." 어떤 사람은 이렇게 말했다. 기술적인 특징을 기준으로 삼는 사람도 있었다. 예를 들어 화면이 있는 것은 모두 피한다거나 와이파이로 연결되는 것은 모두 외면한다거나 전원스위치가 있는 것은 모두 끄는 식이다. 이런 규칙은 기억하기도 실천하기도 쉽다(특히 아이가 있는 사람들에게는 아주 요긴한 방식이다). 그리고 또 정상생활과 디지털 안식일의 경계를 분명히 할 수도 있다. 아니면 특별히 산만하게 만드는 서비스와 기기만 금지하는 것도 방법이다. 예컨대 스마트폰과 컴퓨터를 끄고 아이들이 손에 들고 하는 게임기는 부모에게 맡기게 하지만, 온 가족이 엑스박스로 함께할 수 있는 기타히어로는 허용하는 사람들도 있다.

디지털 안식교의 신도들은 대부분 기술적 속성이 아니라 기술의 심리적 영향을 근거로 꺼야 할 기기를 정한다. 예를 들어 작가이자 컨설턴트인 그웬 벨Gwen Bell은 '경험적으로 중독성이 강한 것은 모두' 몰아낸다. 셰이 콜슨은 온라인을 '인풋을 직접 통제할 수 없는 것'에 대한 '파블로프식 경험'으로 생각한다. 이런 정의대로라면 TV를 보는 것은 안 되지만, 넷플릭스나 DVR은 괜찮다. 스마트폰을 벨소리 상태로 두거나 이메일 알림음을 켜놓은 상태로 가지고 다니는 것은 온라인 상태다. 스마트폰을 진동 모드로 하면 오프라인이다. "결국은 통제, 정신적에너지, 그리고 자신만의 인풋과 아웃풋의 문제입니다." 셰이 콜슨은 그렇게 결론지었다. 이런 선택을 하려면 자신이 평상시에 기술을 어떻게 사용하는지 살펴보고, 어떤 기기가 심리적으로 가장 요구가 많고 산만하게 하는지 생각해보고, 어떤 교류가 중독성이 있는지 판단해야 한다. 오프라인을 제대로 유지하는 첫 번째 단계는 자기 자신을 들여다보는 것이다.

안됐지만 다음 단계는 오해를 각오하는 것이다. 사람들은 오프라인을 고집하면 중요한 것을 놓치기 쉽다고 생각한다. 사회생활을 위계적인 네트워크가 아니라 수평적 네트워크로 보는 세상이기 때문에, 온라인 세계와 일부러 단절하게 되면 사람들에게 반감을 사거나 반사회적인 인상을 주기 쉽다.

마사 록은 사람들에게 온라인에서 보내는 시간을 줄이겠다고 말했을 당시 그들의 반응을 보고 충격을 받았다. "그렇게 해서 바자회를 제대로 운영할 수 있겠느냐고 걱정하더군요. 내 건강과 행복을 위해서라면 못 할 게 없다고 했죠. 나는 이미 확신이 섰고, 내 '약점'을 솔직하게 말하면 이해해주리라 생각했거든요." 그녀는 말을 이었다. "세상에, 내가 순진했어요. 사람들하고는, 참. 그들은 '그런 식'으로 들으려 하지 않았어요. 내 말이 '적대적'으로 비춰진 모양이에요. 아니면 '비싸게 군다'고 생각했는지도 모르겠어요. '아니, 누군 건강 생각 안 하나?' 아니면 '웃기시네, 그럼 모금 행사는 누구더러 하라는 거야?' 그렇게 생각한 거죠. 정말 당황스럽더군요." 이에 대해 셰이 콜슨은 이렇게 충고한다. "오프라인으로 가겠다는 말은 할 필요가 없습니다. 반박할 빌미만주거든요. 사람들이 뭐라 하면 나는 이렇게 말해요. '그때는 서비스가안 됐어.'" 이제 그는 요령을 알았다.

정말로 나를 필요로 하는 사람들이라면 굳이 도망갈 필요가 없다. 샌드위치 세대Sandwich Generation(자식과 나이 든 부모를 모두 책임져야 하는 세대. 예전에 사회학자들은 그런 사람들을 '여자'라고 불렀다)에 속한 사람들은 사람들과 연락을 완전히 두절하는 것 자체를 매우 껄끄러워한다. 디지털 안식일의 목적은 무책임하게 연락을 끊는 것이 아니라 불필요하고 산만하게 만드는 것들을 걸러내는 것이다. 늘 독촉이 심한 고객이나 폭주하는 트위터는 모르는 편이 낫다. 하지만 양로원이나 초등학교에서 오는 전화는 받아야 한다. 연락이 되지 않는 것에 대한 걱정으로 산만해진다면 인터넷으로 고양이 사진을 보는 것보다 나을 것도 없다.

어떤 일을 할 때 몰입하게 되는지 한번 생각해보라. 책을 읽는 것은 디지털 산만함을 물리칠 수 있는 가장 일반적인 방법이다. 일지를 쓰거나 잉크와 종이를 꺼내 물리적 질감을 즐기며 잉크의 대단한 내구성과 느림의 미학을 음미하는 것은 그다음으로 많이 하는 행동이다. 요리는 집중력을 요구하고 창의성에 보답하며 감각으로 확인할 수 있고, 혼자할 수도 같이 할 수도 있어서 좋다.

자신을 '엔지니어의 엔지니어'라고 소개하는 데이비드 워틀리는 오프라인에 공장 수준의 개인 양조장을 만들어놓았다. 이 양조장은 그가 직접 디자인한 스테인리스강으로 된 기계를 가지고 가공한 부품들로 마감처리되어 있다(토머스 머튼 신부도 이렇게 선언했다. "나는 맥주를 좋아한다. 또 그래서 세상을 좋아한다.").

이 모든 활동은 조금 복잡하기는 해도 누구나 할 수 있는 것들이다. 이런 일은 온 의식을 쏟아 몰두해야 하지만 그 자리에서 보상을 받는다는 장점이 있다. 그리고 대부분 분위기나 환경에 따라 혼자서 하거나 친구들과 같이 할 수 있는 일들이다. 이런 것들은 온라인에서 활동할 때의 자극도 일부 제공하지만, 산만함을 전혀 주지 않고 자신과 자신의 관심을 둘로 나누어야 하는 느낌도 주지 않는다. 이런 것들은 회복 경험이고 몰입 경험이다.

인내심을 갖자. 처음에는 길어지는 오프라인 기간이 힘겨울 것이다. 그것이 정상이다. 하지만 시간이 흐르면서 느려지는 마음과 익숙하지 않은 자유를 활용하는 법을 배우게 될 것이다. 인터넷과 이메일을 끄면 초조해지는 사람들이 많다. 어떤 사람들은 금단증상을 느낀다고 말하고, 또 어떤 사람들은 온라인 습관을 갑자기 바꾸기가 힘들다고 하소연한다.

그웬 벨은 업데이트하고 싶은 갈증을 채우기 위해 처음 맞는 안식일에 '종이로 트위터를 했다.' 그렇게 하고 싶은 말을 종이에 '적었다.' 그러면서도 급한 메일을 우편함에 오래 묵히는 것은 아닐까, 전화를 못받지는 않을까, 중요한 소식을 못 듣지는 않을까 걱정이 되었다. 그러나 디지털 안식일을 몇 년씩 습관처럼 지켜온 사람들을 인터뷰해보면, 중요한 연락을 못 받은 적은 '전혀 없고', 정말로 연락을 하고 싶은 사람은 어떤 식으로든 연락을 해 온다고 입을 모은다.

디지털 안식일은 하루짜리 휴가가 아니다. 딜런슈나이더가 강조한 것처럼 유대인에게 안식일은 '우리가 하나님의 형상대로 만들어졌으며, 우리의 진가는 우리가 "하는 것"이 아니라 우리의 "모습 자체"에서 온다는 사실을 상기할' 기회를 갖는 날이다. 하지만 그렇게 하려면 나의 참모습이 무엇인지 알아내려 노력해야 한다. 안식일은 '나 자신을 알고, 깨어나 각성해야 할 의무감을 만들어낸다.' 이것은 부산스러운 상업적 네트워크의 연결성에서 벗어나 매우 다른 종류의 공간으로 들어가는 것을 의미한다. 그곳은 빠름을 느림으로, 반응을 반성으로 대체하는 공간이다. 디지털 안식일은 영적 회복의 계기를 마련해주는 초대장이다.

안식일 선언하기

물론 아직은 낯설게 느껴질 수 있다. 그렇지만 당신만 그런 것이 아니다. 종교적 뿌리를 찾자면 디지털 안식일 운동은 어느 정도 양면성을 갖고 있다. 딜런슈나이더와 바워는 2001년 강좌를 루터교회에서 열었다. 그리고 2009년에는 '갈수록 소모적인 세상에서 느리게 살도록' 돕기 위한 안식일 선언Sabbath Manifesto 10개 원칙이 진보 성향의 유대인 집단인 '리부트Reboot'에 의해 작성되었다. 이 안식일 선언은 기기를 끄고 사랑하는 사람들과 연락을 취하고 촛불을 켜고 와인을 마시고 유대교 전통을 따라 빵을 먹으라고 권하지만, 종교적 배타성은 피하고 포용성을 내세운다.

내가 인터뷰한 사람들 중에도 종교 성향이 두드러진 사람은 거의 없었다. 어떤 사람은 안식일을 '적당히 지키는 편'이라고 말하면서 자신은 종교적이라기보다는 '영적'이라고 강조했다. 그것은 '신기술을 반대하지는 않지만'이라는 말의 반복인 셈인데 이들에게 가장 자주 듣는 말이다. 사람들은 그렇게 자신의 입장에 선을 긋는다. 나는 로스앤젤레스에 있는 시나고그대학교University Synagogue의 선임 랍비인 몰리 페인스테인Morley Feinstein에게 그 의미를 물었다. 페인스테인은 중서부와 캘리포니아에서 안식교 집회를 이끌고 있다. 그는 TV에서 집전하면 잘 어울릴 것 같은 랍비의 전형적 외모를 지녔다.

페인스테인은 '사람들이 하는 것은 결국 전통적인 것이지만 하나님은 스스로 경건하다는 말을 못 하게 금하신다'고 설명했다. 신앙은 데릴 벰의 말대로 자각의 문제이고 다른 사람이 나를 어떻게 받아들일지 생각하는 문제다. 종교니 신앙이니 하는 것은 과거에 할아버지 세대들이 하던 행위다. '영적이 되는 것은 좋지만, 스스로를 종교적이라고 말하면 당장 보로파크 출신으로 오해받을 것'이라고 페인스테인은 말한다. 보로파크는 브루클린에 있는 보수적인 유대인 동네다.

페인스테인의 말이 조금 과격하게 들릴지는 모르겠지만, 그는 사실 디지털 안식일의 이유를 찾지 못하는 사람들의 마음을 누구보다 잘 안다. "'안식일이니까 아이폰을 끄겠다'고 하지만, 그것은 '내 신경을 개조해야겠다'는 의미가 아닙니다." 그는 이렇게 덧붙인다. "사람들은 안식일을 통해 영적, 정서적 이득을 얻고 건강도 좋아집니다. 전통을 지킨다는 것은 바로 그런 것입니다. 최신 유행을 밝히는 사람들은 동의하기 어렵겠지만 말입니다."

그리고 이런 운동은 안식일의 이미지를 바꿔보려는 오랜 역사의 일부다. 교회력曆의 여러 행사들은 농경 시대의 산물로, 현대인으로서는 지키기 어려운 요구가 많아 언젠가 잊힐지도 모른다. 그러나 페인스테인은 이렇게 말한다. "안식일은 십계명에 명시된 유일한 휴일이고, 그래서 그 의미나 위세가 좀처럼 사그라지지 않을 것입니다. 유대교에서는 15년마다 안식일을 좀 더 의미 있고 좀 더 가까이할 수 있는 날로 만들려는 움직임이 있었습니다." 디지털 안식일은 그것을 업데이트하려는 최근의 노력일 뿐이다.

모든 사람들이 디지털 안식일을 환영해야 한다는 생각에는 나도 공감한다. 하지만 너무 교조적으로 생각하거나 지켜야 할 세부적인 내용에 얽매일 필요는 없다. 관조적 컴퓨팅의 핵심은 내게 효과가 있는 것을 찾아 배우는 것이다.

전통적 안식일에 관한 오래된 기록을 뒤진다면 개인의 신앙과 관계없이 몇 가지 귀중한 사상을 찾을 수 있을 것이다. 그러나 그런 문헌을 찾는다고 해서 기술에 관한 생각에 큰 도움을 받을 수 있는 것은 분명 아닐 것이다. 그리고 아마도 안식일에 관한 유대인들의 기록을 들추기로 하면 조금은 거부감을 느낄 수 있다.

이해한다. 나도 종교와는 거리가 먼 사람이다. 그리고 내 친구들도 대부분 흔히 볼 수 있는 회의주의자들이고 일요일(또는 토요일)에도 일을 하거나 아이들과 놀고 집안일을 하기에 바빠, 교회나 유대교 회당에 갈 짬이 없는 사람들이다. 나는 종교를 분석적이고 인류학적으로 접근하는 편이다. 신자들의 행동을 지켜보고 종교가 그들의 삶을 얼마나 풍요롭게 하는지 살펴보지만 내가 직접 경험해보지는 않는다. 그래서 나는 에이브러햄 헤셸Abraham Heschel이 1951년에 쓴 《안식일The Sabbath: Its Meaning for Modern Man》을 집어 들었을 때 적잖이 신선한 충격을 받았다.

그리고 나는 그 속에서 지금까지 읽었던 그 어떤 책들보다 심오하고 진지하게 말을 거는 문구들을 끊임없이 발견했다.

이 책은 안식일을 지키라는 규범서가 아니라 안식일의 의미를 분석한 책이다. 출간한 지 60년이 지났는데도 여전히 작지만 다면적이고 영롱한 보석 같은 광채를 발한다. 이 책은 헤셸을 20세기의 가장 중요한 유대교 신학자 중 한 사람으로 만들어놓았다. 뉴욕의 유대교 신학대학의 대니얼 네빈스Daniel Nevins 학장은 헤셸이 여전히 '그의 시적 필치로 존경을 받는다'고 설명하면서 '그는 현대 유대교 신학의 더없이 소중한 존재'라고 말한다. 몰리 페인스테인도 이에 동의하면서 최고의 찬사를 덧붙였다. "그는 현대 신학의 아인슈타인입니다."

이런 비유는 두 가지 차원의 의미를 갖는다. 헤셸의 저술은 그의 비범한 천재성을 유감없이 드러낸다. 그리고 아인슈타인의 상대성이론처럼《안식일》은 시간과 공간, 그리고 그것들과 우리의 관계의 본질을 밝혀놓았다.

헤셸은 안식일이 익숙한 전통이기는 해도 사실은 어떤 급진적인 사상의 구현이라고 주장한다. 우선 안식일은 대단히 평등한 사상을 바탕으로 하고 있다. 하인이든 가난한 사람이든 가리지 않고 누구나 안식일을 즐길 권리가 있다. 짐을 나르는 노새도 안식일에는 쉰다. 또 안식일은 공간보다 '시간'을 신성시한다는 점에서 혁신적이다. 고대인들은 신성한 숲이나 산을 경배했다. 그 안에 신이 살기 때문이었다. 이와 달리〈창세기〉는 세상을 보기에 좋은 것으로 그리면서도 안식일만은 '보시기에 좋았더라'를 넘어 거룩하게 여기도록 격을 높여놓았다. 유대교는

'시간을 신성시하려는 목표를 가진 시간의 종교'라고 헤셸은 규정한다. 그리고 성서는 '모든 시간은 유일한 것이며 따라서 무한히 소중하다'는 사실을 깨닫게 해준다.

유대교의 '시간의 건축'에서 가장 중요한 것, 즉 의식과 기념행사의 정점은 안식일이다. '안식일의 의미는 시간을 기리는 것'이라고 헤셸은 말한다. 유대 의식 중에서도 안식일은 유일하게 성스러움과 영원성을 각인시키는 데 초점을 맞춘다. 유대력曆에서 가장 중요한 행사의 절기는 자연이나 역사적 기준에 따라 정해졌지만, 안식일의 리듬은 달의 주기나 계절과 아무런 관련이 없다. 안식일은 창조 자체의 주기를 따른다. 안식일은 믿는 자에게 시간과 공간을 하나님이 그들을 만든 방식대로 보도록 한다. 실제로 '안식일의 본질은 공간의 세계에는 전혀 관심이 없다'고 헤셸은 주장한다. 안식일은 '영원에 근접한다는 암시로 영혼과 환희와 엄정함으로 만들어진 시간 속의 궁전을 세움으로써 시간의 성스러움에 맞추어 조율할' 기회를 제공한다.

헤셸은 매우 존경받는 동유럽 랍비 가문의 후손이자 베를린에서 공부한 철학자로서 제2차 세계대전 직전에 나치의 박해를 피해 달아났다. 그런 그에게 단순한 장소의 상실에서 살아남아 '시간의 왕국에' 살아간다는 종교적 비전은 커다란 위안과 힘이 되었을 것이다. 그래서인지 평범한 생활과 안식일의 관계와, 새로움과 시간에 관한 헤셸의 사상은 디지털 안식일을 잘 이용하려는 우리의 이해를 한층 심화시켜준다.

'영원에 대한 근접성'을 강조하고 정치적 상업적 속도를 경시하는 안식기간은, 사실 뉴스와 정보가 흐르고 금융 거래가 이루어지고 다른 온라인 활동이 일어나는 실제의 시간, 즉 '실시간real time'과 별로 다르지 않다. 실시간은 1950년대 말에 처음 등장한 말로, 컴퓨터과학자들이 정보를 받는 즉시 분석하고 반응할 수 있는 시스템을 설계하면서 만들어낸 용어다. 실시간이라는 말은 현실을 즉시 '반영할' 수 있는 컴퓨터를 만들어내려는 노력에서 시작되었지만, 그 후로 이 개념은 현실을 '변화시키는' 힘을 획득했다.

이제 세상은 제품을 시장에 좀 더 빠르게 제공하고, 소셜미디어를 통해 다른 사람들의 생각과 행동을 '그 즉시' 파악하는 곳이 되었다. 금융시장에서는 경쟁자보다 몇 백만 분의 1초 더 빠르게 실시간으로 거래를 성사시켜 거액의 돈을 순식간에 거머쥔다. 세상이 이런 판국에 아무리 잠깐이라도 오프라인으로 빠져 우물거리다가는 돈도 세상도 모두 잃고 만다.

실시간을 얘기할 때 빠지지 않는 것은 그것이 갖는 본래적 불안성이다. 컴퓨터 시스템이 계속 빨라지면서, 실시간도 계속 속도를 높였다. 시스템이 세상과 보다 단단히 얽히면서, 실시간에 대한 요구는 우리의 일상 구석구석까지 파고들었다. 그것은 피할 수도 없고 끈질기다. 실시간은 늘 조금 더 빨리 가려 하고, 동시에 '우리'에게도 더 빨리 가라고 재촉한다. 실시간은 19세기 공장이나 철도의 표준시간과 달라 예측성을 소중히 여기고 정확한 천문 시계에 맞춰진다. 또한 자연의 시계나 우리의 생리학적 시계의 리듬과도 다르다. 그러나 실시간은 창조와 영원의 길고 위엄 있으며 영원한 시간 비율과 별반 다르지 않다.

실시간을 따라가려면 비싼 대가를 치러야 한다. 실시간은 온라인 생활과 커뮤니케이션을 더 빨리 더 매끄럽게 해주는 서비스를 창출한다. 클릭 한 번으로 물건을 구입하고, 이메일보다는 문자메시지를 선택하게 한다. 실시간은 생활을 흔들어 그 흐름을 더 원활하게 해준다. 금융과 상업, 커뮤니케이션의 속도에 맞추려다 보면 어쩔 수 없이 현재의 순간, 즉 순간적 현재에 초점을 맞추지 않을 수 없게 되고, 따라서 느리게 살며 생각할 수 있는 능력은 손상되고 만다. 미래학자 앤서니 타운센드는 이렇게 말했다. "정신, 조직, 도시, 사회 전체, 이 모든 것은 새로운 아이디어를 종합하고 추진할 시간을 필요로 합니다. 쉴 틈 없이 당장 반응해야 한다고 생각하면, 지금 하고 있는 것을 생각하는 능력인 휴식과 관조와 심사숙고는 사라지고 맙니다." 실시간에 가혹할 정도로 끊임없이 노출되면 '의사결정 능력과 관조 능력이 모두 파괴된다'고 그는 주장했다.

그래서 헤셸의 통찰은 그 어느 때보다도 오늘날 더 가슴에 와 닿는다. 그는 안식일을, 빛의 속도가 아니라 창조의 시계에 맞춰진 영원과 경험의 시간을 암시하는 '시간의 궁전'으로 부르는 초대장으로 보았다. 헤셸의 사상에 따라 오늘날을 보면, 요즘의 디지털 기기와 가상공간은 끔찍할 정도로 밀착된 '사물의 독재'를 낳는다. 늘 그래왔지만 우리는 '사물 그 자체를 위해' 노동을 한다. 그러나 '소유는 억압의 상징이고 좌절의 축제다. 사물은 확대되면서 행복을 위조한다. 사물은 우리의 생활에 대한 하나의 위협'이라고 헤셸은 경고했다.

우리는 알게 모르게 컴퓨터를 사람처럼 대하고, 그래서인지 우리의 모바일 기기는 갓난아기처럼 떼를 쓴다. 그것들은 우리의 행동에 빠르게 반응하고 동시에 우리의 비위를 맞추려 애를 쓰며 지나칠 정도로 요구하는 것이 많고, 늘 켜져 있으며 끊임없이 우리의 관심을 촉구한다. 요즘 우리는 시간에 대한 경험을 압축시키고, 평일의 리듬과 신체 신진대사의 리듬을, 연중무휴의 네트워크와 시장으로 대체하는 사물과 함께 우리의 삶을 이어간다. '공간적 사물의 프랑켄슈타인은 우리를 먹여 살리기보다 우리를 괴롭힌다'는 헤셸의 경고는 그 어느 때보다 사실적으로 들린다. 프랑켄슈타인들이 그들을 만든 사람의 관심과 사랑을 요구하기 시작한 지금은 더욱 그렇다.

안식일은 그 모든 것으로부터 멀리 물러나는 것이 용납되는 날이다. 일주일에 하루만이라도 '흐트러진 삶을 추스르기' 위해 '시간을 낭비하지 말고 하나로 모으는 것'도 괜찮다. 이것이 디지털 안식일이 지향하는 바다. 이제 사람들은 단절의 언어 뒤에 매우 중요한 어떤 것, 즉 시간과의 관계를 재정립할 기회가 있다는 사실을 직감한다. 그것은 시간을 흩트리지 않고 한데 모으는 방법을 배우는 기회이고, 관심과 존재를 위한 자신의 능력을 늘릴 수 있는 보다 장대하고 신비스러운 시간을 경험하라는 초대장이자, 삶을 의미 있게 만들 수 있는 기회다.

능동적 안식일의 권유

디지털 안식일을 실용성도 없고 비효율적인, 속성 다이어트 정도로 생각하는 사람들도 있다. 전문가들은 속성 다이어트처럼 하는 것은 건강한 소비 유형이 아니라고 지적한다. 며칠 동안 모든 스위치를 꺼놓는다고 디지털 소비 습관을 바꿀 수는 없다. 하루 동안 먹지 않는다고 신체의 신진대사가 바로잡히지 않는 것과 마찬가지라는 것이다. 이들에게 디지털 안식일은 잠깐 유행하고 사라지는 기적의 다이어트나 체중 감량 구루들이 무리하게 밀어붙이는 장청소 같은 극단적인 수단일 뿐이다.

음식으로 보자면 완벽하게 합리적인 비판이다. 그러나 비유 자체부터 잘못되었다. 이슬람의 라마단이나 가톨릭의 재의 수요일, 유대교의 욤키푸르(속죄일) 등 거룩한 단식기간은 다이어트를 위한 의식이 아니다. 그것은 전혀 의도가 다른 단식이다. 전례에 따라 음식을 삼가는 것은 마음을 경건히 가다듬고 세속적인 것에서 관심을 돌리고, 극기와 근신을 통해 몸을 깨끗이 하고 영혼을 순화하기 위한 것이지 죄 많은 군살을 빼기 위한 것이 아니다.

마찬가지로 디지털 안식일을 지키는 행위의 요점은 대니얼 시버그 Daniel Sieberg가 디지털 기기와 온라인 ID의 축적이라 부르는 가상의 몸무게를 줄이기 위한 것만이 아니다. 디지털 안식일은 웹의 도전과 자극을 책이나 풍경과 바꿀 기회를 제공한다. '좋아요'나 '팔로우'에서 얻는 만족을 요리처럼 손으로 하는 일의 즐거움과 맞바꿀 기회, 지구 저편의 사람들과 '친구 맺기'라는 보상을, 가까운 곳에 있는 사람들과 연락했을 때의 보상과 맞바꿀 기회를 갖는 것이다.

디지털 안식일 교인들을 인터뷰해보면 휴식이 일상의 삶을 개선하고 온라인 관계를 새롭게 한 경위를 설명하는 경우가 많다. 오프라인에 있는 동안 놓친 중요한 이메일이 별로 없다는 뜻밖의 사실에 그들은 놀란다. 이메일은 그 자체를 긴급하게 보이도록 설계되었다. 그러나 이메일과 거리를 두면, 그런 압력이 인위적이라는 사실을 알게 된다. 크리스틴 로젠은 이렇게 말했다. "하루를 쉴 때가 있지만 그 어떤 것도 놓쳐본 적은 없습니다." 셰이 콜슨 역시 신혼여행 한 달 동안 받은 메일 중 중요한 내용이 거의 없다는 사실에 크게 놀랐다. "읽을 만한 메시지는 몇 개 안 됐습니다. 신호대잡음비(S/N비)의 균형이 너무 맞지 않았습니다. 당연히 잡음이 압도적이었죠."

디지털 안식일을 지키면 대수롭지 않은 연락을 크게 줄일 수 있다. 하지만 모든 기기를 완전히 끊는 사람보다 선별적으로 차단하는 사람이 더 많다. 마사 록은 디지털 안식일을 지키기 시작하면서 '자연스럽게 좀 더 인간적이 되었다'고 말한다. "처음에는 화를 내는 사람이 많더군요. 다들 비슷한 반응이었어요. '또 뭔데? 혹시 마차라도 생긴 거야?' 하지만 정말로 중요한 사람들은 연락할 방법을 알고 있어요." 태미 스트로벨은 이메일 확인 시간을 줄이면서 '좀 더 의미 있는 메시지를 쓰게 되었다.' 이메일은 유용하다. "15분마다 확인하지 않고 사람을 산만하게 하거나 다급하게 만든다고 생각하지만 않는다면 말입니다." 그녀는 이렇게 덧붙였다.

안식일은 복잡한 일에 집중하고 특별한 순간의 고유성을 음미하고 주변 사람들에게 좀 더 초점을 맞추는 능력을 길러준다. 관심을 가지는 것은 관계에 있어 중요하다. "관계를 발전시키는 것은 바로 그 순간에 충실하고 처신을 올바르게 하려고 의식하는 문제입니다." 태미 스트로벨은 이렇게 주장하면서 메일함에 무엇이 왔는지 궁금한 상태에서는 현재에 충실한 의식을 유지하기가 어렵다고 말했다. 오프라인에서는 하고 싶은 일, 즐겨 열중할 수 있는 일에 푹 빠져 시간을 마음대로 보낼 수 있다. 그래서 오프라인에서 일하는 것은 소진이 아니라 회복이다.

스팸과 중요하지 않은 연락을 줄이면 부서지거나 흐트러지지 않은 시간을 뭉치로 마련할 수 있다. 그웬 벨이 말한 것처럼, 우리는 대부분 시간을 '잘게 쪼개 더욱더 작은 단위로 만드는 데' 익숙하다. 그리고 그렇게 나눈 시간을 사람들과 전화통화하며 또 나누고, 컴퓨터와 또 나눈다. 이렇게 하면 좀 더 생산적이 되리라 기대하지만 결과는 정반대다. 한 가지 일을 하는 데 오랜 시간을 들이는 것을 보면 스위치태스킹이 얼마나 비효율적인지 알 수 있다. 셰이 콜슨은 이렇게 말한다. "30초 단위로 쪼개지 않고 통째로 쓰면 하루가 길어집니다. 놀랄 정도로 길어지죠. 며칠이 모이면 긴 시간이 됩니다. 각각 하루씩만 따져도 얼마나 많은 일을 할 수 있는지 모릅니다. 누구나 그런 사실을 알지만 잊고 있을 뿐입니다. 온라인에서 산만해지면 특히 그렇습니다."

온라인에 있는 시간과 오프라인으로 있는 시간을 구분하면 할 일을 끝내기도 쉽고 일과 일반적인 생활을 더 잘 구분하여 유지하기도 쉽다. 태미 스트로벨은 안식일이 정해준 보다 분명한 영역 때문에 '자유를 더욱 만끽할 수 있다'고 말했다. "이메일에 얽매일 이유가 없습니다. (잠자리에 들 때까지 온라인에서 서성이기보다는) 전원을 끄고 독서를 하거나 남편과 이야기를 나누는 데 초점을 맞출 것입니다." 크리스틴 로젠도 말했다. "디지털 안식일에는 그날 하루가 어떻게 지나가는지 관심을 가지고 지켜보게 됩니다. 내가 하고 있는 일도 더 많이 의식합니다. 그것은 희생이 아닙니다. 바쁜 한 주가 시작되기 전에 갖는 휴지기입니다."

에이브러햄 헤셸은 안식일을 현대 '기술 문명'에 대한 균형추로 보았다. '공간을 차지하는 사물을 가지고 일하지만 영원한 사랑 속에 존재하는' 방법인 것이다. 〈창세기〉에 대한 헤셸의 독법을 따르면, 제7일은 하나님이 행복과 고요함과 완벽한 우주를 만드신 날이다. 그것은 창조의 끝이 아니라 창조의 정점이었다. 그 행복과 고요함을 다시 창조해야할 의무가 우리에게 있다고 헤셸은 주장했다. '영혼이 없는 휴식은 악행의 원천'이라 경고하면서 말이다.

안식일은 아무 생각 없이 한가롭게 노는 날이 아니다. 헤셸에게 안식일의 휴식은 '수동적'인 것이 아니라 '능동적'인 것이었다. 《안식일》에서 헤셸은 안식일에 어떤 특별한 일을 맡고 또 맡지 말아야 하는지에 대해 이상할 정도로 침묵한다. 동료 랍비들은 교외에 사는 유대인들에게 회당으로 차를 몰고 오는 것을 허락해야 하는지, 전기를 켜질 말지 등을 놓고 다른 논쟁을 벌였지만, 그는 그런 것은 문제로 여기지 않았다. 일을 하지 않고 휴식을 취한다고 해서 무기력하게 지내라는 의미는 아니었다. 휴식은 다른 더 중요한 일을 하고 또 그 일을 잘할 수 있는 공간을 만들기 위한 장치였고, 한 주에 엿새 동안 사람들을 독차지했던 경제적 '생산적' 분주함에서 벗어나는 것을 의미했다. "노동은 기술이지만 완벽한 휴식은 예술이다. 탁월한 수준의 예술성을 유지하려면, 예술의 규범을 받아들여야 하고 나태함을 강권해야 한다." 헤셸은 이렇게 말하며 수동적인 '휴식'은 두둔하지 않았다. 그가 주장한 것은 다른 말로 '회복'이었다.

디지털 안식일을 가장 잘 활용하는 사람들은 자신을 가다듬고 친구들과의 관계를 재정리하고, 디지털 이전에 가졌던 소중한 능력을 다시 찾고 실천하며 현실 세계와 다시 관계를 맺는 데 그 시간을 사용한다. 산만하게 소진시키며 쏟아져 들어오는 전자 기기의 공세와 수많은 사소한 요청은 꺼버리는 것이 좋다. 그러나 플러그를 뽑는 것만으로 마음을 회복하려 하는 것은, 건물을 포기함으로써 건물을 수리하려는 것과 다를 바 없다. 디지털 안식일은 우리가 디지털 기기를 끄고 무시한 것으로만 정의되는 것이 아니라 우리가 그 시간에 행한 것에 의해서 규정된다. 플러그를 뽑는 것은 하나의 수단이다. 진정한 목적은 시간의 인간적 의미를 회복하고 기울어진 영혼을 다시 세우는 것이다.

8장

관조적 컴퓨팅을 위하여

⋯⋯⋯⋯

디 지 털   시 대
빼 앗 긴   집 중 력 을
되 찾 기   위 한   조 언

THE
DISTRACTION ·····································
ADDICTION

여덟 가지 원칙

관조적 컴퓨팅에는 여덟 가지 원칙이 있다. 기기와 미디어가 우리의 호흡과 기분에 어떤 영향을 미치는지 알고 싶을 때, 스위치태스킹을 현실적인 멀티태스킹으로 대체할 때, 주의력을 유지하기 위한 툴이나 실천 방안을 채택할 때, 깨어 있는 마음으로 트위터를 할 때, 마음을 재충전하기 위해 회복 공간과 디지털 안식일을 활용할 때, 우리는 관조적 컴퓨팅의 여덟 가지 원칙을 사용한다.

이 여덟 가지 원칙과 친숙해지고 그것들이 얼마나 서로 단단히 얽혀 있는지 알면, 젠웨어, 깨어 있는 마음, 자기실험, 회복 등의 힘을 빌려 정보통신기술과의 관계를 정립하고 확장된 마음을 향상시킬 수 있다. 이런 것들이 존재한다는 것은 우리가 우리의 마음을 강하게 만들고 집중력을 회복시키는 방법으로 기술을 사용하고 있다는 것을 알려주는 신호다. 반대로 이런 것들이 없다는 것은 기술과 우리의 관계가 우리에게 유리하게 작동하고 있지 않다는 신호다.

첫 번째 원칙은 '인간이 되는 것'이다. 요즘 같은 첨단 기술의 세계에서 이것은 두 가지를 의미한다. 먼저 첫째, 인간이 된다는 것은 얽힘이 우리의 큰 부분이라는 사실을 이해하는 것을 의미한다. 인간은 기술을 가지고 기술을 감추는 놀라운 능력을 갖고 있다. 우리는 그것들을 우리의 신체도식으로 통합하고, 그것을 활용하여 정신적 신체적 능력을 확장시킨다. 이것은 우리 인류가 100만 년이 넘도록 연마해온 능력이다. 손의 진화와 도구의 발명, 불의 정복과 동식물을 길들이고 말과 글을 발명한 것들이 그것이다. 이 모든 것들이 우리를 더욱 인간답게 만들었고 동시에 기술과 더 깊은 얽힘을 만들었다. 따라서 정보통신기술과 얽히는 상황에 저항해서는 안 된다. 그 이해관계를 인정하고 그런 관계를 잘 이루어갈 수 있도록 요구하고, 기기들이 우리에게 기여하고 우리에게 합당하도록 요구해야 한다(사이보그 권리장전이 있다면, 이 조항이 수정헌법 제1조가 되어야 한다).

둘째로 인간이 된다는 것은 우리가 우리 자신을 보는 법에 대해 컴퓨터가 어떤 영향을 미치는지 알아내는 것을 의미한다. 정보통신기술은 우리의 눈앞에서 진화를 거듭하고 있고, 날이 갈수록 힘과 정교함이 크게 성장하고 있으며, 우리 생활 구석구석까지 그 영향력을 행사하고 있다. 정보통신기술은 우리의 지능과 어깨를 겨루고 우리를 추월할 태세를 갖춘 듯 보인다. 동굴 시대부터 큰 변화를 보이지 않았던 우리의 두뇌는 하이테크 세계에 적합하지 않은 것처럼 느껴진다. 컴퓨터와 일반적인 교류를 할 때에도 우리는 바보가 된 느낌을 지울 수 없다. 그래서 우리의 두뇌가 보잘것없고 굼뜨다는 것을 알면, 신형 컴퓨터 대왕이 우리의 지능과 기억력을 능가하는 날에 인류의 인지적 퇴화가 시작될 것이라고 체념하기 쉽다.

그러나 인간의 지능과 기억력은 디지털 지능이나 기억력과는 다르다. 우리는 양쪽에 같은 단어를 사용하고 있지만, 그런 식으로 하면 둘 사이의 확연한 차이가 모호해진다. 실시간은 인간의 시간이 아니라 상업적 거래나 금융 거래의 속도가 계속 빨라질 수 있다는 믿음의 표현일 뿐이다. 사건과 사건에 대한 보도 사이의 시간차가 0으로 줄어들 수 있다는 믿음, 그리고 세상과 일터의 변화를 읽고 결단을 내리고 반응하는 시간을 줄여야 한다는 강박관념의 표현일 뿐이다. 그러나 그 어느 것도 사실이 아니다.

두 번째 원칙은 '마음을 가라앉히는 것'이다. 카밍테크놀로지실험실은 '평온한 경각심'을 통해 평정심을 관조의 기반으로 삼는다는 고대의 개념과 완벽하게 조화되는 툴을 만들어내려 한다.

마음을 가라앉힌다고 하면 마음이나 환경을 어수선하게 만드는 것이 없는 물리적 상태를 생각하기 쉽다. 휴가를 맞아 해변에 누워 있거나, 업무나 일상의 관심사와 거리를 두면 마음이 가라앉는다. 하지만 관조가 지향하는 평정심은 종류가 좀 다르다. 관조는 수동적이 아니라 능동적인 것이며, 자제하고 자각하는 행동이다. 그것은 상대방의 목에 칼끝을 겨누는 사무라이의 평정심이고, 다급함 속에서도 냉정을 잃지 않는 노련한 조종사의 침착함이며, 한 가지에 몰두하여 산만할 여지를 남겨두지 않는 장인의 예술혼이다.

이런 유형의 평정은 부단한 훈련과 수련을 통해 기기와 자신을 모두 이해해야 이를 수 있는 경지다. 하지만 그것은 세상으로부터 달아나라고 요구하는 평정이 아니라 세상에서 능숙하고 빠르게 처신할 수 있도록 해주는 평정이다. 이런 평정의 목표는 벗어나는 것이 아니라 참여하는 것이며, 기기와 미디어와 얽히는 단계를 우리가 주도적으로 설정하여 세상과 확장된 자아에 보다 효과적으로 열중할 수 있도록 하는 것이다.

세 번째 원칙은 '깨어 있는 마음을 유지하는 것'이다. 깨어 있는 마음이 어떤 기분인지 배우고, 온라인에 있거나 기기를 사용하는 동안 그것을 실천할 기회를 찾는 법을 배워야 한다.

명상이 관조적 컴퓨팅에 아주 소중한 툴이 되는 이유는 그것이 단순하면서도 꾸밈이 없는 깨어 있는 마음의 경험을 제공하기 때문이다. 궁술에서부터 오토바이 정비까지 어떤 일을 하든 마음을 챙길 수는 있지만, 그런 행동은 아주 다양한 도전 정신과 아울러 만족감을 주기 때문에, 방해받지 않고 자신을 관찰할 수 있는 능력이나 집중력을 확인하기가 어렵다. 그에 반해 명상은 경험을 최소화하고 마음 이외의 어떤 것에도 관심을 두지 않음으로써, 깨어 있는 마음을 알아볼 수 있는 능력을 키워준다. 그리고 그때 비로소 우리는 깨어 있는 마음을 있는 그대로 경험할 수 있다.

불교의 비구와 비구니들은 온라인 활동을 깨어 있는 마음을 실천할 수 있는 기회로 삼는다. 나로서는 인터넷만큼 차분하기 힘든 장소를 생각할 수 없지만, 여승 시스터 그리폰은 그런 기회에 대해 명쾌하게 설명한다. 출가한 지 몇 해가 지났지만 아직도 산만해질 때가 있다고 고백하면서 그녀는 말했다. "초감 트룽파 린포체Chogyam Trungpa Rinpoche의 강론을 보다가도, 나도 모르는 사이에 개처럼 짖는 고양이 동영상을 보고 있는 거예요. 하지만 그게 뭐 큰 잘못인가요? 우리는 살아 있는 존재고 그래서 호기심이 많습니다." 그녀는 웃었다. 그녀를 지도한 스승들은 참선하는 동안 마음에 번잡한 생각이 들더라고 크게 신경 쓰지 말라고 타일렀다. 참선은 아령을 드는 것과 같아서 마음을 다시 집중할 때마다 수행 능력도 더 강해진다고 그들은 말했다. 도반 승려들과 마찬가지로 그리폰도 웹을 깨어 있는 마음을 유지하면서 자비롭게 말하고 행동하기 위해 산만함과 씨름해야 할 투기장으로 보았다.

　승려들은 웹을 마음을 챙기고 자비심을 발휘하고 바르게 행동할 수 있는 능력을 시험할 수 있는 장소로 본다. 디지털 세계는 비인격적이어서 자칫 우리는 웹페이지가 아닌 진짜 사람과 교류하고 있다는 사실을 잊기 쉽다. 담최 왕모는 '온라인에 들어가기 전에 그 동기를 생각해보고 마음속을 다시 한 번 들여다보라'고 권한다. 그는 온라인에 들어가는 이유가 질투, 분노, 미움, 두려움 등 '고통스러운 감정' 때문이라면 얼른 빠져나오라고 말한다. 여승 체키 리비는 온라인에 있을 때 자신이 '선의의 의도를 가지고 있는지' 지켜본다고 말한다. 마거릿 만토-라오와 엘리자베스 드레셔는 관조적 컴퓨팅에서는 기술이 감정이입을 증폭시키는 것이 아니라, 기술에 감정을 이입시켜 자신의 윤리적 지침과 도덕의식에 의해 상호교류가 이루어지도록 한다고 주장한다. 긍정적인 마음으로 온라인에 머물 수 있다면, 현실 세계에서도 건강한 태도를 유지할 수 있다.

정보통신기술과의 교류를 마음을 다잡는 능력을 실험하고 강화하는 것으로 생각해야 한다. 또 실패를 당연하고 예측할 수 있는 사건으로 생각하여 그 실패를 통해 무엇을 배워야 할 것인가에 초점을 맞추고, 온라인에서 마음을 다잡는 데 도움이 되는 것과 되지 않는 것을 가려내야 한다. 그렇게 자신을 관찰하고 자신을 실험해야 기술과의 교류를 개선하고 확장된 마음을 만들어갈 수 있다.

깨어 있는 마음은 관조적 컴퓨팅의 네 번째 원칙을 지원한다. 네 번째 원칙은 '뚜렷한 의식을 가지고 선택을 하는 것'이다. 컴퓨터는 그 어떤 기술보다 더욱 효과적으로 우리가 감히 넘볼 수 없고 감히 외면할 수 없게 만드는 놀라운 일을 해냈다. 컴퓨터는 너무 위력적이고 너무 침투성이 강하고 너무 강제성이 높고, 또 너무 재미있고 너무 유용해서 외면하기가 어렵다. 그렇다고 해서 컴퓨터에 굴복할 수는 없는 일이다. 오히려 우리는 정보통신기술과 더불어 살면서도 우리의 주의력과 자유를 잃지 않도록 경계하고 조심할 수 있다. 그렇게 주의력과 자유를 지킬 수 있을 만큼 지키다 더 큰 가치가 있는 것들 하고만 교환하면 된다.

온라인에 있는 목적을 알고 툴과 내 마음을 알고 있다면 어떤 기술을 어떻게 사용할 것인지 신중하게 생각하고 결정할 수 있다. 자신을 관찰할 줄 알면 인쇄된 책과 e-리더를 놓고 선택할 경우에도 목표에 맞는 것을 택할 수 있고, 또 미디어 행동유도성이 읽어야 할 방식을 어떻게 지원하는지도 알 수 있다.

깨어 있는 마음으로 선택하는 것에는 옛 기술을 신기술로 교체하는 것도 포함된다. 건축에서 CAD는 에너지 사용량과 공기 흐름을 시뮬레이션하고, 엔지니어나 건설현장 감독과 효과적으로 협력하고, 새로운 유형의 건물을 실험하는 등 설계사에게 여러 가지 새로운 능력을 주었다. 하지만 반대급부로 제도라는 오래된 전통을 포기하게 만들어, 끊임없는 훈련을 통해 얻어냈던 시각적 비율에 대한 구체적인 감각과 제도의 구속성이 강요하는 엄격함과 심사숙고를 희생시키고 말았다.

깨어 있는 마음을 지원하려는 기술은, 기기가 결정을 내릴 능력을 제한하거나 자신의 결정에 책임질 필요가 없다고 생각하게 만들지 않는다. 그런 기술은 우리가 자유의지를 가지고 있다는 사실을 꾸준히 상기시켜준다. 젠웨어는 집중력을 강화시키고 그것이 지향하는 바를 우리가 스스로 선택해야 한다고 일러준다. 프레드 스터츠만이 지적한 것처럼, 프리덤을 취소하기 위해 컴퓨터를 재부팅하게 되면 '결국 실패한 이유에 대해 반성할 순간'을 갖는 불편한 절차를 밟게 된다.

관조적 컴퓨팅의 다섯 번째 원칙은 기기를 '우리의 능력을 확장하는 쪽으로 사용하는 것'이다. 기술은 우리의 타고난 기능과 감각을 강화하고 우리에게 전혀 새로운 기능과 감각을 준다. 덕분에 우리는 확장된 마음을 더욱 확장시킬 수 있다. 반면에 기술은 우리의 인식 능력을 좀먹고 마음을 약하게 만드는 목발로 사용될 수도 있다.

우리의 능력을 확장시키는 쪽으로 기기를 사용한다는 것은 마음을 단련시키고 풍요롭게 하는 툴로 기기를 사용한다는 뜻이다. 카메라 렌즈를 통해 세상을 보면 시각적 집중력이 향상된다. 나는 카메라를 들고 다니면서부터 전에 보지 못했던 색깔과 질감과 단단한 사물 위에서 춤추는 빛의 유희와 나뭇결과 바다 거품의 입체감을 볼 수 있게 되었다. 이런 사진을 지오태그하면 새로운 장소에 대한 의식이 풍부해진다. GPS 내비게이션 시스템에 의존한다면 그런 경험은 어려울 것이다(그리고 방향이 잘못되기라도 하면 난감한 상황에 빠질지도 모른다). 프리덤을 사용하면 인터넷 접속을 막을 수 있을 뿐 아니라 혼자서 산만해지는 버릇도 고칠 수 있다. 젠웨어는 산만함을 차단하고 해야 할 일에 집중하고 몰두하게 하여 창의력을 극대화시킨다. 젠웨어는 극기를 대신하지 않는다. 그것은 극기를 지원한다.

승려들은 기술을 해결책으로 보지 말고 문제를 해결하는 데 필요한 도구로 보라고 말한다. 시스터 그리폰은 이렇게 충고한다. "젠웨어는 쓸모가 있지만, 결국은 우리 자신의 의지력을 키우는 문제로 귀결됩니다. 우리가 한 일에 책임질 수 있는 사람은 우리밖에 없습니다." 온라인으로 다시 돌아가도 유튜브는 그대로 있고 혼자서 산만해지려는 충동과 싸우다 보면 더 산만해지고 만다. "디지털 산만함에 대한 진정한 해답은 우리 자신과 우리의 현실을 똑바로 보고 이해해야 나타납니다. 그러면 싸울 필요도 없어집니다. 무엇을 원하고 어떻게 살기 원하고 어떻게 살아갈지 고민하지만 결국은 다 같은 문제입니다."

더 똑똑한 툴인가 아니면 더 똑똑한 자신인가, 더 풍부한 분산 기억인가 아니면 더 깊고 더 신뢰할 만한 회상인가, 빈틈없는 기록인가 아니면 빈틈없는 기억인가, 이런 것을 놓고 선택해야 할 필요는 없다. 관조적 컴퓨팅을 하면 얼마든지 양쪽 모두를 개발할 수 있다.

관조적 컴퓨팅의 여섯 번째 원칙은 '몰입하는 것'이다. 몰입은 어떤 행위에 완전히 빠져 있는 상태다. 그때는 우리의 능력과 난관이 완벽하게 균형을 이룬다. 해결해야 할 일은 분명 어렵지만 그렇다고 기운이 빠질 만큼 어렵지는 않다. 몰두하게 되면 시야에 들어오는 세상이 좁아진다. 집중력은 길의 커브, 게임보드, 악보, 암석노출지, 코드 배열, 데이터 유형 등 미스터리를 푸는 데 필요한 단서만 남겨놓고 나머지 모든 것을 걸러낸다. 시간도 왜곡된다. 고개를 들고 시계를 보면 모르는 사이에 몇 시간이 후딱 지나갔다는 사실을 깨닫는다.

몰입은 엄청난 만족감을 가져다준다. 몰입은 정신적 강인함과 심리적 회복의 원천이다. 물론 모든 몰입이 그런 혜택을 보장하는 것은 아니다. 비디오게임과 웹 검색은 몰입과 비슷한 경험을 주지만 화면에서 움직이는 것들은 대부분 현실을 사는 우리에게 별다른 도움이 되지 않는다. 게임 디자이너와 웹 개발자들은 미하이 칙센트미하이의 《몰입》을 탐독한다. 하지만 그들은 몰입의 기술적 속성, 즉 몰입 경험의 세부적인 내용이나 사용자가 쉽게 몰입하도록 유도하는 법에만 관심을 둘 뿐, 몰입을 더 큰 차원으로 사용하는 문제는 생각하지 않는다.

모든 종류의 온라인과 현실 세계의 경험을 몰입으로 바꿀 수 있는 잠재력으로 간주하고, 아울러 몰입의 혜택에 대해 깨어 있는 마음으로 생각해본다면, 게임과 웹 디자이너의 의도를 극복할 수 있다. 웹을 마음을 깨어 있게 하는 시험장으로 생각하는 승려들은 스스로 간단한 몰입 게임을 만든다. 칙센트미하이가 만난 연어를 얇게 써는 사람들이 연어 한 마리에서 가장 얇게 가장 많은 박편을 발라내는 게임을 하는 것처럼, 승려들은 온라인에 머무는 동안 산만해지지 않는 것을 목표로 한다. 두 가지 모두 터무니없이 간단해 보이고 또 실제로도 간단하지만, 연어 발라내기나 승려들의 수행은 오목보다는 바둑에 더 가깝다. 단순하지만 지루하지 않고 끝없는 도전 과제를 계속 만들어내기 때문이다.

나는 칙센트미하이에게 물었다. 몰입이 심리적 회복을 촉진시키고 멋진 삶을 영위하도록 해준다는 사실이 놀랍지 않은가? 과학적 연구로 시작했는데 도덕적 철학으로 끝난다는 것이 이상하지 않은가? '천만에.' 그는 이렇게 대답했다. 그에게 이 분야는 '카운셀링의 단순한 보조 수단이거나 쥐가 미로를 움직이는 방식에 관한 내용'이 아니었다. 칙센트미하이는 심리학에 대한 그의 관심은 어린 시절로 거슬러간다며 자신의 이야기를 들려주었다. 그가 과학에 흥미를 갖게 된 것은 10대 때 스위스에서 칼 융Karl Jung의 강의를 듣고 나서였다. 방학 때 스키를 타러 갔다가 눈이 너무 없어서 만나게 된 행운이었다. 하지만 그전에도 그는 어떻게 사는 것이 잘 사는 것인지에 관해 늘 의문을 갖곤 했다.

그의 아버지는 헝가리 외교관이었고, 그는 1934년에 이탈리아의 피우메(지금의 리예카)에서 태어났다. 아버지 알버트 칙센트미하이가 그곳의 영사였기 때문이었다. 그러다 아버지가 이탈리아 대사로 영전되면서 칙센트미하이 가족은 로마로 이주했다. 제2차 세계대전 중에도 그들의 생활은 대체로 평온했다고 그는 회상했다. 하지만 전쟁이 끝나고 '이탈리아의 패전과 함께 모든 것이 뒤틀리기 시작했다'고 그는 말했다. 형 하나는 살해당했고, 또 다른 형은 소련의 강제수용소로 끌려가 그곳에서 6년을 보냈다. 칙센트미하이 자신은 이탈리아에 있는 포로수용소에 갇혔다. "어른들은 인생을 이해하는 열쇠를 가지고 있는 줄 알았습니다. 하지만 그렇게 우러러보았던 어른들도 별 수 없더군요. 모든 것이 망가진 전쟁에서 마지막 몇 달을 버티면서 나는 세상 사는 법을 내 스스로 알아내겠다고 마음먹게 되었습니다.”

전쟁은 끝났지만 상황은 더 안 좋아졌다. 헝가리에서 권력을 잡은 공산주의자들은 귀족들을 표적으로 삼았고, 그들의 재산을 몰수했으며 그 자녀들이 고등교육을 받지 못하게 하고, 대부분을 강제로 추방시켰다. 그의 부모의 친구들과 학자와 공무원들은 대부분 모든 것을 잃고 ‘좀비 같은’ 신세가 되었다. 하지만 별 도리가 없었다. 칙센트미하이 가족은 모든 상황을 순순히 인정할 수 없었다. 그의 아버지는 공산주의자들을 경멸해 체제에 협력하기보다는 대사직을 그만두는 쪽을 택했다. 로마의 엘리트 외교관 가족이었던 그들은 하루아침에 난민으로 전락했다.

하지만 그의 아버지는 포기하지 않았다. “소장하고 있던 그림을 팔아늘 하고 싶었던 일을 시작했습니다. 식당이었죠. 웬만한 사람들에겐 보기 어려운 재기 의욕이었습니다.” 하지만 뜻밖이었다. “아버지는 대사일보다 음식 나르는 일을 더 마음에 들어 하셨습니다. 몇 해 만에 트레비 분수에서 2분 거리밖에 되지 않는 우리 식당은 로마에서 가장 유명한 고급 식당이 되었습니다.” 험프리 보가트Humphrey Bogart와 로렌 바콜Lauren Bacall은 로마에 올 때마다 어김없이 그들의 식당을 찾았다. 테이블 시중은 칙센트미하이가 했다.

대사까지 역임한 사람이 식당을 한다면 대부분 창피하게 여길 것이다. 그러나 칙센트미하이의 아버지는 식당에서 보람을 찾아야 하는 이유를 아들들에게서 발견했다. 전쟁 중에 어린 칙센트미하이는 체스를 하거나 그림을 그리면 몇 시간이고 꼼짝 않고 몰두하곤 했다. 지질학자인 그의 형은 몇 날 며칠을 잠도 제대로 자지 않고 암석 표본에 매달렸다. 깊이 몰두할 줄 아는 그들의 공통된 능력 덕분에, 그들은 그 순간 기쁨을 누릴 수 있었고 삶 자체를 흔드는 엄청난 사건들 속에서도 현실에 적응하고 회복하는 힘을 기를 수 있었다. 그의 아버지도 뭔가 몰두할 대상을 식당 운영에서 찾았던 것 같다. 이런 종류의 정신적 능력을 가진 사람들에게 돈을 벌고, 이탈리아의 관료주의를 적당히 활용하고, 장소를 물색하고, 테이블에 메뉴판을 갖다 놓고, 손님들을 접대하고, 음식을 완벽하게 만들어내는 많은 힘겨운 절차들은 위대한 삶을 향해 가는 또 하나의 흥미로운 도전이었을 것이다.

다시 말해 칙센트미하이는 전쟁과 그 이후에 자신과 가족이 겪었던 일을 통해 세상을 좀 더 제대로 사는 방법을 배웠다. 그 재미에 그들은 어려운 시기에도 삶에 의미를 찾을 수 있었다. 그렇게 해서 찾아낸 것이 바로 몰입이었다.

그의 저서 《몰입》이 행복과 회복, 멋진 삶의 기반에 관심을 갖는 것도 어떻게 보면 당연한 결과일지 모른다. 몰입을 이해하는 것은 늘 목적에 대한 수단이었다. 칙센트미하이에게 몰입은 행복해지는 방법, 모든 것이 위협받을 때 자신의 세계를 지키는 방법, 예전의 생활을 더 이상 지속할 수 없을 때 자원과 회복을 추슬러 자신을 개조하는 방법에 관한 것이었다.

관조적 컴퓨팅의 일곱 번째 원칙은 기술을 '세상에 적극 참여하는 수단으로 사용하는 것'이다. 그렇게 하려면 당연히 정보통신기술을 능숙하게 다루어 기술에 대한 인식이 희미해지고 결국 기술이 보이지 않게 되는 경지까지 가야 한다. 기술이 사용자의 의식적인 관심을 요구하지 않고 확장된 자아의 일부가 될 때, 사용자는 세상을 좀 더 잘 알게 된다. 그때 그 세상은 물리적인 세상이고 다른 사람들의 세상이며 아이디어의 세상이다.

세상에 참여하는 행위는 관심을 분산시켜놓았던 활동을 접을 때 더욱 효력을 발휘한다. 실시간으로 트위터를 하기 위해 흥미로운 사건에서 업데이트로 관심이 옮겨가면 거기서 끝내야 한다. 사진이나 동영상을 찍는 일로 그 순간에 충실하기보다 장비에 신경이 더 간다면, 당장 멈춰야 한다. 그러나 그런 것들을 그 순간에 충실하고 보다 확실하게 대상을 보고 좀 더 자세히 듣는 방향으로 사용한다면 얼마든지 계속해도 좋다.

토머스 머튼은 사진에 관조적으로 접근했기 때문에 카메라를 시야를 넓히고 날카롭게 다듬는 툴로 사용할 수 있었다. 머튼에게 카메라는 세상을 관찰하는 도구였다. 강의나 회의 중에 실시간으로 트위터를 하면 강의나 회의 내용을 더 세심하게 듣게 된다고 말하는 사람들이 있다. 개인적으로 나는 어떤 일이 벌어지는 와중에 메모한 다음(내 트위터 동료들과 마찬가지로 나도 글을 적음으로써 집중력을 유지한다) 그 일을 되새길 시간을 가진 뒤에 발표하는 것을 좋아한다. 그래서 내게 가장 좋은 것이 무엇인지 실험하고 이해해야 한다.

사람들을 만나고 사귀는 것은 단순한 상호교류의 문제가 아니다. 그것은 건설적이고 윤리적으로 상호교류를 하는 문제다. 그것은 기술이 아닌 사람을 관심의 중심에 놓는 문제다. 사람에 따라 이것은 기독교나 불교의 가르침을 자신의 가상 세계의 교류에 응용하고, 미디어를 사회적 존재뿐 아니라 영적 존재가 되고 모든 사람에 깃든 신성한 불꽃을 보는 데 사용하는 것을 의미한다.

젠웨어가 하는 일은 사라지게 하는 것이지만 개념을 가지고 세상에 참여하는 것도 마찬가지다. 제시 그로스진이 라이트룸에 적용한 디터 람스Dieter Rams류의 미니멀리즘을 숭배하는 디자이너라 해도 그 너머에 있는 말과 개념에 초점을 맞출 수 있어야 한다. 폰트전문가들은 훌륭한 폰트를 포도주잔에 비유한다. 그들은 잔의 섬세한 선과 아름다운 명확성은 음미할 수 있지만 잔을 맛볼 수는 없다고 말한다. 가장 좋은 툴은 관심이 사라지면 같이 사라지는 것이다. 그때 툴은 확장된 마음의 일부가 되어 정교한 신체도식을 만든다.

관조적 컴퓨팅의 여덟 번째 원칙은 집중하는 능력을 '회복하고 부활시키는' 쪽으로 기술을 사용하거나 삼가는 것이다. 주의하고 집중한다지만 말처럼 쉬운 것은 아니다. 일을 하다가도 화면을 들여다보다가도 툭하면 한눈을 팔아 엉뚱한 곳을 기웃거리게 된다. 당연한 말이지만 집중력은 산만함이 없을 때 강화된다. 마음을 편히 쉬게 하면 쉽게 산만해진다. 한 가지에 오래 그리고 깊이 초점을 맞춘다 해도 한계가 있기 마련이다(명상의 경우엔 잠깐도 어렵다). 집중력은 근력과 같아서, 꾸준한 연습으로 발전시킬 수 있지만 지나치면 고갈되거나 회복될 때까지 기다려야 한다.

그래서 집중하는 능력을 회복시키는 방법이 중요하다. 우리는 환경(화면의 환경에서부터 눈앞의 물리적인 환경에 이르기까지)을 손볼 수 있으며 오랫동안 집중할 수 있도록 환경을 바꿀 수 있다. 휴식을 제공하면서도 집중력을 흩트리지 않는 활동을 찾아내는 것이 중요하다. 매혹과 벗어나 있다는 느낌과 무한함과 조화로움을 뒤섞어 제공하는 것들은 의식적인 마음을 재충전시켜준다.

이런 종류의 회복은 몇 주 또는 몇 달 걸리는 경우가 보통이다. 하지만 엄청난 지적 에너지를 필요로 하는 복잡한 문제를 놓고 작업할 때 회복은 특히 중요하다. 회복할 수 있을 만큼 기분을 전환시키고 무의식은 계속 작동하도록 내버려두면서 의식적인 마음을 풀어줄 수 있어야 한다.

시작한 곳에서 끝내도록 하자. 일본의 고도 교토의 서쪽 끝에 자리 잡은 폭풍의 산 아라시야마의 그늘로 돌아가보자. 이와타야마 원숭이 공원은 단순한 명소가 아니다. 아라시야마 기슭, 원숭이 공원 아래에는 선종의 명찰 텐류지天龍寺가 있다. 고대의 보물이 가득한 이곳에서도 텐류지는 특히 도시의 자부심을 높여주는 명소다. 1339년에 선종 사찰이 있던 자리에 세워진 텐류지는 강연장과 선방, 요사채와 부엌 외에 약 150채에 달하는 부속건물과 많은 암자를 거느렸던 대찰이었다. 이곳에서 이루어지는 선 수행은 준엄하고 엄숙하기로 유명했다. 초기에 선 수행은 사무라이 문화에도 상당한 영향력을 미쳤다.

지금은 남아 있는 건물이 몇 채 안 되지만, 이 부지는 이 절의 유명한 초대 주지 무소 소세키夢窓疎石가 조성한 정원 덕택에 여전히 그 명성이

높다. 본당의 툇마루에 앉으면 연못을 가로질러 인공으로 조성한 가산
假山이 보인다. 연못 가장자리를 따라 나 있는 넓은 산책로는 정원을 가
로지르고 푸른 대나무 숲을 굽이굽이 통과하여 마침내 가레산스이에
이른다(다윈도 좋아했을 만한 길이다).

　무소 소세키는 텐류지의 단순한 창건자가 아니었다. 초기 선종의 스
티브 잡스라고 표현해도 좋을 만큼 디자인 감각이 남달랐던 창업가였
다. 텐류지는 무소가 세운 절 가운데 여섯 번째로 큰 절이지만, 그 정원
만큼은 그가 세운 사찰 중에 단연 으뜸이다. 그는 경치를 간소한 소우
주로 표현하는 가레산스이 정원을 개척했다. 그는 정원에 산책로를 융
합하여 멀리서 관찰하는 정원에서 직접 체험할 수 있는 정원으로 바꿔
놓았다. 하지만 그보다 더 중요한 것은 정원을 참선수행과 융합해놓은
점이다. "정원과 수행을 구분하는 자는 깨달음을 얻었다고 할 수 없다."
무소는 그렇게 말했다. 텐류지의 승려들은 지금도 정원을 하나의 스승
으로 여긴다.

　경전을 공부하는 것으로는 사토리悟り, 즉 깨달음을 얻을 수 없다는
것이 선종의 가르침이다. 깨달음은 몸을 차분히 하고 마음을 닦는 참선
을 통해서만 이를 수 있다. 정원은 참선을 수행하는 승려들에게 휴식을
제공하는 장소가 아니다. 정원은 깨달음을 주고 참선을 수행할 수 있는
장소로 만들어졌다. 또한 그 정원은 몸과 마음이 따로 떨어진 실체가
아니며 그 둘을 모두 개입시키지 않고서는 깨달음을 얻을 수 없다는 사
실을 상기시켜주는 장소다. 무소의 젠 정원은 몸과 마음은 떼어놓을 수
없고 깨달음은 적극적인 상태이며, 잘 설계된 정원은 공간이나 툴과 얽

히는 인간의 심오한 타고난 능력을 개발함으로써 관조를 지원할 수 있다는 사상에 기초한 테크놀로지다. 인간에게 원숭이의 흔적이 있다 해도, 관조는 손만 뻗으면 닿을 거리에 있다.

불교는 고통은 피할 수 없지만 고통을 겪는 것은 선택이라고 가르친다. 상실과 죽음을 피할 수는 없다. 친구는 오기도 하고 가기도 한다. 사랑하는 사람은 죽고 재앙은 닥치며 결국 우리는 죽을 수밖에 없는 우리 자신의 운명과 마주해야 한다. 이런 것들을 벗어나는 것은 우리의 능력 밖의 일이지만, 그래도 우리는 그런 문제를 품위 있게 다루는 능력을 개발할 수 있다. 우리는 고통스러운 경험을 통해 교훈을 얻을 수 있고, 그로 인해 더욱 현명해지고 더욱 훌륭해질 수 있으며 다음에 닥칠 고난에 더욱 잘 대처할 수 있다.

촘촘히 연결된 하이테크 세상에서도 우리는 비슷한 상황에 직면해 있다. 정보통신기술은 피할 수 없다. 정보통신기술은 우리가 일하고 연락을 취하고 생각하고 기억하고 아이들이 놀이를 하는 방법의 일부다. 정보통신기술은 우리의 시간을 극성스레 요구하며 우리의 관심을 탐한다. 정보통신기술은 이것이 우리와 관계가 깊고 심오하다는 사실에 의존하며 우리를 하나의 종으로 규정하는 툴과 우리가 단단히 얽혀 있다는 사실을 확인시켜준다.

정보통신기술은 우리를 더욱 똑똑하고 더욱 능률적으로 만들어주겠다고 약속하지만, 종종 우리를 바쁘고 산만하고 멍청하게 만들어놓는다. 항상 켜놓고 연결 상태를 유지한다면 주의력이 영원히 조각나고 마음은 끝없는 요구와 산만함에 종속되는 대가를 치러야 한다고 말하는 사람도 있다. 하지만 그것은 틀린 말이다. 우리는 기술에 대한 통제권을 되찾고, 원숭이마음을 길들이고, 우리의 확장된 마음을 다시 설계할 수 있도록 정보통신기술을 사용하는 관조적 유산을 물려받았다. 연결은 피할 수 없지만 산만함은 선택이다.

부록

테크 일지 작성법
마음을 일깨우는 소셜미디어를 위한 규칙
디지털 안식일을 위한 지침

디 지 털   시 대
빼 앗 긴   집 중 력 을
되 찾 기   위 한   조 언

THE
DISTRACTION
ADDICTION

테크 일지 작성법

다음의 자료는 오하이오주립대학교 교수 제시 폭스가 학생들에게 과제로 내준 기술 일지다. 이 과제의 의도는 학생들이 자신을 실험 대상으로 삼아 자료를 수집할 때 추적해야 할 것들을 좀 더 세밀하게 생각하도록 하기 위한 것이다. 이런 귀중한 자료를 많은 사람들과 공유할 수 있도록 수록을 허락해준 제시 폭스 교수의 너그러운 배려에 감사한다. 그녀는 훌륭한 학자들이 취하는 행동의 모범 사례이자, 자신의 통찰력을 더 많은 사람들과 공유하는 사회학자의 표본이다.

1. 전형적인 주중의 하루와 전형적인 주말의 하루를 기록할 공책(또는 공책을 대신할 수 있는 기기)을 마련하여 그날 하루 동안 가졌던 모든 명상적/기술적 교류를 빠짐없이 기입할 것. 기술을 사용하는 이유와 그것을 사용하는 데 들어간 시간을 기입할 것. 각 교류를 시작한 시

간과 중단한 시간을 기입할 것. 문자메시지를 주고받았거나 페이스북을 했거나 스마트폰으로 사진을 찍었거나 이메일을 확인했거나 수업에 쓸 PDF를 다운 받아 읽은 사실 등을 빠짐없이 적을 것. GPS를 사용했거나 아이팟을 들었거나 넷플릭스로 드라마를 봤거나 비디오게임이나 모바일게임을 했으면 모두 적을 것. 한번에 여러 기술을 사용한 것이 몇 번인지 확인하여 기입할 것!

그 외의 시간, 가령 잠자거나 친구와 얼굴을 마주하고 이야기를 하거나, 기기를 사용하지 않고 공부를 하거나, 책, 잡지, 신문 등 '구식' 매체를 사용하는 데 얼마나 많은 시간이 들어갔는지도 기입하면 더욱 재미있어진다. 또 기술을 활용하는 시간과 기술 없이 보내는 시간을 비교하거나, 구식 매체와 첨단 매체 사용을 대조하거나, 일상의 사회적 교류 중 기술을 활용하는 것이 얼마나 되는지 평가하는 것도 좋은 방법이다.

2. 수치를 중시할 것. 특정 기술을 사용하는 데 들어간 전체 시간이나 횟수를 정확히 기입할 것. 시간이 어떻게 지나가는가? 깨어 있는 시간 중 몇 퍼센트를 기술과 함께 보내는가?

3. 미디어를 사용하면서 보낸 시간의 양에 비해 어느 정도의 성과를 올렸는지 스스로 평가하라. 다음 사항을 생각해볼 것.

1) 이 일을 하는 데 기술이 필요했거나 기술을 사용하면 좀 나았으리라고 생각하는가? 아니면 기술을 활용했기 때문에 뭔가를 잃어버렸다고 생각하는가?

2) 기술을 사용하는 것에 대해 안도감이나 기쁨이나 좌절 같은 기분을 느꼈는가? 그런 기분이 콘텐츠(가령 친구에게 온 시시한 문자메시지)

에서 비롯된 것인지 기술 그 자체(가령 문자메시지가 도착했다는 알림음 때문에 대화가 끊겨 짜증이 나는 것)에서 비롯된 것인지, 아니면 둘 다인 지 구체적으로 밝히라.

3) 멀티태스킹을 하고 있었는가? 그 멀티태스킹이 효과적이었다고 생각하는가?

4) 그것이 긍정적인 경험이었다고 생각하는가, 아니면 부정적인 경 험이었다고 생각하는가? 시간과 기술을 적합하게 사용했다고 생각하 는가? 아니면 더 효과적으로 사용하거나 다른 더 좋은 일을 할 수 있었 다고 생각하는가?

4. 되짚어 생각해볼 것. 현재 기술을 사용하는 문제와 관련하여, 일 의 생산성이나 기분이나 공부 습관, 잠버릇, 사회적 교류, 건강 등 지금 의 일상적 생활을 개선하기 위해 변화시킬 것이 있다고 생각하는가? 또 이런 목표들이 적합한가? 이런 변화를 추구하는 데 장애물이 존재 하는가?

제시 폭스는 이렇게 말한다. "기술을 정의하는 문제는 학생들에게 일 임하는 편입니다. 단지 나는 학생들에게 사례를 제시하고, 그것을 통해 그들이 하는 사소한 모든 행동에 기술이 관련되어 있다는 사실을 상기 시켜주려 할 뿐입니다. 그래도 그런 것들 중에 알람시계나 전산화된 자 판기 같은 기기들이 얼마나 많이 포함되어 있는지 확인하게 되면 늘 놀 라게 됩니다. 이런 실험을 통해 우리가 얼마나 기술을 당연한 것으로 여기게 되는지, 그리고 전자레인지처럼 흔하거나 카세트녹음기처럼

인기가 시들해진 현대 기술이 우리의 미래에 어떤 영향을 주는지 등에
관해서도 알게 됩니다. 또 이런 것들은 교실에서 흥미로운 토론 자료로
사용할 수 있습니다."

마음을 일깨우는 소셜미디어를 위한 규칙

인터넷은 시스템 자체가 악용할 소지가 많게 되어 있는 것 같다. 인터넷 게시판의 익명성과 댓글은 사이버폭력을 부추긴다. 소셜미디어의 빠른 속도는 차분하게 생각하고 반응할 틈을 주지 않는다. 문자메시지는 굳이 공유할 필요가 없는 부적절하고 어처구니없는 내용들을 공유하게 만든다. 그러나 설계가 한심하다고 행동까지 한심해야 할 이유는 없다. 깨어 있는 마음을 갖고 있다면, 페이스북이나 트위터로도 얼마든지 관조적인 컴퓨팅을 실천할 수 있다. 여기 의식이 있는 소셜미디어 사용자가 따라야 할 몇 가지 규칙이 있다.

참여할 때 신중하게 생각하라. 소셜미디어는 못된 장난을 하고도 탈나지 않는 방패 수단이 아니다. 소셜미디어를 불교도들의 '바른말'을 실천할 기회로 삼으라.

자신의 의도를 곰곰이 생각해보라. 페이스북이나 핀터레스트에 들어가는 이유를 스스로 물어보라. 그저 심심해서인가? 화가 나서? 정말로 그런 감정을 사람들과 공유하고 싶은가?

화면 저편에 보이지 않는 사람들이 있다는 사실을 명심하라. 클릭하고 댓글을 달기는 쉽다. 그러나 당신이 상대하는 것은 미디어가 아니라 사람이다.

양이 아니라 질을 중시하라. 정말로 다른 사람들과 공유하고 싶은 것이 있는가? 다른 사람들의 관심을 끌 만한 것이 있는가? 그렇다면 서슴지 말고 나아가 공유하라. 그러나 스코틀랜드 의회의 한쪽에 새겨진 경구를 다시 한 번 상기시키자. "말은 적게 그리고 제대로 하라."

생활이 먼저고 트위터는 나중이다. 자신과 약속하라. "나는 인터넷에서 OMG(오마이갓)이나 'ㅋㅋ' 같은 품위 없는 말을 쓰지 않을 것이다."

신중하게 생각하라. 금융 전문 저널리스트이자 블로거인 펠릭스 새먼은 사람들이 온라인의 콘텐츠를 읽는 것이 아니라 반응해야 하는 것인 줄 착각하고 있다고 개탄했다. 우리가 관심을 가져야 할 것을 기계가 결정하도록 내버려둬서는 안 되는 것처럼, 공적인 영역에서 내가 하려는 말을 다른 사람들이 유도하게 해서는 안 된다. 신중해야 한다는 말은 생각 없이 지껄이거나 다른 사람들의 마음을 상하게 할 말을 하지 말아야 한다는 뜻이다. 다시 한 번 말하지만, 말은 적게 하되 제대로 해야 한다.

디지털 안식일을 위한 지침

 디지털 안식일을 꼬박꼬박 지키는 사람들을 인터뷰하면서 발견한 사실이 있다. 디지털 안식일에 대한 인식은 저마다 달라도, 시작하게 될 때는 비슷한 과정을 밟는다는 사실이다. 관조적 컴퓨팅이 원래 그렇지만, 사람들은 기술과의 얽힘이 어떻게 작용하는지 관찰하고, 그런 관계를 개선할 방법을 생각하고, 그런 다음 자신의 생활에 맞는 실천 방안을 찾아내어 마음을 확장시키고 회복의 수순을 밟는다. 이런 지침을 따르면 자신에게 가장 잘 어울리는 안식일을 개발할 수 있다.

 먼저 '시간을 정하라.' 안식일은 규칙적이어야 하고 실용적인 일정표를 따라야 한다. 보통은 주말이 가장 좋다. 농사를 짓거나 건설업에 종사하는 사람이 아니라면, 주중에 코드를 뽑아놓기는 어려울 것이다. 깨어났을 때부터 잠자리에 들 때까지로 하든지 아니면 24시간 단위로 해보라.

'무엇 무엇을 끌지 생각하라.' 이것은 미리 정해두어야 한다. 화면이 있는 것이라든지 키보드가 있는 것 같은 규칙은 정하고 따르기가 쉽다. 물론 커피메이커에 있는 화면표시기까지 화면이라고 억지 해석할 필요는 없다. 독실하게 안식일을 지키는 사람은 또한 행동 강령도 잘 지킨다. 멀리해야 할 기기도 있겠지만 허용할 수 있는 기기도 있다. 가령 혼자서 하는 비디오게임은 안 되지만, 다른 사람들과 함께 하는 게임은 괜찮을 수 있다. 이메일과 소셜미디어는 안 되지만, 스트리밍 영화는 괜찮다. 사무실에서 사용하는 아이패드는 계속 서랍 속에 넣어두겠지만, 킨들은 꺼내도 좋다.

'디지털 안식일 얘기는 하지 말라.' 영화 〈파이트클럽Fight Club〉에서 파이트클럽의 첫 번째 수칙은 '파이트클럽에 대해 말하지 말라'이다. 디지털 안식일이 습관으로 굳어질 때까지는 시간이 걸리겠지만 그렇다고 미리 광고할 필요는 없다. 기기를 끄는 문제를 친구들과 협의하거나 다른 가족들까지 끌어들이는 것이 때론 도움이 될 수 있을지 모른다 (아이들은 덩달아 불평하는 재미를 가질 것이다). 그러나 신기술을 반대하는 반사회적인 사람이 아니라고 굳이 설명할 필요를 느끼지 않는다면, 잠자코 있는 편이 더 낫다. 그런 결심을 알리지 않음으로써 안식일의 평화를 더 즐겁게 지킬 수 있을 것이다.

'그 시간을 참여 활동으로 채워라.' 디지털 안식일은 능동적이어야 한다. 디지털 안식일은 밀린 세탁을 하고 한턱내는 날이 아니다. 평상시 잘 하지 않던 것을 하라. 뭔가 도전적이고, 몰두할 수 있고 아주 아날로그적인 일을 하라. 나아가서 세상에 뛰어들라(GPS 사용 여부는 각자에게 맡기겠다). 복잡한 요리를 해보라. 아이들에게 플라이낚시하는 법을 가르쳐보라. 지난달에 읽기 시작했다 그만둔 800쪽 분량의 재미있는 소설을 다시 집어 들라(물론 빨래를 하고 한턱내서 마음이 뿌듯해진다면, 부디 그렇게 하라. 축복받을 것이다).

'인내심을 갖자.' 관조적 컴퓨팅이 다 그렇지만, 디지털 안식일도 노력이 필요하다. 기기의 본질을 이해하고 블랙베리에 무심해지려면 시간이 필요하다. 하루아침에 큰 혜택을 기대해선 안 된다. 한 달이 가도 여전히 적응이 안 될지도 모른다. 적어도 12주는 예상하라. 평균 한 사람이 한 해에 스마트폰을 1만 2,376회 확인한다고 한다. 그러니 올해는 1만 1,968회만 확인하도록 해보자. 그런 다음 다시 평가해보자. 올해 온라인에서 720시간을 보내기보다, 696시간을 보내는 것이 내게 어떤 영향을 주는지 알아보자. 컴퓨터가 일을 처리할 때까지 기다리는 시간이 1년에 11일이라고 한다. 이번에는 한 해에 12일 동안 컴퓨터가 우리를 기다리게 해보자. 그러면 기분이 훨씬 더 좋아질 것이다.

'안식일의 영적 수준을 열린 마음으로 바라보자.' 대부분의 사람들에게는 결코 쉬운 일이 아니다. 하지만 평소 정신없이 돌아가는 일과와 웹의 소용돌이에서 한 발짝 물러나면 인생을 어떻게 살아야 할지 되돌아볼 기회를 가질 수 있을 것이다. 아니면 적어도 인생의 좋은 면에 더 적극적으로 집중할 수 있을 것이다. 혹시 이러다 다 그만두고 낙향하여 염소나 기르며 살고 싶다는 생각이 들지 않을까, 하고 걱정할 필요는 없다. 그런 일은 일어나지 않을 테니.

'실시간으로부터의 탈출을 즐기자.' 에이브러햄 헤셸은 안식일을 시 공간의 직물에서 따로 베어낸 조각으로 보았다. 디지털 안식일은 '사물의 횡포'에서 벗어날 절호의 기회다. 특히 그럴 만한 가치가 있다며 연결을 시도하고 진동을 울리고 트윗을 하고, 우리의 주의력을 강요하는 것들의 횡포에서 벗어날 기회다. 디지털 안식일은 실시간의 비현실성에서 탈출하고 우리 자신의 페이스대로 살아가는 법을 재발견할 수 있는 기회다. 그럴 만한 가치가 있지 않은가?

주

책 말미에 달리는 주註는 보통 인용문으로 막아놓은 정교한 요새이자, 쉽게 접근하기 힘든 모호한 참고문헌으로 쌓아올린 레고Lego 성채여서, 작가를 비판으로부터 보호해주는 데 한몫한다. 가령 "〈페스트슈리프트Festschrift〉1957년 그로아티아판을 찾지 못한다면 내 주장이 잘못되었다는 것을 입증하지는 못하겠지?" 같은 식이다. 또한 주는 학자들이 동료 학자들의 이름을 알리고, 반대파를 공격하고, 미완의 문제들을 해결하고, 박식한 척 할 수 있는 자리이기도 하다. 가령 "〈페스트슈리프트〉 제4판 (자그레브, 1957)에 실린 존스 교수의 오해의 소지가 있는 논문을 스미스 교수가 재치 있지만 터무니없이 부당하게 비하한 내용을 참조할 것" 같은 식이다.

이 책의 주에서 나는 흥미롭기는 하지만 본문에서 다루었다면 내용이 산만해졌을 몇 가지 중요한 내용들을 골랐고, 아울러 이 책에 정보를 제공해준 몇 가지 문헌들을 개괄했다.

구글 북스Google Books와 논문을 출판하기 전에 전자판으로 미리 발표하는 과학자들의 관례 덕분에, 여기에서 언급한 여러 학술논문과 서적들은 인터넷에서 누구라도 쉽게 찾아 접할 수 있다. 그리고 다른 책의 주에는 추적할 수 없는 작품이 있을지 몰라도, 여기에 인용된 많은 사람들의 관련 작품들은 모두 쉽게 찾을 수 있는 자료들이라는 점을 밝혀둔다. 그러면 이제 시작해보자.

들어가는 말_ 내 안의 두 마리 원숭이

원숭이마음은 불교에서 자주 언급되는 유명한 개념이지만 그 기원은 확실치 않다. 불교의 개념 중에는 기원을 추적하기가 어려운 것들이 많다. 왜냐하면 불교 사상은 대부분 수 세대에 걸쳐 다듬어진 후에 기록으로 옮겨지고, 또 학자들이 힌두어, 중국어, 한국어, 일본어 등으로 옮기는 과정에서 기원을 놓치는 경우가 많기 때문이다.

일본의 원숭이들에 대해서는 다음 자료 참조. Naofumi Nakagawa, Masayuki Nakamichi, and Hideki Sugiura, eds., *The Japanese Macaques* (New York: Springer, 2010), and Jean-Baptiste Leca et al., eds., *The Monkeys of Stormy Mountain: 60 Years of Primatological Research on the Japanese Macaques of Arashiyama* (Cambridge: Cambridge University Press, 2011). 영장류를 보는 우리의 태도는 우리가 우리 자신을 보는 태도에 대해 많은 것을 말해주기 때문에, 오래전부터 원숭이는 인간의 거울이나 인간을 돋보이게 하는 존재로 기여해왔다. 일본의 사상가들은 짧은꼬리원숭이를 수 세기 동안 연구해왔다. 인류학자 오누키 에미코大貫惠美子는 이렇게 말했다. "일본인들의 세계에 있는 인간 이외의 그 어떤 존재 중에서도 인간을 특별한 존재로 만드는 것에 관해 (짧은꼬리원숭이만큼이나) 일본인들의 사고에 밀접하게 관련된 존재도 없다." 일본 문화 속의 원숭이에 대해서는 다음 자료 참조. Emiko Ohnuki-Tierney, *The Monkey as Mirror: Symbolic Transformations in Japanese History and Ritual* (Princeton, NJ: Princeton University Press, 1987); 인용 부분의 출처는 다음과 같다. "The Monkey as Self in Japanese Culture," in Ohnuki-Tierney, ed., *Culture Through Time* (Stanford: Stanford University Press, 1990), 129-30.

미겔 니콜레리스의 작품에 대해서는 다음 자료 참조. Nicolelis, *Beyond Boundaries: The New Neuroscience of Connecting Brains with Machines - and How It Will Change Our Lives* (New York: St. Martin's Press, 2012). 니콜레리스의 연구 성과는 2001년에 원숭이의 두뇌에 전극을 삽입하고 다른 한쪽 끝은 로봇의 팔에 부착시키면서 세상의 주목을 받았다. 이제 이론상으로나마 원숭이는 요령만 터득하면 자신의 두뇌로 로봇의 팔을 제어할 수 있다. 니콜레리스가 알아내려 했던 것은 두뇌가 새로운 능력을 습득하는 경위였다. 또 그러기까지 걸리는 시간도, 성공 여부도 궁금했다. 원숭이가 팔을 의식해야 할까, 아니면 자기 팔처럼 로봇의 팔을 쉽게 제어할 수 있게 될까? 니콜레리스 팀은 2001년에 이미 BCI 기술, 전극 삽입, 로봇 공학 등의 분야에서 적지 않은 성과를 올리고 있었다. 2년 전에 그의 팀은 벨Belle이라는 이름의 올빼미원숭이에게 전극을 삽입했다. 그들은 원숭이에게 주스를 상으로 주면서 조이스틱 작동 요령을 가르쳤다. 원숭이가 조이스틱을 움직이면, 전극에 연결된 컴퓨터는 원숭이 두뇌의 어떤 신경이 활성화되고 그 신경이 어떤 행동에 반응하는지 등을 기록했다. 그런 다음 원숭이를 컴퓨터와 분리한 후 원숭이를 두 개의 로봇 팔에 연결했다. 실험의 흥미를 높이기 위해 한쪽 팔은 듀크대학교에 두고, 다른 한쪽 팔은 북쪽으로 수백 킬로미터 떨어진 MIT에 두었다. 벨이 조이스틱을 움직였을 때, 그들은 벨의 두뇌에서 팔로 보낸 것과 같은 신호가 두 로봇의 팔을 똑같이 작동시키는 모습을 확인할 수 있었다.

자신이 로봇의 팔까지 작동시킨다는 것을 벨이 알 리는 없었다. 로봇을 볼 수 없었던 원숭이는 오직 주스에만 관심이 쏠렸을 것이다. 2001년 실험에 동원된 원숭이는 조이스틱을 움직이면서 로봇 팔의 반응을 볼 수 있었다. 원숭이가 조이스틱을 움직이면, 로봇의 팔도 따라 움직였고, 아울러 컴퓨터 화면 위의 커서도 같이 반응하여 로봇의 팔이 열리면 커서가 커지고 닫히면 커서가 작아졌다. 당연히 얼마 후에 원숭이는 팔을 사용하여 게임을 하는 법을 터득했다. 원숭이가 게임 요령을 파악하자, 실험진들은 조이스틱을 껐다. 원숭이는 이제 생각만으로 해야 할 행동을 로봇에 전달했고, 로봇은 그에 반응했다.

'관조적 컴퓨팅'이라는 용어에 대해 한 가지 더. 퍼베이시브 컴퓨팅pervasive computing 또는 유비쿼터스 컴퓨팅ubiquitous computing 같은 용어는 새로운 혁신으로 컴퓨터나 정보 서비스 기능이 얼마나 더 좋아졌는지를 짐작하게 해준다. 정부나 대기업뿐 아니라 개인도 컴퓨터를 가질 수 있을 정도로 마이크로프로세서와 메모리 가격이 저렴해지면서 개인 컴퓨팅도 따라 발전했다. 그래서 컴퓨터과학자나 엔지니어들은 유비쿼터스 컴퓨팅이나, 프로액티브 컴퓨팅proactive computing이나, 인게이지드 컴퓨팅engaged computing, 클라우드 컴퓨팅Cloud computing 등 여러 가지 컴퓨팅을 말하지만, 그런 용어들은 사실상 그런 것들을 가능하게 하는 신기술과 혁신에 다름 아니다.

첫 월요일 아침 시나리오에 나오는 통계 정보는 출처가 다양하다. 전자 기기를 켜놓은 상태에서 운전하는 관행은 지난 몇 해 동안 사회적으로 많은 관심을 불러일으켰다. 2011년에 유니시스Unisys가 조사한 바에 따르면, 응답자의 거의 50퍼센트가 차 안에서 모바일 기기를 사용했으며, 20퍼센트는 운전 중에 컴퓨터를 사용했다고 시인했다. 다음 자료 참조. Klint Finley, "Always On: Your Employees Are Working and Driving," *ReadWrite* (July 12, 2011), http://www.readwriteweb.com/enterprise/2011/07/always-on.php. 경찰 순찰차가 기술과 관련하여 겪는 산만함에 대해 상세하게 분석한 자료로는 다음이 있다. Judd Citrowske et al., *Distracted Driving by Law Enforcement Officers Resulting in Auto Liability Claims: Identification of the Issues and Recommendations for Implementation of a Loss Control Program* (Saint Mary's University Of Minnesota Schools of Graduate and Professional Programs, 2011), http://policedriving.com/wp-content/uploads/2011/10/distracted-driving-saint-marys-university-april-20111.pdf.

이메일을 자주 확인하는 것과 스트레스의 관계를 조사한 글로리아 마크Gloria Mark 팀의 연구 결과에 대해서는 다음 자료 참조. Gloria J. Mark, Stephen Voida, and Armand V. Cardello, "'A Pace Not Dictated by Electrons': An Empirical Study of Work Without Email," *Proceedings of the SIGCHI Conference on Human Factors in Computing Systems (CHI '12)* (Austin, Texas: May 5-10, 2012).

해리스/인텔의 조사는 다음 자료 참조. Patrick Darling, "Stressed by Technology? You Are Not Alone," *Intel Newsroom Blog* (August 19, 2010), http://newsroom.intel.com/community/intel_newsroom/blog/2010/08/19/stressed-by-technology-you-are-not-alone.

텔아비브대학교의 연구원 탈리 하투카Tali Hatuka와 에란 토흐Eran Toch의 스마트-스페이스 프로젝트Smart-Spaces Project(http://smartspaces.tau.ac.il/)는 스마트폰이 상황 인식에 미치는 영향을 다룬다. 그 결과는 다음 자료 참조. "Smart Phones Are Changing Real World Privacy Settings," Tel Aviv University Press release (May 12, 2012), http://www.aftau.org/site/News2?page=NewsArti cle&id=16519.

2008년부터 수면을 연구하는 학자들은 자면서 문자를 보내는 사람들을 관찰하고 있다. 수면 전문가 데이비드 커닝턴David Cunnington은 이렇게 설명한다. "갖가지 소식을 이메일이나 스마트폰으로 지체 없이 받는 세상이 되었기 때문에, 깨어 있는 생활과 잠자는 행위를 구분하기가 점점 더 어려워진다." 다음 자료 참조. Naomi Selvaratnam, "People Are Sending Text Messages While They Are Asleep, Says

Specialist," *Herald Sun* (November 22, 2011), http://www.news.com.au/technology/texting-in-your-sleep-not-gr8/story-e6frfro0-1226201995575; Sandra Horowitz, "M-F-064, Sleep Texting: New Variations on An Old Theme," *Sleep Medicine* 12, supp. 1 (September 2011): S39.

　가구당 첨단 기기의 수치에 관한 전 세계 및 미국 통계는 국제전기통신연합 International Telecommunications Union이 발표한 '*Measuring the Information Society 2010* (Geneva: ITU, 2011)'에서 가져온 것이다. 일반적인 가정보다 하이테크 기기가 좀 많은 편인 우리 집에는 데스크톱컴퓨터, 닌텐도위, DVR이 각각 한 대씩 있고, 랩톱이 세 대, 아이패드가 세 대, 닌텐도DS 포켓용, 디지털카메라 네 대, 휴대전화 네 대, 아이팟이 여섯 대 있다. 1인당 기기가 평균 여섯 대인 셈이다(백업 드라이브, 점프 드라이브, DVD 버너, 뉴턴 메시지패드, 그리고 1년에 두 번 시계를 다시 맞춰야 하는 가전제품도 포함시킬 수 있다).

　하루 평균 110통의 이메일을 주고받는다는 통계의 출처는 다음과 같다. Quoc Hoang, "Email Statistics Report, 2011-2015," ed. Sara Radicati (Palo Alto, Ca: Radicati Group). 2010년 조사에서는 페이스북 사용자 중 60퍼센트가 하루에 다섯 번 이상 페이지를 확인한 것으로 나타났다. 다음 자료 참조. "Reader Redux: How Many Times a Day Do You Check Facebook?," *Geek Sugar* (March 25, 2010), http://www.geeksugar.com/How-Many-Times-Do-You-Check-Facebook-One -day-7891146. 전화 확인에 관해서는 다음 자료 참조. Antti Oulasvirta et al., "Habits Make Smartphone Use More Pervasive," *Personal and Ubiquitous Computing* 16, no. 1 (January 2012): 105-14. 스마트폰에 관한 통계 자료는 다음 자료 참조. "Making Calls Has Become Fifth Most Frequent Use for a Smart-phone for Newly Networked Generation of Users," O2 *News Centre* (June 29, 2012), http://mediacentre.o2.co.uk/Press-Releases/Making-calls-has-become-fifth-most-frequent-use-for-a-Smartphone-for-newly -networked-generation-of-users-390. 2008년에 영국의 리서치기관인 유거브YouGov는 휴대전화에 대한 우려를 보여주는 노모포비아(nomophobia, "no-mobile-phone phobia")라는 용어를 만들어냈다. 2,100명의 성인을 대상으로 한 조사에서 응답자의 53퍼센트는 휴대전화가 없거나 네트워크와 단절되면 불안감을 느낀다고 답했다. 그리고 20퍼센트 이상은 휴대전화를 꺼놓지 못한다고 말했다. 다음

자료 참조. Robert Charette, "Do You Suffer from Nomophobia?" IEEE *Spectrum Risk Factor Blog* (May 22, 2012), http://spectrum.ieee.org/riskfactor/telecom/wireless/do-you-suffer-from-nomophobia?.

중요한 징조로서 일중독과 분주함에 대해서는 다음 자료 참조. Leslie Perlow, *Sleeping with Your Smartphone* (Cambridge, MA: Harvard Business Review Press, 2012). 멀티태스킹의 정서적 만족은 다음 자료 참조. Zheng Wang and John M. Tchernev, "The 'Myth' of Media Multitasking: Reciprocal Dynamics of Media Multitasking, Personal Needs, and Gratifications," *Journal of Communication* 62, no. 3 (June 2012): 493-513.

산만함과 기술에 대해서는 다음 자료 참조. Maggie Jackson, *Distracted: the Erosion of Attention and the Coming Dark Age* (Amherst, NY: Prometheus, 2008); Jonathan B. Spira), *Overload! How Too Much Information Is Hazardous to Your Organization* (New York: John Wiley, 2011); Victor M. González and Gloria Mark, "'Constant, Constant, Multi-Tasking Craziness': Managing Multiple Working Spheres," *CHI '04* (Vienna, Austria: April 24-29, 2004); Laura Dabbish and Gloria Mark, Victor Gonzalez, "Why Do I Keep Interrupting Myself?: Environment, Habit and Self-Interruption," CHI *'11* (Vancouver, BC: May 7-12, 2011).

기기 소비나 사용 그리고 온라인에서 보내는 시간에 관한 수치는 다음 자료 참조. Janna Anderson and Lee Rainie, *Millennials Will Benefit and Suffer Due to heir Hyperconnected Lives*, Pew Internet and American Life Project, 2012; U.S. Census, *2012 Statistical Abstract;* Aaron Smith, *Mobile Access* 2010, Pew Internet and American Life Project, 2010; United States Energy Information Administration, 2009.

'타고난 사이보그natural-born cyborgs'라는 말의 출처는 다음과 같다. Andy Clark, *Natural-Born Cyborgs: Minds, Technologies, and the Future of Human Intelligence* (Oxford: Oxford University Press, 2004). 에든버러대학교에서 도덕철학이라는 고풍스러운 과목을 담당하는 클락은 신경과학과 정보통신기술의 철학적 의미를 탐구하는 학자로, 쉬우면서도 치밀한 필치를 구사하는 저술가다.

1장 호흡

수면무호흡증에 대해서는 다음 자료 참조. Terry Young, Paul E. Peppard, and Daniel J. Gottlieb, "Epidemiology of Obstructive Sleep Apnea: A Population Health Perspective," *American Journal of Respiratory and Critical Care Medicine* 165 (2002): 1217-39.

앤디 클락의 *Supersizing the Mind: Embodiment, Action, and Cognitive Extension* (Oxford: Oxford University Press, 2010)은 그와 데이비드 차머스의 "The Extended Mind," *Analysis* 58 (1998): 7-19를 재발간했다. 여기서 그들은 확장된 마음을 처음으로 다루었다. 그 외에 다음 자료 참조. Alva Noë's *Brilliant But Technical Action in Perception* (Cambridge, Ma: Mit Press, 2006) and his more accessible *Out of Our Heads: Why You Are Not Your Brain, and Other Lessons from the Biology of Consciousness* (New York: Hill and Wang, 2010).

역설적이지만 하이테크에 '중독addiction'이란 말을 쓰다 보면 이 단어의 어원을 생각하지 않을 수 없다. '중독'이란 단어는 셰익스피어의 〈헨리 5세〉에 처음으로 등장한다. 등장인물 하나가 프린스 할Prince Hal에 대해 말하며 "그가 흠뻑 빠져 있던 것은 죄다 부질없는 놀이뿐이었습니다His addiction was to courses vain"라고 한다. 이 말은 라틴어 '아딕투스addictus'에서 온 것으로 로마 시대에는 빚을 갚지 못하면 채무자는 채권자에게 계속되어addicted 빚을 갚을 때까지 법적 노예addictus가 되었고, 빚을 갚으면 복권되었다(이 법은 한 술 더 떠 다수의 사람들에게 빚을 진 사람은 몸을 절단하여 채권자들에게 나누어줄 수 있다고 명시하고 있다. 하지만 실제로 집행하기 위한 조항은 아니었다). '중독'이라는 말이 좀 더 일반적으로 사용되기 시작한 것은 1900년대 초에 아편과 모르핀 사용을 언급하면서부터였다. 그러다가 이것이 '할머니도 사용할 수 있을 정도로 쉬운' 개인용 컴퓨터를 만들어내려 했던 1980년대에 하이테크 분야에 전용되었다. 오래전부터 중독성이 있는 제품은 좋은 것으로 여겨졌다. 중독성이 있다는 것은 기본적으로 사용자 기반과 믿을 만한 예산을 의미했다. 따라서 어떤 면에서 중독성이 있는 소셜미디어는 이 용어의 본래적 의미와 현대적 의미를 함께 떠올리게 한다. 그래서 트위터에 중독된 사람은 스스로 통제할 수 없는 강박관념에 노예가 되면서 동시에 다른 사용자들까지 중독시킨다.

메릴랜드대학교의 연구는 다음 자료 참조. Day Without Media, http://withoutmedia.

wordpress.com.

도구의 사용과 인류의 진화에 대해서는 다음 자료 참조. Timothy Taylor, *The Artificial Ape: How Technology Changed the Course of Human Evolution* (London: Palgrave Macmillan, 2010); Stanley H. Ambrose, "Paleolithic Technology and Human Evolution," *Science* 291, no. 5509 (March 2, 2001): 1748-53; and Richard Wrangham, *Catching Fire: How Cooking Made Us Human* (New York: Basic Books, 2010). 호주의 고고학자 토머스 서든도프Thomas Suddendorf에 의하면, 특정 장소에서 사용하기 위한 석기를 다른 곳에서 만들었다는 것은 원시인에게 '정신적 시간 여행'이란 특이한 특징이 있었다는 증거다. 다음 자료 참조. Thomas Suddendorf, Donna Rose Addis, and Michael C. Corballis, "Mental Time Travel and the Shaping of the Human Mind," *Philosophical Transactions Of the Royal Society, Biological Sciences* 364 (2009): 1317-24; Jane Hallos, "'15 Minutes of Fame': Exploring the Temporal Dimension of Middle Pleistocene Lithic Technology," *Journal of Human Evolution* 49 (2005): 155-79.

영장류에게 도구 만드는 법을 가르치는 실험은 1990년대에 인디애나대학교에서 이루어졌다. 다음 자료 참조. Kathy D. Schick et al., "Continuing Investigations into the Stone Tool-Making and Tool-Using Capabilities of a Bonobo (*Pan Paniscus*)," *Journal of Archaeological Science* 26, no. 7 (July 1999): 821-32.

인류가 옷을 입기 시작한 것은 줄잡아 17만 년 전으로 추산된다. 이 수치는 과학자들이 인간의 몸에 붙어 기생한 이를 연구하여 추론한 것으로, 이는 맨살이 아니라 옷을 입은 피부에 붙어 살 수 있도록 진화했다. 다음 자료 참조. Melissa A. Toups et al., "Origin of Clothing Lice Indicates Early Clothing Use By Anatomically Modern Humans in Africa," *Molecular Biology and Evolution* 28, no. 1 (January 2011): 29-32. 이와 달리 신발은 비교적 최근에 나타난 발명품으로, 약 4만 년 전 말기 구석기 시대에 처음 등장한 것으로 추정된다. 다음 자료 참조. Erik Trinkaus, "Anatomical Evidence for the Antiquity of Human Footwear Use," *Journal of Archaeological Science* 32, no. 10 (October 2005): 1515-26.

마약에 대해서는 다음 자료 참조. Richard Evans Schultes, Albert Hofmann, and Christian Rätsch, *Plants of the Gods: Their Sacred, Healing, and Hallucinogenic Powers*, rev. ed. (Rochester, Vt: Healing Arts Press, 2001). 슐츠는 민속식물학ethnopaleobotany의

창시자의 한 사람이고, 호프만은 LSD를 발견한 것으로 유명하다.

쓰기가 그리스인들의 인식에 미친 영향은 다음 자료 참조. Eric Havelock, *The Muse Learns to Write* (New Haven: Yale University Press, 1986). Walter Ong, *Orality and Literacy: The Technologizing of The Word*, rev. ed. (1982; Repr. London: Routledge, 2002).

미케네의 검에 관한 자료는 다음 자료 참조. Lambros Malafouris, "Is It 'Me' Or Is It 'Mine'? The Mycenaean Sword as a Body-Part," in J. Robb and D. Boric, eds., Past Bodies (Oxford: Oxbow Books, 2009), 115-23. 말라포우리스는 인식고고학의 선구적 인물이다. 그 외에 다음 자료 참조. L. Malafouris, "The Cognitive Basis of Material Engagement: Where Brain, Body, and Culture Conflate," in E. Demarrais, C. Gosden, and C. Renfrew, eds., *Rethinking Materiality: The Engagement of Mind With The Material World* (Cambridge: Mcdonald Institute for Archaeological Research, 2004), 53-62; L. Malafouris, "Beads for a Plastic Mind: the 'Blind Man's Stick' (BMS) Hypothesis and the Active Nature of Material Culture," *Cambridge Archaeological Journal* 18, no. 3 (2008): 401-14; "Between Brains, Bodies and Things: Tectonoetic Awareness and the Extended Self," *Philosophical Transactions of the Royal Society, Biological Sciences* 363 (2008): 1993-2002; and Dietrich Stout et al., "Neural Correlates Of Early Stone Age Toolmaking: Technology, Language, and Cognition in Human Evolution," *Philosophical Transactions of the Royal Society, Biological Sciences* 363 (2008): 1939-49. 무기에 대한 인식고고학은 다음 자료 참조. Marlize Lombard and Miriam Noel Haidle, "Thinking a Bow-And-Arrow Set: Cognitive Implications of Middle Stone Age Bow and Stone-Tipped Arrow Technology," *Cambridge Archaeological Journal* 22, no. 2 (2012): 237-64.

신체도식에 대해서는 다음 자료 참조. Lucilla Cardinali, Claudio Brozzoli, and Alessandro Farnè, "Peripersonal Space and Body Schema: Two Labels for the Same Concept?," *Brain Topography: A Journal of Cerebral Function and Dynamics* 21, no. 3-4 (2009): 252-60.

휴대전화 진동을 느꼈다고 착각하는 환촉증상에 대해서는 다음 자료 참조. David Laramie, "Emotional and Behavioral Aspects of Mobile Phone Use" (Phd diss.,

Alliant University International, 2007); Ghassan Thabit Saaid Al-Ani, Najeeb Hassan Mohammed, and Affan Ezzat Hassan, "Evaluation of the Sensation of Hearing False Mobile Sounds (Phantom Ring Tone; Ringxiety) in Individuals," *Iraqi Postgraduate Medical Journal* 1, no. 1 (2009): 90-94; Michael Rothberg et al., "Phantom Vibration Syndrome Among Medical Staff: A Cross-Sectional Survey," *British Medical Journal* 341 (2010): C6914; Michelle Drouin, Daren H. Kaiser, and Daniel A. Miller, "Phantom Vibrations Among Undergraduates: Prevalence and Associated Psychological Characteristics," *Computers in Human Behavior* 28, no. 4 (July 2012): 1490-96.

비행기를 '아름다운 기계beautiful machine'라고 묘사한 사람은 미항공우주국 NASA의 우주비행사 데이비드 랜돌프 스콧David Randolph Scott이다. 다음 자료 참조. David Scott and Alexei Leonov, *Two Sides of the Moon: Our Story of the Cold War Space Race* (New York: St. Martin's, 2006), 29.

프로그래밍의 매력을 엿보려면 다음 자료 참조. Ellen Ullman, *Close to the Machine: Technophilia and Its Discontents* (London: Picador, 2012).

수학의 현실성에 대해서는 다음 자료 참조. George Lakoff and Rafael Núñez, *Where Mathematics Comes From: How the Embodied Mind Brings Mathematics into Being* (New York: Basic Books, 2000). 또한 이런 종류의 문헌에 관심이 있는 사람들은 수학자나 수학 교사들이 개념을 설명하기 위해 사용하는 몸짓을 분석한 다음 자료들을 참조할 것. 이들 자료는 수학의 현실성을 보여주는 좋은 증거가 된다. Martha W. Alibali와 Mitchell J. Nathan의 "Embodiment in Mathematics Teaching and Learning: Evidence from Learners' and Teachers' Gestures," *Journal of the Learning Sciences* 21, no. 2 (2012): 247-86, and Nathalie Sinclair and Shiva Gol Tabaghi, "Drawing Space: Mathematicians' Kinetic Conceptions of Eigenvectors," Educational Studies in Mathematics 74, no. 3 (2010): 223-40.

그리스어를 취급하는 식자공 이야기의 출처는 다음과 같다. John Seely Brown and Paul Duguid, *The Social Life of Information* (Cambridge, Ma: Harvard Business School Press, 2000). 오토 이야기의 출처는 다음과 같다. Clark and Chalmers, "The Extended Mind."

분산 기억Transactive Memory에 관한 벳시 스패로의 작품은 다음 자료 참조.

Sparrow, Jenny Liu, and Daniel M. Wegner, "Google Effects on Memory: Cognitive Consequences of Having Information at Our Fingertips," *Science* 333, no. 6043 (August 5, 2011): 776-78.

읽고 줄 치고 메모하는 것에 대해서는 다음 자료 참조. Maryanne Wolf, *Proust and the Squid: The Story and Science of the Reading Brain* (New York: Harper Perennial, 2008). 보다 전문적인 내용은 다음 자료 참조. Sarah E. Peterson, "The Cognitive Functions of Underlining as a Study Technique," *Reading Research and Instruction* 31, no. 2 (1991): 49-56; Rebecca Sandak et al., "The Neurobiological Basis of Skilled and Impaired Reading: Recent Findings and New Directions," *Scientific Studies of Reading* 8, no. 3 (2004): 273-92; and Fabio Richlan, Martin Kronbichler, and Heinz Wimmer, "Functional Abnormalities in the Dyslexic Brain: A Quantitative Meta-Analysis of Neuroimaging Studies," *Human Brain Mapping* 30 (2009): 3299-3308.

띄어쓰기 역사는 다음 자료 참조. Paul Saenger, "Silent Reading: Its Impact on Late Medieval Script and Society," *Viator: Medieval and Renaissance Studies* 13 (1982): 367-414, and *Space Between Words: The Origins of Silent Reading* (Stanford: Stanford University Press, 1997).

법률 문서 읽기는 다음 자료 참조. Ruth Mckinney, *Reading Like a Lawyer* (Durham, Nc: Carolina Academic Press, 2005); Kirk Junker, "What Is Reading in the Practice of Law?" *Journal of Law and Society* 9 (2008): 111-62; Leah M. Christensen, "The Paradox of Legal Expertise: A Study of Experts and Novices Reading the Law," *Brigham Young University Education and Law Journal* 1 (2008): 53-87.

몰입에 관한 고전은 Mihaly Csikszentmihalyi, *Flow: the Psychology of Optimal Experience*, rev. ed. (1992; London: Rider, 2002)이다. 그 밖에 다음 자료 참조. Mihaly Csikszentmihalyi and Isabella Selega Csikszentmihalyi, eds., *Optimal Experience: Psychological Studies of Flow in Consciousness* (Cambridge: Cambridge University Press, 1988). 주의력의 과학에 관해 구하기 쉬운 입문서로는 다음과 같은 것이 있다. Winfried Gallagher, *Rapt: Attention and the Focused Life* (New York: Penguin, 2010).

몰입 상태에 빠져 도전을 피하지 않고 힘겨루기의 대상으로 여기게 되면 상당한 수준의 회복력을 얻게 된다. 이것은 힘겨운 과제와 맞붙음으로써 자신의 삶까지 바꿀 수 있는 능력이다. 로렌스 곤잘레스Laurence Gonzales는 그의 수작 *Deep Survival: Who Lives, Who Dies, and Why* (New York: W. W. Norton, 2004)에서 바다에서 조난 당하거나 산사태 혹은 눈사태에 갇히거나 지진이나 허리케인 같은 천재지변으로 파괴된 마을에서 살아남은 사람들 사이에는 몇 가지 심리적인 공통점이 발견된다고 지적한다. 그들은 새로운 현실에 빨리 적응하고, 구조의 손길이 늦어지거나 아예 오지 않을 수도 있다는 생각을 염두에 두게 된다. 동시에 그들은 당장 해야 할 일을 서둘러 찾아내고 갑작스레 질서가 무너진 환경에서 정신적 안정을 찾을 수 있는 방법을 모색하고, 죽음에 대한 생각을 떨쳐낼 방법을 터득한다(죽지 않을 정도로 다친 동료가 있는 경우에는 생존할 확률이 더 높아진다고 한다. 다른 사람을 돌봐야 하는 상황에 처하면 자신의 처지를 비관할 틈이 없기 때문이다). 그들의 감각은 더 예민해지고 기회에 민감하게 반응하는 한편, 또한 절박한 상황에서도 아름다움을 발견하는 여유를 갖기도 한다. 구명보트 위에서 며칠씩 물도 없이 버티다 생존한 사람들은 방수포에 빗물을 받는 처절함 속에서도 눈부시게 맑은 밤하늘의 별이나 빛을 발하는 바닷물고기에 넋을 잃는다. 누군가는 이런 상황을 이렇게 표현했다. "생존이란 극한 상황에서도 잘 살아가는 평범한 삶일 뿐이다."

오이겐 헤리겔의 *Zen in the Art of Archery: Training the Mind and Body to Become One* (New York: Penguin, 2004)은 1953년에 처음 영어로 출간되었다. 최근 만만치 않은 비판이 있는 것은 사실이지만, 그래도 이 책은 선의 고전으로서의 입지를 잃지 않고 있다. 이 책은 헤리겔이 1936년에 베를린에서 '궁술의 기사도Chivalrous Art of Archery'라는 제목으로 한 강연을 기초로 한 것이다. 헤리겔은 이듬해 나치에 입당했고 에를랑겐대학교에서 순탄한 경력을 밟다가 1944년에는 총장에 임명되었다. 일본 궁술에 대한 헤리겔의 이해와 그의 작품과 그 작품의 영향력에 대한 비판적 분석을 알려면 다음 자료 참조. Yamada ShōJi, "The Myth of Zen in the Art of Archery," *Japanese Journal of Religious Studies* 28 (2001): 1-30, and Yamada Sh.Ji, Shots in the Dark: Japan, Zen, and the West (Chicago: University of Chicago Press, 2009).

마음을 가라앉히는 기술에 대한 니마 모라베지의 블로그는 다음과 같다. http://calmingtechnology.org/. 캄코치에 대해서는 다음 자료 참조. Neema Moraveji, "Augmented Self-Regulation" (Phd diss., Stanford University, 2012).

2장 단순화

따로 밝히지는 않았어도 이 장에 실린 인용구들은 2011년 여름과 가을에 필자가 인터뷰한 내용에서 발췌한 것이다. 인터뷰한 대상은 다음과 같다. James Anderson, Marzban Cooper, Jesse Grosjean, Michael Grothaus, Rebecca Krinke, Donald Latumahina, Fred Stutzman.

프리덤은 프레드 스터츠먼의 웹사이트에서 이용할 수 있다. http://macfreedom. com/. 라이트룸은 다음 사이트를 참조. http://www.hogbaysoftware.com/products/ writeroom. 라이트룸에 대한 버지니아 헤퍼넌의 발언은 다음 자료 참조. "An Interface of One's Own," *New York Times* (January 6, 2008).

에어프랑스 447편의 추락사고 이후로 비행기의 자동조종장치와 컴퓨터로 제어하는 플라이바이와이어fly-by-wire 시스템의 위험성에 대한 논란은 지금까지도 계속되고 있는 형편이다. 하늘을 나는 여객기 중 가장 정교하다는 에어버스 330은 자동조종장치에 이상이 생긴 후 부조종사가 수동으로 제어하여 기체를 급속히 감속시키는 과정에서 추락했다. 에어버스 같은 첨단 항공기는 정상적인 상황에서는 쉽게 비행하지만 뭔가 잘못되었을 경우엔 어떤 일이 벌어질지 짐작하기 힘들다고 전문가들은 입을 모은다. 마치 사용하기 쉬운 컴퓨터일수록 문제가 생겼을 때 화면이 움직이지 않는 현상이 자주 나타나는 것과 같은 이치다. 에어버스는 구조가 너무 복잡해서 비상 시에 조종사들이 항공기를 계속 날게 하는 데 필요한 본능을 개발하기가 어렵다. 447편의 마지막 순간과 추락 시에 조종사의 실수가 미친 영향에 대해서는 다음 자료 참조. Jeff Wise, "What Really Happened Aboard Air France 447," *Popular Mechanics* (December 6, 2011), http://www.popular mechanics.com/technology/aviation/crashes/ what-really-happened -aboard-air-france-447-6611877.

멀티태스킹의 역사에 대해서는 다음 자료 참조. Lyn Wadley, Tamaryn Hodgskiss, and Michael Grant, "Implications for Complex Cognition from the Hafting of Tools With Compound Adhesives in the Middle Stone Age, South Africa," *Proceedings of the National Academy of Sciences* 106, no. 24 (June 16, 2009): 9590-94; Monica Smith, *A Prehistory of Ordinary People* (Phoenix: University of Arizona Press, 2010).

강박적인 스위치태스킹에 대한 클리포드 나스의 연구 결과는 다음 자료 참조. Eyal Ophir, Clifford Nass, and Anthony D. Wagner, "Cognitive Control in Media

Multitaskers," *Proceedings of the National Academy of Sciences* 106, no. 37 (September 15, 2009): 15583-87; Nass's Interview With Pbs's Frontline, December 1, 2009, http://www.pbs.org/wgbh/pages/frontline/digitalnation/interviews/nass.html. 멀티태스킹으로 치러야 할 대가에 대해서는 다음 자료 참조. Nicholas Carr, *The Shallows: What the Internet Is Doing to Our Brains* (New York: W. W. Norton, 2010).

오페라 감상이 하나의 멀티태스킹 작업이라는 생각은 마이클 하임이 오페라와 가상현실을 학문적으로 비교하면서 비롯되었다. 자세한 내용은 다음 자료 참조. Michael Heim, *The Metaphysics of Virtual Reality* (Oxford: Oxford University Press, 1993); Randall Packer and Ken Jordan's Collection *Multimedia: from Wagner to Virtual Reality* (New York: W. W. Norton, 2001); Matthew Wilson Smith, *The Total Work of Art: from Bayreuth to Cyberspace* (New York: Routledge, 2007).

익숙한 것들을 익숙하지 않은 방법으로 병치시키는 놀라운 능력이 곧 창의력이라는 생각은 많은 작가들의 언급을 통해 확인할 수 있다. 가장 대표적인 경우는 다음 자료 참조. Silvano Arieti in His *Creativity: the Magic Synthesis* (New York: Basic Books, 1976). 창조적 조합의 사례는 여러 분야에서 발견된다. 크리스토퍼 렌 Christopher Wren은 성베드로 성당을 설계하면서 바로크와 고전주의 건축양식을 혼합했고, 조르주 드 메스트랄George de Mestral은 가는 갈고리와 섬유의 껄끄러운 면을 붙여 벨크로라는 새로운 조임띠를 만들었다. 로스앤젤레스의 셰프 로이 최Roy Choi는 불고기와 토르티야를 조합하여 코리안 타코를 개발해냈다.

창의력은 자유롭지 못한 환경에서 그 빛을 발하는 경우가 많다. 예를 들어 마키아벨리Machiavelli는 《군주론The Prince》을 쓸 당시 사실상 가택연금 상태였다. 드 사드de Sade의 아내는 바스티유에 갇힌 남편을 위해 섹스토이와 함께 집필기구를 몰래 들여보냈다. 브로델Braudel은 독일의 전쟁포로수용소의 장교용 감옥에서 걸작을 썼다. 그 수용소는 뤼벡 외곽에 있는 다른 독일수용소보다 형편이 좋았다. 변변한 식사도 못한 채 중노동에 시달리는 죄수나 전쟁포로들은 운이 없는 편이다. 그리고 물론 우리는 감옥에서 집필한 '또 다른' 사람도 잘 알고 있다. 아돌프 히틀러Adolf Hitler는 뮌헨 외곽의 란츠베르크 감옥에 있을 때 《나의 투쟁Mein Kampf》을 썼다.

제프리 매킨타이어는 젠웨어라는 용어를 만들었다. 다음 자료 참조. "The Tao of Screen: in Search of the Distraction-Free Desktop," *Slate* (January 24, 2008), http://

www.slate.com/articles/technology/technology/2008/01/the_tao_of_screen.html.

제시 그로스진은 아우트라이너로 작업하는 도중 컴퓨터가 타이프라이터처럼 기능하는 전체화면 에디터에 대한 아이디어를 떠올렸다고 설명했다. 블록라이터는 가상 프로그램으로 불리기 때문에 컴퓨터에서 다른 프로그램을 할 수 없고 심지어 지우거나 편집하는 기능도 없었다. 잉크로 쓴 크로스워드퍼즐처럼 앞으로만 갈 뿐, 뒤로는 갈 수 없는 프로그램이었다. 그는 또한 독일 개발자들 소울멘Soulmen이 만들어낸 전체화면 모드로 쓰는 프로그램인 율리시즈를 발견했다(중소 소프트웨어 기업들은 기발한 생각을 갖고 있는 해커들을 보유할 수 있는 장점이 있다). 율리시즈와 블록라이터 사이에서 "결국은 라이트룸이 차별화를 이루어냈다"고 그는 회상했다. "라이트룸은 율리시즈처럼 더 큰 '체계'에 맞추려 하지 않으면서 전체화면 모드를 제공했지만, 블록라이터처럼 사용자를 구속하려들지는 않았다." 율리시즈와 그 밖의 초기에 나온 전체화면 쓰기 툴은 라이트룸이라는 엘비스 프레슬리에 대한 델타의 블루스맨 같았다. 율리시즈 등은 생각을 깊이 할 수 있고 시행도 잘되고 열렬한 팬들이 있었지만, 라이트룸만 한 히트작은 되지 못했다.

이 장에서 인용된 젠웨어에 대한 평은 다음 자료 참조. Mike Gorman, "Ommwriter: Like Writing in a Zen Garden," *Geek-Tank* (September 17, 2010), http://www.geek-tank.com/software/ommwriter-like-writing-in-a-zen-garden/; Donald Latumahina, "Creative Thinking Cool Tool: Jdarkroom," *Life Optimizer* (February 15, 2007), www.lifeoptimizer.org/2007/02/15/creative-thinking-cool-tool-jdarkroom/; J. Dane Tyler, "Software Review: Darkroom V. Jdarkroom," *Darcknyt* (December 29, 2007), http://darcknyt.wordpress.com/2007/12/29/software-review-darkroom-v-jdarkroom/; Richard Norden on the Writemonkey Web Site, http://writemonkey.com/; Rob Pegoraro, "That Green Again," Washington Post (March 20, 2008), http://www.washingtonpost.com/wp-dyn/content/article/2008/03/19/ar2008031903559.html.

제임스 앤더슨의 자료에는 다음과 같은 것들이 있다. Catherine Weir, James Anderson, and Mervyn Jack, "On the Role of Metaphor and Language in Design of Third Party Payments in Ebanking: Usability and Quality," *International Journal of Human-Computer Studies* 64, no. 8 (2006): 770-84; Anderson, "If Knowledge Then God: the Epistemological Theistic Arguments of Plantinga and Van Til," *Calvin Theological Journal*

40, no. 1 (2005): 49-75. 에든버러대학교의 커뮤니케이션 인터페이스 리서치 센터의 연구원을 역임한 앤더슨은, 현재 노스캐롤라이나 샬럿에 있는 개혁신학대학교 Reformed Theological Seminary에서 신학과 철학을 가르치고 있다.

프리덤과 젠웨어에 관한 프레드 스터츠먼의 발언은 다음 자료 참조. "Productivity in the Age of Social Media" in R. Trebor Scholz, Ed., *The Digital Media Pedagogy Reader* (New York: Institute for Distributed Creativity, Comment Press, 2011), http://learningthroughdigitalmedia.net/productivity-in-the-age-of-social-media-freedom-and-anti-social.

미국 기술사에서 테일러주의가 차지하는 위상은 다음 자료 참조. Thomas Parke Hughes, *American Genesis: A Century of Invention and Technological Enthusiasm, 1870-1970* (Chicago: University of Chicago Press, 1990).

조지 레이코프는 프레이밍에 관한 많은 글을 썼다. 프레이밍에 관한 그의 초기 생각을 알려면 다음 자료 참조. George Lakoff and Mark Johnson, *Metaphors We Live By* (Chicago: University of Chicago Press, 1980). 이 책은 또한 매킨토시 인터페이스 디자인 팀이 메타포를 생각하는 데 많은 영향을 주었다. 크리스 에스피노자Chris Espinosa는 1980년대 초에 애플 사무실 의자에 앉아 레이코프의 책을 보았다고 회상했다. 그 이후에 레이코프는 자신의 사상을 정치적 영역까지 넓혔다. 그에 관해서는 다음 자료 참조. George Lakoff, *Thinking Points* (New York: Farrar, Straus and Giroux, 2005) and *The Political Mind* (New York: Viking, 2008).

3장 명상

명상에 관한 자료는 넘칠 정도로 많다. 내가 개인적으로 명상 수행을 하는 데 참조한 자료는 이것이다(다시 한 번 밝혀두지만 나는 결코 대단한 명상가는 아니다). Steve Hagen, *Buddhism Is Not What You Think: Finding Freedom Beyond Beliefs* (New York: Harpercollins, 2004). 이 책은 불교 철학을 더듬어볼 수 있는 훌륭한 입문서다. 명상에서 자세와 호흡의 중요성을 자세히 설명한 다음과 같은 자료들도 있다. Dalai Lama, *How to Practice: the Way to a Meaningful Life*, Trans. and Ed. Jeffrey Hopkins (New York: Atria Books, 2003); Katsuki Sekida, *Zen Training: Methods and Philosophy*

(Boston: Shambhala, 1985); Stephan Bodian, *Meditation for Dummies* (New York: Wiley, 2006).

현대 불교와 명상에 관한 입문서로는 다음 자료가 있다. Joanna Cook, *Meditation in Modern Buddhism: Renunciation and Change in Thai Monastic Life* (Cambridge: Cambridge University Press, 2010).

명상과 깨어 있는 마음을 응용하는 문제에 대해서는 다음 자료 참조. Jon Kabat-Zinn, *Full Catastrophe Living: Using the Wisdom of Your Body and Mind to Face Stress, Pain, and Illness* (New York: Random House, 1990). 깨어 있는 마음을 기반으로 하는 스트레스 감소(mindfulness-based stress reduction, MBSR)에 대해서는 역시 그가 쓴 다음 자료 참조. "Mindfulness-Based Interventions in Context: Past, Present, and Future," *Clinical Psychology: Science and Practice* 10, no. 2 (Summer 2003): 144-56. MBSR에 대한 비판은 다음 자료 참조. Wakoh Shannon Hickey, "Meditation As Medicine: A Critique," *Crosscurrents* (June 2010): 168-84.

보다 전문적인 자료를 위해서는 다음 자료 참조. William S. Blatt, "What's Special about Meditation? Contemplative Practice for American Lawyers," *Harvard Negotiation Law Review* 7 (2002): 125-41; Major G. W. Dickey, "Mindfulness-Based Cognitive Therapy as a Complementary Treatment for Combat/Operation Stress and Combat Post-Traumatic Stress Disorder" (master's thesis, Marine Corps University, 2008), http://www.dtic.mil/cgi-bin/GetTRDoc?AD=ADA490935&Location=U2&doc=GetTRDoc.pdf; Charlotte J. Haimer and Elizabeth R. Valentine, "The Effects of Contemplative Practice on Intrapersonal, Interpersonal, and Transpersonal Dimensions of the Self-Concept," *Journal of Transpersonal Psychology* 33, no. 1 (2001): 33-52; Keith A. Kaufman, Carol R. Glass, and Diane B. Arnkoff, "Evaluation of Mindful Sport Performance Enhancement (Mspe): A New Approach to Promote Flow in Athletes," *Journal of Clinical Sports Psychology* 4 (2009): 334-56; Ying Hwa Kee and C. K. John Wang, "Relationships Between Mindfulness, Flow Dispositions and Mental Skills Adoption: A Cluster Analytic Approach," *Psychology of Sport and Exercise* 9, no. 4 (July 2008): 393-411; Maria Lichtmann, *The Teacher's Way: Teaching and the Contemplative Life* (Mahwah, NJ: Paulist Press, 2005); Donald R. Marks, "The Buddha's Extra

Scoop: Neural Correlates of Mindfulness and Clinical Sport Psychology," *Journal of Clinical Sports Psychology* 2, no. 3 (August 2008): 216-41; Ed Sarath, "Meditation in Higher Education: the Next Wave?" *Innovative Higher Education* 27, no. 4 (2003): 215-23.

깨어 있는 마음을 기반으로 하는 법률 업무는 일반적인 방식으로 법률 협상에 임하는 태도에 반론을 제기한다. 이들에게 논쟁은 보통 제로섬게임으로 여겨지고, 상대방에 대해 당사자주의로 접근하는 것은 변호사가 당사자 모두에게 얼마간의 혜택을 나누어줄 수 있는 윈윈 상황을 찾지 못하게 하는 태도로 간주된다. 이에 대해서는 다음 자료 참조. David Hoffman, "The Future of Adr: Professionalization, Spirituality, and the Internet," *Dispute Resolution Magazine* 14 (2008): 6-10; Marjorie A. Silver, "Lawyering and Its Discontents: Reclaiming Meaning in the Practice of Law," *Touro Law Review* 19 (2004): 773-824; Arthur Zajonc, "Contemplative and Transformative Pedagogy," *Kosmos Journal* 5, no. 1 (Fall/Winter 2006): 1-3.

명상과 의식에 대한 신경과학적 작품을 개관하려면 다음 작품 참조. Antoine Lutz, John D. Dunne, and Richard J. Davidson, "Meditation and the Neuroscience of Consciousness: An Introduction," in Philip David Zelazo, Morris Moscovitch, Evan Thompson, eds., *The Cambridge Handbook of Consciousness* (Cambridge: Cambridge University Press, 2007).

여기서 설명된 연구는 다음 자료에 포함되어 있는 내용이다. Antoine Lutz et al., "Long-Term Meditators Self-Induce High-Amplitude Gamma Synchrony During Mental Practice," *Proceedings of the National Academy of Sciences* 101, no. 46 (November 16, 2004): 16369-73; Richard J. Davidson and Antoine Lutz, "Buddha's Brain: Neuroplasticity and Meditation," *IEEE Signal Processing Magazine* (September 2007): 171-74; Antoine Lutz et al., "Attention Regulation and Monitoring in Meditation," *Trends in Cognitive Sciences* 12, no. 4 (April 2008): 163-69.

음악가의 두뇌를 연구한 작품으로는 다음 자료 참조. Daniel Levitin, *This Is Your Brain on Music: the Science of a Human Obsession* (New York: Plume, 2006); G. Schlaug et al., "In Vivo Evidence of Structural Brain Asymmetry in Musicians," *Science* 267, no. 5198 (February 3, 1995): 699-701; Stefan Elmer, Martin Meyer, and Lutz Jäncke,

"Neurofunctional and Behavioral Correlates of Phonetic and Temporal Categorization in Musically Trained and Untrained Subjects," *Cerebral Cortex* 22, no. 3 (March 2012): 650-58 (doi: 10-1093/cercor/bhr142); Patrick Bermudez et al., "Neuroanatomical Correlates of Musicianship As Revealed By Cortical Thickness and Voxel-Based Morphometry," *Cerebral Cortex* 19, no. 7 (July 2009): 1583-96 (Doi: 10-1093/Cercor/Bhn196). 수학자의 두뇌는 다음 자료 참조. K. Aydin et al., "Increased Gray Matter Density in the Parietal Cortex of Mathematicians: A Voxel-Based Morphometry Study," *American Journal of Neuroradiology* 28 (November 2007): 1859-64. 저글러의 두뇌에서 나타나는 백색질 미세구조의 변화에 대해서는 다음 자료 참조. Jan Scholz et al., "Training Induces Changes in White Matter Architecture," *Nature Neuroscience* 12, no. 11 (November 2009): 1370-71. 숄츠는 이렇게 설명한다. "저글링 훈련을 6 주 받은 사람은 훈련을 받지 않은 사람들과 달리 백색질이 변한다. 이런 변화는 시각 의 말초신경에서 사물을 파악하는 기능을 담당하는 두뇌 영역에서 일어난다." 이 부 분은 다음 자료에서 인용한 것이다. "Matter in Hand: Jugglers Have Rewired Brains," Phys.org (October 11, 2009), http://phys.org/news174490349.html#nRlv. 런던의 택 시 운전사는 많은 연구에서 실험 대상이 되어왔다. 이에 관한 내용은 다음 자료 참조. Eleanor A. Maguire, A Professor at University College London; E. Maguire, Richard Frackowiak, and Christopher Frith, "Recalling Routes Around London: Activation of the Right Hippocampus in Taxi Drivers," *Journal of Neuroscience* 17, no. 18 (September 15, 1997): 7103-10; E. Maguire et al., "Navigation-Related Structural Change in the Hippocampi of Taxi Drivers," *Proceedings of the National Academy of Sciences* 97, no. 8 (April 11, 2000): 4398-403; Katherine Woollett, Hugo J. Spiers, and E. Maguire, "Talent in the Taxi: A Model System for Exploring Expertise," *Philosophical Transactions of the Royal Society, Biological Sciences* 364, no. 1522 (May 27, 2009): 1407-16.

클리포드 새런 팀의 작업은 다음 자료에 요약되어 있다. Center for Mind and Brain, *Five Year Report 2003-2008* (University of California, Davis, 2008). 결론적 인 내용은 다음 자료 참조. Elissa Epel et al., "Can Meditation Slow Rate of Cellular Aging? Cognitive Stress, Mindfulness, and Telomeres," *Annals of the New York Academy of Sciences* 1172 (2009): 34-53.

신경과학과 의식의 공통점에 관해 색다르면서도 역시 귀중한 연구 자료로는 다음이 있다. Susan Blackmore, *Zen and the Art of Consciousness* (Oxford: Oneworld, 2011). 신경과학자인 블랙모어는 이 책에서 그녀의 과학저술과 수년에 걸친 명상 수행을 통해 얻어낸 의식의 본질을 검토하고 있다.

승려 블로거에 관한 자료는 주로 인터뷰를 통해 얻은 것으로, 2011년 여름과 가을에 이메일이나 스카이프로 이루어진 것이다. 내가 인터뷰한 대상은 다음과 같다. Jonathan Coppola, Caine Das, Sister Gryphon, Choekyi Libby, Bhikkhu Samahita, Damchoe Wangmo, and Noah Yuttadhammo. 승려와 블로그에 관한 연구, 특히 한국의 승려 블로거들에 관한 연구는 다음 자료 참조. Joonseong Lee, "Cultivating the Self in Cyberspace: the Use of Personal Blogs Among Buddhist Priests," *Journal of Media and Religion* 8 (2009): 97-114.

불교와 세계화에 대해서는 다음 자료 참조. Peter Oldmeadow, "Tibetan Buddhism and Globalisation," in Casole M. Cusack and Peter Oldmeadow, eds., *The End of Religions? Religion in An Age of Globalisation*, Sydney Studies in Religion, Vol. 4 (Sydney: University of Sydney, 2001), 266-79.

스리랑카는 지난 2,000년 동안 불교의 중심지였다. 그곳 산승의 생활을 지켜보면 2,000년 전이나 지금이나 다를 것이 없어 보인다. 그러나 고립과 청빈을 강조하는 산승 운동은 매우 현대적인 것으로 1948년에 스리랑카가 영국으로부터 독립한 사건과 1956년 붓다의 열반 2,500년을 맞아 촉발된 전후 종교부흥운동에 의해 탄력을 받아 지금까지 이어지고 있다. 스리랑카의 산승에 관해서는 다음 자료 참조. Nur Yalman, "The Ascetic Buddhist Monks of Ceylon," *Ethnology* 1, no. 3 (July 1962): 315-28; Michael Carrithers, "The Modern Ascetics of Lanka and the Pattern of Change in Buddhism," *Man* 14, no. 2 (June 1979): 294-310.

불교에서 새로 계를 받은 승려에게는 새로운 이름을 주는 것이 관례다. 법명은 보통 스승이나 주지스님이 고르는데 계파의 전통에 따라 관례도 각기 다르다. 어떤 경우에 스승은 제자의 성격을 반영하거나 수행의 수준을 설명하거나 제자가 가꾸어야 할 인격을 반영하는 법명을 고른다. 또 어떤 전통에서 법명은 승려의 계보를 반영하거나 생일이나 세대에서 유추해서 짓기도 한다. 중국과 베트남에서 승려의 이름은 각각 '시'와 '틱'으로 시작한다.

차축 시대를 다룬 책은 다음과 같다. Karl Jaspers, *Origin and Goal of History* (1951; Repr. London: Routledge, 2011). 보다 최근 자료로는 다음과 같은 것이 있다. Karen Armstrong, *The Great Transformation: The Beginning of Our Religious Traditions* (New York: Anchor, 2007).

학자들은 인터넷이 우리의 두뇌를 바꾸는 가장 최근의 정보통신기술에 지나지 않는다고 말한다. 쓰기의 발명, 특히 언어의 소리의 전 영역을 처음으로 정확히 재생해낼 수 있었던 그리스 알파벳의 개발은 사고의 방법을 크게 바꾸어놓았다. 인쇄술은 인터넷이 나오기 500년 전에 이미 정보를 해방시켰고, 신문은 '상상의 공동체'를 성장시키기 위한 중요한 기초이고 최초의 실시간 매체였다. 마셜 맥루한Marshall Mcluhan에 의하면 1960년대에 라디오와 전화와 텔레비전은 세계를 '지구촌'으로 바꿔놓기 시작했다.

인간은 역사를 통틀어 여러 차례의 정보 혁명을 겪었고, 매 세대마다 당대인들은 대부분 그 변화를 개탄했다. 소크라테스는 새로운 쓰기 매체를 믿지 않았다. 1477년에 베니스의 인문주의자 히에로니모 스쿠아르시아피코Hieronimo Squarciafico는 그의 《기억과 책Memory and Books》에서 이렇게 불평했다. "책이 많으면 공부를 열심히 하지 않는다. 책은 기억을 망가뜨리고 너무 많은 일을 덜어주어 정신을 약하게 만든다." 톰 스탠디지Tom Standage에 따르면 150년 전의 전보는 '빅토리아 시대의 인터넷'이었다. 다음 자료 참조. Tom Standage, The Victorian Internet: The Remarkable Story of the Telegraph and the Nineteenth Century's On-Line Pioneers (London: Walker, 1998). 이 책에서 묘사한 것처럼 빅토리아 시대의 사람들은 오늘날 일부 사람들이 웹을 설명할 때 사용하는 것과 같은 종말론적이고 예언적인 어조로 전보를 이야기했다.

4장 프로그램으로부터의 탈피

무어의 법칙과 컴퓨팅의 역사에 관해서는 다음 자료 참조. Martin Campbell-Kelly and William Aspray, *Computer: A History of the Information Machine* (New York: Basic Books, 1996).

나는 무어의 법칙을 12번 겪었다. 내가 처음 구입한 컴퓨터는 매킨토시플러스

Macintosh Plus였다. 그것을 구입했던 1988년에 개인용컴퓨터는 그 역사가 10년 정도밖에 안 되었다. 당시 4년 전에 나온 매킨토시 제품들은 그래픽 사용자 인터페이스와 마우스를 가진 최초의 보급형 컴퓨터였다. 플러스는 8MHz 프로세서와 1MB 램, 그리고 800K 플로피디스크드라이브와 9인치 흑백 디스플레이를 장착했다. 나는 맥플러스로 논문을 썼고, 생각보다 더 많이 다크캐슬Dark Castle(1986년에 매킨토시에 장착된 컴퓨터게임-옮긴이)을 했다. 23년 뒤에 나는 책을 쓰기 위해 아이패드 2를 샀다. 아이패드 2에 대한 인상은 플러스보다 조금 낫다는 정도였다. 아이패드 2는 800MHz 듀얼코어 프로세서와 512Mb 램과 64GB 메모리를 장착했고, 화면은 매킨토시와 거의 같은 크기였지만 컬러였고, 손가락의 움직임에 감응하는 터치스크린이었다. 내가 지금 쓰고 있는 컴퓨터는 처음 것에 비하면 적어도 100배는 빠르고 메모리는 수백 배 크지만, 값은 훨씬 싸다. 1988년에 나는 맥플러스를 사기 위해 약 2,000달러(2011년 시세로 3,800달러)를 출혈해야 했지만, 아이패드는 1,000달러 정도였고 키보드와 그 밖의 주변 기기까지 딸려 왔다. 1988년 물가로 따지면 525달러 정도밖에 되지 않았을 것이다. 맥플러스는 와이파이가 없었다. 내 컴퓨터가 인터넷에 연결되리라고는 애플도 짐작하지 못했을 것이다. 당시 48-8Kbps 외장형 모뎀은 200달러였다. 내 아이패드는 하이브리드로, 약 20GB의 음악과 영화(플로피디스크 2만 5,000장 분량)를 담고 있지만, 내가 아이패드로 할 수 있는 일과 관련된 작업은 인터넷이 연결되어야 가능한 일이다. 그것은 클라우드에 연결된 단말기이다. 아이패드는 맥플러스보다 훨씬 더 성능이 뛰어나지만 더 중요한 것은 전 세계에 분포된 정보처리 능력과 웹의 메모리 입력 기능 때문에 그 파워가 10억 배로 증강된다는 사실이다. 그리고 그 파워는 매일 커지고 있다.

두뇌의 성장은 대부분 우리가 태어나기 전에 이미 어느 정도 완성되고, 유년기 초기에도 2차 성장이 빠르게 일어난다. 이에 대해서는 다음 자료 참조. John Dobbing and Jean Sands, "Quantitative Growth and Development of Human Brain," *Archives of Disease in Childhood* 48 (1973): 757-67.

바이런 리브스와 클리포드 나스는 컴퓨터에 대한 우리의 심리적 반응을 연구한 선구적 학자들이다. 이 부분의 입문서로는 다음 자료 참조. Byron Reeves and Clifford Nass, *The Media Equation: How People Treat Computers, Television, and New Media Like Real People and Places* (Cambridge: Cambridge University Press, 1996).

그 외 다음 저술들 역시 훌륭한 자료들이다. Clifford Nass's *The Man Who Lied to His Laptop: What Machines Teach Us about Human Relationships* (New York: Penguin 2010); Clifford Nass, Youngme Moon, and Paul Carney, *Are People Polite to Computers? Responses to Computer-Based Interviewing Systems* (Cambridge, Ma: Division of Research, Harvard Business School, 1998); Clifford Nass and Youngme Moon, "Machines and Mindlessness: Social Responses to Computers," *Journal of Social Issues* 56, no. 1 (2000): 81-103; Yasuhiro Katagiri, Clifford Nass, and Yugo Takeuchi, "Cross-Cultural Studies of the Computers Are Social Actors Paradigm: the Case of Reciprocity," in Michael Smith et al., eds., *Usability Evaluation and Interface Design: Cognitive Engineering, Intelligent Agents and Virtual Reality* (Mahwah, NJ: Lawrence Erlbaum, 2001), 1558-62.

아바타를 활용한 심리 연구에 대해서는 다음 자료 참조. Jim Blascovich and Jeremy Bailenson, *Infinite Reality: Avatars, Eternal Life, New Worlds, and the Dawn of the Virtual Revolution* (New York: William Morrow, 2011) and Jeremy N. Bailenson and Andrew C. Beall, "Transformed Social Interaction: Exploring the Digital Plasticity of Avatars," in R. Schroeder and A. S. Axelsson, eds., *Avatars at Work and Play* (New York: Springer, 2006), 1-16. 사회과학에 아바타를 활용한 예는 다음 자료 참조. Jesse Fox, Dylan Arena, and Jeremy N. Bailenson, "Virtual Reality: A Survival Guide for the Social Scientist," *Journal of Media Psychology* 21, no. 3 (2009): 95-113.

제러미 베일런슨의 앱에는 짤막한 전기와 PDF로 된 논문, 그의 스탠퍼드 실험실 지침, 그리고 최근 트위터가 실려 있다. 이 앱은 캘리포니아대학교 버클리 캠퍼스 학부생 슈리아 바수Shourya Basu와 존 노레이카Jon Noreika가 개발했다.

오토캐드AutoCAD는 '자동 컴퓨터 지원 제도/설계Automatic Computer-Aided Drafting/Designing'를 줄인말이다. 오토캐드는 대상을 2차원이나 3차원 파일로 만들어내는데, 원래 건축과 정밀공업 분야에서 사용되던 방식이었다.

1980년대에 군사심리학자와 공학자들은 실전과 똑같은 경험을 할 수 있는 모의비행 훈련을 하는 조종사들이 겪는 멀미 현상을 연구하다 '사이버멀미cybersickness'라는 말을 만들어냈다. 이 용어를 처음 쓴 마이클 매클로이와 토머스 샤키의 논문은 다음과 같다. Michael Mccauley and Thomas Sharkey, "Cybersickness: Perception of

Self-Motion in Virtual Environments," Presence 1, no. 3 (1992): 311-18. 매클로이는 나중에 이렇게 회상했다. "'사이버cyber'라는 말이 한창 유행할 때였고 우리는 '모의 멀미simulater sickness'와 VE나 VR 멀미'를 연구하고 있었습니다. 그러다 자연스럽게 '사이버멀미'라고 부르게 된 것 같습니다."(매클로이가 2012년 7월 2일에 필자에게 보낸 이메일)

여기서 논의된 전문적인 연구는 다음 자료 참조. Jeremy Bailenson et al., "Transformed Social Interaction: Decoupling Representation from Behavior and Form in Collaborative Virtual Environments," *Presence* 13, no. 4 (August 2004): 428-41; Nick Yee and Jeremy Bailenson, "The Proteus Effect: the Effect of Transformed Self-Representation on Behavior," *Human Communication Research* 33 (2007): 271-90; Jeremy Bailenson et al., "Facial Similarity Between Voters and Candidates Causes Influence," *Public Opinion Quarterly* 72 (2008): 935-61; Sun Joo Ahn and Jeremy Bailenson, "Self-Endorsing Versus Other-Endorsing in Virtual Environments: the Effect on Brand Attitude and Purchase Intention," *Journal of Advertising* 40, no. 2 (Summer 2011): 93-106.

데릴 벰의 연구 내용은 다음 자료 참조. Daryl Bem, "Self-Perception Theory," in Leonard Berkowitz, Ed., *Advances in Experimental Social Psychology*, Vol. 6 (New York: Academic Press, 1972), 2-57.

미래의 자아와 계획에 관한 기본적 문헌은 필자가 쓴 다음 자료 참조. Alex Soojung-Kim Pang, "Futures 2.0: Rethinking the Discipline," *Foresight: the Journal of Futures Studies, Strategic Thinking and Policy* 12, no. 1 (Spring 2010): 5-20. 철학에서 미래의 자아(헬 허시필드가 검증했다)에 관한 데릭 파핏의 작품은 특히 대단해 보인다. 이에 대해서는 다음 자료 참조. Derek Parfit, *Reasons and Persons* (Oxford: Oxford University Press, 1984).

제시 폭스의 작업은 베일런슨과 공동 저술한 다음 두 논문에서 다루어진다. Jesse Fox and Jeremy Bailenson, "Virtual Virgins and Vamps: the Effects of Exposure to Female Characters' Sexualized Appearance and Gaze in An Immersive Virtual Environment," *Sex Roles* 61 (2009): 147-57, and "Virtual Self-Modeling: the Effects of Vicarious Reinforcement and Identification on Exercise Behaviors," *Media Psychology*

12 (2009): 1-25.

핼 허시필드의 작업은 다음 자료 참조. Hal Hershfield et al., "Neural Evidence for Self-Continuity in Temporal Discounting," *Social Cognitive and Affective Neuroscience* 4, no. 1 (2009): 85-92; "Don't Stop Thinking about Tomorrow: Individual Differences in Future Self-Continuity Account for Saving," *Judgment and Decision Making* 4, no. 4 (2009): 280-86; and "Increasing Saving Behavior Through Age-Progressed Renderings of the Future Self," *Journal of Marketing Research* 48 (November 2011): S23-37. 피실험자에게 던진 질문은 다음과 같은 것들이다. "이름이 무엇입니까?" "어디 출신입니까?" "살면서 특히 열정을 쏟는 것이 있다면 어떤 것입니까?"

실패에 대해서는 다음 자료 참조. Charles Perrow, *Normal Accidents: Living With High Risk* (New York: Basic, 1984); Mica Endsley, "Automation and Situation Awareness," in R. Parasuraman and M. Mouloua, eds., *Automation and Human Performance: Theory and Applications* (Mahwah, NJ: Lawrence Erlbaum, 1996), 163-81. 이 자료는 자동화가 주변 세계와 그들이 다루는 기술에 대한 사용자의 이해를 얼마나 무디게 하는지 잘 보여준다.

컴퓨팅에서 실패와 기술적 실수에 대한 나의 생각은 마이크로소프트리서치 케임브리지의 동료인 헬레나 멘티스의 작업에서 많은 영향을 받았다. 다음 자료 참조. Helena Mentis, "User Recalled Occurrences of Usability Errors: Implications on the User Experience," *CHI '03: New Horizons* (2003): 736-37; "Occurrence of Frustration in Human-Computer Interaction: the Affect of Interrupting Cognitive Flow" (Master's Thesis, Cornell University, 2004).

크라우드소싱에 대한 재런 래니어의 비판은 그의 놀라운 다음 문제작을 참조. Jaron Lanier, *You Are Not a Gadget: A Manifesto* (New York: Random House, 2010).

레이 커즈와일의 *The Singularity Is Near* (New York: Viking, 2005)는 전문적이면서도 일반인이 읽기 쉬운 책이다. 분명히 밝혀두지만 그가 이 책에서 내세우는 주장은 나로서는 대부분 동의하기 어렵다. 특히 "아무리 컴퓨터가 무차별적인 방식으로 해결한다 해도 내가 방금 설명한 복잡한 철학적 문제를 몇 년 사이에 해결하는 일은 없으리라고 믿지 못할 이유가 없다"라는 부분은 쉽게 수긍이 가지 않는다. 그래도 읽어볼 만한 가치가 있을 정도로 묘한 매력을 가진 작품임에 틀림없다.

인간의 기억과 컴퓨터의 메모리가 어떻게 다른지에 대한 HCI(Human-Computer Interaction)차원의 분석에 대해서는 다음 자료 참조. Gordon Bell and Jim Gemmell, *Your Life, Uploaded* (New York: Plume, 2010); Abigail J. Sellen and Steve Whittaker, "Beyond Total Capture: A Constructive Critique of Lifelogging," *Communications of the ACM* 53, no. 5 (May 2010): 70-77, and Vaiva Kalnikaite et al., "Now Let Me See Where I Was: Understanding How Lifelogs Mediate Memory," *CHI '10: Remember and Reflect* (Atlanta, GA: April 10-15, 2010): 2045-54. 가까운 미래에 우리가 자동화할 수 있거나 인간의 기술을 대체할 수 있다는 가정에 대한 비판에 대해서는 다음 자료 참조. Richard Harper et al., eds., *Being Human: Human Computer Interaction in the Year 2020* (Cambridge: Micro-Soft Research Ltd., 2008).

디지털 메모리는 무어의 법칙과 비슷한 곡선을 따른다. 대학에 다닐 때 나는 소셜 네트워크를 과학적으로 연구하는 어떤 연구원을 찾아간 적이 있다. 그는 정부로부터 받은 연구기금의 대부분을 20MB 하드드라이브를 구입하는 데 썼다. 요즘은 디지털 카메라를 하나 사도 100배 더 큰 메모리카드가 딸려 나온다.

디지털 메모리와 인간의 기억의 차이를 확실하게 밝혀주는 대단한 연구서로는 다음 작품이 있다. Viktor Mayer-Schönberger, *Delete: the Virtue of Forgetting in the Digital Age* (Princeton, NJ: Princeton University Press, 2009). 기억의 사회성을 보여주는 한 가지 좋은 예는 체포 기록이다. 체포 기록을 말소하거나 이미 대가를 치른 범죄 기록을 없애기가 점점 더 어려워지고 있다. 기록 사본은 여러 군데에 보관되는 경우가 많아 중앙에서 모든 자료를 통제하기가 어렵다. 일을 더욱 복잡하게 만드는 것은, 범죄 기록을 삭제해주는 회사뿐 아니라 온라인에 그런 기록을 올리는 것을 전문으로 하는 회사들이 있다는 사실이다(때로는 같은 사람에 의해 운영되는 경우가 있다).

'지구촌 모든 어린이들에게 랩톱을' 프로젝트에 관한 모건 에임스의 작업은 다음 자료 참조. Mark Warschauer and Morgan Ames, "Can One Laptop Per Child Save the World's Poor?" *Journal of International Affairs* 64, no. 1 (Fall/Winter 2010): 33-51; Mark Warschauer et al., "One Laptop Per Child Birmingham: Case Study of a Radical Experiment," *International Journal of Learning and Media* 3, no. 2 (Spring 2011): 61-76. 해커에 대해서는 다음 자료 참조. Steven Levy's 1984 *Hackers: Heroes of the Computer Revolution* (Repr. Sebastopol, Ca: O'Reilly Media, 2010). 이 책은 영화 〈대부〉 시리

즈가 젊은 엘리트들의 행동양식을 어떻게 바꾸었는지 설명하는 방식보다는, 처음에는 문화를 설명하고 그 다음에 문화에 대한 영향을 설명하는 방식을 취한다. 그 외의 자료는 다음과 같다. Pekka Himanen, *The Hacker Ethic* (New York: Random House, 2001); Claude Steele and Joshua Aronson, "Stereotype Threat and the Intellectual Test Performance of African Americans," *Journal of Personality and Social Psychology* 69, no. 5 (1995): 797-811. Claude Steele, "A Threat in the Air: How Stereotypes Shape Intellectual Identity and Performance," *American Psychologist* 52, no. 6 (June 1997): 613-29, *Whistling Vivaldi: How Stereotypes Affect Us and What We Can Do* (New York: W. W. Norton, 2010). 지능을 고정적인 것으로 보는 경우와 성장하는 것으로 보는 경우의 차이에 대해서는 다음 자료 참조. Carol Dweck, *Mindset: The New Psychology of Success* (New York: Random House, 2006).

5장 실험

2008년 AOL 조사에 따르면 응답자의 59퍼센트가 화장실에서도 이메일을 확인한다고 답했다(AOL Mail fourth annual e-mail addiction survey, 2008; http://cdn. webmail.aol.com/survey/aol/en-us/index .htm.). 블랙베리 사용자의 91퍼센트도 화장실에서 이메일을 확인한다고 시인했다. 다음 자료 참조. Kevin Michaluk, Martin Trautschold, and Gary Mazo, *Crack-Berry: True Tales of Blackberry Use and Abuse* (New York: Apress, 2010), 16-17.

자기실험은 다음 자료 참조. Seth Roberts, "Self-Experimentation as a Source of New Ideas: Ten Examples about Sleep, Mood, Health, and Weight," *Behavioral and Brain Sciences* 27 (2004): 227-88.

기기를 만지작거리고 뜯고 고치는 팅커링tinkering은 맞춤화나 매뉴얼을 읽는 것 이상의 의미를 갖는다. 팅커링은 기술에 몰두하고 기술을 바꾸는 것에 대한 실용적이고 즉흥적인 접근방법이고, 유연성과 빠른 습득과 브리콜라주 등을 강조한다. 누군가는 팅커링을 선禪과 같다고 묘사하기도 했지만, 여기에는 분명 사람을 홀리게 하는 면이 있다. 또한 팅커링은 꽤나 사회적이다. 팅커링을 하는 사람들은 아이디어를 서로 공유하고, 디자인에 관한 생각을 교환하며 자신의 작품을 대중에게 과시한다. 미국에서 팅커링은 독학하고 자기계발을 이루는 형태로 발전해왔다. 팅커링은 새로운 기술을 습득하고 자신의 지어진 환경을 더욱 완전하게 이해하는 재미있는 방법이다. 팅커링을 다룬 다음 작품은 잡지 *Make*의 편집자와 *Maker Faire*의 공동설립자에게서 비롯되었다. Mark Frauenfelder, *Made By Hand: Searching for Meaning in a Throwaway World* (New York: Portfolio, 2010). 좀 더 학술적인 연구로는 다음 자료 참조. Anne Balsamo, *Designing Culture: the Technological Imagination at Work* (Durham, NC: Duke University Press, 2011), especially chapter 4; Anya Kamenetz, *DIY U: Edupunks, Edupreneurs, and the Coming Transformation of Higher Education* (White River Junction, VT: Chelsea Green, 2010).

루퍼트 브룩은 1912년에 쓴 그의 시 'The Old Vicarage, Grantchester'에서 그랜체스터를 서정적으로 묘사하고 있다.

토머스 머튼의 관조적 사진에 대해서는 다음 논문 참조. Philip Richter, "Late Developer: Thomas Merton's Discovery of Photography as a Medium for His Contemplative Vision," *Spiritus: A Journal of Christian Spirituality* 6, no. 2 (Fall 2006): 195-212.

깨어 있는 마음과 게임에 대한 연구는 다음 자료 참조. Jayne Gackenbach and Johnathan Bown, "Mindfulness and Video Game Play: A Preliminary Inquiry," *Mindfulness* 2, no. 2 (June 2011): 114-22.

행동유도성에 대한 나의 이해는 다음 작품에 힘입었다. Abigail Sellen and Richard Harper, *The Myth of the Paperless Office* (Cambridge, Ma: Mit Press, 2001). 이 책은 우리가 중요하다고 생각하지 못했던 인쇄 매체의 특징이 모든 종류의 읽기 습관과 작업 관례의 기초가 된다는 사실을 잘 보여준다.

배너바 부시의 메멕스는 다음 자료 참조. Vannevar Bush, "As We May Think," *Atlantic Monthly* (July 1945), http://www.theatlantic.com/maga zine/archive/1969/12/as-we-may-think/3881/. 메멕스는 가시화되지는 않았지만 하이퍼텍스트의 초기 형태이자 가장 매력적인 이론으로 간주된다. 부시의 논문이 미친 영향에 대해서는 다음 자료 참조. James Nyce and Paul Kahn, eds., *from Memex to Hypertext: Vannevar Bush and the Mind's Machine* (San Diego: Academic Press, 1991).

킨들이나 아이패드로 읽을 수 있고 동시에 VTech 같은 회사가 만든 전용 기기로도 읽을 수 있는 아동 서적 시장이 갈수록 빠르게 성장하면서, 내가 인터뷰한 열혈 독자들은 어린이들의 e-북을 피하는 문제와 관련하여 점점 소수 입장으로 몰리고 있다. 그러나 아이들이 인쇄된 책으로 더 빨리 그리고 더 효과적으로 배울 수 있다는 증거는 여러 곳에서 찾을 수 있다. 다음 자료 참조. Cynthia Chiong et al., *Print Books vs. E-Books: Comparing Parent-Child Co-Reading on Print, Basic, and Enhanced E-Book Platforms* (New York: Joan Ganz Cooney Center at Sesame Workshop, 2012), http://www.joanganzcooneycenter.org.

'자동화의 아이러니'라는 말은 다음의 고전적인 논문에서 가져온 것이다. Lisanne Bainbridge, *Automatica* 19, no. 6 (November 1983): 775-79. 여기서는 이렇게 주장한다. "제어 시스템이 발전할수록, 인간 운영자가 차지하는 비중은 더욱 커질 것이다." 가사 관련 기술의 역사에 대해서는 다음 자료 참조. Ruth Schwartz Cowan, *More Work for Mother: the Ironies of Household Technology from the Open Hearth to the Microwave* (New York: Basic Books, 1985).

제번스의 역설은 다음 자료 참조. William Stanley Jevons, *The Coal Question: An Inquiry Concerning the Progress of the Nation, and the Probable Exhaustion of Our Coal-Mines* (London: Macmillan and Co., 1865), especially Chapter 7.

ABS 시스템이 사고를 줄이지 못하고 운전자가 '위험 보상risk compensation' 이론에 따라 스스로 더 안전하다고 여겨 과격하게 운전한다는 이론에 대해서는 다음 자료 참조. M. Aschenbrenner and B. Biehl, "Improved Safety Through Improved Technical Measures? Empirical Studies Regarding Risk Compensation Processes in Relation to Anti-Lock Brake Systems," in R. M. Trimpop and G. J. S. Wilde, eds., *Changes in Accident Prevention: the Issue of Risk Compensation* (Groningen, The Netherlands: Styx Publications, 1994), 81-89. Edward Tenner's *Why Things Bite Back: Technology and the Revenge of Unintended Consequences* (New York: Vintage, 1997). 이들 자료는 기술이 의도하지 않은 결과를 가져다주는 많은 사례를 열거하고 있다. 내가 쓴 다음 자료도 참조. Alex Soojung-Kim Pang, "A Banquet of Consequences: Living in the 'Nobody-Could-Havepredicted' Era," *World Future Review* 3, no. 2 (Summer 2011): 5-10.

마거릿 만토-라오의 블로그 Mind Deep(http://minddeep.blogspot.com/)은 전문적

이면서도 상큼하다.

소셜미디어와 현대 교회에 대해서는 다음 자료 참조. Elizabeth Drescher, *Tweet If You Heart Jesus: Practicing Church in the Digital Reformation* (Harrisburg, PA: Morehouse, 2011); Jesse Rice, *The Church of Facebook* (Colorado Springs, CO: David C. Cook, 2009). Soren Gordhamer's *Wisdom 2.0*: Ancient Secrets for the Creative and Constantly Connected (New York: HarperOne, 2009); Lori Deschene, "Ten Mindful Ways to Use Social Media: Right Tweeting Advice from @TinyBuddha," *Tricycle* (Spring 2011); http://www.tricycle.com/feature/ten-mindful-ways-use-social-media. 둘 다 불교 철학과 기술의 관계를 다룬다.

생활이 먼저고 트위터는 나중이라는 주장은 문학사가 월터 옹의 주장을 떠올리게 한다. 스토리는 인쇄문화가 발생하면서 구조가 더욱 복잡해졌다고 옹은 말했다. 구전에 의한 이야기는 사건을 선적線的으로 설명하는 경향이 있다. 그 구조는 기본적으로 "이것이 일어났고, 그다음에 저것이 일어났고, 그다음에 또 다른 일이 일어났다"는 골격을 유지한다. 정교한 설화 형식을 가지는 것, 그리고 시간이 지남에 따라 사건에 대한 해석이 바뀔 수 있고 스토리텔링이 더 복잡해질 수 있다는 인식은 쓰기로만 가능하다. 소셜미디어를 실시간으로 강조하게 되면 회화체에 더 가까워질 수 있을 것 같지만, 그것은 구두문화의 몇 가지 요소를 다시 만들어내기 때문에 그만큼 반성적인 태도를 손상시킬 위험이 있다. 다음 자료 참조. Ong, *Orality and Literacy*.

르네상스 시대의 비망록에 대해서는 다음 자료 참조. Ann Blair, "Humanist Methods in Natural Philosophy: the Commonplace Book," *Journal of the History of Ideas* 53, no. 4 (October 1992): 541-51; Ann Moss, *Printed Commonplace-Books and the Structuring of Renaissance Thought* (Oxford: Clarendon Press, 1996).

건축과 제도에 관한 문제는 다음 자료 참조. Witold Rybczynski, "Think Before You Build: Have Computers Made Architects Less Disciplined?" *Slate* (March 30, 2011), http://www.slate.com/articles/arts/architecture/2011/03/think_before_you_build.html; An Interview With Renzo Piano in *Architectural Record* (2011), http://archrecord.construction.com/people/interviews/archives/0110piano.asp; interviews with William Huchting, David Brownlee, and Chris Luebkeman; James Wines, "Drawing and Architecture," *Blueprint* (September 30, 2009), http://www.blue

printmagazine.co.uk/index.php/architecture/james-wines-drawing-and-architecture/.

CAD가 교육과 사고에 안 좋은 영향을 미친다는 불평은 펜실베이니아에만 국한된 문제가 아니다. 앨런 밸포어Alan Balfour 교수는 컴퓨터가 나오기 전에 학생들은 역사와 조각과 디자인 책을 놓고 서로 의논하면서 드로잉을 했다고 지적하면서, 이와 달리 디지털 세계는 "내면화되고, 제한적이고 가상적인 경험으로, 그 안에서 기계 내에 담긴 정보와 툴과의 창조적 관계는 장소에 대한 경험이나 역사의 교훈보다 더 자극적이고 더 많은 약속을 제시하는 것 같다"고 주장한다. 밸포어의 다음 자료 참조. Balfour, "Architecture and Electronic Media," *Journal of Architectural Education* 54, no. 4 (May 2001): 268-71. 마찬가지로 시러큐스대학교의 로버트 스베츠Robert Svetz 교수는 이렇게 주장한다. "디지털의 생산성을 중시하는 사고방식이 수동적인 그래픽 사고와 학습의 탄탄한 양식을 추방하게 되면 높은 설계상의 대가를 치러야 할 것이다." 다음 자료 참조. Svetz, "Drawing/Thinking: Confronting An Electronic Age," *Journal of Architectural Education* 63, no. 1 (October 2009): 155-57.

커누스가 이메일을 포기한 내용은 다음 사이트 참조. http://www-cs-fac ulty. stanford.edu/~uno/email.html.

6장 초점 재조정

'Do Nothing for Two Minutes' (2분 동안 아무것도 하지 않기) 사이트의 기울어진 수평선은 편집자 수재너 다윈Susana Darwin이 지적해주어 알게 되었다.

제임스 왓슨의 *The Double Helix: A Personal Account of the Discovery of the Structure of DNA*는 1968년에 처음 출간되었다. 내가 케임브리지로 가져간 것은 실비아 나사 Sylvia Nasar의 서문이 첨가된 터치스톤 판본이다.

2008년 〈네이처〉지의 조사에서 독자의 20퍼센트는 "집중력을 자극하거나 기억력을 높이려는 비의학적 이유로 마약을 이용했다"고 응답했다. Brendan Maher, "Poll Results: Look Who's Doping," *Nature* 452 (April 10, 2008): 674-75. 이런 조사의 계기를 마련해준 자료는 다음과 같다. Barbara Sahakian and Sharon Morein-Zamir, "Professor's Little Helper," *Nature* 450 (December 20, 2007): 1157-59. 두뇌의 성능을 높이기 위해 의약품을 사용하는 사람은 교수나 대학원생만이 아니다. 여러 조사

결과 미국의 대학생들도 인지력을 증강시키는 문제에 관심이 많은 것으로 조사되었다. 다음 자료 참조. Beth Azar, "Better Studying Through Chemistry?" APA *Monitor* 39, no. 8 (September 2008): 42.

최근에 들어와 필력이 상당한 유명 전기 작가들이 다윈에게 관심을 보이고 있다. 다음 자료 참조. Janet Browne, *Charles Darwin: Voyaging* (Princeton, NJ: Princeton University Press, 1996) and *Charles Darwin: the Power of Place* (Princeton, NJ: Princeton University Press, 2003); Adrian Desmond and James Moore's *Darwin: the Life of a Tormented Evolutionist* (New York: W. W. Norton, 1994). 이 두 작품은 학문적인 깊이도 대단하지만 특히 내가 다윈을 이해하는 데 중요한 기반을 마련해주었다.

비글호의 항해는 다윈의 생애뿐 아니라 과학사에서 커다란 획을 긋는 전환점으로 기록된다. 5년 동안 다윈은 서구 과학자들이 거의 다루지 않았던 분야에서 지질학적이고 생물학적인 현장연구를 실시했다. 비글호가 본연의 조사 임무를 수행하는 동안, 다윈은 뭍에 올라 견본을 수집하고 관찰했다. 그가 눈으로 본 것들은 수십 년 동안 사고하고 이론화하는 자료로 활용되었다. 다윈은 칠레에서 지진을 목격했다. 그 지진은 자연의 힘이 세계에 끊임없이 작용하고 있으며 산맥을 점점 더 밀어올리고 해양화산을 가라앉힌다는 이론의 증거가 되었다. 이제 성서에 나오는 홍수 같은 신의 섭리는 무시할 수 있었다. 태평양의 환초環礁는 가라앉은 화산의 가장자리에서 형성되었다고 다윈은 추측했다. 무엇보다도 그는 갈라파고스 섬에서 종의 차이를 관찰했다. 몇 해 뒤에 자연도태에 의한 진화론을 수립하는 일련의 사상의 시발점이었다.

다윈은 나름대로 시골의 대지주였기 때문에 안정된 생활을 유지할 수 있었다. 다윈도 아내 에마도 넉넉한 집안 출신이었다. 그들의 할아버지 중 한 분(찰스와 에마는 사촌이었다)은 도자기 회사 웨지우드Wedgwood를 설립했고, 찰스의 부친 로버트는 부동산과 사업 투자에서 대단한 수완을 발휘했다. 다운하우스에서의 생활비는 유산과 투자와 농장에서 나오는 수입으로 충당되었고, 낭비하지만 않는다면 버젓한 생활을 누릴 정도로 풍족한 규모였다. 다운하우스와 샌드워크에 대해서는 다음 자료 참조. Arthur Keith, "Side-Lights on Darwin's Home . Down House," *Annals of the Royal College of Surgeons* 12, no. 3 (March 1953): 197-207, and in Gene Kritsky, "Down House: A Biologist's Perspective," Bios 54, no. 1 (March 1983): 6-9. 다윈의 규칙적인 일상("내 생활은 시계와 같이 지나간다네. 내가 어떤 식으로 삶을 끝내게 될지는 보지 않아도 정해져 있지")은 다윈이 1846년 10월 1일 자로 로버트 피츠로이Robert FitzRoy에게 보낸 편지에 나타나 있다. 다윈 서신 프로젝트Darwin Correspondence Project는 다음 사이트를 참조. http://www.darwinproject.ac.uk.

다윈 서신 프로젝트를 보면 다윈을 좀 더 가까이서 이해할 수 있다. 이 프로젝트는 다윈이 주고받은 수많은 편지 외에 그와 관련된 현대의 출판물을 함께 온라인에 올리고 있다. 샌드워크와 다운하우스의 목판화가 발표된 곳은 다음과 같다. Rev. O. J. Vignoles, "The Home of a Naturalist," *Good Words* 34 (1893): 95-101, http://darwin-online.org .uk/content/frameset?viewtype=side&itemID=a483&pageseq=1.

산책의 역사에 대해서는 다음 자료 참조. Rebecca Solnit, *Wanderlust: A History of Walking* (London: Verso, 2001). 산책을 할 때 인식적인 측면에서 얻는 혜택은 산책의 심리적 영향(산책은 심장을 강하게 하고 혈류를 개선하여 인식 능력을 향상시키고 따라서 두뇌에 더 많은 에너지를 공급한다)과 자연환경과의 상호작용을 통한 심리적 혜택에서 비롯된다. 다음 자료 참조. Marc G. Berman, John Jonides, and Stephen Kaplan, "The Cognitive Benefits of Interacting With Nature," *Psychological Science* 19, no. 12 (2008): 1207-12. 두뇌가 손상된 뒤에 산책을 통해 얻는 치료 효과에 대해서는 다음 자료 참조. Andreas R. Luft et al., "Treadmill Exercise Activates Subcortical Neural Networks and Improves Walking After Stroke: A Randomized Controlled Trial," *Stroke* 39, no. 12 (December 2008): 3341-50.

자연환경의 회복 효과를 다룬 스티븐 카플란의 작업은 다음 자료 참조. Stephen Kaplan, Lisa V. Bardwell, and Deborah B. Slakter, "The Museum as a Restorative Environment," *Environment and Behavior* 25 (1993): 725. 42; Stephen Kaplan and J. Talbot, "Psychological Benefits of a Wilderness Experience," in I. Altman and J. F. Wohlwill, eds., *Behavior and the Natural Environment* (New York: Plenum, 1993), 163-203; Stephen Kaplan, "The Restorative Benefits of Nature: Toward An Integrative Framework," *Journal of Environmental Psychology* 16 (1995): 169-82; and Stephen Kaplan, "Meditation, Restoration, and the Management of Mental Fatigue," *Environment and Behavior* 33 (2001): 480-506. 카플란의 인용 부분은 다음 자료 참조. Kaplan, "The Urban Forest as a Source of Psychological Well-Being," in Gordon Bradley, Ed., *Urban Forest Landscapes: Integrating Multidisciplinary Perspectives*, (Seattle:

University of Washington Press, 1995), 102.

카플란의 작업을 조성된 환경과 설계에 응용한 작품으로는 다음 자료 참조. Rebecca Krinke, Ed., *Contemporary Landscapes of Contemplation* (London: Routledge, 2005), and Bianca C. Soares Moura, "Contemplation-Scapes: An Enquiry into the Strategies, Typologies, and Design Concepts of Contemplative Landscapes" (Master's Thesis, Edinburgh College of Art, 2009).

정원의 치유 효과는 미국원예치료협회American Horticultural Therapy Association 에서 발간한 *Journal of Therapeutic Horticulture*에 잘 나타나 있다. 영국에서는 최근 몇 년 사이에 사회적 치유적 효과를 갖는 원예 분야가 각광을 받고 있다. 다음 자료 참조. Joe Sempik, Jo Aldridge, Saul Becker, *Health, Well-Being, and Social Inclusion: Therapeutic Horticulture in the Uk* (Bristol, Uk: Policy Press, 2005). 자연의 회복적 가치에 대해서는 다음 자료 참조. Eric Jaffe, "This Side of Paradise: Discovering Why the Human Mind Needs Nature," *Association for Psychological Science Observer* (May/June 2010), http://www.psychologicalscience.org/observer/getArticle.cfm?id=2679.

회복 활동을 산만함으로 설명하는 자료는 다음 두 편의 논문이다. Hanif Kureishi, "The Art of Distraction," *New York Times* (February 19, 2012); James Surowiecki, "In Praise of Distraction," *New Yorker* (April 11, 2011).

7장 휴식

이 장의 내용은 대부분 인터뷰 자료를 바탕으로 한 것이다. 그러나 디지털 안식일은 운 좋게도 몇몇 정예 작가들의 관심을 끌었다. 다음 자료는 한 장을 할애하여 디지털 안식일을 다룬다. William Powers, *Hamlet's Blackberry: Building a Good Life in the Digital Age* (New York: Harpercollins, 2010). 또 몇 달 동안 플러그를 빼놓았던 가족 경험을 소개한 자료도 있다. Susan Maushart, *The Winter of Our Disconnect* (London: Profile Books, 2011).

2012년 4월에 디온 샌더스Deion Sanders(명예의 전당에 헌액된 미식축구 코너백이자 전 프로 야구선수)는 불미스런 가정사를 현장에서 트위터로 중계했다. 거기서 그는 당시 아내였던 "필라Pilar와 그녀의 친구가 내 방으로 뛰어 들어와 나를 폭

378

행했다"고 주장했다. 다음 자료 참조. Chuck Schilken, "Deion Sanders Tweets Wife Assaulted Him in Front of Their Kids," *Los Angeles Times* (April 24, 2012), http://articles.latimes.com/2012/apr/24/news/chi-deion-120424. 나스카NASCAR 출전 선수인 브래드 케설로프스키Brad Keselowski는 2012 데이토나Daytona 500 경기 중에 일어난 사고를 트위터로 중계했다. 다음 자료 참조. Bill Speros, "It's a NASCAR Social Media Meet-Up!" *ESPN* (February 28, 2012), http://espn.go.com/espn/page2/story/_/id/7626813/brad-keselowski-live-tweet-turns-daytona-500-social-mediameet-up. 폭스뉴스의 전속기고가 그랜트 카던Grant Cardone과 CNN 특파원 알리 벨시 Ali Velshi는 델타 1063기를 타고 비행하다 비상착륙하는 순간을 트위터로 생중계했다. 다음 자료 참조. "Birds' Run-In With Engine Caught on Twitter-Sphere," 89-3 KPCC (April 19, 2012), http://storify.com/kpcc/birds-run-in-with-engine-caught-on-twittersphere.

기내 와이파이는 곧 현실화될 전망이다. 최초의 기내 와이파이는 2009년에 미국 항공기에서 서비스되었고, 많은 주요 항공사들도 2013년에 장거리 비행에서 와이파이 서비스를 개시하겠다고 발표했다.

마크 디마시모Mark Dimassimo(DIGO의 설립자 겸 CEO)와 에릭 야버바움Eric Yaverbaum(제리코 커뮤니케이션Jericho Communication 회장) 같은 인사가 오프라이닝Offlining을 만들어 디지털 안식일 운동을 선전하는 것은 의외다. 오프라이닝을 시작하게 된 동기를 밝히면서 디마시모와 야버바움은 "우리는 지난 20년 동안 사람들이 대부분의 시간을 로그온하고 클릭하고 전화하고 검색하고 뒤지도록 유도해왔다"고 고백했다. 그러나 광고회사들도 젠웨어를 만든다. 그들도 우리와 같은 산만함의 문제를 갖고 있다.

디지털 안식일을 미디어에서 최초로 언급한 내용은 다음 자료 참조. Don Lattin, "In Praise of a Day Unplugged," *SF Gate* (April 29, 2001), http://www.sfgate.com/living/article/in-praise-of-a-day-unplugged-2926770 .php. 이 자료들은 실리콘밸리의 디지털 안식일(또는 자료 안식일)을 다룬다.

디지털 안식일이 참가자의 심장박동률, 혈압 등 건강의 생리학적 지표에 미치는 영향을 측정한 자료는 어디에도 없다. 하지만 인구통계학자들은 오래전부터 건강과 종교적 관습과의 관계를 관찰해왔고, 따라서 그런 연구는 이런 측면을 엿보는 데 많은 도움이 될 수 있다. 미국의 유대인의 경우, 건강이 많이 좋아진 것이 규칙적인 식사나 안식일을 꼬박 지키는 습관에서 비롯되는지는 정확히 알기 어렵지만, 건강과 종교적 관습을 지키는 것 사이에는 어느 정도 상관관계가 있는 것으로 보인다. 다음 자료 참조. Isaac Eberstein and Kathleen Heyman, "Jewish Identity and Self-Reported Health," in Christopher G. Ellison and Robert A. Hummer, eds., *Religion, Families, and Health: Population-Based Research in the United States* (New Brunswick, NJ: Rutgers University Press, 2010), 349-67.

기술과 관조에 대한 데이비드 레비의 저술은 꼼꼼히 확인해볼 가치가 있다. 다음 자료 참조. David Levy, "To Grow in Wisdom: Vannevar Bush, Information Overload, and the Life of Leisure," *Proceedings of the 5th ACM/IEEE-CS Joint Conference on Digital Libraries* (New York: Acm, 2005): 281-86; "Information, Silence, and Sanctuary," *Ethics and Information Technology* 9 (2007): 233-36; and "No Time to Think: Reflections on Information Technology and Contemplative Scholarship," *Ethics and Information Technology* 9 (2007): 237-49. 레비는 현재 '관조적 멀티태스킹'이라는 연구 프로젝트를 이끌고 있다. 다음 자료 참조. Levy et al., "Initial Results from a Study of the Effects of Meditation on Multitasking Performance," *Extended Abstracts of the ACM Conference on Human Factors in Computing Systems (CHI '11)* (Vancouver, BC: May 7-12, 2011): 2011-16; and Levy et al., "The Effects of Mindfulness Meditation Training on Multitasking in a High-Stress Information Environment," *Proceedings of Graphics Interface (GI '12)* (Toronto, Ontario: May 28-30, 2012): 45-52.

태미 스트로벨의 단순화는 다음 자료 참조. Tammy Strobel, *You Can Buy Happiness (And It's Cheap): How One Woman Radically Simplified Her Life and How You Can Too* (Novato, CA: New World Library, 2012). 크리스틴 로젠의 멀티태스킹에 대해서는 다음 자료 참조. Christine Rosen, "The Myth of Multitasking," *New Atlantis*, no. 20 (Spring 2008): 105-10. 그웬 벨의 디지털 안식일은 다음 e-북 자료 참조. Gwen Bell, *Digital Warriorship* (2011).

사람들은 아미시 공동체가 현대 기술을 거부한다고 생각하지만, 사실 불교 승려들 못지않게 그들은 현대 기술을 인정한다. 오히려 그들은 "겸손, 평등, 단순화 같이 그들이 가장 소중히 여기는 가치를 살려준다고 생각하는 기술을 선택한다"고 제임슨 웨트모어Jameson Wetmore는 설명한다. 그리고 "그것은 외부 세계에서 사용하는 것과는 다르다." 다음 자료 참조. Wetmore, "Amish Technology: Reinforcing Values and Building Community," *IEEE Technology and Society Magazine* (Summer 2007): 10-21, Quote on Page 21. 기술에 대한 아미시의 입장은 다음 자료 참조. Donald Kraybill, *The Riddle of Amish Culture* (Baltimore: Johns Hopkins University Press, 2001); Kraybill and Steven Nolt, *Amish Enterprise: From Plows to Profits* (Baltimore: Johns Hopkins University Press, 2004), esp. 106-24. *The Amish Struggle With Modernity*, A Collection of Essays Edited By Kraybill and Marc Alan Olshan (Hanover, Nh: University Press of New England, 1995). Diane Zimmerman Umble, "The Amish and the Telephone: Resistance and Reconstruction," in Roger Silverstone and Eric Hirsch, eds., *Consuming Technologies: Media and Information in Domestic Spaces* (London: Routledge, 1992), 183. 94, Summarizes Elements of Her Later Book *Holding the Line: the Telephone in Old Order Mennonite and Amish Life* (Baltimore: Johns Hopkins University Press, 1996); Howard Rheingold, "Look Who's Talking," *Wired* 7, no. 1 (January 1999), http://www.wired.com/wired/archive/7.01/amish.html.

토머스 머튼의 맥주에 관한 언급은 다음 자료 참조. Thomas Merton, "Contemplation in a World of Action," Reprinted in Lawrence Cunningham, ed., *Thomas Merton, Spiritual Master: the Essential Writings* (Mahwah, NJ: Paulist Press, 1992), 377. 머튼의 발언은 벤저민 프랭클린Benjamin Franklin의 말을 되풀이한 것이다. 프랭클린은 이렇게 말했다. "맥주는 신이 우리를 사랑하고 우리가 행복하기를 바라신다는 증거다." 그럴듯하지만 사실 이 말의 출처는 분명하지 않다. 다음 자료 참조. Charles W. Bamforth, *Beer Is Proof God Loves Us: Reaching for the Soul of Beer and Brewing* (Upper Saddle River, NJ: Pearson Education, 2011). 안됐지만 프랭클린은 와인에 대해서도 비슷한 말을 했다.

'종이로 하는 트위터paper tweeting'라는 말은 벨이 직접 생각해낸 것이지만, '종이 트윗paper tweet'을 처음 사용한 사람은 노크노크Knock Knock를 만든 젠 빌릭Jen Bilik이다. 노크노크는 2010년부터 2012년까지 페이퍼트윗Paper Tweets 노트패드를 만들어 판매했다. '경이적인 무선 펜과 종이'를 사용하는 페이퍼트윗으로 사람들은 쓰기를 통해 "간결함의 기술을 습득"하고 "현대의 대중 예법"을 배울 수 있었다. 페이퍼트윗은 디지털 매체를 활용하는 일련의 종이 제품 중 최신 제품이었다, 그 밖에도 방향을 써서 알려주는 페이퍼 GPS, 페이퍼이메일Paper E-Mail, 페이퍼이모티콘 Paper Emoticons 등도 출시되었다. 빌릭은 이렇게 설명한다. "예기치 않은 포맷으로 반대파를 끌어안거나 사물을 드러내다 보면 재미있는 일이 많이 생겨납니다. 이메일과 트위터가 유용한 이유는 그것이 디지털이기 때문입니다. 그래서 그것을 어리석게도 종이로 하게 되면 일단 재미있을 수밖에 없습니다." 젠 빌릭과의 2012년 7월 10일자 인터뷰와 노크노크 온라인 카탈로그 제품설명서는 다음 사이트 참조. http://www. knockknockstuff.com/catalog/categories/pads/nifty-notes/paper-tweet-nifty-note/. 빌릭과 노크노크의 프로필은 다음 자료 참조. Liz Welch, "The Way I Work: Jen Bilik of Knock Knock," Inc. (October 2011), http://www .inc.com/magazine/201110/the-way-i-work-jen-bilik-of-knock-knock.html.

안식일 선언(Sabbath Manifesto, http://www.sabbathmanifesto.org/)은 열 가지 원칙으로 되어 있다. 기술을 피할 것. 사랑하는 사람에게 연락할 것. 건강을 돌볼 것. 밖으로 나갈 것. 상행위를 피할 것. 촛불을 켤 것. 와인을 마실 것. 빵을 먹을 것. 침묵을 찾을 것. 돌려줄 것.

평소 종교 성향이 강한 디지털 안식교 신자들이 그런 대로 안식일을 잘 지키는 이유는 새로운 의식이나 이유를 만들어낼 필요가 없기 때문이다. 기독교인들에게 오프라인으로 가는 것과 가족과 공동체를 강조하는 주일 관습을 접합시키는 것은 어렵지 않은 일이다. 정통 유대교인들은 꼭 필요하지 않은 가전제품을 사용하지 못하게 막는 세부적이고 형식적인 금기가 많다. 그들에게도 디지털 안식일은 새로 만들어낼 필요가 없는 개념이다. 그저 하던 대로 지키면 되는 것이다. 실제로 안식일 선언과 디지털 안식일 운동은 독실한 신자들 사이에서 비판의 주제가 되어왔다. 다음 자료 참조. Joseph Aaron, "People of the Twitter," Chicago Jewish News (April 29, 2011), http://www.chicagojewishnews.com/story.htm?sid=2&id=254535. 그러나 실질적인 사례를 통해 나타난 증거를 보면 정통파 유대교도 가정에서도 디지털 산만함이 문제가 되고 있다는 것을 알 수 있다. 다음 자료 참조. Steve Lipman, "For Many Orthodox Teens, 'Half Shabbos' Is a Way of Life," Jewish Week (June 22, 2011), http://www. thejewishweek.com/news/national-news/many-orthodox-teens-half -shabbos-way-life.

몰리 페인스테인은 다음 자료 참조. Season 5, Episode 41 of Curb Your Enthusiasm,

"The Larry David Sandwich." September 25, 2005에 첫 방송.

　내 신앙이 미지근한 것은 어쩌면 부모 탓인지도 모른다. 내 부모님은 너무 엄격한 환경에서 자란 반감 탓인지 신앙에 지독할 정도로 무관심했다. 나는 어린 시절을 버지니아의 시골에서 보냈는데, 그곳의 일요일은 성스러운 날과 거리가 멀었다. 일요일에는 일을 하지 않아야 한다고 억지를 쓰고, 어차피 미뤄두었던 집안일을 처리하느라 쩔쩔매고, 가끔 우리 할머니가 만들어낸 '얘가 왜 주일학교에 안 갔지?'라는 게임을 한 판씩 하는 것이 우리의 일요일이었다. 내 아내의 집안은 자칭 문화적 개신교도였다. 그들은 집안 혈통을 독립전쟁까지 끌어다 붙였고, 그들의 추수감사절은 기도를 생략한 채 음식을 놓은 커다란 식탁에 여러 가족이 둘러 앉아 있는 노먼 록웰 Norman Rockwell의 그림에서 튀어나온 것 같은 풍경이었다. 예배를 바라보는 내 느낌은 청각장애인이 발레 공연을 보는 것과 크게 다르지 않다. 청각장애인은 댄서들의 움직임과 예술에 대한 그들의 투혼을 이해하고 무대장치에 감탄하고 이야기의 굴곡을 이해하지만, 그래도 가슴에 와 닿지 않는 부분은 늘 있게 마련이다. 케임브리지에서 우리는 장엄한 킹스칼리지 예배당에서 거행되는 저녁예배에 참석했고, 나는 그 아름다운 순서와 공간의 숭고함에 매료되었다. 의식에 사용되는 음악과 순서 순서는 대단한 치유 효과가 있었다. '담담하면서도 고풍스러운 질서'로서의 예배라는 성공회적 사고는 훌륭한 유산이었다. 웅장하다고 할 만한 것이 있다면, 그것은 가톨릭교회에서 훔쳐온 자산으로 더욱 풍성해진 튜더 왕가의 신앙심과 권세에 대한 하나의 약조로서 헨리 8세가 부여한 영국의 웅장한 고딕 성당일 것이다. 그러나 그곳에서도 나는 신자들이 체험하고 소중히 여기는 신의 임재의 흔적을 느끼지 못했다. 그리고 솔직히 그런 것이 있다고 생각하지도 않는다.

　2005년에 에이브러햄 헤셸의 《안식일The Sabbath: Its Meaning for Modern Man》은 그의 딸 수재너Susannah의 서문을 더해 재발간되었다. 안식일에 관해서는 다음 자료 참조. Judith Shulevitz, *The Sabbath World: Glimpses of a Different Order of Time* (New York: Random House, 2010).

　실시간에 대한 좌파적 비판은 다음 자료 참조. Wayne Hope, "Global Capitalism and the Critique of Real Time," *Time and Society* 15, no. 2-3 (2006): 275-302. 산업적 시간과 천문학적 시간에 관한 내 생각은 다음 자료에서 영향을 받았다. Simon Schaffer, "Astronomers Mark Time: Discipline and the Personal Equation," *Science in*

Context 2 (1988): 115-45.

물론 실시간은 대가만 요구하는 것이 아니라 혜택도 가져다준다. 예를 들어 앤서니 타운센드는 그의 고향 뉴욕시에서 택시 운전사들은 휴대전화를 이용해서 군중들이 어디에 모여 있고, 어느 거리가 혼잡하고, 어떤 길이 요금을 안 내는지 등에 관한 정보를 교환한다고 설명한다. 실시간 여행을 하는 사람과 최신 일기예보를 사용하거나 전화와 문자를 주고받은 후에 친구들과 모인 사람은 실시간으로 정보를 교환하는 것이 얼마나 도움이 되는지 잘 안다. 실시간은 간혹 멋진 단면을 드러내기도 한다. 내 페이스북 월은 내 친구의 부러운 일상의 단면을 들춰냈다. "6등급의 파워트리오가 방금 블루오이스터컬트Blue Oyster Cult의 '고질라Godzilla'를 들려줬어." "아, 더블린, 더블린, 더블린." "시타트라 파크의 호보켄 이탈리안 페스티벌. 이건 천공의 저지 아나로 귀결되지." "브렌다 맥머로우가 하누만 무대에서 내 바크티 마음을 흔들어놓고 있어." 하지만 이런 작은 단면을 처음 엿본 지 몇 달 뒤에 나는 이 부분을 찾아내기 위해, 내 페이스북 월 한 부를 통째로 다운로드해야 했다. 당시 페이스북은 자신의 월을 찾는 기능을 제공하지 않았다. 시스템에 관한 한, 중요한 것은 바로 당시에 어땠는가 하는 점이다.

기술 중독을 치료하기 위한 28일짜리 프로그램은 다음 자료 참조. Daniel Sieberg, *The Digital Diet: the 4-Step Plan to Break Your Tech Addiction and Regain Balance in Your Life* (New York: Three Rivers Press, 2011). 1주일짜리 해독프로그램으로 시작하는 이 프로그램은 스마트폰 등 산만하게 만드는 기기들을 냉장고에 보관할 것을 권한다. 그리고 자신이 갖고 있는 전자 기기나 확인해야 할 소셜미디어나 이메일 계정, 갖고 노는 가상게임, 자신이 쓰는 블로그 등의 수를 더해 자신의 '가상 무게 지표'(몸무게 지수에 해당하는 전자적 지수)를 측정하게 한다. 이 시스템에서는 많이 산만하게 하는 기기일수록 '무겁다.' 스마트폰은 데스크톱 컴퓨터보다 세 배 무겁고, '월드워크래프트' 계정은 디지털카메라보다 7배 무겁다.

클레이 존슨Clay Johnson의 *The Information Diet: A Case for Conscious Consumption* (San Francisco: O'Reilly Media, 2012)은 마이클 폴란Michael Pollan과 데이비드 브로더David Broder의 중간 지점이다. 하워드 딘Howard Dean의 2004년 대선 캠페인의 디지털 구루였던 존슨은 당원 뉴스와 블로그를 비난하면서 칼로리는 높고 섬유소는 적은 정크푸드나 다름없다고 주장했다. 미국의 정치풍토가 갈수록 한심해지고 연결은 더 잘 되면서도 정보는 제대로 받지 못하는 유권자가 생겨나는 것도 다 당원 뉴스와 블로그 때문이라고 그는 목소리를 높였다.

의외로 여러 종교의 단식 전통을 비교한 연구는 아직 없다. 현재로서는 아쉬운 대로 아래 자료들을 참고하는 수밖에 없다. Kees Wagtendonk, *Fasting in the Koran* (Leiden, Netherlands: E. J. Brill, 1968). Joseph B. Tamney, "Fasting and Modernization," *Journal for the Scientific Study of Religion* 19, no. 2 (June 1980): 129-37, and "Fasting and Dieting: A Research Note," *Review of Religious Research* 27, no. 3 (March 1986): 255-62. 종교적 단식이 건강에 미치는 영향에 대해서는 다음 자료 참조. A. M. Johnstone, "Fasting: the Ultimate Diet?" *Obesity Reviews* 8, no. 3 (May 2007): 211-22; John F. Trepanowski and Richard J. Bloomer, "The Impact of Religious Fasting on Human Health," *Nutrition Journal* 9 (2010): 57-65.

안식일을 적극적인 휴식으로 보는 생각은 유대교 안팎의 저자들의 작품에서 살펴볼 수 있다. 감리교 목사인 앤 딜런슈나이더는 빈 출신의 실험심리학자이자 베네딕트 수사인 데이비드 스타인들-라스트David Steindl-Rast의 말을 인용한다. "피곤함을 치료하는 것은 '휴식'이 아니다. 피곤함은 온 마음을 다 바쳐 무엇인가에 몰두할 때 치유된다." 디지털 안식일 수업에서 딜런슈나이더와 바워는 《라크라트 샤바트Likrat Shabbat》의 한 유명 피아니스트에 관한 이야기를 들려준다. 그 피아니스트는 한 팬에게 자신의 예술은 음표에 있는 것이 아니라 음표 사이의 휴지부에 있다고 말한다. 랍비도 말한다. "위대한 음악이 그렇듯, 위대한 삶에서도 예술은 휴지부에 있다." 안식일의 휴지부는 '삶의 예술'을 가꿀 기회를 준다.

8장 관조적 컴퓨팅을 위하여

이 장의 목록은 불교의 팔정도八正道에서 빌려온 것이다. 팔정도는 다음과 같다. 올바로 보는 정견正見, 올바로 생각하는 정사正思, 올바로 말하는 정어正語, 올바로 행하는 정업正業, 올바르게 생활하는 정명正命, 올바르게 노력하는 정근正勤, 올바르게 명심하는 정념正念, 올바르게 집중하는 정정正定이다.

바둑(중국어로는 웨이치圍棋, 일본어로는 고碁)은 기원전 6세기경에 중국에서 만들어졌다. 바둑은 지금도 사람들이 즐겨하는 보드게임 중에는 가장 역사가 깊은 놀이로, 검은색 돌과 흰색 돌을 가지고 사방 19칸짜리 판 위에 가능한 한 많은 집을 짓는 게임이다. 돌 하나를 마음대로 움직일 수는 없지만 놓는 위치에 따라 복잡한 수를 운용할 수 있고, 고립된 돌을 더 큰 무리의 돌에 합류시키려 하는 쪽과, 그를 제지하려는 쪽이 대립하면서 고도의 수 싸움이 벌어진다.

무소 소세키는 크리스토퍼 렌과 존 던John Donne과 토머스 베켓Thomas Becket을 합쳐놓은 것 같은 인물이다. 텐류지와 무소 소세키의 설계와 영향에 대해서는 다음 자료 참조. Francois Berthier, *Reading Zen in the Rocks: the Japanese Dry Landscape Garden*, trans. Graham Parkes (Chicago: University of Chicago Press, 2000); Katherine Anne Harper, "Daiunzan Ryoanji Sekitei-the Stone Garden of the Mountain Dragon's Resting Temple: Soteriology and the Bodhimandala," *Pacific World*, n.s. 10 (1994): 116-30.

나는 왜 이렇게 산만해졌을까

2014년 10월 20일 초판 1쇄 인쇄
2014년 10월 27일 초판 1쇄 발행

지은이 | 알렉스 수정 김 방
옮긴이 | 이경남
발행인 | 이원주
책임편집 | 정선영
책임마케팅 | 조용호

발행처 | (주)시공사
출판등록 | 1989년 5월 10일(제3-248호)

주소 | 서울 서초구 사임당로 82(우편번호 137-879)
전화 | 편집 (02)2046-2850·마케팅 (02)2046-2881
팩스 | 편집 (02)585-1755·마케팅 (02)588-0835
홈페이지 | www.sigongsa.com

ISBN 978-89-527-7202-2 03300